经典 经典文化系列

邹丽娜 编著

中国瓷文化

时事出版社

前　言

　　说到中国的英文名称"China"，众所周知就是瓷器的意思。中国是瓷器的故乡，也是人类"瓷"文化的发源地，在世界素有"瓷国"之誉。所以说，瓷是中华文明的象征，也是中国奉献给世界的宝贵文化遗产。在漫长的历史岁月中，勤劳智慧的中国先民们抟土成金，以聪明才智与东方民族独特的审美情趣在制瓷艺术上取得了丰硕的成果。中国陶瓷业历史悠久、艺术成就极高，承载着广大人民对生活之美的追求，更以其独特的魅力作为中国文化的载体，通过"陶瓷之路"和"丝绸之路"迅速传播到世界各地，受到世界各地人民的普遍喜爱，为人类文明作出了巨大贡献，成为世界艺术宝库中一颗璀璨的明珠。

　　然而，中国瓷器的形成绝非制瓷工匠的朝夕之功，它经历了由陶到瓷继承发展的历史进程，构成了中国陶瓷绵延不断、持续发展的历史特点。

　　早在3000多年前的商代，我国就已出现了原始青瓷。但从商代至战国，瓷器制作还处于原始阶段。而成熟青瓷的烧造成功当在东汉，其佐证是在浙江省上虞、宁波、慈溪、永嘉等地发现的东汉瓷窑遗址，以及河南、河北、安徽、湖南、湖北、江西、江苏等省东汉墓葬出土的青瓷器。由此可见，从原始青瓷的产生到东汉出现成熟的青瓷，经历了大约1000多年的时间。瓷器一经问世，就以其坚固耐用、古朴典雅的风韵得到人们的喜爱。三国、两晋、南北朝时期的360多年间，南方青瓷的生产更是突飞猛进。

　　隋代时，对外贸易的繁荣发展和铜币流通量的扩大，使瓷器日用品逐渐取代了铜器的地位。五代时，"九秋风露越窑开，夺得千峰翠色来"，越窑秘色瓷以其精美绝伦、色彩清亮的风格成为一个时代难得的珍品，艺术性足可与金银器相媲美。唐代是我国封建社会经济、文化极为繁荣昌盛的时期，由于社会安定、经济繁荣，瓷器生产在前代的基础上更向前跃进了一步，出现了蓬勃发展、瓷器产区遍布全国的局面，并诞生了一些耳熟能详的名窑，如邢窑、岳州窑、洪州窑、寿州窑等。更为重要的是：南北瓷器风格的不同使得全国逐步形成了青瓷和白瓷并驾齐驱的格局，一白一青遥相呼应，即陶瓷史上所称的"南青北白"。

宋代是中国瓷器发展史上又一个繁荣昌盛的辉煌时期，艺术造诣之高使其达到了中国瓷器史上的第二个高峰。纵览两宋瓷坛，官窑瓷器不惜工本、精益求精；民窑瓷器粗犷豪放、独具匠心。官窑、民窑交相辉映、相得益彰。而且，宋代民窑空前发展，形成了多种窑系并存、各大名窑迭出，互相影响、不断创新、争奇斗艳的新格局。这期间不仅涌现出声明显赫的"汝、官、哥、定、钧"五大名窑，还有以烧制青瓷著称的耀州窑和龙泉窑，以装饰手法丰富多彩的磁州窑和吉州窑，以创烧青白瓷而闻名遐迩的景德镇窑，以及在黑釉瓷中神奇般地出现兔毫、油滴、玳瑁和木叶纹的建窑等。从古至今，中外的各大博物馆、艺术馆和收藏界无不把宋代名瓷作为收藏珍品，各拍卖公司和文物店也竞相把其作为重器以天价来推出。

在此期间，景德镇窑在经历了400多年经验积累和技术革新的基础上，兼收并蓄历代名窑之所长，加以发展和提高，由原来与各地名窑并驾齐驱的地位，逐渐发展到独占鳌头的局面，成为了元、明、清三代全国瓷业的中心，代表了制瓷业的最高水平。

那时，屹立在昌江之畔的景德镇，官窑和民窑数百个烟囱昼夜红焰蔽空、烟火相望，"万杵之声殷地，火光炸天，夜令人不能寝"（《二酉委谭》）。真可谓盛况空前，其终成驰名世界的瓷都。"自燕云而北，南交趾，东际海，西被蜀，无所不至，皆取于景德镇。"（王宗沐：《江西大志·陶书》）"浮梁景德镇民以陶为业，聚佣至万余人。"康熙五十一年，法国传教士昂特雷科莱（汉名殷弘绪）在景德镇给法国教会发出的一封信中，形象地描述了当时景德镇制瓷业的繁荣景况："昔日景德镇只有三百座窑，而现在的窑数已达到三千座。……到了夜晚，它好像是被火焰包围着的一座火城，也像一座有许多烟囱的大火炉。"这里的窑数可能有所夸大，但也在一定程度上反映了当时制瓷业的空前盛况。那时，景德镇制瓷工艺水平达到了很高的水平，制瓷分工很细。《天工开物》中列举了制瓷的生产过程包括：舂土、澄泥、造坯、汶水、过滤、打圈、字画、喷水、过锈、装匣、满窑、烘烧等各道工序，从原料开采到烧成，要"手过七十二，方克成器"。就是说要经过72道工序，才能制成一件瓷器。

清代是中国陶瓷繁荣的又一高峰时期，其中康熙、雍正、乾隆三代被认为是整个清朝陶瓷业最为辉煌的阶段，工艺技术较为复杂的产品多有出现，各种颜色釉及釉上彩异常丰富。康窑瓷器型敦重古拙、大气磅礴，如同康熙帝要重整江山的雄心壮志；雍窑瓷器以精细著称于世，工艺讲究、优美典雅，与雍正帝心思缜密、励精图治的特点相符；而乾隆帝自号"十全老人"，追求猎奇，其瓷更是名目繁多、繁缛之极、精巧之致。除了继承明代的成就之外，清代还出现了粉彩、珐琅彩等新品种，更加丰富了中国的陶瓷文化。清代乾隆以后，我国瓷业由兴盛走向衰落，终清之世而未能改变局面。

郭沫若先生曾经说过："中国古陶瓷发展的历史，就是中华民族发展的历史。"古陶瓷是几千年来中华文明的历史见证，每一件器物的背后都凝聚着文明与智慧，蕴含着一段历史、述说着一个故事。

总之，从社会发展的历史来看，因人类社会生活需要的不同，瓷器产生了不同的品种；而社会生活的不断丰富，又导致瓷器品种的不断更新。在中国瓷器发展史上，瓷器品种的产生和发展除了要受到当时社会生产力发展水平的制约外，在一定程度上还要结合社会政治与经济发展的需要。同时，"普天之下，莫非王土"。在古代中国，精美的瓷器一直是帝王之家的宫廷生活用器：一方面是皇帝、后妃们日常生活所需及品鉴赏玩之物；另一方面也是皇室祭祀祖先举行盛大法事的祭器。其高贵的地位、显赫的声望，自宋代起就绝非其他任何器物可比。正是由于瓷器在宫中的这种特殊地位，历史上出现过很多因帝王个人的宗教信仰、兴趣爱好以及审美情趣而直接影响和制约瓷器发展的事例，也使各种瓷器在不同的时代中"个性"鲜明。

从敲击第一块石片开始，人类文明正是通过人手的不断劳作得以一步一步地向前推进的，并呈现出今天这样多姿多彩的景象。工业化以来的300年，我们将太多工作放任给机器去做了，然而机器的制作毕竟过于生硬和整齐划一。当我们被这些生产线上制造的产品包围的时候，会突然发觉，生活变得缺少灵性、美感和古典的气质了。于是，越来越多的人开始四处寻访他们祖辈们用手制作和使用过的器物。瓷片、玉佩、银簪、木器，一块木雕板、一把紫砂壶，甚至于一砖、一瓦，它们都经历过先人手工的精心琢磨，保留有先人的体温，镌刻着我们民族的印痕。偶尔得之，就像珍宝一样倍加爱惜，并在搜寻与把玩的过程中获得了极大的快乐与慰藉。由于收藏家对陶瓷的钟爱与追捧，陶瓷收藏在艺术品收藏中显得更为突出，尤其是明清瓷器以其丰富的造型、精美的纹饰、卓越的工艺而赢得了陶瓷收藏家的青睐，成为古董市场上的"宠儿"。在国内、国际拍卖市场上，许多精美的官窑瓷器都创下了百万元，甚至上千万元的高价。因此，市场上掀起了一股仿古造假之风，而且愈演愈烈，给陶瓷收藏爱好者的投资和鉴藏带来诸多不便。

为了让更多的读者了解中国瓷文化，了解中国和世界的经典文化，我们特地编撰了这套经典文化系列丛书，以飨读者。本书作为其中的重要组成部分，共分四篇：历史篇、窑口篇、常识篇、鉴藏篇。其既囊括了瓷器的起源、各朝各代瓷器的发展情况和时代特点、瓷器的窑口分布，又详细地介绍了瓷器胎釉彩、瓷器的器型、瓷器的题记、瓷器的纹饰、瓷器的制作等，并分析了瓷器的原料、工具、方法、价值及功能。书中提供了大量术语解析及典型事例，熔知识性与趣味性于一炉，力图使广大读者在鉴赏中国瓷器艺术总体风格的同时，能对各个时期制瓷艺术的特征有所认识，掌握各个时期瓷器的缺损、作伪、仿旧与鉴别知识，希望能够为读者提供参考依据，成为大家的良师益友。

由于本书编写时间仓促，加上编者水平有限，书中的错漏之处在所难免，希望广大读者朋友和专家批评指正，以便使本书在再版时更加完美！

编者

2007 年 1 月

目录

第一篇　历史篇

第十一章　清代的瓷器 ·················· (73)

第二篇　窑口篇

第三篇　常识篇

第四篇　鉴藏篇

第一篇 历史篇

第一章

瓷器的雏形——原始瓷器

早在一万多年前，智慧的中国人就发明了陶器，这可谓是中国乃至世界瓷器产生的初始源头。后来，又经过几千年的发展，到了3000多年前的商代，我国开始出现原始青瓷，但此时的瓷器制作还处于原始阶段。接着，大约又过了1000多年，东汉时期才出现了成熟的青瓷。因此，当西方人还蹒跚在树林里的时候，中国已经开始享受瓷器带来的美好生活了。所以，追根溯源，中国是当之无愧的瓷器的故乡、人类"瓷文化"的发源地。下面我们就从瓷器的源头——陶器的兴起与发展过程——来概述一下原始瓷器产生的背景。

第一节　陶器的起源与发展

陶器的发明是人类文明进步的重要里程碑，标志着新石器时代的开端。可以说，陶器是人类第一次利用天然物按照自己的意志创造出的一种崭新的东西。

一、陶器的起源

火的保存和使用使人类的物质生活发生了很大变化，但是当时还没有耐烧的器皿，人们只能在篝火上烧烤食物或以"石煮法"煮熟食物。由此，我们不难想象：当时的人们是多么迫切地需要一种能耐火烧的容器啊。

大汶口文化·八角星纹彩陶盆

渐渐地，人类发现粘土和一定量的水混合后就会变得有粘性和可塑性，可用手任意捏成各种形状，并且若放在强烈的太阳光下晒干，泥坯就会变硬，可盛放东西。后来，在不断的实践过程中，人们把粘土和适量的水混合后制成各种器物，干燥后经火的焙烧，就制成了陶器。这是人类第一次利用火通过化学变化将一种物质改变成另一种物质的创造性活动，具有重大的历史意义。同时，陶器的发明也大大地改善了人类的生活条件。

然而，关于陶器究竟是怎样发明的，目前还缺乏可靠的材料来详尽说明。恩格斯曾在《家庭·私有制和国家的起源》中说："可以证明，在许多地方，或者甚至在一切地方，陶器都是由于用粘土涂在编制或木制的容器上而产生的，目的在于使其耐火。因此，在不久之后，人们发现成型的粘土不要内部的容器，也可以用于这个目的。"

战国至汉·印纹陶罐

二、白陶和印纹硬陶的出现与兴盛

早在新石器时代，中国就出现了白陶和印纹硬陶。而这两种陶器的出现，说明我国商代的制陶技术中已经孕育着生产瓷器的可能性了。

白陶是指胎质和器表里均呈白色的一种陶器，其成分非常接近高岭土。这表明我们的祖先至少在 4000 多年前，就已经利用高岭土作为制陶原料了。而且，我国还是世界上最早使用高岭土烧制器物的国家。

夏商、西周、春秋时期的陶器中还出现了一个引人注目的品种——印纹硬陶。其胎质比一般陶器坚硬，烧成温度也比较高，有的已经烧结，叩之可发出金石声。它的胎质原料根据化学成分分析，基本接近原始青瓷，只是铁的含量比较多。

仰韶文化·彩陶石叠
斜格子交双耳壶

三、制陶工艺的成就

我国古代制陶工艺在新石器时代达到了一定的水平，首先表现为陶窑的发明与发展。陶窑主要由火口、火膛、窑箅、火道和窑室五部分组成。尤其是窑箅的发明与使用，使火焰经过火道时可以均匀地进入窑室，然后通过没有完全封闭的窑顶排出到空中。而火焰的流通既可以提高窑内的温度，又有利于空气的进入，促成了氧化气氛的形成。

新石器时代还形成了最初的轮制法。今天的陶瓷工业已普遍采用电力带动转盘，其基本原理就是在遥远的 5000 年前建立起来的。最后再说一说陶土，它是一种天然的泥土，但并不是说任何的泥土都可以用来制作陶器。而且，此时羼和料的加入提高了陶土成型性能和成品的耐热急变性能，防止陶坯在受高温焙烧时开裂、变形，是制陶工艺上一个了不起的创举。

四、陶器与瓷器的区别

陶器是瓷器的源头，所以瓷的发明在某些方面深受陶器的影响，但两者之间又有着本质上的区别：

1. 陶器的胎料是普通的粘土，瓷器的胎料必须是瓷土，而瓷土的成分主要是高岭土，并含有长石、石英石、莫来石成分。陶胎含铁量 3% 以上，一般不透明、带色，如灰、红、褐。瓷胎的含铁量一般在 3% 以下，并且经过高温烧成之后，胎色白或近白色，具有透明性或半透明性；胎体吸水率不足 1% 或不吸水。

2. 陶器的烧成温度一般在 900℃ 左右，瓷器的胎体必须经过 1200℃—1300℃ 的高温焙烧，才具备瓷器的物理性能。

3. 陶器不施釉或施低温釉，而瓷器表面所施的釉，必须是在高温之下和瓷器一道烧成的玻璃质釉。

4. 陶器由于胎质粗松较软，断面吸水率高，叩之其声音不脆。瓷器经过高温焙烧之后，胎体必须坚硬结实、组织致密，叩之能发出清脆悦耳的金属声音。

第二节　原始瓷器的出现与成熟

夏王朝可以说是我国历史上的第一个朝代，加之后来的商代、西周和东周（包括春秋、战国），被统称为"夏商周时代"，其间经历了约2000年左右的时间。

一、制瓷工艺的发展

此时，我国的烧窑技术有了很大改进，馒头窑的出现更改善了窑内的烧成气氛，对提高陶器质量十分有利。而且，窑炉容积增大，窑室底部宽度可达1.8米。同时，根据不同的产品，其烧成温度也有所提高。进入西周以后，窑炉顶部还出现了烟囱。这个创举使燃料的燃烧更加充分、热力利用更加有效，还可调节空气和火焰的流速，使火焰性质得以控制，烧成温度可达1200℃。所以说，窑炉的改进是这一时期出现原始瓷器的重要原因。

与此同时，有一部分陶器开始用高岭土做胎子的原料，并经过淘洗提高了三氧化二铝，降低了三氧化二铁的含量。这样一来，一方面可以提高

商·青釉弦纹尊

温度，使胎质坚致、不渗水；另一方面可以使胎的颜色由深变浅，提高了洁白度。加上器表再施用一层用草木灰和瓷石配合而成的高温釉，并经过1300℃以上的高温烧制，使胎釉结合在一起，因此这些器物已具备了瓷器的雏形。但当时制作工艺水平仍比较低下，胎中还是含有一定量的铁分，再加上在略低的温度中烧结，颜色较深、透光性较差；又因

中国瓷文化

西周·原始青釉尊

工艺不稳定，铁含量和烧成气氛不能自如地控制，釉色也不好掌握，所以此时的瓷器还具有一定的原始性，这就是原始青瓷。基于此，学者们借用人类社会初始阶段被称"原始社会"的习惯，把这种人类刚发明的、低级的瓷器称做"原始青釉瓷器"或简称"原始青瓷"、"原始瓷"。原始青瓷的烧造成功是中国瓷器诞生的标志，一部完整的中国瓷器史也就从此开始书写。

二、原始青瓷的特点

由于原始青瓷的原料处理和坯泥炼制还比较粗糙，没有经过精细的过滤、淘洗、捏练、陈腐等工艺过程，因此胎料中杂质较多，会产生裂纹，导致釉色不稳、薄厚不均，且有露胎流釉等现象。此时，其造型大致可分为两大类：一类是模仿当时流行的青铜器造型，以尊、簋、瓿、匜、盂、豆、钵、鼎等为主；另一类是民间使用的生活器皿，如罐、盘、碗、壶等。装饰纹样有水波纹、云雷纹、方格纹、叶脉纹、席纹、网纹、圆圈纹、曲折纹等

三、最早的色釉

我国最早的色釉萌生于商周时期，即与器物本身一起烧成的高温釉。到了汉代，人们才成功地发明了低温铅釉，即以铅的化合物为基本助熔剂，用700℃左右温度烧成的釉。那时，釉的着色剂为铜和铁，前者可烧出翠绿色，后者则呈现棕红色或黄褐色，大都釉层清澈透明、表面平整光滑。

第二章

瓷器的真正产生在东汉

中国瓷文化

经典文化系列

　　自从带有青釉的原始瓷在商代出现以后，至战国晚期，由于战乱，江浙一带的瓷器生产曾出现了一个短暂的停顿。到了秦汉时期，瓷器生产才得以复兴，并进入一个新的历史发展时期。在汉代，中国出现了最早的瓷器，即青瓷。而到了东汉的晚期，瓷器的烧制技术日益进步，并在这一时期完成了由原始瓷器向近代瓷器的过渡，可以说是我国瓷器发展史上的一个重要里程碑。此时，一些地区生产的器物已经相当成熟，开始出现胎体的瓷化程度接近现代瓷器水平的青瓷器。

第一节　东汉瓷的特点

一、东汉瓷的特点

　　一般而言，东汉瓷制作精细，胎体坚硬、致密、细薄而不吸水，胎体多为灰白色或淡青灰色，瓷化程度高，敲击声音清脆；胎体外面罩施一层釉，釉面光洁、顺滑，胎釉结合紧密、不脱落，仅个别有剥釉、积釉现象；釉色青绿，也有些为青黄，但釉面匀净。此时，施釉方法已改为浸釉法，且生活日用器如碗、盘、罐、盘口壶等成为主流。但是，东汉青瓷毕竟刚刚从原始瓷中脱胎出来，才踏入成熟期的门槛，因此尚未形成自己特有的风格，在造型和装饰风格等方面还带有前期样式的烙印。此时常见的器型有：碗、盘、盏、钵、盆、壶、洗、瓿、罍等器物，外壁往往拍麻布纹、网纹、方格纹、三角纹等，与印纹陶的装饰纹样相似。

二、最早的黑瓷

黑瓷最早出现在东汉晚期，考古工作者在浙江的上虞、宁波等地的东汉窑址中均有所发现。据测试：黑釉瓷的制胎原料是一种烧结度较低的瓷土，烧成温度为1200℃左右，胎料中含三氧化二铁为2.3%—2.8%，胎呈灰黑色。当时，由于瓷土中含有较多的铁，技术上又无法淘洗干净，因此一般瓷器

东汉·青釉罐

的胎中都会残留2%以下的铁分。如果釉中的含铁量再达到3%，就会烧出褐色釉瓷器。如果这种含铁量高的釉再厚一点或含铁量达到4%—5%，就会烧出黑瓷了。其常见器物有壶、罐、罍、碗及洗，造型与纹饰大体与同时代的青釉瓷相仿。

总的来说，东汉的黑瓷修胎不如青瓷规整细腻，釉层也薄厚不均匀。但是，也正是由于黑瓷的用料不讲究、工艺不复杂、制作成本低，所以其才得以迅速地发展。

第二节　东汉瓷窑

东汉瓷窑遗址最先是在浙江上虞县上浦乡的小仙坛发现的。当然，东汉时的烧瓷窑业并不仅限于上虞一个地区，而是从浙江东北部的上虞、宁波一直伸展到南部的永嘉地区都发现了瓷窑遗址，且仅上虞一县就有汉代瓷窑7处。这些都充分说明：浙江是汉代瓷器的主要产地，东汉时期的瓷业已具相当的规模。而且，这些东汉窑址的遗存物中不仅有青釉瓷，还有黑釉瓷，

东汉瓷器在浙江地区率先烧成，一方面是由于该地区有着雄厚的制陶技术，另一方面也是因为该地区蕴藏着一种极为丰富的含有石英、高岭、绢云母类型风化岩石矿物的瓷土资源。除此以外，烧窑工艺也是其中至关重要的技术环节。因此，瓷器在浙江地区的最初形成，从本质上

还有赖于当地烧窑工艺的出类拔萃。

　　一定结构的窑炉必能烧出一定品质的陶瓷，而窑炉的改进也必然会促进陶瓷的发展。东汉青瓷的烧成就与这一时期最为典型的龙窑息息相关，这可谓中国陶瓷史上的一大创举。上虞帐子山的东汉瓷窑遗址就揭示：东汉青釉瓷器是在"龙窑"中烧成的。龙窑通常就山坡的走势而建，虽体位不高，但窑身长。东汉的龙窑窑身长约10米左右，长于战国时期龙窑的窑身。窑身的加长不仅可以增加坯体的装烧量、提高产量，还可以延长火焰在窑身内的停留时间，使窑内的热量分布均匀，把窑温提高到1300℃。此外，龙窑的长条形窑炉结构和较薄的窑体还具有升温较快、冷却迅速的特点，可促使窑室内还原气氛的形成，从而创造烧制瓷器必须具备的高温和气氛的条件。与此同时，我国北方使用的馒头窑也已基本达到比较完善的地步，由升焰窑发展到了半倒焰式的馒头窑。此窑有烟囱，产生的抽力能烧较高的温度，又能烧成还原气氛。

第三章

早期的瓷器——三国两晋南北朝时期的瓷器

三国、两晋、南北朝从公元200年至581年，是中国历史上一个大动荡时期，其间又夹着一段五胡十六国，致使战乱频频。总体上来说，此时的瓷业发展处于一个相对停顿的状态，却是我国瓷器成熟后的第一个重要发展阶段。这期间，制瓷工匠们对胎釉原料的选用、成型、施釉方法，窑炉结构和装烧技术等方面进行了一系列的改进和革新，使瓷器的生产由初级阶段发展到了高级阶段。此时，每出现一种新事物，都会把瓷器的生产推向一个新的高峰，并对以后的陶瓷生产产生重大的影响。

第一节　三国时期的瓷器

三国时期，瓷器还是一种兴起不久的新产品。所谓三国时期的青瓷烧造，主要是指孙权政权控制地区的青瓷烧造。

此时的瓷器以越窑瓷器为代表，其胎质坚硬，优质瓷的胎色呈淡灰色、釉面青亮光润，这说明当时的工匠已能够很好地掌握还原气氛了。瓷器的造型和装饰基本上是承袭汉代的，同时较多地吸取了陶器、铜器和漆器等的形式和图案花纹。但此时的纹饰较少，只有划或印的网格

三国吴·青釉熊灯

纹、弦纹、水波纹等，贴塑、模印纹则比较丰富。

三国时常见的器型有：碗、盘、碟、罐、盒、洗子、盘口壶、钵、盆、水盂、虎子、唾壶、槅、耳杯及殉葬用的灶、鸡笼、犬、羊、猪圈、谷仓等冥器。

总的来说，当时主要的制瓷工艺技术成就有：（1）坯料选用水平提高，可以根据不同产品配制成分不同的坯料，从而得到色泽不同的胎体。（2）成型工艺上圆器基本上用拉坯成型，能做到器型规整，胎体厚薄一致。琢器则用拍片、模印、镂雕、捏塑等多种手法成型。（3）能根据需要来控制含铁量，生产出色泽不同的褐彩瓷器，如：在色较深的青釉上以深褐色点、线彩绘，或在胎体上用褐黑彩绘纹饰，再罩上色浅的青黄釉。（4）用化妆土来美化瓷器，使表面凹点等得到掩饰、胎体的杂色被覆盖，从而使釉色更加鲜明、饱满。（5）窑炉结构进一步改进以及使用窑具，提高了烧成技术。龙窑向长、窄方向发展，两旁添投柴孔，提高了烧成温度，有的可达到 1300℃。所用的窑具有垫具、间隔具、匣钵，提高了窑炉装烧量，进而提高了瓷器的质量。

三国吴·青釉谷仓罐

第二节　两晋时期的瓷器

西晋时期的瓷器仍以越窑为代表，但胎体比三国时的略厚，且通常为褐色胎或灰白胎，瓷化程度相对较高、器身沉实。西晋后期出现了不规则的褐色斑点，后到东晋时普遍使用，一般是有规律地点在器物的口沿、器盖，或者兽眼、鸡冠、羊角等部位上。

东晋的青瓷与西晋的情况基本上相近，但在装饰上却大不一样。西

西晋·青釉辟邪

晋纹饰追求华丽而东晋趋于简朴，光素无纹器很多，有的只有几道凸弦纹或梳篦水波纹。而且，东晋时广泛使用的褐色点彩装饰打破了单一的青釉，使之更加活泼。用褐彩在器物表面上书写文字则更是这一时期褐彩装饰的一大特色，这种装饰手法在后来的唐、五代时期大为盛兴。

东晋时也有一些动物形象的尊、砚滴等，但已不是西晋时的写实样子，只是水盂上塑出蛙首及四肢或干脆简单地划上几笔。实用器中还出现了配套餐具，如大小配套的碗、碟，且不同口径的碗多达十余种，碟也有四五种。

瓷质谷仓罐就是三国西晋时期出现的，主要用于陪葬，所以也称"魂瓶"或"神亭"。它是由东汉的五联罐发展而来的，但制作精细、堆塑繁杂，有人物、飞禽、走兽、亭台等，以体现吃饭的重要性。

另外，此时中国文字史上第一次出现了"瓷"字，这可见于晋代吕忱的《字林》和一些文学作品中。如晋人潘岳在《笙赋》中就写道："倾缥瓷以酌酃。"据考古调查：缥瓷的窑址在今浙江温州地区，称为瓯窑，晋人杜毓的《荈赋》中就有"器择陶拣，出自东瓯"之说。

"瓷"字的出现说明晋代瓷器已大量生产，并受到人们普遍的欢迎和赞赏。同时表明瓷器的发明应在晋代之前，因为只有先有了产品然后才可能有文字的记载，这一点已为现今考古发现的历史事实所证明。

第三节　南北朝时期的瓷器

从公元263年魏灭蜀以后，连年战乱，北方出现了五胡十六国的局面。西晋灭亡之后，许多门阀士族渡江南下，先后建立了宋、齐、梁、陈四个朝代，史称"南朝"，并与同时代北方的北朝统称"南北朝"。

一、南北方迥异的瓷器

此时，南北方的制瓷业发展不平衡，并形成了鲜明的对比。长江流域广大地区相对稳定、社会经济发展较快，钱币铸造业的发展和厚葬的风尚在民间盛行，这些都为制瓷手工业的发展创造了有利的条件。而且，中原地区大批人员纷纷南下，其中不乏陶瓷业技工。所以，当时南方以浙江早期越窑为中心，继承并发展了东汉青瓷的成就，制作出了许多青瓷作品，而这些青瓷作品就是被人们称颂的"六朝青瓷"。

这一时期，南方的窑炉也有了很大发展：龙窑结构被进一步改良，窑床长度达10余米。为解决龙窑窑室内抽力大、火焰速度过快的问题，这一时期还发明了起缓解作用的"挡火墙"，可更

南朝·青釉莲花尊

有效地调节窑内抽力和温度。经测试：这一时期的瓷器都是在弱还原焰中烧成的，烧结程度较好，烧成温度可达1300℃左右，达到了现代瓷的质量水平。

与此同时，北方地区的制瓷业则处于萧条境地，还不及汉代发达，对窑炉的使用也极少改进，仍延用圆形馒头窑。直到6世纪初期，北方的墓葬中才有随葬的青瓷被发现，晚期的墓葬中才出现了白瓷。

总之，北朝晚期，南、北方青瓷的差别主要表现在以下几个方面：一是北方青瓷胎料中氧化铝的含量高，往往有因温度不足而瓷化程度稍低的现象，但瓷胎的颜色比南方要稍淡一些，多为灰白色或白色；二是北方青瓷釉的光泽性好，玻璃质强，釉面常有开片，流动性大，没有南方青瓷那种失透的感觉；三是北方青瓷胎体厚重，与六朝青瓷相比显得形体硕大；四是北方青瓷的装饰方法较多，有堆贴、模印、镂雕、刻划等，纹饰中受佛教影响的纹样如莲花纹、忍冬纹等较多见。

二、白瓷的迅猛发展

4世纪末，鲜卑和拓跋部统一了黄河流域地区，建立了北魏政权，随后孝文帝迁都洛阳，实行汉化政策。在新的历史条件下，具有丰厚制陶基础的北方窑业一跃而起。考古发掘的资料表明：在河北、山西发现的十余座东魏、北齐墓中，都出土了白胎青瓷。它表明：北朝时，北方工匠开始选用含铁量低的原料制瓷坯，以提高胎色的白度和增加釉色的纯正。白胎青瓷的烧制不仅标志着北方制瓷工艺在原料的选配上较南方工艺有了长足进步，更重要的是它为早期白瓷的烧成准备了技术条件。

据考古发掘证实：北方白瓷早于南方出现并得到发展，并非是由于南方制瓷业技术的条件不足，而是与南、北方地区长期形成的社会风俗，以及人们对色彩欣赏的习惯与禁忌心理有关。江南地区山清水秀、四季常青的生活环境养成了人们崇尚青色的欣赏习惯，天长日久就形成了青瓷垄断南方制瓷业的局面。而从殷商时的白陶到汉代彩绘陶上的白色陶衣，却表现出长期生活在多雪环境中的北方地区人们所追寻的一种以白为美的旨趣。北魏孝文帝迁都洛阳，促进了民族融合，"尚白"的习俗越发广泛而强烈，导致北方瓷业中的白瓷迅速发展。

北齐·青釉莲花

国内发现的有关白瓷的最早资料是在河南安阳北齐武平六年（575年）范粹墓中出土的北齐白瓷，有碗、杯、缸、长颈瓶等，其特点是釉层薄而滋润、呈乳白色，但釉色仍泛青，还不是成熟的白瓷。国外发现的资料还有更早者：韩国清州博物馆收藏有韩国公州武宁王陵（529年）出土的一件白瓷灯盏，经鉴定是中国的瓷器。

白瓷的出现不仅增加了一个瓷器的品种，更为我国以后瓷器的发展提供了一个广阔而坚实的平台，并为北齐以后青、白两大瓷系并驾齐驱的发展奠定了基础。可以说：有了白瓷，才有了我国千变万化、千姿百态的彩瓷，才有了我国瓷器高超的绘画等装饰艺术。

三、佛教对南北朝瓷器的影响

东汉时期，佛教传入我国，到南北朝时期开始盛行，各地都建造了大量寺庙，佛像石窟和僧尼的数量猛增。这时的绘画、雕塑中都吸收、融会了不少外来因素，带有佛教色彩、意义的装饰也随处可见。

北朝时期的代表作品——出土于河北省景县封氏墓的青釉六系莲花大尊，它的装饰集印贴、刻花和模印等多种方法于一身，上部的飞天、团花、双龙与兽面都是用模子印好后再粘贴上去的，并配以三层外撇莲花瓣，整体装饰给人以雄伟而又飘洒的感觉。

此时，陶瓷还被大量地运用到文具中，如笔筒、水盂、砚等。水盂虽只是用于盛磨墨用水的，但造型都很丰富，有蛙形、鸟形、兔形、牛形等式样。而且，这时的瓷器已取代了一部分陶器、铜器、漆器，成为人们日常生活最主要的用具之一，被广泛用于餐饮、陈设和文房用具等等。

第四章

隋代的瓷器

公元 581 年，杨坚兼并北周和南陈，统一中原，结束了魏晋南北朝以来连年混战的局面。隋末大运河的开凿，也对中国南北经济文化的交流起了很大作用。隋代处于两晋南北朝和唐代之间，是一个承上启下的过渡阶段，它孕育着我国瓷器发展的第一个高峰期——唐代瓷器巨大成就的到来，也预示着一个新的时代风格的开始。

这一时期的陶瓷业相对前代可以说比较发达，瓷器的生产继承了北方青瓷的传统风格，又吸收了南方青瓷的特点，烧制出的器物品种明显增多。白瓷生产也较多，质量有了很大提高。可以说：陶瓷器造型基本上继承了南北朝的风格，但又有所变化，变得更加饱满。隋代制瓷的中心仍在南方，但已有逐渐向北转移的趋势。因此隋代制瓷业的突出表现就是北方的瓷业有了新的发展。

第一节　青瓷与白瓷

一、青瓷

青瓷是隋代瓷器生产中的主要产品，一般是在还原焰中烧成的，釉色还不稳定，这说明它的窑炉结构还有待改进，使用还原焰烧成技术仍不成熟。这时的用釉仍属石灰釉，透明度强，釉面无论青绿、青黄还是黄褐均为玻璃质，在高温中流动性大，烧成后常呈流珠状，而且胎体普

隋·青釉龙柄四系环状壶

遍较厚，胎质坚硬，一般是器里满釉，器外施釉不到底。

此时青瓷的装饰有刻花、划花、印花和贴花，个别的也有加黑褐彩的，其中以印花较为多见、最富有代表性。印花是在瓷胎未干时，用瓷土烧制成的阳文印模压成花纹，然后才施釉烧成。其纹样有团花、草叶、莲瓣、卷叶、波浪和弦纹等单独或复合形式，多表现在立体器物的颈、腹部和高足盘的圆面上，看上去整齐、简朴、图案性强。刻花则是用一种尖利的工具，在瓷胎未干时刻划出各种各样的花纹样，然后施釉入窑烧制。贴花是将瓷泥填入模内，压制成各种花纹，趁瓷胎未干时用瓷泥浆水粘合在器物表面而成，较少见。

在造型方面，隋代青瓷基本上继承了南北朝时期的造型，主要有四系或六系盘口壶和罐、龙柄鸡首壶、唾壶、多格盘、五盅盘、高足盘、瓶、砚、盘和碗等。最多见的器类有鸡头壶、盘口壶、罐、瓶、高足盘等。湖南岳州窑烧制的青釉八棱形短流壶，就是一种新造型。安徽淮南窑的青釉四系瓶，也为它窑所不见。而各地瓷窑都有青釉高足盘，则属隋瓷中的典型器物。

二、白瓷

从已经发掘出的隋墓里，我们可看到大量质量较高的白瓷。但这时的白瓷釉不是真正的白色，而是透明的玻璃釉罩在白胎上。器物胎质较白、釉面光润，已基本上看不到南北朝白瓷中那种泛青或闪黄的痕迹。这种在瓷胎上成功采用白色化妆土的工艺，是隋代制瓷技术的重要成就之一。即：上釉之前，精选含铁成分

隋·白瓷鸡头壶

少的白瓷土细密地挂在坯上，对白瓷釉色透明度的提高和呈色的稳定起着重要的作用。

三、制瓷工艺与器型

隋代瓷器的工艺技术取得许多成就，超越前代。瓷泥一般都经过淘洗，且掌握了控制原料中铁元素比例的技术。

隋·青釉贴花四系罐

隋瓷主要用支具支托叠烧。支具支托叠烧时，器物在窑内直接接触火焰，受窑内烟火熏染，釉面不匀，而且往往还会粘上许多烟灰窑渣。但这时已出现了筒形匣钵，虽未马上得到普及与发展，却也标志着烧瓷技术的又一次飞跃，逐渐使得瓷器制作与造型发生了很大变化，胎壁由厚重趋向轻薄，底足由平底、饼形足变为玉璧形底、圈足，釉面不受窑内烟熏污染，从而保持了色泽的纯净，也使器物造型趋向于轻巧、精美。

隋代的主要器型有：盘口壶、鸡头壶、带系罐、瓶、高足盘、佣等，其造型有较鲜明的时代特征。

鸡头壶：盘口较南北朝时更高，颈更细长，颈部加饰几道弦纹。腹部更为瘦长，鸡头却趋向写实而且较靠近颈部。龙柄、带系。

盘口壶：体形较南北朝时的大，盘口更高，颈较长较直，腹更瘦长，有4—6个条状系。

罐：北方流行的罐多为四系、直口、无颈，罐身近椭圆形，腹中部凸起一道弦纹。南方流行的罐多为六系或八系，直口、无颈、丰肩，罐身瘦长。

瓶：小盘口，颈较细长，腹略呈椭圆形。

高足盘：有些文献上称作浅盘圈足豆，这是隋代特有的器型。浅盘，口微外撇，盘心平坦，常有阴线圈纹，并留有几个支烧痕。高足呈喇叭状。

白瓷佣：面部清瘦，身体细长，同唐代肥胖的佣有明显的区别。

第二节　北方制瓷业的发展

隋代以前，我国的制瓷业主要集中于江南一带，但隋以后，北方制瓷业有了新的发展，制瓷区域大部分集中在河南、陕西、河北、山东等省。如：隋代北方青瓷窑口有河北贾壁村窑，河南安阳窑、巩县窑，安徽淮南窑等。它们的胎釉特点是：胎骨厚重，胎土经过淘洗，胎色多为灰白色。其中淮南窑瓷胎较粗，釉的玻璃质较强，透光度好，釉面常有纹片，外壁多施半釉，有流釉现象，釉色青绿或微闪黄。

当时，北方以河北邢窑最为突出。它与南方越州出产的青瓷交相辉映，形成了唐代陶瓷业的两大主流。可以说，北方瓷业的发展为以后唐宋瓷业南北遍地开花、名窑迭出的繁荣局面开了先河。

第 五 章

唐代的瓷器

唐代被公认是封建社会的鼎盛时代，定都长安，陪都洛阳。这两个地方都出土了大量的唐三彩，其在艺术和技术上均非常高超，引起了世界的注目。

唐代瓷器的发展有三个社会因素：一是由于唐代对外贸易发达，货币流通量大增，造成铜料不足，使政府禁止百姓用铜铸造生活用品，铜器也被禁用，因此陶瓷逐渐代替了铜器；二是唐代中叶以后，饮茶之风盛行，促进了瓷器生产的发展；三是由于官方对手工业发展的重视，官府专门设置了"将作监"、"少府监"等机构，加强对陶瓷、金工、漆器、染织等手工业的发展；以便更好地为当朝官府服务。

由于瓷器的发展，产区日广，唐代各地出现了不同风格的瓷窑体系，逐步形成了青瓷与白瓷并驾齐驱的局面。

陆上与海上对外贸易的发展也促进了唐代瓷器的发展，当时出口商品中除著名的丝绸外，瓷器也随之销往国外。为适应外销的需要，以及受西亚文化的影响，瓷器的造型、纹饰也吸取了一些外来的因素。

第一节　南青北白局面
的形成

当时，北方的邢窑和南方的越窑成为白瓷与青瓷的具有代表性的窑口,一白一青、遥相呼应,出现了陶瓷史上所称"南青北白"的局面。据考古发掘显示:在江南地区发现的唐代瓷窑遗址绝大多数是青瓷窑,而北方的唐代白瓷窑已发现10多处,仅在陕西铜川窑发现少量青瓷,基本上符合唐瓷器"南青北白"的发展特点。然而,尽管唐代瓷器制造业出现了"南青北白"的局面,但青瓷在整个瓷业中仍然占主要地位。

一、越窑青瓷

唐代饮茶之风的兴盛,以及朝廷对青瓷需求量的增大,都促使越窑青瓷质量的不断提高。尤其是在晚唐时期,南方地区形成了以浙江余姚为中心的瓷区。越窑青瓷代表了当时青瓷的最高水平,釉色葱翠、釉层均匀、浑厚滋润、如冰似玉、造型典雅、式样优美,在装饰处理上也是以素面为主,形成了独特的风格。刻划花装饰线条简洁流畅,廖廖数笔就描绘出当时人们喜爱的荷花、荷叶、牡丹花等花卉,绝无繁琐之笔。

越窑青瓷业在唐代大体可分两个发展阶段:一为初唐,二为中晚唐。初唐时期的瓷器基本上保持着南朝和隋代的风格,胎质灰白而疏松、釉色青黄、容易剥落,产品种类和造型的变化不大。中晚唐时期的越窑生产跨上了一个新台阶,不仅烧瓷的窑场大量增加,而且器物的质量也有了显著提高。其在影响其他窑口的同时,广泛吸取了它们的长处,以及玉、石、陶艺的风格和金银器制作的工艺,取得了极大的成功。

晚唐时越窑瓷器质量越来越精,对坯料的粉碎、淘洗、揉炼工艺和釉料都处理得十分精细,并改进了施釉技术、采用了匣钵装烧方法,使得青瓷胎质细腻致密、胎面光滑、胎色呈灰或淡灰。成型操作严格、器型规整、口沿细薄、转折处分界显明,给人以轻之感。胎体通体施釉、薄而均匀。

唐·青釉凤头龙柄壶

中国瓷文化

经典文化系列

二、邢窑白瓷

唐代内丘邢窑的规模很大，南北约 30 公里。生产数量也巨大，器物粗精皆有。瓷器胎质洁白细腻、胎体坚实、釉色类银似雪，工艺水平相当成熟。所出产的精器一般供上层皇室官吏使用，如陕西西安唐大明宫遗址出土的洁白光润的邢窑器就刻有"盈"字，属官窑性质。

据考古挖掘表明：这一时期，内丘白瓷的品种很丰富，有小唇沿撇口浅腹玉璧形底碗、圆沿弧腹玉环形底碗、瓣口深腹玉环形底杯、瓣口盘状玉环形底托、圆沿短颈鼓腹罐、短戏耍短流鼓腹双泥条系执壶、矮圆形子母口粉盒等。造型规整、底心有旋削纹且满釉、釉色纯正、口沿棱角积釉处见水绿色，呈唐邢窑白瓷的重要特征。在中国陶瓷史上，唐代邢窑白瓷的历史意义非常重大，其洁白如雪的胎质为后期瓷器的美化和各种彩绘装饰打下了良好条件，

唐·越窑八棱瓶

把瓷器工艺的发展推向了一个新的高峰。

第二节　其他釉色瓷的发展

一、寿州黄瓷

1960 年，人们在安徽淮南市发现窑址，那是一处长达两公里长的大窑场，瓷器的基本特征是：胎体厚重、坚硬粗糙，胎色为白中泛黄或黄红色；为了掩饰胎质粗劣，往往在胎上施白色化妆土；器物底足多做成平足，或底心微凹形状；釉的玻璃质感较强、流动性大；为防止流釉粘连，多是器内施满釉，器外施半釉；釉色以黄为主，有蜡黄、鳝黄、黄绿等色，釉色浓淡不一、釉面细润并开有细小纹片；釉与化妆土结合不好，有时有剥落现象；常见的器型有碗、盏、杯、钵、瓶、盘、罐以

及玩具等，造型特点与唐代其他窑相似。

二、黑瓷

唐代黑瓷的一般特点是：胎体厚重，器物多为平底，制作较青瓷、白瓷略为粗糙；釉色有的色黑如漆，也有些因火候把握不好而烧成褐色或茶叶末色。

唐·寿州窑黄釉壶

三、唐花釉瓷

在唐代，花釉瓷获得了一定发展。花釉瓷是指用含两种不同金属氧化物呈色剂的釉料，在坯体上两次施釉，高温烧成后呈现，以浑然一色的底釉衬托不规则的斑条状面釉作装饰的瓷器。那些色泽对比强烈的花斑，仿若白云朵朵，又似落叶片片，充溢着诗情画意。此时，花釉瓷的色釉组合大体分为两类：一是以黑或褐黑、茶叶末釉为底色，其上饰以月白或灰白色釉斑；另一类是以黑、月白或钧蓝色釉为底釉，衬托天蓝色的不规则条块状釉斑。一般是：深色釉饰以浅色斑点，浅色釉则饰以深色斑点，深浅相间、对比强烈，

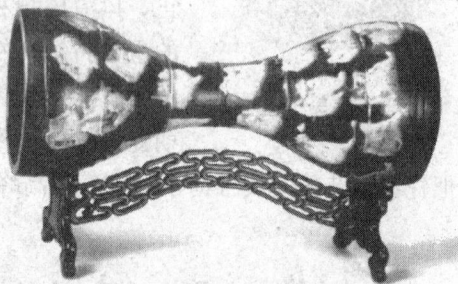
唐·鲁山窑黑釉斑点腰鼓

且釉斑排列无论是有序还是任意，都很工整。这种花斑釉器物在唐代文献中被称为"花瓷"，其器型主要有罐、瓶、碗、壶、腰鼓等。其中彩斑腰鼓是乐器，釉色绚丽美观，具有浓郁的地方特色。

关于花瓷的产地，被认同的是河南省境内的郏县窑、鲁山窑、内乡窑和禹县窑。20世纪60年代人们在郏县窑最先发现花釉瓷残器，70年代在鲁山窑发现了花釉腰鼓碎器，从而证实了鲁山窑是唐代花釉腰鼓的窑场。

中国瓷文化

四、彩绘瓷

唐代中期以后，长沙窑兴起了彩绘装饰。过去有人认为长沙窑属于釉下彩绘，而现在经化验表明：长沙窑的彩绘装饰技术多种多样，有釉上彩或釉中彩，人物、花鸟一类精细作品则类似釉下彩的工艺。主要是以褐色、绿色和蓝色进行彩绘，色彩以褐、绿为主。装饰图案丰富，有用联珠纹组成的图案，还有人物、动物、花鸟、山水等，构思简洁、意境协调，表现出明丽浑朴的装饰格调。

五、绞胎瓷

唐代的绞胎有两种形式：一种是整器绞胎，把制好的花色泥料折片、粘合、修坯成型，施釉烧成后通体呈现出灰色与白色或赭色与白色线条交织组成的如羽毛似木纹般美丽而有规律的花纹；一种是器表的绞胎装饰，俗称绞胎贴花，即把花泥揉成条状，切薄片，断面拍平，镶贴于器表的装饰部位，施釉烧成后可呈现花朵绽开的画面。

唐代绞胎瓷器外壁有的施白釉、有的施青釉、有的施绿釉，还有一种极为新颖、别致的绞胎瓷器用两种不同颜色的泥料做坯，造成如羽毛或木纹纹理的效果。其工艺技法是：把两种不同颜色的瓷土（白与灰或白与赭）分别制成泥料，揉作长片交叉叠放，拧绞一起制成花色泥料，用来制坯。

绞胎瓷的器型有绞胎杯、碗、三足小盘、长方形小枕等。而且，唐代已出现专门烧制绞胎贴花枕的作坊。

第三节　制瓷工艺的发展

一、窑炉的改进

这一时期，制瓷业在窑炉上普遍有所改善。北方均为馒头窑型，一般为直焰馒头窑或者是在窑底上设置台柱，还出现了原始倒焰窑。这几种窑型都由火膛、窑室、排烟孔、烟囱四部分组成，火焰流向呈现半倒焰式，依靠排烟孔调节燃气的流量。而最大的改进是由原来的冷底窑改为热底窑，使窑内温差大大减小、温度分布更加均匀。南方则以龙窑为主，为节省燃料、增加产量，充分利用空气预热，采取了加长窑身和减小窑床倾斜度的办法，如在浙江发现的唐初龙窑就残长 40 米、宽 1.7 米、倾斜度 10—12 度。从烧造工艺上看，唐代很多窑普遍使用了匣钵，避免窑火直接接触坯体。

二、器型的演变

此时的器型有了较大发展，包括碗、盘、洗、碟、盒、杯、钵、釜、灯、罐、罂、缸、执壶和唾壶等。胎体的厚度和重量有所减轻，器型更加轻薄秀美，釉面更加光洁。

瓷砚。砚足明显增多，四足、五足以至多到排列成密集的一圈。有的砚，砚面圆形凸起，四周围有深凹的水槽，造型更趋于实用。

中唐时期，碗口腹向外斜出、璧形底、制作工整，与敞口斜壁形底盘和撇口平底碟器型风格相同。同时还有翻口碗，口沿外翻，碗壁近于斜直矮圈足和敛口浅腹平底碗等。到了晚唐，碗的形式越来越多，计有荷叶形碗、海棠式碗和葵瓣口碗等。

盘。常见的有翻口斜壁平底盘、撇口璧形底盘、直口弧腹短圈足盘、委角方盘和葵瓣口盘等。前几种出现的时间较早，后两种是晚期的产品。其中委角方盘呈方形，四角弧线折进。葵瓣口盘，有的口沿有四五处凹进、腹壁配以内凹的直线，有的口沿作波浪式起伏、花瓣丰满，给人以轻巧活泼之感，配以滋润的青釉，引人喜爱。

执壶。它是中唐时出现的一种酒器，可能由鸡壶演变而来。到了会昌、大中年间，壶的形状有了显著改变，颈部加高，腹部作椭圆形，有四条内凹的直线，腹作瓜形，流延长，把孔加大，式样优美，装酒、注酒更加方便。

唐晚期还生产各种小壶，有的形似盘口壶；有的又像球形小罐，但肩部装一个外壁削成多角形的短流；还有一种为喇叭口短颈，球腹平底，肩腹之间装短流和柄各一，流在前，柄在右，成 90°角。这类小壶高仅 6—9 厘米，容量很小，多数有流，应该是盛放饮食调味的器具。

瓷罂。它是这个时期常见的一种产品，其形状与六朝、初唐时的盘口壶或瓶相似。余姚县上林湖东岙南山脚就发掘出一件刻有"维唐故大中四年……，人记此罂"的器物，可知这类盘口壶本名为罂。罂字下部，有从"瓦"、从"缶"和从"女"的，互相通用。而且，根据南京市南京化纤厂东晋墓出土的青瓷鸡壶的底部刻"罂主姓黄名齐之"七字推测：在六朝时期，这种盘口壶也称为"罂"。

三、装饰特征

此时，瓷器的装饰也出现了一些新的特征，表现为：壶多是短短的小嘴，与壶嘴相对称的地方多是弯弯的曲柄。碗的口多作四瓣或五瓣花瓣形，外部多刻直线。这几乎成为唐代瓷器的共同装饰方法，但也或多或少地有其地方特色。此时，长沙窑制瓷工匠已开始把绘画题材反映到瓷器上，并开始使用三彩和多彩的装饰方法，如在瓷器上用几种不同的矿物质画圆斑点或花鸟纹饰，使瓷器上呈现出青、褐、绿三种色调。在三彩和多彩的基础上，印贴花的技术也得到了发展，其中以宝相花及独立的花朵为多。陕西及长沙窑出土的青釉瓷器就印贴有打马球、人物、龙、狮子及葡萄等纹饰。在造型方面，则带有外来作风，如凤头壶、四花瓣形口的椭圆杯等，都是受中亚的影响。

第四节　唐代青花瓷

关于青花瓷的起源，国内外陶瓷学界一直都有争议：一种认为青花瓷器产生于元代景德镇；另一种认为产生于宋代；第三种认为产生于唐代。但1957年文物考古工作者在江苏扬州遗址发现的一片唐代瓷枕残片和1983年扬州出土的许多件青花瓷残片证明，这些青花瓷均属于唐代。而且，南京雨花台出土的吴末、晋初青瓷釉下彩带盖盘口壶证明，早在三国时我国的瓷匠就已经掌握了青花瓷的生产有两个必备条件：釉下彩工艺和钴料的应用。春秋、战国时代的琉璃珠就已有用钴蓝作为着色剂的了，而钴蓝在唐三彩和唐蓝釉陶中的使用则更为普遍，这些都说明唐青花瓷出现的物质和技术条件在当时都已具备。经过测定证明：上述出土的瓷片，其烧造温度在1200℃—1300℃之间；胎、釉化学成分与唐代河南巩县窑白瓷产品相似；青花色料为低锰钴矿，与巩县唐三彩器中的钴蓝料雷同。而且，经过光学显微镜观察和扫描电子探针测试，表明这些青花瓷为釉下彩。

　　经专家考证：青花瓷的发明是唐代景德镇陶瓷前辈们智慧的结晶，是由唐代褐彩演变发展而来的，是先民们在唐代褐彩和唐三彩的基础上运用氧化钴作为呈色剂在坯体上进行描绘并施以透明釉入窑一次烧成的。其特点是：钴料的着色力强，呈色明快、鲜亮；成品白底蓝花，显得庄重、典雅和具有强烈的东方文化艺术风格；釉下彩，发色剂得到釉的保护，永不褪色。

　　青花瓷器的产生，标志着中国陶瓷已由素瓷向彩绘瓷过渡。

第六章

五代的瓷器

　　五代十国是中国历史上又一个动荡时期。此时，江南一带相对比较安定，北人南逃，南北往来，客观上形成了相互交融、取长补短、互通有无的局面。在陶瓷生产方面，瓷窑数量略有减少，但瓷器质量有了进一步的提高。这一时期的主要瓷窑有越窑、耀州窑和定窑，主要瓷种是青瓷。

　　五代十国瓷器的胎釉、器型、纹饰等都与唐代风格有着继承和变革的血脉联系。如：越窑青瓷质地细腻、器型规整、表面光润、口沿轻薄、均施满釉，釉薄而匀；定窑瓷器式样繁多，胎质有粗、细之分，釉色纯白或白中泛青，较为润亮。

一、越窑秘色瓷

　　越窑是五代时期最著名的瓷窑，位于五代吴越国的境内，青瓷烧制历史悠久，唐人陆羽曾将其列为青瓷名窑之首。当时，作为"秘色瓷"的青瓷已经成为吴越国钱氏的一大特产，具有了"官窑"的性质。作为小国，为了生存，吴越国当时不得不向大国纳贡称臣，进贡的物品中除珍宝外，常有数量很大的越窑"秘色瓷"，而且一次就达几万件、十几万件之多。

　　关于秘色瓷的"秘色"有两种解释：一是指釉色。晚唐陆龟蒙的《秘色越器》诗云："九秋风露越窑开，夺得千峰翠色来。"可见秘色瓷的釉色是"千峰翠"色，即"峰翠"色或翠色。而从目前见到的所谓秘色瓷来看,其胎质呈灰白色,釉质如脂似玉,清澈碧绿,造型典雅、凝重,表现出制造者较高的文化素养和艺术创造才能。二是指性质。宋人对秘色瓷的注释是:"吴越秘色瓷,越州烧制,为供奉之物,故云秘色。"即认为吴越国的青瓷专供朝廷使用,百姓不得沾边。

吴越国都城杭州和吴越国君钱氏家族及重臣的墓中,都出土了一批有代表性的秘色瓷。这些秘色瓷制作精细、胎土细腻、呈淡灰或灰色;胎壁较薄,口沿处更薄;造型规整、棱角分明、轻灵端庄;通体施釉,胎釉结合好;施黄色和青绿釉,以蜜黄色为主;稍后的以青釉为主,呈半透明状。

五代瓷器的装饰也以越窑为代表,集中了以前的各种方法并加以发展。装饰题材有:矫健的各式蟠龙,翱翔天空的鹤、凤,花丛中比翼双飞的鹦鹉以及钱塘江汹涌的潮水等。刻画人物的也很多,轮廓勾勒都很准确,线条流畅生动。莲花瓣装饰也异常丰富,有十多种不同形式与不同刻法。

吴越钱氏降宋后,越窑的兴盛时期随之告一段落,以后逐渐走上了衰微的道路。

二、北方耀州窑青瓷

1984 年以来,陕西省考古研究所铜川工作站在对黄堡镇耀州窑遗址进行 1 万平方米的发掘工作中,获得了唐至元代的陶瓷碎片达百万片以上。其中:最重要的发现当属五代层出土的相当丰富的青釉瓷残件,且可以复原的为数不少。青釉瓷有盘、碗、杯、盏、盏托、套盒、瓶、壶等,胎体较薄、造型秀雅、工艺精细。它们或以青釉素裹,或配以刻花、剔花、印花和镂空等装饰,十分美观。一些盘、碗的圈足外撇、底心施满釉,与唐越窑青瓷相类。有的圈足底心的釉面上留有细小支钉痕迹,釉面开本色细纹片,釉薄处显露淡粉色。这些都与宋代汝窑青釉盘的釉质和支烧特征极为相近。

耀州窑五代青瓷的发现不仅填补了五代时北方制瓷业的空白,又揭示了耀州窑借鉴越窑青瓷的工艺技术烧制出了更为精细的青釉器。该窑采用的细小支钉装烧工艺和薄层釉开片的釉料配制及烧成技法,又给宋汝窑片纹青瓷的烧制以影响,对北方青瓷生产的不断出新,具有承上启下的作用。刻"官"字款青釉残器的出土,则表明五代耀州窑是一处为

中国瓷文化

宫廷烧制贡瓷的民间窑业。青釉剔花牡丹纹壶残件的出土，还拨正了长久以来被称为"东窑"生产的青釉剔花器实属五代、北宋耀州窑新产品的史实。

第七章

宋代的瓷器

公元960年，宋代结束了五代十国的分割混乱局面，统一了除辽、西夏以外大江南北的广大地区，建立了自己的政权，使人民生活相对安定，生产得到发展，并出现了新兴的商业城市，促进了商品经济的繁荣。

后来，随着宋统治者重文抑武指导思想的深入，文人日益活跃，整个社会文化水平迅速提高，人们的审美情趣也逐渐发生变化。加上政府放松了对手工业者的控制，客观上促进了工匠流动、技艺交流。

当时，皇室、臣僚、贵族、商贾既需要上等的生活用器，又要求具有观赏性的陈设品和收藏品，因此在民窑生产大发展的基础上，官府督建的

宋·黑釉剔花罐

专为皇室、官府烧瓷的"官瓷"出现。而且，城市中的茶肆、酒楼、饭店都要用精细的瓷器待客，就是沿街叫卖的饮食挑担也要用上好的瓷器招引食客。然而，城市中的平民百姓和经济力低下的农户，仍以质量一般或粗糙的陶瓷器皿作为生活用器。考古资料表明：在当时全国170个县、市、自治区中发现窑业的已有130处，足以证明宋代制瓷业的普及性。

第一节　宋代五大名窑

这一时期南北方各窑之间风格迥异，且一些以州命名的窑系特点非常明显，令后人一目了然。如：被后世推崇的汝、官、哥、定、钧五大名窑的产品，就代表了宋代制瓷工艺的最高水平。具有代表性的汝窑、定官窑的瓷器"汁水莹润如堆脂"，具有像青玉一般的质地；又如钧窑天蓝釉，像天空般湛蓝；再如龙泉青瓷的粉青、梅子青等品种，都巧夺天工地引起人们对美的遐想。这一切都说明，宋代是陶瓷美学上一个划时代的时期。

一、"弃定用汝"

汝窑是宋代为满足宫廷特殊需要而设立的窑场，又称汝官窑。南宋人周辉的《清波杂志》云："汝窑宫中禁烧，内有玛瑙为釉，唯供御拣退，方许出卖，近尤难得。"当时，汝窑接受宫廷的烧瓷任务，烧造汝官青瓷，产品十分精美，宋人有"汝窑为魁"的说法，在宋代青瓷中被推为首位。南宋叶真在《坦斋笔衡》中也记载："本朝以定州白瓷有芒不堪用，遂命汝州烧青窑器。"但这些记载的原因并不全可信。

定窑白瓷曾一度受到北宋朝廷的青睐，因而被作为宫廷用瓷。同时，臣服者也将定瓷作为供品献给皇帝。定窑的印、划、刻花纹极为精致，尤其是象征帝后的龙凤纹饰，再饰以金银镶口，还有描金定器，富丽工巧、倍极华贵。那时，宫廷用瓷多不厌奢侈，而芒口的定瓷完全可以包镶金银，以体现皇家身份的高贵。由此看来，以往那些"弃定用汝"的原因，是无论如何也解释不通的。

笔者认为，这可能与宋徽宗赵佶个人的审美爱好有很大关系。他是一个穷奢极欲的昏君，搜刮江南奇花异石，用船北运，称"花石纲"，并在京师建廷福宫、艮岳。同时，他善画能写、好古成癖。因此，按照他个人的审美要求来置窑烧造瓷器是完全可能的。另外，他还是历史上著名的崇奉道教的皇帝，宠信道士，在全国大力扶植道教、大兴土木、大建宫观、刊行道教书籍，自称"教主道君皇帝"。而道学以"静为依归"，崇尚自然、含蓄、质朴的审美观，所以青色的幽玄、静谧正适合于这种审美的情趣。例如：在道教仪式中，斋醮时献给天神的祈祷词，称做青词，又叫"绿章"，其称呼由使用青藤纸作为书写材料而得名。史籍中就曾有关于宋徽宗作青词的多种记载。所以，笔者认为"弃定用汝"正是这种崇尚青色审美观的反映。而且，以皇帝个人的审美爱好决定官瓷的釉色、造型以至纹饰等，这在中国陶瓷史上并不乏其例。

二、钧窑器与艮岳山

钧窑是以生产蓝色乳浊光釉和铜红窑变釉组成的红蓝相间的钧红釉而闻名于世的。它的红杂以蓝紫色，或深或浅、或呈斑块状、或呈放射状，并非纯正的红色，但仍是一个十分了不起的成就，为元、明、清各代高温颜色釉的发展奠定了坚实的基础。因此，钧窑瓷不仅釉色凝练，还有典雅端庄的造型、厚薄相济的胎骨，以及雍容浑厚的气度，因而成为中国陶瓷史上一代名瓷。

其实，钧窑最初仅是烧造民间用瓷的普通窑场，后宋徽宗看中了它的釉色，便命在河南禹县城北八卦洞一带建立官窑场，并抽集民间窑场的优秀工匠专门为宫廷烧造用具，其中以烧造花盆为大宗。那么，钧窑为何要生产如此多的花盆呢？原因在于：宋徽宗为"皇嗣繁衍"而听信了方士的话，于政和七年用人工堆起了一座

宋·钧窑花盆

"艮岳山"，取寿比南山之喻和祈仙求道之意。山上"山林石罄日益高深，亭榭楼观不可胜数，四方花竹奇石，咸萃于斯，珍禽异兽无不毕有"。所以，钧窑烧制的各式花盆和盆奁，可能就是为艮岳山中放置花木所用。1125 年，随着金人攻入汴京，艮岳山也遭到了破坏，因而专门为其烧造陈设器的钧窑也衰落了。此后的几百年间，人们仍不断进行模仿，试图再现它的风姿。

三、官窑瓷与宋室南渡

宋代官窑大约出现在北宋晚期，其产生与当时的帝王生活有着

密不可分的关系，也是宋代官营手工作坊的一个组成部分。它集历代名瓷精粹于一身，在北宋朝廷的直接控制下，以古代商周青铜造型为摹本，以肌素无华的青釉为饰，使烧制的瓷器成为陶瓷史上的旷世佳器。从传世器物上看，北宋官窑在生产上确曾受到汝窑影响，如裹足支烧、釉面的开片装饰，但也有自己鲜明的艺术特色。其器物釉色以粉青色居多，其次有翠青、天蓝、天青等多种色调。釉面清晰可辨的冰裂纹，疏密有序，口沿露胎处往往呈深赫色或黑色，世人称之为紫口铁足。其最突出之处还在于器型硕大、造型古拙质朴和釉色匀浮青翠。

宣和七年秋，宋室南渡，修内司窑成为南宋政权建立的第一个官窑。它只烧造一些宫廷日常所需要的瓷器，器型主要有盘、碗、杯等。也有一定的陈设品，其质量高于其后建立的郊坛下官窑。郊坛下官窑的另立与当时浩大的皇帝祭典仪式有关，是由于南宋政权在渡江之后，受财力、物力的限制，祭典所需的器物已舍弃昂贵的铜器、玉器，而转用陶瓷器、竹木器代替。郊坛下官窑的瓷器质量高于一般的民窑，但由于受时间紧、数量大的制约，所生产的产品质量往往低于专门烧制御用瓷器的内修司官窑。

第二节　宋代的窑系

窑系是瓷窑体系的简称。在民间众多瓷窑中，以一个窑口为代表，产品的胎釉成分、工艺、造型、釉色、装饰诸方面相同或相近的一批瓷窑，往往会被划分为一个窑系。窑系的区分主要是根据各窑产品的工艺、釉色、造型和装饰的异同而定。

众所周知，宋代是中国制瓷业百花争艳的时期，瓷窑遍及南北、民窑迭出、品类众多，出现了闻名于世的五大名窑：定、汝、官、哥、钧窑。后来这些瓷窑由于各有特色，先后被官府选中，为宫廷烧制部分宫廷用瓷，具有了半官半民的性质。同时，随着宋代陶瓷作为商品开始流通，各窑系的产品相互影响，出现了工艺技法的借鉴与效仿，使得瓷器制作工艺达到了炉火纯青的地步，艺术上取得了空前绝后的成就，由此出现了一批以某些大产瓷区产品为代表的瓷窑系。

第三节　宋代饮茶风尚与瓷器

在宋代，饮茶之风很流行，统治阶段和有闲阶级盛行"斗茶"，而且宋徽宗赵佶就常与上层臣僚"斗茶"。

关于"斗茶"，宋徽宗在其《大观茶论》里说："天下之士励志清白，竞为闲暇修索之玩，莫不碎玉锵金，啜英咀华，较箧笥之精，争鉴裁之别。"蔡襄在《茶录》里也谈到了建安斗茶。他说：斗茶先斗色，建安人对当地产的一种半发酵的白茶评价很高，因而茶色贵白，黄白者受水昏重、青白者受水详明，故斗试以青白胜黄白。其次为斗茶汤，以茶汤先在茶盏周围沾染水痕为负。因为这种白茶含有黄色染精和胶质，时间久了茶汤便会在盏内染成一圈水痕。

而且，茶色既然贵白，那当然是以黑盏相配最为适宜，所以"斗茶"风尚的盛行使得黑釉盏的烧制得到了极大的发展。黑釉是以它的黑色釉面而闻名遐迩的，人们常为它那种神秘的、深不可测的乌黑色彩所倾倒。歌德在他的名著《色彩论》里就举了一个十分生动的例子："一个穿黑衣服的女人，看起来比别人更窈窕。"可见，宋人对黑釉瓷情有独钟绝非心血来潮或主观臆断。事实上，他们很讲究对黑釉瓷面的艺术处理，各地也新兴了不少瓷窑。

那时，兔毫及鹧鸪斑盏最为饮茶家所喜爱。玉毫、兔毛斑和兔褐金丝都是兔毫盏的别名。其出自福建水吉县，盏底刻有"供御"和"进琖"的字样，是专为宫廷烧制的茶盏。

当时，曲阳定窑的黑盏色黑如漆且胎土洁白，论质地远较兔毫为优，距汴梁又近，可徽宗为什么要舍近而求远地用建窑兔毫盏呢？那就是因为它胎薄，薄则茶易冷，茶冷则水痕易退，这对于斗茶来说是符合要求的。除此之外，河南、河北、山西等地也大量烧制黑茶盏。近些年来，各地都发现了不少烧黑盏的瓷窑，如四川、广东、福建等地，这充分说明宋代饮茶风尚是全国性的。

第 八 章

辽金夏的瓷器

第一节　辽代瓷器

　　辽朝是 916 年我国契丹族在北方建立的地方政权，因此辽瓷以富有游牧民族特色的造型而著称于世。公元 1125 年，女真族灭辽，建立金朝，开始统治我国北方广大地区。他们继承了辽和宋的瓷业基础，生产了许多传世佳作。

　　契丹人原以游牧、渔猎为生，后逐渐转向以农业、畜牧业为主的定居生活。基于定居生活的需要，手工业生产随之发展起来。辽代手工业工匠主要来源于在战争中被俘虏的中原各行工匠。据史料记载：辽兵占领定州长达 8 个多月，以后又不断侵扰，"尽驱人民入蕃"。由此看出，可能会有定窑工匠在内。工匠入蕃后，将中原地区先进的生产技术带到了契丹辖区之内，促进了辽代瓷业生产的迅速发展。不过由于地域和民族的差别，辽瓷仍具有某些地方特色和民族风格。

　　一般来讲，辽代瓷器以白瓷为主，兼烧

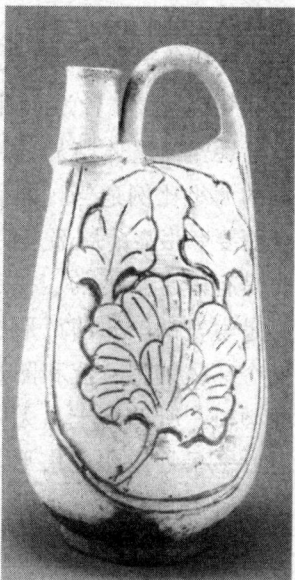

辽·白釉刻花提梁壶

经典文化系列

经典

辽·白釉皮囊式鸡冠壶

白釉黑花和黑釉瓷器。其白瓷制作比较好，受邢窑和定窑的影响较大，制品有精、粗两种，精者可与定窑上品媲美。黑釉瓷的胎质细嫩、釉色黑中闪绿、厚釉处如堆脂、光泽较强。白釉黑花瓷的胎色白中泛黄、夹黑色杂质点。单色釉品种较多，有白釉、绿釉、黄釉、茶叶末釉、酱釉，也有部分三彩釉及白釉剔花的。

辽瓷造型自然洒脱、轮廓线飘逸流畅、圆润而有神韵，可分两大类，即中原类和契丹类。而且，辽瓷胎质细腻滋润，器表平整光滑，胎体厚薄适度、轻重适中，虽然每件同类器的厚薄都不相同，但所差无几，基本是一致的。辽三彩的胎、釉之间虽然隔有一层白色化妆土，但胎釉一般都结合得比较牢固，这是因为辽三彩器一般都是在成型后的素胎（即未上釉的胎体）上挂一层化妆土，然后再入窑烧制，使胎与化妆土紧密结合，最后施釉再入彩炉烘烧，这就增强了胎釉的牢固性。

辽代的契丹类瓷器大件较粗糙、坚硬，小件有的很精细。那时的扁身双孔鸡冠壶，皆为内凹的小平底，底部有切割时留下的同心圆痕。

辽瓷的整体与局部、局部与局部之间的大小比例适当，即使是出于某种需要而要夸张某个局部来使其增大或缩小，也是有一定限度的。在辽瓷中，有些器型是写实的，如葫芦形执壶是由上、下两个球体加把、流和圈足组成的，都是小圆口，所见出土品无一例外。辽瓷的花叶多呈划或印的塔形，或近似较长的等腰三角形。

中原类型的辽瓷有从北方流入契丹的，也有北宋工匠流到辽国后在当地烧造的。这一类型瓷器的主要器型有注壶、

辽·白釉大鸡冠壶

中国瓷文化

经典文化系列

温碗、盖罐、小罐、盏托、长颈壶、花口碗、唾盂、香炉、盘、碟、杯等。契丹类型的瓷器具有本民族的风格。主要器型有：鸡冠壶、长颈瓶、凤首壶、穿带壶、鸡腿瓶、海棠式盘等。

鸡冠壶：仿契丹族通常使用的皮囊容器的式样。由壶身和置于壶身顶端的管状流和不同形状的系构成。壶体上做出的仿皮革缝制的痕迹和皮条、皮钿等附件，而且往往以壶体上皮制品痕迹的多少来区别鸡冠壶制作的早、晚。鸡冠壶的早期式样为扁身单孔，稍晚的是扁身双孔式样，辽晚期鸡冠壶式样则为圆身环梁式和矮身横梁式。

鸡腿瓶：小口，器身细高，上丰下敛，形如鸡腿，故名。是契丹族广为使用的贮存器，产量很大。瓶体上多以弧棱形弦纹装饰，并见刻有符号或汉字者，从内蒙乌蒙托县出土的鸡腿瓶就刻着"黑葡萄酒瓶"字铭，可知鸡腿瓶也可用于储存酒。

盘口穿带壶：是游牧民族用来盛放甜酒、奶浆等饮品的容器，盘式口，扁式或圆形壶体，壶体两侧置环系和沟槽，以系绳提携。辽宁义县清和门西村辽墓和北票水阜辽墓出土的穿带壶，展现了两种壶式的特征。

方碟：花边敞口、四方形、碟壁斜收、浅身平底。仿契丹族的木碟样式制作。三彩印花方碟制品居多，精美的白釉印花方碟数量极少。建平和乐村大安六年（公元 1090 年）辽墓出土的三彩印花方碟是其代表作。

海棠式长盘：长圆式，浅壁平底，口沿做八曲花瓣形，如绽放的海棠花，样式美观。这种仿金属盘式制作的器物，多以黄、绿、白三色彩釉印花装饰，色彩娇艳、纹样别致。

第二节 金代瓷器

金代是我国女真族于北宋末在东北、华北地区建立的一个地方政权。其制瓷业在前代的基础上取得了不少令人瞩目的成就，是中国瓷器史上不可缺少的一个重要环节。而且，考古揭示：金代陶瓷生产在女真族建国至迁都燕京以前和迁都以后的两阶段内，呈现出两种不同的状况。

金·青釉贴兽面纹三足炉

金代前期的瓷器生产主要在东北地区，窑址主要在辽宁抚顺的大官屯和辽宁辽阳江官屯，受辽瓷影响较大，大多利用辽瓷旧窑烧制，工艺水平较低，制品大多粗糙，民族风格和地域色彩较明显。制品以胎质粗厚的黑、白、酱、茶绿色釉的碗、盘为主。窑址内没有发现匣钵等遗物，说明在烧造过程中瓷器直接和火焰接触。因此，无论黑釉、白釉、酱釉、茶叶末釉还是白釉黑花瓷，釉面都很混浊。瓷器胎子粗厚，烧结程度不高。由于成型工艺粗糙，造型极不规整。但此时，钧窑继续在烧造，生产范围从河南扩展到河北、山西等地。瓷质比较坚细，呈灰褐色，灿而莹润，有的有开片；烧制工艺主要继承北宋的风格，但天青釉中有大块的紫红斑。釉色仍具有月白、粉青、紫斑等特点，质量不逊于北宋。

金后期的陶瓷生产系指迁都燕京后，集中在大定年间或以后恢复发展起来的河北曲阳定窑、磁县观台窑，河南禹县钧窑和陕西铜川耀州窑，山东淄博磁村窑等。此时的瓷器基本继袭宋制，但仍有自己的民族和时代风格。

第三节　西夏瓷器

西夏政权始于公元1032年，止于1227年。其制瓷工艺是受磁州窑系的影响而发展起来的，最大的制瓷作坊是宁夏灵武堡窑。

西夏瓷主要发现并出土于古属西夏王朝地域的宁夏、内蒙古、甘肃等省区。因从中原地区引进工匠和技术，西夏的瓷器一开始就比较成熟。但是，随着元朝的建立和国家的统一，全国经济文化交流加强，大江南北瓷器大批输入这一地区，西夏瓷的生产开始急剧衰落。

灵武窑在西夏时期生产最兴盛，瓷器的釉色有：白、青、黑、褐、

40

芝麻酱、茶叶末，此外还有低温釉陶。产品的种类有：生活用具、文房用具、娱乐品、雕塑陈设艺术品、建筑构件、兵器构件等。生活用具有：碗、盘、杯、碟、钵、高足杯、盆、盒、瓶、壶、扁壶、罐、缸、瓮等。

西夏装饰总体来说比较粗糙，但烧结尚佳，釉层凝厚而光亮，艺术效果很好。主要装饰技法是中原陶瓷传统的印花、划花、刻花、剔花、刻化妆土和点彩。为使釉面效果更佳，西夏陶瓷广泛使用白净化妆土来美化瓷器。常用刻花、划花和剔花工艺相结合，即把刻划出来的花纹周围的釉层剔除，让黑褐粗涩的胎体裸露出来，衬托光亮带釉的花卉纹；另有少量的只刻到化妆土层，使白色化妆土与褐釉色调对比更加强烈。点彩装饰多在白瓷上使用，即在一种粗瓷青黄釉碗的内壁和碗心用褐黑彩点画出梅花纹，富有装饰性。这种艺术风格充分体现出黄土地人们粗犷雄放的性格，在中国瓷器艺术史上独树一帜。

第 九 章

元代的瓷器

　　1279 年，忽必烈率大军覆灭了汉族在南方的赵宋政权，进而控制了整个中国，结束了宋、金、西夏三方对峙的分裂局面。由此，国内市场统一，商品经济繁荣，刺激了手工业的发展。此时，元政府对于有一定技能的工匠较为重视，免除官匠的其他一切差役，且准其职业世袭，客观上为手工业的发展提供了有利条件。同时，元政府对瓷器的生产也极为重视，税收中就列有"瓷课"一项，把瓷器的税收作为政府的一项财政收入。

　　元代瓷器的发展虽不及宋代那么引人注目，但也开始表现出新的发展特色。如果说宋代空前发展的制瓷业是南北方瓷业竞相繁荣、官窑与民窑竞相发展的结果的话，那么元代制瓷业的特点就是突出江西景德镇瓷业，使其跃居全国瓷业之首。元代后期，由于海上交通发达，政府比较重视对外贸易，包括制瓷业在内的手工业生产发展很快。这一时期的瓷器外销数量、质量均较宋代有了大幅度的提高。

　　另外，元代还出现了一种新型的烧窑方法，即分室龙窑。这种窑依山而建，倾斜度为 12—20 度之间，长度近 60 米，宽 2—3 米，分窑室 17 间。其特点是：装窑容量大，适合于多种坯釉同时烧成，在窑室的前、中、后部不同的窑温下放置不同的产品；适合以柴为燃料，升温快，冷却也快，充分利用窑室内的热量。元末明初，在此基础上还出现了葫芦型窑，之后演变为蛋形窑，且延续使用至今。

一、青花

元代的青花瓷器处于成熟期，蜚声中外、驰誉艺林。青花瓷的特点是：胎质白、重而坚、器壁较厚、大器较多。由于含杂质多，胎上大多有铁褐色小点。器底不施釉，称之糙底或砂底，在糙底上呈有红色斑，俗称火石红。元瓷白釉泛青色，釉质莹润但常有积釉，积釉有时如泪痕。

元代青花原料有进口和国产青料两种。经过对两种原料的测试表明：进口料中除含钴外，还含有高铁和低量的锰，以青花色泽浓艳、有铁锈斑和黑褐色斑点为特征，采用影青作面釉，多用于描绘高大器物上多层次的繁密纹样。大部分呈色青翠，有一部分过烧的瓷器青中泛紫，欠烧的则青中带灰。并且，色浓郁而无晕散，白中闪青的底釉衬托着浓艳的蓝色纹饰，显得明亮动人。

元·青花缠枝牡丹纹
大玉壶春瓶

而国产的青料中含锰量高、含铁量低。青花色泽蓝中闪灰，色匀而无散晕，一般施以乳浊的卵白釉。国产料所画的青花瓷，大都属小件，纹饰简单、较草率。

元青花纹样特点为纹饰繁密、层次较多，通常称为"满画"。这是元、明两代特有的绘画技法。一般是纹样勾线后填色留空白，如花、叶、山石、人物衣纹均有这一特征。覆莲瓣之间多互不相连，其中多画卷草或杂宝；莲瓣轮廓通常为一粗一细两根线条，不另填色；云启用粗细线条双勾三层，中间加饰水波荷花、花卉、瓜果和马、鸳鸯、云雁等；菊花多单层花瓣，双层的较少；海水纹精细工致，有鱼鳞状左

元·青花缠枝云龙纹罐

右背向漩涡，浪花如芽状尖细排列；撇口瓶及碗的里口沿画回纹、卷草纹，其他器物上也常见用回纹、卷草纹作边饰；龙身细长、疏发、蛇尾或火焰状尾、细颈、头较小、单色或双角，龙鳞有斜方格纹或加渲染等，三爪或四爪，不见五爪；凤头似鹦鹉，鱼鳞状细羽片，1—5条长羽尾；麒麟画成鹿头、牛蹄、马尾；卷草纹无中心连续波谷线，各个纹样单位分开画，与明初画法有别；人物着色用竖笔上下渲染，在浓笔边线内梁淡色或衣纹留白。除此之外，特征性纹样还有：蕉叶纹中茎满色、莲叶呈规矩的葫芦状、牡丹花叶肥大规整、竹叶尖向上、蝌蚪状云纹、梅花全开的呈五个圆圈、枝干上有刺状小枝等。

元青花大多为宽而较矮的圈足，一般器底、盖内不施釉，器胎轮旋纹粗糙，接合处有明显凸起接口。常见的青花瓷器物有：

带盖梅瓶：小口、丰肩、瘦底，器盖内心带子榫以防滑动，与宋代梅瓶相比，有体形高大、弧腹下收、造型挺拔、重心升高的特点。

玉壶春瓶：分圆形和八棱等几种；口外卷、细颈、坦腹，与宋玉壶春瓶相比，曲线增大，更加俏丽优美。

罐：有肥矮型和瘦长型两种。肥矮型的直口、溜肩，肩以下渐广，至腹部最大处内敛，平底，口径大于或等于足径；瘦长型的为直口、短颈、溜肩、平底，口径一般小于足径；有些罐上有盖，如荷叶形盖、狮钮盖等。

碗：有敞口与敛口两种碗；敞口碗为深腹、小圈足，足内无釉；敛口碗的口沿内敛。

盘：器型较大，一般为折沿，有菱口与圆口两种，圈足，砂底。

高足杯：口微撇，足有竹节和圆形两种，足近底处放大。

匜：为古代盥器，平底，一边带流，流下装饰一小圆系。

扁壶：小口，有四系，为元代的特有造形。

大盘盘口有采用菱口的，凤形壶与八楞缸为特有造型，只有元代才有。

青花瓷一出现，即占据了我国瓷器生产的主导地位。尽管此时其他种类如青瓷、白瓷、单色釉瓷和彩绘瓷也在生产，但它们都无法和色彩幽雅、釉面洁白、生产工艺相对简单、适宜大量生产的青花瓷抗衡。

二、釉里红

与青花瓷同时期，元代的景德镇瓷工还发明了釉里红瓷，这也是一个重大的创新项目，可以说与青花瓷是一树绽开的两支并蒂花。

釉里红瓷是以铜红釉（氧化铜）做呈色剂的，其烧制难度颇高，呈色鲜艳者为少。因为在低温氧化气氛下，铜红釉会烧成绿色或啡褐色，而过高的窑温又会把红烧飞。所以，在罩以透明釉之前绘制蕴含纹，在高温还原焰中烧成的白地红花或红地白花的釉下彩装饰，具有鲜艳、明快、吉祥、喜庆之风韵，是元代景德镇窑的创新之作。

釉里红瓷器有三种装饰方法：一是釉里红线绘，即在瓷胎上用线条描绘各种不同的图案花纹。但由于高温铜红釉烧成条件比较严格，往往会产生飞红的现象，所以用细线条描绘图案花纹的釉里红器烧成比较困难。二是釉里红拔白，其方法是在白胎上留出所需之图案花纹部位，或在该部位上刻划出图案花纹，用铜红料涂抹其他空余之地，烧成后图案花纹即在周围红色之中以胎釉的本色显现出来。三是釉里红涂绘，即以铜红料成片、成块地涂绘成一定图案花纹。釉里红拔白及釉里红涂绘这两种方法都能减少飞红的现象。

评估釉里红产品的标准主要有两点：一是同一窑口所产的釉里红成品显色稳定、色调一致；二是所绘制的图案线条经烧制后仍然清晰。具备这两点者为佳，反之为劣、废品。

釉里红常常与青花配合装饰，称青花釉里红瓷，或叫青花火紫，形成一种别致的装饰纹样。由于烧制难度较大，元代的产量不多，留传器物也很少。现存的一件标有"至元戊寅"铭款的青花釉里红瓷器，是元代釉里红流传至今的珍品。由于釉里红瓷在元晚期才出现，因此其的发展和成熟并不在元代，但为后世制作釉里红瓷打下了坚实的基础。

三、卵白釉

元代景德镇创烧的另一著名产品为卵白釉器。卵白釉的特征是：胎体厚重、胎质坚硬细密、釉层较厚、呈失透状、釉色白中泛青、如鹅蛋白。这种产品也被称为"枢府窑器"。"枢府"是元代军事机构枢密院的简称，相传是为元朝官府枢密院的定烧器，有些器物上有"枢府"字样，但烧制这类卵白釉瓷器的窑场还同时烧造青花瓷和黑釉瓷。

元代烧制白瓷的成功经验为明代永乐甜白釉的发展奠定了基础，也为后来釉下、釉上彩绘的高度发展奠定了坚实的基础。

枢府瓷和影青白瓷都是白色胎骨，但前者比后者胎体厚重；枢府瓷釉色肥厚滋润，比青白瓷厚得多，釉面光泽暗弱、不透明；青白瓷的釉青绿色较为明显，是一览无余的透明釉，玻璃质感强。枢府瓷一般圈足较小，足壁较厚，削足整齐，足内不施釉，足底心有乳钉状凸起，俗成鸡心点。枢府瓷还有精细和粗俗之分，精细的枢府瓷往往以印花为装饰，图案花纹主要为云龙、云凤、云鹤、孔雀、花蝶、缠枝莲等。

四、青白瓷

景德镇青白釉瓷器的生产盛于宋代，而元代继续烧造。

元代青白瓷的生产中心仍在江西景德镇，江西其他地区及福建、广东也都有生产，故有"江河川广器尚青白"之说。其胎釉特征与宋代有所不同：瓷胎采用高岭土加瓷土的"二元配方"法、胎土中氧化铝的含量增加，烧成温度更高、胎质更白，器物很少变形。釉为石灰碱釉，即在釉料中掺入适量的草木灰，使釉中含有碱金属钾和钠，同时降低氧化钙的含量。由于釉的黏度提高，不易流淌，烧成后釉面失透，光泽柔和，釉色比宋代略白，但不如宋代影青的玉质感强烈。

器物造型除碗、盘、瓶、炉、罐、枕外，还新出现了扁型执壶、葫芦形执壶、多棱壶、笔架山、动物形砚滴等。造型特点是厚重加厚，显得釉层较薄。

元代青白瓷比较注重装饰，普遍采用印花、刻花、划花技法，其中以刻印串珠纹最有特色，此外还有褐色彩斑装饰。

五、蓝釉

在做好的瓷坯上满施含钴釉料，经高温焙烧呈现蓝色，娇艳光润，是元代景德镇窑的创新之作。通常蓝釉与描金花或白花纹样相配装饰，鲜艳悦目。如北京故宫博物院收藏的蓝釉白龙纹盘和扬州博物馆收藏的蓝釉白龙纹梅瓶，都是不可多得的精美之器。

第 十 章

明代的瓷器

明代是我国封建社会趋向没落的时期，经历了 276 年的兴衰。建国伊始的洪武年间，太祖下旨仍沿用景德镇窑场为皇家御窑，承担宫廷御器及政府对内对外赐赠和交换的全部官窑器的烧造。洪武二年，建御窑20座，专制御器，往往是"千里择一"，不计费用多寡，只求精品，使得御窑厂林立、官民窑并举、欣欣向荣，制瓷技艺出现新的飞跃。

经过宋、元两代的发展，自明代开始，"天下窑器所聚"（《二酉委谭》）至精至美之瓷，莫不出于景德镇。此时，景德镇制瓷在元代的基础上又有了进一步发展，形成了独特的艺术风格，将陶瓷艺术带入了一个全新的领地。此时，以景德镇为中心的官窑大量生产御用器皿和民用瓷器，并以质量高、销路广而饮誉海内外，代表了明代制瓷业的最高水平，形成了几乎由景德镇一枝独秀的新格局，使它成为全国的制瓷中心。

明代景德镇的瓷器以青花为最主要的产品，它代表了釉下彩发展的最高阶段，而且此时的青料已有很多不同产地的钴料，如进口的"苏麻离青"，国产的"回青"、"平等青"、"石子青"等。明代还烧成了甜白、霁红、霁蓝、娇黄等色釉瓷，这样就能在各种色釉上加彩，开拓了釉上彩瓷的新领域，并创烧出了斗彩瓷。

明·白地黑花
玉壶春瓶

在此期间，手工业、商业及对外贸易都有了很大发展。与前几个朝代不同，瓷器成为国家财政的重要来源之一，达到了瓷器外销史上的一个新高峰。

第一节　洪武时期的瓷器

洪武时期处于元代末和明代永乐、宣德之间。从传世品来看，无论数量还是质量都逊色于元末与明永乐、宣德时期的瓷器。传世的洪武瓷器分两大类：青花与釉里红。

一、青花

洪武官窑青花是承前启后的一代产品，继承了元青花传统，但工整有余、变化不多。此时的青花主要使用含铁量较低且淘炼欠精的国产青料，呈色多为灰蓝色，铁结晶斑点不明显，不同于典型永乐、宣德青花的浓艳色泽。事实证明：青花料若不罩在釉下，烧出后则为黑色，近似唐代时耀州窑白地黑色的作品；如果罩在釉下烧制，成品则为灰蓝色。有人曾用其窑址材料做过模拟试验，将青花料罩上青白釉复烧，得到的是洪武青花蓝色。

其青花瓷的胎骨大部分是洁白色，有的烧结不透呈黄褐色。胎质与永乐官窑器相比较为粗松，有孔或裂隙。

釉层与元青花相比显著加厚，一般都肥润平滑，为深浅不一的青白色，很少有开片。圆器口沿处有积釉，琢器里面施釉有垂流的痕迹。

图案题材以程序化的花卉纹为主，布局趋于简单，扁菊纹、缠枝纹或折枝莲叶纹较为多见，龙纹出现五爪，五爪尖连成一个圆形，一般以三爪、四爪为多。

造型以盘、碗、罐为主。除玉壶春瓶、玉壶春执壶及口径在20厘米左右的大碗为釉底外，其余均为糙底。糙底的盘、碗之类底部有红色护胎釉，且多数有明显的刷纹。器物制胎时均经过修磨，琢器有接胎痕甚至接胎裂隙。器内有厚薄不一的旋坯刮抹痕。胎体比元代同类产品薄，有些七寸碗的碗壁仅厚2毫米，大胆圆器的中腰以下胎体还较厚重。由于成型与烧制技术均掌握得较好，器物很少塌底、夹扁或翘棱。

从传世品及景德镇窑址发现的标本看，洪武年间以碗类为主的民窑青花粗瓷底部无釉，且有尖钉状凸起，仍保留了元代斜削足的特点。

二、釉里红

釉里红技术在明洪武时方成熟，能自如地运用线描方法绘制纹饰。

明洪武·釉里红串枝
花卉纹瓜棱罐

釉里红纹样也不再借助于刻花，而是直接用釉里红绘画，图案大多用线条来表现，绘制得非常生动、粗细有致，点染涂抹一气呵成。这表明洪武釉里红的烧制技术已有了明显进步。因此，洪武时期的釉里红瓷器明显多于青花瓷器，尽管其烧造技术仍未完全成熟，呈色有的不太稳定，多较淡或变灰，个别的还有晕散或发暗黑色的现象，釉面上往往还有开片，但基本上与元代釉里红的色泽接近。

另外，洪武釉里红瓷器的制作工艺与同期的青花瓷器完全相同，除执壶、玉壶春瓶及20厘米左右的墩式碗等器物底部施釉外，其余大盘多涩胎无釉，烧成后氧化呈现红色，圈足端大多采用平削工艺而成。

纹饰较多使用以扁菊为主的花卉纹，另有缠枝牡丹、折枝牡丹、缠枝莲等。缠枝菊纹作主题纹饰是洪武釉里红的重要时代特征，还偶见松竹梅、庭院、飞凤等。

第二节　永乐时期的瓷器

永乐、宣德共经历了30多年，在青花发展史上处于鼎盛阶段，有所谓"诸料悉精，青花最贵"的说法，其成就被称为"开一代未有之奇"。特别是郑和先后七次下西洋，带回了制作青花瓷所用的"苏泥麻"青料，为能烧制出富有特色的青花瓷提供了物质基础。

一、青花

从永乐朝开始，青花瓷的制作已逐渐成为景德镇瓷器生产的主流。

永乐青花用料有两种：一种为进口的"苏泥麻"青料，另一种是国产料。永乐、宣德青花均使用进口的"苏泥麻"青料，具有呈色浓艳、有黑色结晶斑的特点。从永乐朝典型器物来看，由于烧成温度较高，釉内气泡较宣德器为少；而釉面有肥亮感，基本上为白中泛青色。但很大一部分永乐器也有很多气泡，少数器有开片，青花还有晕散现象。

永乐朝器型多见梅瓶、玉壶春瓶、玉壶春执壶、双系扁瓶、深腹洗、大盘、大碗、碟、罐、高足杯、小型竹节柄卣壶及各式碗、各式盘、压手杯等。有些器型则是元代和洪武朝所没有而永乐朝开始出现

明永乐·青花轮花绶带葫芦扁瓶

的，如大型天球瓶、单面扁壶、双系扁瓶、扁瓢形瓶、花浇、尖底莲子碗以及双系、三系、四系盖罐或多系把壶、多棱烛台、筒形器座、波斯型执壶、带盖瓷豆、高足盏托、鸡心扁瓶等。这一时期出现很多新器型，有些受西亚金、银、铜器的影响，造型上具有外域风格。

永乐青花器的制作除大盘、扁瓶等少数大件器外，多数器物的底部均已施釉，这是一个很重要的时代特征。盘类的糙底一般都色白而细，抚摸时有如糯米粉的细砂感觉，这也是划时代的。有的细砂有小块铁斑。底足是平削的，有的釉底器的底釉呈波浪纹。

永乐青花纹饰一般为双钩填色，这种方法在宣德与成化前朝也有，但明显区别于洪武青花的大笔触填色，装饰风格上改变了元

明永乐·青花如意垂肩折枝花卉瓜果纹梅瓶

青花繁与满的特点，趋向疏朗，压手杯便是永乐青花中的杰作。绘画技巧也很成熟，纹饰层次比元代减少，纹饰以外的空间较大，以衬托主题纹饰，使之更加突出。同时，纹饰开始受外来影响，以后逐渐演变。

永乐瓷中仅少数有"永乐年制"的年款字，绝大部分是没有年款的。

二、甜白釉

"甜白"是后人著书立说时给白釉瓷器的一个美称，也叫"填白"。这种白釉是在洁白的瓷胎上，以纯净的、透明的釉烧制出白度很高的白瓷，并以薄胎而有暗花者最为杰出。它给器物带来了自然美，使其以一种崭新的面貌出现，尤其是永乐薄胎白釉器大部分带有纤细的暗花装饰，十分雅致。这类器物的烧制是有很高难度的，因而著称于世。

永乐白釉器的成就还表现在器型上的多样化，除薄胎器外还有大小鸡心碗、梅瓶、玉壶春瓶，各式壶、罐，奇特的三足器等，凡是青花类中有的器型白釉中几乎都有。在装饰上采用了刻花、印花、镂空

明·白釉净水瓶

等，技法朴素、大方、雅洁。这一时期比较有特点的器形是"压手杯"，敞口折腰，沙足滑底，一般在底部标有"大明永乐年制"或"永乐年制"字样，字体小篆。

三、鲜红器

据明代王世懋在《窥天外乘》中记载："永乐、宣德间内府烧造，迄今为贵。其时以鬃眼、甜白为常，以苏麻离青为饰，以鲜红为宝。"那么，在永乐、宣德时期比甜白器更为珍贵的"鲜红"又是什么呢？它就是以铜为着色剂的釉料，在高温还原气氛中烧成的红釉。因这种红釉常被用作祭器，故称为祭红。又由于其如闪闪发光的红宝石一样美丽，也被称为"宝石红"。还有人根据它鲜艳的红色，称其为"鲜红"。鲜红

器不同于钧窑的铜红瓷，"钧红"红中带紫，工艺上需要两次烧成；而它是采用生坯挂釉，入窑经过高温还原焰一次烧成，通体纯红、光彩夺目。其烧成难度非常大，对烧成条件的敏感性极强，质量很不稳定，故被称为"火的艺术"。

永乐红釉具有一些明显的特点：胎质细腻、胎体薄轻、红色鲜丽匀润、釉质晶莹。永乐红釉暗花高足碗为鲜红器的代表作，碗内壁白釉暗龙纹，碗心刻篆书"永乐年制"四字款，外壁釉鲜红，形体秀美、庄严、稳重，具有鲜明的时代特色。

第三节　宣德时期的瓷器

宣德一朝仅 10 年，但这段时期在我国瓷器史上占有十分重要的地位。如果说永乐为明代瓷器的开始和发展时期，那么宣德则为鼎盛时期。前人对宣德瓷器的评价是十分高的，其数量、质量、品种均是非常可观的。

此时，颜色釉中的 20 种釉色，除回青外，基本上都已经出现了，对颜色釉的生产发展作出了巨大贡献，为明清两代瓷业的发展打下了良好的基础。并且，在釉下彩方面出现了青花、釉里红和青花釉里红；釉上彩有釉上红彩和五彩；釉下和釉上彩相结合的品种有青花红彩、青花黄彩和青花五彩。

一、青花

宣德青花可谓青花之冠，陶瓷界就有青花首推宣德的说法。此时所用青花料主要为国外进口的"苏泥麻"青料，釉面色泽浓艳、晕大小不等、凹陷胎骨，且具有闪银白色"锡光"的黑色斑点等特点。由于这种原料中含铁量较高，往往会在青花部分出现黑色斑点，与浓艳的青蓝色相融一体，后世极难仿制。同时，官窑还有一小部分使用国产钴料绘纹饰，颜色艳丽稳定、没有黑斑。

此时青花瓷的胎体比永乐时期的同类器物要厚重。青花器釉面呈亮青，前期与后期釉面稍白，中期为青白色，釉面均很细润。釉子肥厚闪青，不太平整，像橘子皮，俗称"橘皮釉"。若在高倍放大镜下观察，釉面充满了大大小小的气泡，甚至小气泡搽着大气泡。而且，宣德朝无论什么品种的瓷器，几乎都是这种釉面。

花纹饰比永乐的稍显粗犷，随意点绘，没有轮廓，俗称"一笔点画"。对花、叶、莲瓣等块面较大的纹饰用笔勾勒后填色，填色时采用小笔，因而有浓淡深浅的笔痕。宣德时期还有在青花地上留白纹饰的品种，流传下来的极少，如上海博物馆收藏的青花底留白龙纹渣斗。

二、釉里红

宣德朝的釉里红瓷烧制极为成功，形成了鲜艳的宝石红色，数量和品种都有大幅度的增加。其装饰方法有三种：一是图案形状整块涂抹，如三鱼纹和三果；二是胎体刻画图案纹饰后用釉里红覆盖，如宣德釉里红海兽纹锥花莲子碗；三是为毛笔勾勒花纹，如宣德釉里红缠枝花冲耳三足炉。宣德釉里红瓷主要采用涂抹法，洪武朝盛行的那种细线描绘图案的釉里红瓷并不多见。

因对铜红釉烧造技术掌握较好，所以纹饰浓淡自如，常见的纹饰有云龙、三鱼、三果。在数量有限的传世实物中，釉里红器都是官窑器，以三鱼高足碗和三果高足碗多见。其中釉里红三鱼高足碗，在凝重的白釉里三条红艳的鱼纹，似在水中漫游，悠闲自在、生龙活虎。宣德瓷器的另一个特点是落款部位很多，不仅出现于底部，也有书写在口、肩、腰、足等部位的，因此有"宣德年款遍器身"之说。

三、宝石红

宣德时期为红釉瓷器的极盛时期，红釉可分为深、浓、浅、淡四种色阶。深为黑红，浓者艳丽，浅色匀净晶莹，淡者若桃花粉红妖艳，故人们又根据釉色的深浅和用途给宣德红釉起了"牛血红"、"豇豆红"、"苹果红"、"娃娃脸"、"杨妃色"、"桃花片"、"桃花浪"等形象的名字。此时的铜红釉殷红灼烁、宝光耀日，似红色宝石一样瑰丽，所以"宝石红"为宣德红釉的代表品种。

永乐、宣德的红釉器口边均显淡青白色，俗称"灯草口"，红色与白色相互映衬，更显出红色艳丽华贵，这是烧制过程中红釉熔融重流的一种现象。古代工匠们运用这一化学变化创作了独具时代特色的装饰形式。宣德红釉瓷器有的还加金彩装饰，给颜色釉瓷器又增加了新的光彩，更显得辉煌绚丽。

僧帽壶是受外来影响而产生的器型，形如僧帽。而红釉僧帽壶是宣德红釉中呈色相当成功的作品，胎和釉十分相融，显得深厚滋润，且鲜红釉色光彩夺目。因为烧制不易，所以红釉器传世品极少，永、宣红釉名重一时，成为我国传统色釉中一枝最为珍贵的奇葩。

四、青花加彩

青花加彩最早出现于明宣德，有"青花红彩"、"青花黄绿彩"和"青花五彩"三种。

宣德青花红彩是将釉下青花和釉上矾红同施于一器之上，经高温、低温两次烧成。这类器物造型种类不多，主要是墩式杯和高足杯等。著名的青花红彩器传世品如青花红彩海兽高足杯十分精美：以青花绘海水，蓝白相间的滚滚波涛、汹涌澎湃，红艳的海兽随跃动翻腾的海浪上下遨游，形成极强的动感，青红相映、情趣盎然。

宣德青花黄绿双彩器物有青花加彩游鱼盘，盘为侈口窄唇、浅壁、矮圈足。盘心画青花番莲一枝，旁饰双青线，外面青花勾勒波涛纹，加填绿彩，分饰黄彩游鱼六尾。

青花五彩一般以红、黄、绿、紫及青花为五种主要色彩。它也是釉下青花和釉上彩相结合的瓷画。宣德青花五彩的釉上彩装饰方法有两种：一种为釉下青花勾勒轮廓后釉上填色；另一种是在釉下刻画轮廓后釉上填色，轮廓处釉厚而稍深，如同色釉彩勾勒的轮廓。前一种方法发展为成化斗彩，后一种方法发展为嘉靖和万历的五彩。

五、祭蓝釉的发展

宣德年间，蓝釉制造工艺益精，釉色如深浅不同的蓝宝石，口沿釉层较薄处有一线白色灯草口，釉质肥腴，带橘皮纹。此时的蓝釉有几种装饰方法：内外施蓝釉，素面或刻画纹饰下，或外蓝釉里白釉，内壁素面或锥拱纹饰；或青釉白花，胎上锥拱凸起的纹饰施白釉，地施蓝釉。宣德祭蓝的年号有青花题写和刻制暗款两种，均为"大明宣德年制"六字楷书。

此外，宣德时期的黄釉、孔雀绿等品种也都取得了创造性的成就，矾红彩始于宣德，仿哥釉也是宣德时开始的，黄釉是宣德时烧成功的。纹饰一改永乐时的纤细风格，显得粗重豪放、笔法苍劲，且尤以龙纹狰狞凶猛之状为明清两代之最。

第四节　明代"空白期"的瓷器

明代正统、景泰、天顺三朝有绝对年款的瓷器极少，出土所见实物皆为民窑器物。器型有罐、梅瓶、炉等。青花器物绝大部分胎体比永乐、宣德器物厚重，纹饰以云气纹为多，占全部纹饰的很大比例。由于人们对这段时间生产的器物认识不清，且所出的陶瓷论著对这一时期也多不提及或一笔带过，因此被一些陶瓷史家称为"混沌时代"或"空白期"。

此时，由于民族矛盾和统治集团内部矛盾，时局不安定，民窑生产受到影响而减势，但没有像官窑那样大起大落。这段时间民窑生产可以分为两期，前期继承宣德风格，后期开成化先河是承上启下的时期。

青料除极少数为浓艳的进口料外，大多用含铁量较低的国产料，但其中也有少数色泽偏于浓翠的；从造型上说，出现了戟耳和带座的器物，这是元代造型的复古，但变化很大。由于全是民窑器，胎、釉制作都不太精细，削足也不规正。瓶、罐底部无釉；碗、盘底足跳刀痕明显。从元代开始的酱色假芒口在三朝器中仍时有发现，部分琢器如瓶、罐之类的口沿多见剥釉现象。器物底足从总的倾向来说有加大的趋势，足宽而深是这一时期民窑器的普遍特征。碗类的器足呈内敛者多见。器物内壁刷釉的制作方法在三朝流行；纹饰以缠枝和折枝花草为多，动物纹中以麒麟和犀牛多见。出土瓷器中有一批以琴棋书画、楼台庭阁为主题的大罐，其画面的特征是楼台庭阁往往在云雾幻境中，人物面部鼻尖突出，柳条如断续的雨点。

三朝青花器中尚不见官窑款，民窑中有天顺年款的器物，书"大明天顺年制"或"大明天顺年造"两行六字款，但都属于明代后期的仿品。

55

第五节　成化时期的陶瓷

明成化（1465—1487年）一朝政治腐败，但景德镇御窑厂的瓷器却异常精美。特别是成化斗彩由于采用釉下青花和釉上多种色彩相结合的工艺，在中国陶瓷史上堪称一个划时代的伟大创举。

一、青花

成化官窑产品造型中青花大件很少见，胎釉洁白、胎体轻薄，半透明度很高，迎光透视可见胎体泛出淡淡的肉红色。其釉质独特、白润如凝脂，给人以细腻温润之感，故前人常用"如脂似玉"形容其釉色，足见其感人之处。成化时期的这种釉色，后人仿制十分困难。

青花料有浓淡之分，浓者多勾勒纹饰线条，淡者则平涂上色。据文献记载：成化早期还使用"苏泥麻"青料，蓝色浓艳，加上某些器物纹饰上仿宣德，故有宣德青花的特点。中期以后使用平等青，又叫陂塘青，且大多用双钩线条勾勒图案，然后在图案内进行渲染，因而烧成的作品大多浅淡雅致，与永乐、宣德青花形成鲜明对比，具有成化青花的独特风格。如婴戏纹碗，永乐、宣德、成化时期都有，但前者青花浓艳，而成化青花则呈色淡雅，开始出现浓淡深浅的层次变化。

夔龙也称草龙，是成化时出现的一种抽象变形的图案化龙纹。至于花卉纹，成化多团花，纹饰布局上图案化，以六组团花较多。而且，成化青花凡饰有青花边线的，双边线均十分规整，靠近足根无釉处的那条圈线青花颜色深重，上面的圈线则显淡，这可能是制作时先画下面、后画上面所致。

成化官窑青花底部有带釉与砂底两种，带釉者居多。砂底有些呈褐黄色，俗称"米糊底"。这种类似火石红的"米糊底"用手摸时没有粗糙之感，仍感细润，是成化官窑青花特有的风格。

民窑青花颜色同样浅淡发灰。纹饰常见的有狮子、麒麟、海兽、河塘鸳鸯、秋葵山茶等，有的纹饰画得柔和，有的画得潦草，无论哪种都透出潇洒活泼，从随意之中见其清丽。成化民窑瓷虽无官窑的瓷精细规矩，但其器型规整、胎子洁白细密、釉子光润肥厚的程度也很突出。多

中国瓷文化

无款，少数有款的书写"大明成化年制"、"大明成化年造"。

二、釉里红

釉里红瓷器的制作，自宣德以后逐渐走向衰退的趋势，导致成化朝的釉里红十分稀少，但其颜色浓艳，有的比宣德时的还要夺目。其传世品主要是三鱼碗、釉里红九龙瓶等。鱼形较宣德时变化较大，特别是尾部的变化更大，呈蘑菇头形。其中的一款九龙瓶瓶体画鲜红龙九条，姿态各异，隙地略饰有云纹，是不可多得的稀世孤品。款识多为"大明成化年制"两行六字款。

成化以后，釉里红器被釉上红彩替代，具有时代风格的釉里红器也极为少见。

三、成化斗彩

成化一代瓷器上的釉一般都被称为斗彩，是在宣德青花五彩的基础上发展起来的。它是将宣德青花五彩瓷器的一个小局部纹饰使用的勾线填彩技法进一步拓展，成为器物全部纹饰的装饰方法。因为青花与彩色这样并用，有所谓相互斗妍争艳之意。从传世品看，几乎每件成化斗彩器都用青花勾绘整体纹饰的轮廓线，然后在双钩线内施多种釉上彩，构成一种独具特色的彩瓷。

成化斗彩可用"质精色良"四字来概括，它不仅以细腻精湛的工艺取胜，而且以线条流畅的造型、薄如蝉翼的胎体、润如堆脂的质地及清新淡雅的色调，在明清彩瓷中独树一帜。尤其是那釉下紧贴胎体幽静浓艳的青花、光滑洁白的釉面所闪耀的迷人色彩，与釉上绚丽灿烂的彩绘遥相呼应、争奇斗艳，给人一种优雅而又华贵、明快而又朦胧的美感。

北京故宫博物院古瓷鉴赏家孙瀛洲先生对成化斗彩瓷有这样的分析："成化彩瓷的釉上彩，其颜色特征是鲜红色艳如血、厚薄不匀、血薄不匀；鹅黄色娇嫩透明而闪微绿；杏黄色闪微红；水绿、叶子绿、山子绿、蓝色皆透明而闪微黄；松绿色深浓而闪青；蜜蜡黄，色稍透明；差紫，色浓而无光；孔雀蓝，色沉而无光；孔雀绿，浅翠透明；赭紫，色暗；葡萄紫，色如葡萄而透明；油红，色重艳而有光；姜黄，色浓光

57

弱。"成化斗彩所用色彩除了釉下青花外，釉上彩有鲜红、松绿、娇黄、淡蓝等多种，一般器物上用其中的3—6种。

成化斗彩之所以享有盛誉，不仅因为它的色彩令人耳目一新，还因为其器形均小巧精致，为掌中把玩之物，开一代未有之奇。以成化斗彩中最大的"天"字罐为例，仅高13厘米，而宣德的青花罐一般则高达60厘米。再如：成化斗彩高足杯最大的口径为7.7厘米，而宣德青花高足杯口径却都在13厘米以上。此外，成化斗彩小杯直径基本为6厘米，小碟11厘米。有人把宣德朝器物比作"大江东去"的关西大汉，把成化朝器物比作"晓风残月"的南国佳人，真是恰如其分。成化斗彩所用的纹饰有子母鸡、花草蝴蝶、葡萄、婴戏、仕女、高士等。

四、成化脱胎瓷

这是一种展示制瓷业高超胎土配方、修坯、烧造工艺的艺术杰作。这种瓷器胎料有特殊配方，修坯工艺极其繁复精细，工艺程序达100多道：粗修、细修、定型、粘接、修外型、荡内釉、精修、施外釉等等，而且每一道工序均须极为细心，稍不留神则前功尽弃。人们形容此种薄胎瓷的修胎工艺几乎达到了多修一刀太薄，少修一刀太厚的程度。胎体薄过蛋壳，几乎有釉无胎，故名"脱胎"。不难明白，成化脱胎瓷主要是小件陈设瓷，因制作极其不容易，保存很难，传世品极少，价值极高。

第六节　弘治时期的陶瓷

这时的瓷器无论青花、颜色釉或彩瓷，基本上都是成化的延续。成化窑的精品斗彩在弘治朝已基本上不再生产，而弘治娇黄和白釉刻填绿彩则是这一朝最负盛名的品种。弘治朝民窑青花也在成化朝的基础上有所发展，民窑的精品也经常有所发现。

一、青花

弘治朝的官窑青花瓷器与成化非常接近，因此有"成弘不分"之说。此时的青花传世的很少，台北故宫博物院仅数十件，且大半是黄釉青花，品种又很单一，基本上是碗、盘之类，属实用器皿。黄釉青花是弘治官窑的杰出产品，是将白釉青花烧好后加施黄釉复烧而成的。

弘治官窑瓷胎细润、坚密，有的釉面光亮闪青，被称为亮青釉；有的釉面很白，用"如脂似玉"形容，一点也不过分。青料采用国产平等青，与成化官窑相仿，但稍偏灰，后期更甚。而且，青花浓淡不等。青色浓淡与纹饰的绘制笔法有关，采用粗笔点染勾勒的呈色浓烈，采用双勾平涂的则呈色浅淡。前种笔法弘治初较多，弘治中后期则采用新的单线平涂的笔法，有时也夹杂一些一笔勾勒点染的方法。绘画笔法的区别可作为判别弘治前后期的标准。常见的纹饰有海水龙纹、火云龙纹、荷莲龙纹、龙穿纹、四季花果、海马异兽、松鹤、缠枝牡丹、葡萄、蕉叶、山石花卉、结带宝杵、海水江芽、婴戏、仕女及梵文等。民窑青花瓷在明代民窑瓷器中都是较为突出的。

民窑青花颜色比较浅淡，和官窑青花不同的是：弘治民窑青花丰富而多彩，釉层以肥厚为多，有些见密集气泡，有淡湖水青和卵白两色，少量的灰绿釉薄而透明。常见的纹饰有松鹤、折枝花、缠枝花、团花、花果、菜蔬、树、石栏杆、婴戏、仕女、骑马、鱼跃、庙前朝拜、火轮、莲瓣，都画得非常潇洒飘逸，尤其是人物，只寥寥几笔便活灵活现。景德镇民窑生产的外青釉裹青花狮子绣球纹碗，是弘治的特有产品。

黄釉青花盘宣德时期才见有烧制，以后成化、弘治、正德、嘉靖官窑均有出品。宣德制品共有砂底边款和釉底底款两式，成化见砂底边款，弘治、正德和嘉靖则见釉底底款。弘治官窑款识有"大明弘治年制"和"弘治年制"篆书款一种，但不见于青花器上。字体秀气而有力。民窑瓷的写款多是祈求平安、发财的长篇铭文，也有的只写干支款的。

二、宫廷御用黄釉瓷器

在我国的古代，瓷器并不是每个人都可以随便享用的。就黄釉瓷器而论，它被宫廷垄断，并严禁民间使用。《明英宗实录》中记载："禁江西饶州府私造黄、紫、红、绿、青、蓝、白地青花瓷器，……首犯凌迟处死，籍其家资，丁男充军边卫，知而不以告者，连座。"到了清代又有更具体的规定，从而使黄釉瓷器在诸多单色釉瓷器中脱颖而出，成为皇室的御用瓷。

中国的帝王为何对黄色如此厚爱呢？在古代无论各朝各代的君主都尊崇土地，土地是国家权力的象征，其本色就是黄色。黄色还具有中央的含义，在色彩学上表示光明和希望，能够引起人的兴奋感。由于历代君王对黄色情有独钟，黄釉瓷器也就顺理成章地成为他们的专用瓷器。

明清时期宫廷对黄釉瓷器的使用略有不同：明代黄釉瓷器主要作为皇室的祭器。清代黄釉瓷器除了继续成为宫廷祭祀用器外，还成为陈设观赏、日常生活的主要用器。黄釉瓷器在皇室中有着明显的等级表现：除了皇帝、太后、皇后主要享用黄釉瓷外，皇贵妃用的是里白外黄瓷，贵妃用的是黄地绿瓷，嫔用蓝地黄瓷，而贵人、常在分别用绿地紫和绿地红，答应、皇子福晋、皇子侧室福晋则用"甘色瓷盘、碟、碗、钟"等。

明代黄釉首推弘治时期的器物釉色为最佳，釉色纯正肥润、浑然一体，无疵，因色淡娇艳而以"娇黄"著称。其制法是以铁为着色剂，在烧成的白瓷上浇釉，再经低温两次烧成。弘治黄釉器物大多是罐、盘、碗。从大量传世品的呈色看，它们的釉色几乎一致，这说明景德镇的制瓷工匠已经熟练地掌握了黄釉烧成技术。它们的色调达到全器一致是不易的，因为釉中含铁成分的增加与减少直接影响釉色的深浅，必须经过工匠们刻苦钻研、反复试验，才能达到如此成果。

弘治黄釉不仅釉色优美，还加金彩装饰。北京故宫博物院旧藏弘治黄釉罐共有三种类型：双耳罐、牛头罐、无耳罐。有的带金彩装饰，罐的通体金圈线五道，腹部两面各绘粗壮而倔强的金彩牛一只，辉煌绚丽而典雅。还有黄釉折沿盘，盘心及足边均绘金彩圈线。以上两种带金彩的器物，均为外面难以见到的稀有珍品，是弘治时期代表性很强的杰作。

三、素色弘治瓷器

在明代各朝君主中，孝宗朱祐樘是一个比较清明的皇帝，喜爱素色，反映于瓷器上是传世实物绝大多数色泽素净。如弘治十五年三月"已亥，先是有旨，自正月初一至十二月二十七日，但遇御膳进素日期，俱令光禄寺禁屠，户科给事徐昂等因言今一岁之中禁屠断宰者凡一百一十一日……"。从中可知，弘治十五年一年内御膳进素日期可达111天，约占全年1/3，而且关于"进素在祖宗朝本无故事，惟皇上好生之德出自天性，故爱惜物命，至于如此"，说明弘治早有食素习惯，其御膳进素也是常事，而越到后期可能进素日期更多。由此类推，食素所需之器皿必然与所盛食物相适应，其色调必然相和谐。因此，弘治帝对素净器皿的使用是比较多的。再说，宫中的器用主要以皇帝的活动为轴心，任何事物必须以皇帝的需要为第一需要；因皇帝嗜素，所以素净器皿被广泛使用，这就是弘治朝瓷器色泽普遍较素的重要原因。

第七节　正德时期的陶瓷

　　正德时期始于1506年止于1521年，仅仅16年。正德初年曾扩大景德镇御器厂，大量派烧。正德官窑瓷器上承成化、弘治，下启嘉靖、万历，开始转变成化、弘治那种纤细、精致的风格。在制作上，由于大件器的增多，趋向于厚重而粗糙。再加上宫廷需求的增多，器物也比以前更多样化。

一、青花

　　正德青花瓷器也有其本身的特点：官窑青花胎体较厚重。大型立器胎厚欠精细，有的甚至出现缝隙；釉面肥厚，白中闪青或闪灰。所用的青花料比较多样，前期一部分产品仍使用"平等青"料，其颜色清淡闪灰；有的采用江西省上高县出产的"石子青"，颜色浓艳闪灰；后期还从云南获得"回青"料，呈色大部分浓艳闪紫，花纹不太清晰。用双钩平涂技法绘画。

　　正德青花装饰上的特点是阿拉伯文较多，很多出自《古兰经》之语。所见书阿拉伯文的器物不下几十至上百件，有瓶、笔架、罐、盘等，布局上采用开光，开光内书阿拉伯文。正德瓷器上出现大量阿拉伯文，可能与其妃子信奉伊斯兰教有关。

　　造型中除常见的碗、盘、瓶、罐、炉、烛台、壶等，绣墩、笔架、多层套盒、花插插屏、石榴形小罐、八方罐等均为正德时新创的造型。最具有时代特征的是"正德碗"，其特征是口微外撇，从口沿至足渐收敛，碗壁弧度大而深，圈足，又称为"宫碗"、"宫式碗"。立器比较厚重，接胎痕迹明显。瓶、觚类瓷胚部外撇后下收，像加厚一块，而正德之前的瓶、觚类瓷器胫部外撇后不内收。

二、孔雀绿釉

孔雀绿釉由宋、元时期民窑创烧，早期的孔雀绿釉易剥落。据《南窑笔记》记载："法蓝、法翠二色旧时为成化窑有，翡翠最佳。"由此可见孔雀绿釉的烧制成功于明成化年间。从传世的实物看，以正德时期为多为精，它突破了宋元时期色调深暗的原始状态，色如孔雀尾翎上翡绿羽毛，碧翠雅丽，是为正德时期釉器的典范。

三、伊斯兰纹饰瓷器

在历代帝王，中明武宗朱厚照最不像一个帝王，他对待封建礼法的随便态度也是历代帝王中少见的。他的宗教信仰也极其特殊。他自称"大庆法王西天觉道圆明自在大定慧佛"，命令所司铸印以进，所下诏旨也称"大庆法王与圣旨并"，还经常在紫禁城内顶礼事佛，为此糜费无度。伊斯兰教禁食猪肉，作为一国之君的武宗竟以赦令禁止养猪以及买卖宰杀猪。在武宗皇帝如此尊崇伊斯兰教的历史背景下，正德瓷器上出现了大量的以伊斯兰纹饰作为装饰的器物。

正德时期书写阿拉伯文字的器物不仅品种丰富，而且制作相当精美，在正德时期瓷器制作相对粗糙的情况下，可称为经典之作。

故宫藏一件正德青花碗，造型、纹饰均是典型的官窑器，碗底写有"大明正德年制"青花款，外壁作为装饰的六个圆形开光内，分别以阿拉伯文书"政权"、"君王"、"永恒"、"每日"、"在增加"、"兴盛"等字，如果用汉语将它翻译过来就是"政权君主永恒"、"兴盛与日俱增"，碗心部位以阿拉伯文书"感谢他（真主）的恩惠"。另一件青花碗的碗外壁以变形灵芝间隔六个菱形开光体，内书阿拉伯文，意为："接近亲属，传播和平，接给他实物"，碗心菱形开光内阿拉伯文意为："感谢真主的恩惠。"并且还在一些瓷器上题写大段的《古兰经》语录、圣训格言，以及赞颂真主安拉和贵圣穆罕默德的文字。这种整段抄录经文的实际功能已不仅是作为装饰，而是作为一种训诫，使人随时都要用伊斯兰的教义来约束自己。

正德时期的瓷器不仅多见以阿拉伯文作装饰，在造型风格上也逐渐改变了成化、弘治时盛行的小件器皿的风气，大型器物日渐增多，如大梅瓶、大葫芦瓶、大洗口兽耳瓶、大盖罐等。这个时期器物还常连有托座，多用于祭祀或作法事，带托座的器物见有瓶、洗、插屏、花盆等。正德时期还有许多器物在造型上明显受西亚风格影响，如执壶、背壶、军持等。

第八节　嘉靖时期的陶瓷

嘉靖一朝共 45 年，世宗本人妄信道教、不重朝政，宦官和严嵩及其党徒把持朝政、穷奢极侈。嘉靖一朝的官窑瓷器产量巨大，据不完全统计：产量可达 60 多万件（不计民窑器），是明朝烧造量最大的一个时期。在景德镇几百平方公里的土地上，曾一度出现了"昼间白烟蔽空，夜间红焰冲天"的壮观景象。嘉靖时期的瓷器传世物品也很多。从品种上说主要有青花、颜色釉，彩瓷包括各种杂色釉彩瓷。民窑彩瓷发展是嘉靖时期的一个突出成就。

一、青花

嘉靖官窑青花制作精良，胎质洁净坚致，釉面清亮，器物的底足、接痕都打磨光整。官窑青花用回青料，呈色蓝中含紫红。如果说永乐、宣德青花呈色幽深带黑铁斑，以冷峻高贵见长；成化青花呈色浅，以典雅清丽见长；那么嘉靖青花呈色紫翠艳丽，则以浓烈奔放见长。但嘉靖青花并不完全使用回青，而是用回青与石子青搭配使用。根据两种青料的不同比例，分上青、中青、下青三种。官窑器多使用上青料。嘉靖青花中，也有受前朝影响的，色彩较淡。

嘉靖民窑青花与前朝正德相比，器物造型趋向精致，装饰趋向多样，总体质量大有改观。民窑生产的精品与官窑所生产的已无太大差异。其胎体细白壁薄。釉质有的透明光亮，呈灰青；有的因含微小气泡而呈卵白色；有的因烧制的原因而呈炒米黄。民窑装饰纹样用双勾分水画法。双勾线条细硬，较少圆润流利的笔画，也见有以较粗线条单笔勾勒的画法。

瓷器上常见的松鹤、云鹤、仙鹿、八卦、灵芝等字，及"壬"字形云纹和仙人乘槎等。龙呈猪形嘴，比目眼，发毛前冲，爪子呈风车状；寿星的脑门很大很高，像冬瓜；小孩的后脑勺很大，爱穿长袍大褂，俗称"大头娃娃"，也是此朝的特征。纹饰布局繁缛，没有层次，山水通景纹饰开始出现。花卉的叶子较小，叶脉密，形同西瓜籽，有些叶脉画成密密的平行横线；牡丹、芍药、菊花的叶片似鹅掌状，锯齿状叶，叶边齿以细弧线连成；缠枝莲的卷叶成飘动的彩带；牡丹花瓣边沿为小弧线连接而成，瓣内密勾茎线，似芍药、芙蓉画法；灵芝"菌伞"上面网格；婴戏图上的小孩后脑大，穿深色衣服，有的头上留三撮小发。

器型远较成化、弘治、正德为多，且造型融合厚重古拙与清丽华美，式样奇异多变。圆器圈足内收，器足脊几乎能以手指勾起。器物中有大至80厘米的大盘及大鱼缸、大罐、大瓶等，也有小不盈握的小碟、小瓶等。造型上还出现方杯、方碟等方棱器物。民窑中也有大器，但制作粗糙，不注意修胎，圆器多有翘棱、夹扁状况，底心下凹。薄胎小件器物圈足则矮窄而修磨圆熟。

官窑款既有粗犷的，也有清秀的，但总的来说写得比较规矩，如"靖"字的偏旁"立"一般都写在"青"字的上中部。有的在器口横排写款，更多的则在器底双圈或双框内写六字款，有的砂底器只在写款的部位罩釉。而且，出现了"松柏草堂"、"赵府制用"等堂名款。

二、五彩

五彩是嘉靖时最有名的品种之一。嘉靖釉上彩的珍贵程度虽然不可与宣德五彩及成化斗彩相比，但就其品种之多和民窑彩瓷制作的发展来说是空前的。

釉上彩在釉下刻画纹饰后或釉上彩勾勒纹饰后填色，不同于成化斗彩的釉下青花勾勒纹饰而釉上填色。

与前几朝相比，嘉靖青花五彩器的色彩有以下特点：一是所用的青花色在装饰中比重下降，仅作为一种颜色而加以使用，改变了明早中期青花五彩中以青花为主体的特点。二是以色彩艳丽斑斓著称于世，釉上彩中红色多，画面浓艳而暴烈。主要颜色有红、黄、绿、紫、孔雀蓝、橘红等。这时的红彩是枣皮红，黄彩是蜜蜡黄，紫是赭紫，绿是大绿、浅绿，青花是回青。嘉靖五彩多用孔雀蓝及橘红色，所谓的橘红色，是在黄彩上涂红彩俗称黄上红，只有嘉靖朝有这种颜色。

嘉靖彩瓷比青花瓷要精细，胎体比前朝略厚重，非常坚致，但细密程度略差。釉面青白色，很光润。修胎不很规整，立器有接痕，圆器塌底，圈足内收。

三、"官搭民窑"

从16世纪以来，当时有一部分钦定瓷器以"官搭民烧"的名义硬派给民窑完成，民窑无偿为官窑搭烧瓷器，好的上交，次品留作民用。这虽说是官窑剥削民窑的一种方法，但也从反面促使民窑技术水平的迅速提高。代烧官窑器的是民窑中的"官古器"户，官窑专用的"回青"料就这样流向民间。在民窑官古器户中烧造的瓷器平时供民间上层阶层所使用，这样就使官、民窑之间界限变得不像明初那样分明了。

民窑中常见缠枝莲、向日葵、云鹤、正面龙、游鱼、树石栏杆、高士、婴戏、灵芝、螭虎、禽兽及具有道教色彩或吉庆内容的纹饰，如杯、碗心内常有"连中三元"、"状元及第"、"福"、"禄"、"寿"、"正"、"王"等字。纹饰多用双钩平涂和单线平涂等技法，画风既有粗犷的，也有清秀纤细的。粗器修胎不整，盘、碗底足有跳刀痕。

民窑款多写"大明年造"、"大明年制"、"大明时制"等。此时出现了赞颂款，如"富贵佳器"、"玉堂佳器"、"万福攸同"，堂斋款有"东书堂"、"于斯堂"等等。另外，凡是"万福攸同"四字款上字当中有三点的瓷器，应是嘉靖17年以后乐平烧制的，因为据记载：嘉靖17年景德镇发生械斗，一部分窑工跑到乐平烧瓷，在"万福攸同"款中间点三点，以做记号。

四、嘉靖皇帝与道教纹饰瓷器

在历代帝王中，崇道、崇佛者历朝均有，然而明代嘉靖皇帝的崇道之举以及笃信程度，在某些方面甚至超过历史上信奉佛教和道教最著名的梁武帝和宋徽宗，使那个时代的瓷器具有了鲜明的道教特色。

从传世嘉靖瓷器看一些器型高大的器物，应该属于这批祭祀用瓷的范畴，如大龙缸、大罐、大酒坛、大瓶、大羹碗、大盘等。还有一些仿青铜礼器，如爵杯、豆、鼎、壶、炉等。各类瓷器常制成八方、六方、四方、长方、方斗形等，例如五彩人物委角方盒、五彩寿字方斗杯、八棱形葫芦瓶、八棱形直口瓶、长方式盒、八棱形盒、四方盖罐等，这些可能都是做道场或祭祀时的专门器皿。

嘉靖时期不仅瓷器的造型多作成祭器形状，而且纹饰也多具道教色彩。例如：以道教中的八仙、八卦、云鹤、莲花纹、八宝纹、如意纹、市字纹、璎珞及福禄寿三星等为纹饰内容。带有浓厚浪漫主义色彩的八仙人物，虽然一直是瓷器装饰的主要题材，但是使用范围之广泛、人物形象之鲜明生动，却是嘉靖一朝所独有的。故宫博物院所藏的一件青花大罐上绘有八仙祝寿图，画的却是八位仙人前往祝寿的途中之景，画面上八仙谈笑风生，人物各具性格特点。另外，故宫还收藏有两件青花大盘，盘心绘画符箓。符箓是道教中道士们施法术的牒文，是道教教法中的重要部分，称之为法箓。道教法师们把它说成是太上神真的灵文、九天众圣的法言。道教箓文在唐代发展到鼎盛阶段，仅图文就有数百种之多，但在瓷器上做装饰仅见嘉靖一朝。

嘉靖皇帝自沉溺道教以后，对自然界中偶然出现的变异现象，如白鹿、白龟、白鹊、双穗谷、并蒂瓜等，统统认为是上天所赐的福瑞和吉兆。例如葫芦瓶因葫芦二字的谐音"福禄"，所以在嘉靖时期最为兴盛，有四方、六方、八方或多棱形、圆形，还有上圆下方取意天圆地方，其数量之多、品种之丰富、造型之精美，都为前朝所不见。而且在这些瓶身开光绘有如"大吉"、"风调雨顺"、"福寿康宁"等吉祥语。

然而，嘉靖皇帝家族人丁不旺，期盼子孙兴旺、多子多福一直是他心头上的一件大事。在这样的一个背景下，瓷器上的婴戏纹也就很突出。根据对台北故宫博物馆所藏的嘉靖瓷统计：仅在青花一类瓷器中，婴戏纹图案所占比例就为1/10，而实际情况可能还更多。

第九节　隆庆时期的陶瓷

隆庆一朝仅存在 6 年。这一时期，无论官、民窑的工艺技术和艺术风格都来不及有所变化。其传世物如果没有明确的款识，很有可能被误认为是嘉靖瓷或是万历瓷。从传世品中带有隆庆年款的实物可知当时曾烧制过青花、青花黄彩、青花红彩、甜白、白釉红彩、黄釉及青花五彩等各品种。

一、青花

官窑青花无论是胎釉、造型、颜色都比嘉靖时的要好。胎体坚细、釉面肥润，也使用回青料，浓艳泛紫，比嘉靖时的还要浓重艳丽。绘画风格繁杂，技巧以单线平涂为主，先用笔勾细线，然后涂色，俗称混水。所见纹饰有龙凤、团螭、稚鸡牡丹、缠枝花卉、莲荷鸳鸯、鱼藻松鹿、仕女婴戏、人物故事、灵芝八宝、暗八仙、攀枝娃娃等，并且多用奇数三编组，如器内心的三凤三螭与器外壁的三组垂枝花鸟等十分流行。民窑中的螭虎画法在嘉靖、隆庆、万历三朝中最为精细。

器物造型不多，大件器增多，有盘、碗、洗、方胜形盒、提梁壶、大罐、大缸等，盘碗反而轻薄。釉底代替砂底，个别特大器用砂底。

官窑款用笔粗重有力，多写"大明隆庆年造"。民窑款多写"大明隆庆年造"、"大明隆庆年制"

二、五彩

隆庆五彩和青花器一样同臻极致，此时红、黄、绿、紫各色都极为鲜艳、色调纯正、对比强烈，加之以浓丽的青花相烘托，显得五彩缤纷。如：有的双龙盘，青花、红彩绘的双龙相对飞舞，用黄、绿彩绘的龙的毛发及云彩，色彩艳丽、做工精细。还有一件莲池野鸭鸿雁大缸，池水、荷叶是深绿色，荷花是红黄二色，野鸭是橘红色，青花绘边饰，虽然是传统纹饰，但集深沉、艳丽为一体。缸口内沿用青花横书"大明隆庆年造"。

第十节　万历时期的陶瓷

万历年间，随着宫廷和社会上层对细瓷的进一步要求，以及对外贸易的刺激，景德镇的制瓷业更加繁荣。万历官窑的生产可分为前后两个阶段：在万历三十五年（公元 1607 年）以前，官窑瓷的生产量极大；此后，整个明代官窑的生产情况趋于衰退。

一、青花

万历年间，民窑青花瓷器的生产在质量和数量上都是惊人的。由于外销数量的增加，从万历开始经过天启、崇祯到清代的顺治和康熙前期，青花瓷器形成了一种新的风格，国外有些学者称之为转变期。

官窑青花瓷器可分前后两期，前期作品上承嘉靖风格，后期作品下启康熙风格。

其官窑青花小件瓷器的胎体相当精细致密，大器稍差，釉面光润肥厚，足内施亮青釉。早期使用回青，青花颜色艳丽泛紫；中晚期使用国产青料"无名异"和"元子"等，呈蓝中泛灰的色调。此时的纹饰繁密、稍显凌乱，但也有疏朗清秀的，还有的在青花瓷上镂空纹饰，别具一格。

青花无论官、民窑，传世的数量均较多，除常见的各式盘、碗、杯、碟、瓶、罐、炉、高足杯外，以出戟尊、提梁壶、军持、鼓凳、各式洗、烛台、方炉、笔架、笔、船、调色盒、瓷塑人像等为突出。而以蒜头瓶、壁瓶、笔管、笔船、莲瓣式盘、多格果盒、书桌插屏等更为别致。盒类瓷器多变形，不平整，撇口碗的沿有极小的凸起边，盘塌底严重，碗、盘足内有跳刀痕和火石红色。万历官窑青花款多六字双行楷书，笔锋有力劲秀，也有较粗犷的。

二、万历五彩

万历五彩其实指的是明后期嘉靖、隆庆、万历、天启等朝生产的青花五彩瓷。五彩中的青花在使用中比重下降，仅作为一种釉色适当运用，改变了明代早、中期青花五彩（斗彩）中以青花为主体的画法。色彩均姹紫嫣红、鲜艳浓郁，一扫成化斗彩清雅淡丽的风格，色彩中红色比重最大，且纹饰本身并不注意造型的准确，带有更多装饰性。器物造型则追求奇巧新颖。

此时五彩一般可分为三类：一类是釉下青花，釉上用黄、绿及矾红三色，虽仅四种颜色，但在运用上交替错综，富于变化；一类是青花上加黄、绿、茄紫、矾红各种色彩，并用黑褐或褐赤色作为图案的线描；还有一类是不用青花，仅在釉上加以彩绘。五彩的品种很多，主要有：釉里红五彩、青花釉里红五彩、天兰釉地五彩、豆青釉地五彩、米色釉地五彩、哥釉五彩、黄釉五彩、黑釉五彩、水墨五彩等。

五彩主要有以下一些特征：第一，胎体厚重，有歪斜和不圆的现象；由于瓷土淘炼不精，而胎质略显粗糙，大件器物多为砂底，修胎不规整，衔接痕迹显露，器足多斜削并留有刮削痕；一般中、小件器物制作得很精致、规范。第二，釉面乳白莹润，但与嘉靖、隆庆时相比已略显逊色，后期釉面稀薄而呈青白色。第三，彩的色调对比很强烈，大红大绿，有华丽之感。多用釉下青花作局部图案或勾描轮廓。早期青花色艳，中期色调则显晦暗，末期更为浅淡。第四，较多采用开光图案和镂空工艺。第五，绘画技法幼稚，图案不规整，线条虽细，却以繁密为重。纹饰中以青花变线勾勒轮廓然后填彩，彩色常溢漫出线，致使纹饰显得粗率模糊；所画人物形象不是上身过大，就是下身过小，比例失调；所绘人物既不生动，也不严谨，形象欠缺气魄，仅以炽烈的色彩取胜。

三、万历三彩

万历三彩器有各种色地，其彩均直接施于胎坯上。以黄釉为地的黄绿紫三彩器，黄釉色重、色调沉闷，透过黄釉层可见粗糙胎体上密布的黑色小斑点，同时也多因釉质不纯而见有小红点或血丝痕；其绿彩浅淡鲜艳；以紫色所勾描的纹饰轮廓线，加黄釉后呈黑赭色。也有于黄地紫绿彩上留以白釉龙纹的装饰。款识中有青花款和青花上罩黄釉所致的黑色款。常见的器型有大小不等的盘、碗、炉等。后来的这类器型和龙纹已成固定式样，历代相承。万历时，另有以茄皮紫色为地，刻暗花后填以白、绿、黄色，组成以龙纹、折枝花等为图案的茄皮紫釉三彩碗、盘。这类器物的茄皮紫釉面多不鲜亮，底部也施加茄皮紫釉，并有刻款。此外，还有于暗刻纹饰上仅填单一绿彩的折枝花盘。

四、万历皇帝用嘉靖龙缸陪葬

北京西郊十三陵中的定陵是明代万历皇帝朱翊钧的陵墓，墓葬出土品中有三件青花大龙缸，直径达 70 厘米，上绘青花云龙，色泽极为鲜艳。款书"大明嘉靖年制"。朱翊钧为什么要用嘉靖年制造的龙缸来陪葬呢？

明代后期，政治经济逐渐走向衰落，统治阶级的暴政引起民变，对景德镇青花瓷生产产生一定影响。官窑对景德镇瓷业是促进，也是压迫。在景德镇御窑厂内设有龙缸窑 32 座，专烧"大龙缸"，烧造龙缸的工匠叫"龙缸匠"，另外还有敲青匠、画匠和各种夫役等，烧造一只龙缸需要很大工力，并且技术要求较高，稍有不当就会造成次品。嘉靖年间，窑工外逃，到乐平开窑。万历二十七年（公元 1599 年）税监潘相在景德镇监造龙缸，窑工们饥饿苦累，还要遭受皮鞭的毒打，由于逼迫严紧，窑工童宾跳火自焚，激起了工匠的反抗，于是"哄然停工"，不再复工，直到万历皇帝朱翊钧死时，龙缸还没有造成，只好用嘉靖时烧造的龙缸入葬。

五、克拉克瓷器

克拉克瓷从广义解释是泛指明代万历时期的青花出口瓷器，少量的也有清代初期的瓷器。由于这类瓷器最初是在 16 世纪被捕获的葡萄牙克拉克商船中发现的。所以，为纪念这次胜利，就把初次到达这个国家的、十分精致的瓷器叫做克拉克瓷。

克拉克瓷器包括盘、碗、瓶、军持等，以盘为多而具典型性。器物一般薄胎，盘有圆口及菱花口，内底微凹，圈足为向内斜，足上多粘有砂粒。克拉克瓷器的主要特征是在装饰上：中心的主题纹饰多为花卉、花篮、禽鸟及动物纹，盘内壁一般为 8 个或 6 个扇形开光，开光内绘杂宝等图案，有的盘壁还模印出花瓣或开光的轮廓。除纹饰以外，有些器物上还写有"福"、"寿"、"福寿康宁"等文字，还有英文书写的"澳门"字样，这种字样经常出现在欧洲的盾性纹章上，可能是澳门官员的定货。

克拉克瓷器是外销瓷已为国外传世及出土物所证明。值得注意的是：景德镇湖田窑发现了克拉克瓷器标本，虽然数量很少，但从传世器物特点看，景德镇烧克拉克瓷是没有疑问的。但从克拉克瓷器外销的数量来看，江西其他窑也有可能烧制这类瓷器。江西广昌近年发现了克拉克瓷，有着自身的特点，风格有异国情趣，兼有传统装饰。广昌出土的克拉克瓷数量较多，器物为盘，盘内有 6—8 组开光，中心有葵花等纹，与国外出土者极为相似。广昌出土的克拉克盘每件都有裂痕，是次品，由此更证明了这类瓷器确实是外销，只有次品才内销。广昌出土的克拉克瓷是景德镇窑还是广昌窑烧造的还有待进一步调查研究。

第十一节 天启、崇祯时期的陶瓷

天启、崇祯时期，明朝统治急速走向衰落，在崇祯十七年走上了彻底覆灭的道路。从万历后期起，景德镇的官窑生产陷入衰落状态，但也并非完全停顿，景德镇仍烧造龙凤图案的青花官窑器，但数量很少，传世可以确定为天启官窑器的极为罕见。

一、青花

天启朝官窑青花瓷的时代特点是：大件产品渐少，小件产品增多；大件产品规整度略差，小件产品仍很精细，颇有万历遗风。崇祯时期传世品中没有见过官窑瓷器，只有民间烧的佛前用器、一般民用瓷器及外销瓷，虽然质量不高，但风格转变，开启了明末清初制瓷的新貌。

天启制瓷有粗细两种，胎薄为多，过分厚重较少；崇祯民窑胎瓷化程度好，胎质坚致，胎体厚重居多数。天启青花坯胎和釉汁的收缩率不一致，口沿出现大小不一的爆釉点，底面有针眼大小密步的缩釉点或线；崇祯的釉底有细小的缩釉点，少见大的缩釉斑痕，有的砂底上有均匀一致的浅赭红色"窑红"，器物底部往往粘有窑砂。

天启青料以国产石子青为主，呈色青中带灰而淡雅沉静。个别的浓艳青翠，青色有浓淡层次，无黑色斑疵，不见青色流散；崇祯大多数器物发色稳定，呈靓青色，略带幽灰，不见晕散，后期青色层次分明、色泽浓翠。

在笔法上用单线平涂，轮廓线挺拔有力，线条首尾重叠约2—5厘米，渲染在轮廓内外信手涂抹，大笔挥就的纹饰给人以豪放之感。还有单笔点染的没骨画法，包括"钩花点叶"和"钩骨加青"等。

天启的画风豪放简练、简笔写意，十分清爽，一改万历时繁满凌乱的布局，形成自己的独特风格。纹饰题材多样，其中有一些有特殊性的，对断代有一定的参考价值。民窑青花瓷装饰纹样则丰富多彩，不受官窑式样规格化的束缚，写意山水、动物人物、诗词书法、几何图形等，造型活泼，画法随意。在崇祯民窑中，画法上采用变形夸张手段，画风荒诞为其特色。如：山水多用国画构图，山水纹饰中的古寺、茅屋、草亭、砖桥、扁舟、枯树、渔翁、樵夫、高士、老人都趣味盎然，与"扬州八怪"的画有异曲同工之妙。

二、崇祯五彩

崇祯五彩有单纯的釉上五彩和青花五彩两种，上海博物馆和北京故宫博物院都有具"甲戌孟春赵府制用"的青花五彩盘，以绿及红色勾出正面老龙，配以黑色，当属崇祯七年的官古器户制品，其风格仍属官窑传统。青花五彩瓷的民窑风格则以山水、人物、白兔、飞鸟、桃果、梅石、花鸟等图案为主，突出青花，红绿颜色调明显。单纯釉上五彩则特别强调绿、黄两色。多见人物故事图，盘底跳刀痕明显，有"天下太平"篆书方款。

第十一章

清代的瓷器

清军入关后，经过 10 余年的发展，采取了一系列恢复经济的政策和措施，如减免了一些赋税，对部分手工工匠废弃"匠籍"制等，使清代制瓷业在明代的基础上继续发展。清代前期的景德镇御窑厂的机构设置，较明代时有所缩小。这并非因为御窑厂处于萎缩状态，而是由于它吸收了明代的建厂经验，取消了一些多余的机构。如明代御窑厂内设置的狱房，到清代时便被废除。这说明清代御窑厂对工匠的人身控制有所松弛，使工匠得以在相对宽松的环境下进行生产，因而在一定程度上刺激了工匠的生产积极性。尽管如此，御窑厂规模仍然较为庞大，机构设置共有 23 个，仍可谓完备。

景德镇这个名字更是与瓷器联系到了一起，继续成为中国的瓷业中心，代表着中国古瓷器的最高烧制水平。至康、雍时期，清代的制瓷业发展已至鼎盛。从种类上看，清代瓷器各色品种齐头并进，创造了许多瓷器新品。但是，无论从数量上还是烧制水平上看，清代瓷业还是以青花瓷为主，在烧造上也达到了相当高的水平。

第一节　顺治时期的陶瓷

在明末连年混战当中，景德镇也受到严重损坏，窑场凋零、匠人四散。清初，政权初立，政局尚未完全安定，全面恢复御窑厂的大规模生产尚不可能。顺治官窑生产时停时产，烧造技术较差，传世的官窑器十分少，有的也比较粗糙，迄今为止还没有发现一件十分精致的顺治官窑瓷。于是清政府沿袭明末采取的临时应急措施："有命则供，无命则止"，"官搭民烧"。民窑开始全面恢复大规模生产，基本上没有间断过，特别是明末以来的出口瓷生产。现留传的瓷器中，民窑瓷远多于官窑瓷。直到清顺治十一年官窑才恢复生产，景德镇复为御窑厂。这一时期的产品有明显的过渡特征。

一、青花

顺治青花造型上承明末，下启康熙，有着明显的过渡时期特征。

此时青花料均为国产浙料，颜色可分为四类：（1）淡蓝：色泽浅淡，有晕散现象，多用于厚胎的罐、瓶、觚、香炉等瓷器上。（2）黑蓝：色泽深沉，完全承袭了明末风格，多用于制作粗糙的民用品上。（3）正蓝：青花蓝色纯正，色浓处有黑斑点，但没有明代永乐、宣德青花入木三分、凹陷胎骨的感觉，仅是浮于釉面。碗、盘多用此种青花。瓷器釉面呈青色。（4）青翠：与康熙标准的青花"翠毛青"色十分接近，色泽沉稳，多用于釉泽光润、胎质洁白致密的瓷器上。

瓷器立器胎体厚重，底足多细砂平底，有的有细密的旋削痕，器足向内斜削；圆器胎体轻薄、滑润，底足修成滚圆的泥鳅背，比较高深，几乎没有塌底现象；有的大盘是双圈足或宽圈足，器足多为滚圆的泥鳅背状，底部多见修坯时留下的旋削纹，圈足由明代的低浅式向高深式发展。各种香炉、罐、净水碗、花觚、筒瓶等，既有明代特点，又有康熙朝风格。净水碗、香炉、花瓶等与佛教有关的青花瓷器占有较大的比例。其香炉等常涂抹一圈酱黄釉，此特征明末出现，顺治时流行。

瓷器纹饰一般很粗犷，满绘器物。有几种纹饰是顺治时所独有的，如：常见炉、罐上的云龙，粗大威武，只露头、身、尾等几截，其余部分被斑片状云遮挡，好似凶猛的恶龙从浓黑滚滚的云中腾越而出，忽隐忽现。崇祯朝式的勾勒轮廓，涂青花留白形成的"括号"云。常见于花觚、罐之上的故事，人物多居于庭院或室内，有一定的情节。这几种纹饰一般都画得很满、很粗犷，显得没有层次。除这些本朝特有的纹饰外，还有玉兰怪石、缠枝牡丹、雉鸡牡丹、四季花、山茶花、童子骑麒麟、八仙、布袋和尚、云鹤等。

顺治朝时带官窑款的瓷器很少，有双圈六字两行"大清顺治年制"款及四字两行"顺治年制"款。民窑供器多署干支款，一般生活用器多无款。

二、五彩

顺治时期釉上彩绘瓷器中最出名的是五彩瓷。这一时期的五彩瓷有两类：一类是比较粗犷的，无论青花还是红彩、绿彩等都很浓重。此类彩瓷青花艳丽，红彩多为深枣皮红色；绿彩是深绿，多绘有蕉叶、洞石、牡丹、缠枝莲、云龙、麒麟等。纹饰大，显得画面较满，对比强烈，画意古拙，有着明末的味道。另一类为清秀的，青花颜色艳而不浓，红、黄、绿、紫等颜色相应较淡，纹饰较小，画意清新，多画人物故事、楼台亭阁、牡丹、花果、洞石花卉等，这类五彩是顺治彩瓷中比较精细的。顺治时还有酱地五彩器，绘画风格及造型同五彩器。

第二节　康熙时期的陶瓷

清代 200 多年间，早期的康熙、雍正、乾隆三朝堪称盛世，这时的瓷器生产在工艺技术和产量上都达到了历史高峰。康熙朝历时 61 年（公元 1662—1722 年），康熙皇帝勤奋好学，主张"学人之长"，从外国引进新的彩料，为粉彩的大发展提供了重要的物质基础。

康熙十九年景德镇正式恢复御器厂后，制瓷业得到迅速发展，在规模和工艺技术上都有了很多创造和革新。瓷务管理方面由皇帝亲自选派督陶官，这些督陶官由地方官巡抚监管窑务，有的驻镇，有的遥领，督造宫廷御用器物，并开创了以督窑官姓氏称呼官窑的先例，如具有代表当时制瓷水平的"臧窑"、"郎窑"等。官、民窑并举、欣欣向荣，瓷业呈现了兴旺发达的景象。

康熙瓷器品种繁多、千

清康熙·青花人物蚊盆（一对）

姿百态，造型普遍古拙，其总的特点是：胎体非常细密坚致，有一定的重量；釉面有坚硬感，无论厚釉薄釉，均紧贴胎骨，俗称"贴骨釉"；粉质白口，又因胎釉之间有粉，结合不紧密，常爆釉口边破釉，露胎坑坑洼洼不平整；底足无釉的细密滑润，有的有极细密的修胎留下的旋纹，有釉的底足釉子肥润或稀薄，但都很坚致，有大小不等的棕眼。

模仿前代名瓷也是这一时期的生产特点。如在造型上模仿古代铜器，在风格特点上模仿各大名窑的釉色纹饰等，明中期衰落停烧百余年的铜红釉到康熙时又得到了恢复。这种模仿，很大程度上要依赖多种颜色釉的出现，如"臧窑"出产的蛇皮绿、鳝鱼黄、吉翠、浇黄等等。康熙四十四年，朗廷极任江西巡抚，兼管窑务，史称"郎窑"。在其任职期间，大力推动瓷器革新，豇豆红、郎窑红、胭脂红、祭红、洒蓝、瓜皮绿、孔雀蓝、豆青、金银釉等等花色品种纷纷出现，争奇斗艳。

一、青花

风格独特的康熙青花瓷在中国陶瓷发展史上占有相当重要的地位，也是继永乐、宣德青花之后中国青花瓷器的又一个黄金时代，甚至有人认为与永永、宣德青花相比有过之而无不及。康熙青花由于烧造时间长，前后变化大，所以按照学术界传统的划分方法结合参考干支纪年，可把康熙青花可分为早、中、晚三期：

1. 早期（1662—1680 年）青花，是指康熙十九年御窑重建以前生产的器物。这时产品制作较粗率，带有明末瓷的风格。造型厚重，底足毛糙并粘有窑砂，带放射状跳刀痕，露胎处有火红色窑红。釉混浊泛青，釉面有黑棕眼，大部分器物带酱口，厚胎器物口部刷酱白釉。

具有四种基本足型：（1）"楔"形底足，即外墙向心切削，内墙离心切削，圆器、琢器均有。（2）外墙高，里墙低，足端斜削，用于大碗。（3）里墙垂直，外墙向心斜削，底部再平切，用于琢器。（4）二层台及双庭足或是两者兼用，圆器、琢器都有。

青料以国产的石子青为主，呈色灰暗。纹饰用单线平涂方法，双勾线条粗重浑厚，涂蓝处有外溢，纹饰较满。这时另有一种特有披麻皴法，画法细腻，线条细而有力。

纹饰主要有人物、花鸟、虫鱼、景物等，出现"福"、"寿"字及吉祥图案。器物常用缠枝松为边饰，纹饰和题字往往结合在一起，如康熙初烧造的酱釉口青花盘，画山石或秋叶，画秋叶的题"梧桐一叶落，天下尽皆秋"或"梧桐叶落，天下皆秋"。笔筒大多为山水人物或景旁题字，没有单题文字的情况。

器物上一般题堂名、斋名与花押，或画秋叶、香炉等图案，炉等祭器上则多见纪年款。

2. 中期（康熙十九年至四十年左右）青花瓷是清代的顶峰作品。由于胎土淘炼严格，胎体减薄但仍有沉重感，露胎处洁白细润，不见火石红色。釉有粉白和浆白两种，粉白釉面硬度高，浆白釉面略疏松。有的口沿施浆白釉，酱色釉口不再出现。器物制作工致，底面有顺时针方向的细旋纹。底足打磨后呈泥鳅背。

配料讲究，根据《南窑笔记》记载推测：康熙青花选用优质的浙江青料，配制出用以画线、着色、染色的深、浅、浓、淡不一的料水，有头浓、正浓、二浓、正淡、影淡五种，各碗一料标以记号。绘画时，根据画面的需要以头浓料勾线或做小面积的彩饰，使装饰神采焕发；用青色纯度最高、明亮度最强的、呈现青翠娇艳色泽的"正浓"、"二浓"、"正淡"各色料水分染；以最清淡的影淡料做青、白间的过渡色；使之达到艺术上的"墨分五色"。青花发色艳丽青翠，如宝石般的纯蓝色，俗称"佛头蓝"。青花深沉釉底，无飘浮之感。

在画法上有了创新，采用中国工笔画的"分水"方法，有的山水景物还采用西洋画的透视原理。笔筒是这一时期的重要器物。有的题写全篇文章如《滕王阁序》、《赤壁赋》等，有的则以青花和胎体刻画相合的方法装饰。各种人物故事《三国演义》、《西厢记》、《水浒》，也是常见题材。

官窑青花器上一般都题写"大清康熙年制"六字两行楷书款，字体雄健有力。有些器物则题写明成化、嘉靖年号款或各种图记。

3. 晚期（康熙四十年左右至康熙朝终）青花瓷胎体进一步变薄，瓷化程度更好，看上去坚致细硬。釉大多数为细润的粉白色，有一部分则为硬亮青色，釉胎结合紧密异常，具玉质感。青花色调由早期的浓艳青翠变为浅淡灰暗，有的呈色不稳，其中青白釉面的青花多有晕散。而纹饰在整个器物上的面积比例缩小，开了雍正纹饰风格的先河。如康熙己未（五十四年）纪年款青花山水凤尾花觚，景物在器物上下各1/3处，远景则晕散不清，青花浅淡呈灰蓝色，颇能代表这一时期的特征。

在康熙晚期的器物上，"耕织图"纹饰具有时代特征。"耕织图"是宫廷画家焦秉贞于康熙三十五年受命创作的，共计46幅，分耕与织两部分。康熙五十年后流传到社会上，并应用于青花及彩瓷上。因此凡有"耕织图"画面的器物，均为康熙晚期或以后所制。

清康熙青花款识有"大清康熙年制"六字两行与六字三行（三行的多为民窑产品），"康熙年制"四字两行等几种。款字外有青花单圈、青花双圈、青花双线方框与长方框，亦有的无圈线边栏。另有干支纪年款、吉语佳句款。堂名、斋名的大量出现也是康熙青花瓷的重要特点，著名的如"康熙辛亥中和堂制"、"奇玉堂制"、"颖川堂制"、"同顺堂制"、"盖友堂制"等。

康熙青花上还有图形款，如秋叶、梅花、团龙、团鹤、花形、物形等。

二、釉里红

康熙时期的釉里红制造成就是相当突出的，色调浓艳鲜亮，有不同的浓淡层次。康熙釉里红器的品种很多，有釉里红、青花釉里红、青花釉里红加彩、釉里三彩等。清代釉里红各品种绝大数是康熙时期始见并为康熙时期所仅有的。康熙的釉里红仅次于当时的青花瓷，色调艳、纹饰清楚。有的色较浓重，有的呈粉紫色。传世的康熙釉里红器，基本上都是官窑器，器型有盘、碗、梅瓶、油锤瓶、大缸、马蹄尊、苹果尊、摇铃尊、洗、金钟杯等。由于是官窑器，其图案主要是龙纹、兽纹、团龙、团鹤、团花、朵花、缠枝莲、三果等。

三、康熙五彩

五彩是传统的釉上装饰技法之一，又名硬彩、古彩。它是在瓷胎上用生料，矾红勾线，用单线平涂的方法，在800℃—900℃之间烧成，色彩鲜明透彻。五彩是在宋元釉上加彩的基础上发展起来的。明宣德已有五彩，但明代釉上彩是以红、绿、黄三种颜色为主，纯粹的釉上五彩则较为少见。釉上五彩取代了青花五彩，改变了过去釉上五彩和釉下青花相结合的方法，烧制便捷、效果良好。

康熙时使用明代留下的旧彩料，色彩保持了明代特征。五彩装饰多应用于陈设瓷，色彩种类不多，故色调变化不够多，彩绘材料主要由颜

中国瓷文化

经典文化系列

料和调色剂组成，颜料的色相和用法如下：

矾红：为不透明的大红色粉末颜料，用胶水调和使用，故又称胶水红，用来洗染各种大红花朵和人物衣服、鸟类羽毛等，有厚度感，也常用来填地皮和作淡红用，但不能和其他颜色相混合，否则矾红因熔融而消失。矾红用乳香油调和时则用于画线和画线箍。

古大绿：透明的深绿色，水调和颜料，用于填花叶正面、人物衣服及石头、树叶、图案等，烧成前为铁灰色。使用方法是先加水擂拌调匀盛入碟碗器具中，操作时用笔拌水调和成稀薄糊状（俗语称为作"标水"）填于胎瓷装饰部位。因颜料在碟碗中使用久了易集结，用时会流动这一物性，故颜料隔二、三天需用擂锤重新擂拌一次方好使用。

清康熙·五彩三国
故事图棒槌瓶

古绿：透明的黄绿色，水调和颜料，用于填花叶的反面、嫩叶、技干，也常用于填人物衣服、石头、树叶和图案等，烧成前为红灰色，用法与古大绿同。

水绿：透明的淡水绿色，水调和颜料，用于填地皮、浅色花朵、衣服、山石、水色等，烧成前为灰白色，用法同上。

古紫：透明紫色，根据装饰部位色彩的需要，可调配多种同类色调，如红紫、蓝紫、鲜茄紫色，烧成前为灰红色，用于填树干、树枝、花朵、衣服、石头、配景等，用法同上。

古翠：透明淡蓝色，水调和颜料，用于填花朵、花苞、衣服、石头、配景等，烧成前为淡蓝色，用法同上。

古黄：透明淡黄色，水调和颜料，用于填花朵、花蕊、配景、地色、老人衣服等，烧成前为红黄色。

雪白：无色透明玻璃状，水调和颜料。

清代康熙朝，瓷艺家们还发明了釉上蓝彩和光亮如漆的黑彩。这种蓝彩比釉下彩的青花更为浓艳，黑彩则黑亮如漆，显得器物更加富丽堂皇，美不胜收，成为彩瓷的主流。由于发明了釉上蓝色色料，"古翠"代替了青古蓝色，它取材广泛：人物、山水、花鸟、走兽、鱼……处处

经典文化系列

经典

可作为描绘对象。所表现的内容多反映元明以来的戏曲故事，如《三国演义》、《西厢记》及唐宋诗意的花鸟、山水和民间吉庆寓意的题材，深受民间绘画影响。

康熙五彩有白地和色地两种。釉面上均有闪幻变化的"蛤蜊光"，釉彩之外的白地上有彩虹似的光晕。纹饰造型注意准确与传神，与明代五彩只注意色彩、不讲究造型的风格有别，在施釉上大部分较明代匀薄。在传世的康熙五彩中，官窑出品仅有碗和盘之类的小件器物，色彩艳丽的大件器物一般为民窑产品。图案画面生动活泼，题材丰富多样，除一般的花卉、山水外，大量题材采用的是戏曲、小说为人物故事画。器物底足内题"大明成化年制"或画秋叶、钟鼎的，大多数是康熙中后期的产品。

四、粉彩的始创

粉彩是在中国古代釉上五彩工艺基础上，结合西方引进的珐琅彩工艺技法，经过中国工匠的巧妙融合形成的一种独具特色的陶瓷装饰技法。其效果淡雅柔丽，视觉上比五彩软，所以也称"软彩"。它初创于康熙晚期的景德镇御窑厂，盛行于清宫内廷，以粉彩作为装饰的瓷器也广泛流行于民间。

当时的粉彩多在白釉瓷器上施绘粉彩图案，色彩有胭脂紫（洋红）、矾红、湖绿、大绿、墨绿、赭石、白色、黄色、蓝色、黑色等，纹饰图案粗犷、色彩浓艳凝厚。黑彩与矾红彩除作装饰外，有时也用来勾画图案纹饰的轮廓线。彩料研磨粗糙，器体表面有剥彩的现象，这是在低温炉火中烘彩时彩料与釉面熔融后结合不紧密所致，同时也反映出粉彩在初创阶段的特色。康熙官窑粉彩器的纹样采用五彩的绘画方法，即单线平涂和无线涂绘法。图案的绘画内容比较简单，常以洞石、蝴蝶、花草、小鸟等题材为主，空白较多，彩绘只是一种装饰性的点缀，给人以充分的遐想空间。

器底部位的款识分别为青花双圈"大清康熙年制"和仿书"大明成化年制"六字楷书款。这种风格简朴、色彩浓艳、装饰简约形成了康熙粉彩的特点。

五、珐琅彩瓷

珐琅在明初永乐时传入，当时主要用于铜器装饰，以景泰时烧成的宝石蓝色最好，故称景泰蓝。18世纪初，画珐琅的技法在法国已经成熟，并经由传教士带来中国，当时康熙帝对于珐琅物品甚为珍爱。初期珐琅彩是在胎体未上釉处先作地色，后画花卉，有花无鸟是一特征。珐琅彩瓷器的烧造，据清官造办处档案记载：由景德镇烧出素瓷运至京城，再由造办处珐琅作画师遵照御旨画彩，经炉火烘烤而成。因此珐琅彩制品极少，为清朝官家之私藏，世间不得见。珐琅彩的特点是：造型端秀，胎质洁白、细坚、透光，胎体薄轻，笔线精细入微，色彩艳丽凝厚、微微凸起，画面有立体感。

康熙珐琅彩料全靠西洋进口，到了雍正中期国产珐琅才炼制成功。珐琅彩料与国产五彩有所不同：它含有大量的硼，并含有砷，烧成以后色泽凝重，没有玻璃质的光泽，但金属质感却很强烈；色彩种类也比五彩料多，包括白色、月白色、黄色、浅绿色、深绿色、浅蓝色、深蓝色、松黄色、黑色、亮青色、秋香色、淡松黄绿色、藕荷色、深葡萄色、青铜色、胭脂红色等。康熙珐琅彩的釉质都极为纯净，厚而堆起，底釉釉面有极细冰裂纹。

康熙珐琅彩器上的年号有"康熙御制"和"康熙年制"两种：一般用粉红、天青、湖水、紫、蓝珐琅料题写，也有用青花题写或刻制。

六、康熙素三彩

康熙釉上彩瓷器中有一种生产数量不多，但工艺精细、品位高雅，在清朝宫廷用瓷中地位很高的就是素三彩，其在众多彩瓷中独树一帜。

素三彩瓷要二次烧成：第一次是烧素瓷，要在1250℃以上的高温烧成；第二次是烧彩瓷，即在烧成的素瓷上画彩画，然后再以850℃—950℃的低温烧彩，所以它又是一种釉上低温彩瓷器。以黄、绿、紫彩为主，以不同色地划分为"白地三彩"、"黄地三彩"、"黑地三彩"和"紫地三彩"等。

素三彩的突出特点之一是：细。胎体细，制胎细，制胎原料配制和锤炼的各道工序特别严格。器物做得薄，但没有因此而厚薄不均或变形的现象。为了保证绘瓷艺术的效果，保证胎体表面的细润，坯体晾干后要施釉，器物里外壁均施，而在要作画的部位会把釉层刮掉，这样做的目的是利用釉的微粒比坯体泥料微粒更细的特点来填实空隙，使其更加细润。素三彩的精细还表现在绘画上，北京故宫博物院珍藏的康熙素三彩山石花卉纹盘，牡丹花、翠竹、小花、野草都画得很细。另一个特点是不用红彩。如上述的康熙素三彩山石牡丹纹盘，牡丹叶用的是深沉透明的老绿色，大小不同的朵朵牡丹有的繁盛开放、有的刚刚绽放、有的含苞欲放，用墨彩勾画、点蕊，淡黄、淡绿描绘花瓣，酱紫色描绘粗干枝叶和硕大山石的背沿部分，全幅画没有红彩。在整体洁净的白盘上，以黄绿紫色画出的花纹豪纵爽朗、花蕊纷披，给人感官上清韵幽逸、苍凉多致的享受。

七、豇豆红和郎窑红

豇豆红和郎窑红都是康熙官窑红釉中的极名贵品种。

郎窑红因其色泽浓艳如牛血又称牛血红，有单层釉和双层釉两种。单层釉的器物釉层薄，釉表光亮切有开片。口沿或棱边露白色或米黄色胎，口沿有垂流痕。器物的上半部釉层薄而呈色浅，有浅红、淡青等色；下半部釉层厚而呈色深。双层釉的釉层较厚，有深浅两种颜色。呈色深的浓艳、厚实，有黑色星点；呈色浅的如桃花红，釉表有白色雾状。郎窑红釉器的胎骨均洁白坚致，露胎处见火石红，器物的口、足部涂抹白色粉质釉，釉层由于厚重而时有垂流，但绝大部分不到底足。器物以文房用具及小型陈设瓷为主。

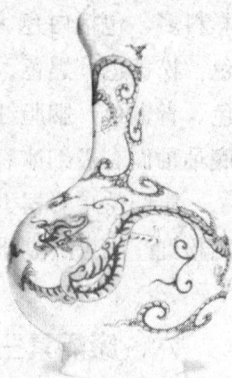

清雍正·矾红螭龙
纹蒜头瓶

豇豆红釉是康熙晚期出现的品种，大多是较浅的红色，上有深浅不等的斑点，与煮熟的豇豆红皮色相似，个别的为正红色。在红釉中似含有白色的粉质，发色温润细腻。釉中有窑变而产生浅绿色苔带内，一般见于口沿或器身较薄处。较次等的豇豆红发色极淡或呈色灰暗黑红。器型多为小件器物，如太白尊、石榴尊、镗锣洗、菊瓣瓶、柳叶瓶、葡萄尊、印盒、笔洗等。

八、康熙瓷器造型的特点

康熙瓷器造型的艺术特色非常鲜明，风格挺拔、遒劲，体现出阳刚之美。这种美的形态，可以用"大"字来概括。器物体积硕大所唤起的是一种力量上的审美感受。造型的挺拔、遒劲体现的是一种阳刚上的美。但直线中含有曲线，更体现了刚中寓柔、大气飘逸的风韵。

这一时期，可谓是"制作日巧、无物不备"。在器型上，除了传统的碗、杯、盘、钵、瓶、罐、壶、尊等器皿外，还出现了冠架、法器、灯罩、如意、鼻烟壶、臂搁等各式各样的日常用品。且大多带有民族与时代的特征，如：马蹄尊，有着满族人入关前随水草而迁徙的生活习俗的烙印。多穆壶和贲巴壶奇特挺拔，是康熙时期中原地区与边疆各族人民的频繁接触中，制瓷匠师为适应民族地区的风俗和宗教需要所烧制的器物。凤尾尊变明代花觚大口、鼓腹为口颈外撇呈凤尾状。盖碗、套杯、攒盘适应了当时上层社会生活方式和风俗习尚的改变。

第三节 雍正时期的陶瓷

清代雍正皇帝是一位励精图治、决意革新的君王，他在位 13 年间对瓷器的生产极为重视，无论是器型、釉彩，还是纹饰等各方面，都取得了前所未有的成就。可以说，雍正朝瓷器的生产是清代瓷器生产和创新的又一个高峰。

雍正皇帝在其统治期间很少出宫寻访，日常生活基本上以皇宫为中心。为了使宫廷生活更加丰富多彩，创造出更多、更加完美、更加细腻的文玩观赏器物。他对有关陶瓷的生产每必躬亲，当臣僚们提出新的陶瓷器皿样式时，几乎都亲自过目下旨，这在记载当时的"清宫档案"中屡见不鲜，从而将皇家上层的审美情趣植入到当时的官窑生产之中，使瓷器生产的工艺水平和画样质量较康熙时期都有了很大提高。

雍正瓷总体风格轻巧俊秀、精雅圆莹、造型不同于前代。它一改康熙时浑厚古拙之风，代之以轻巧俊秀、典雅精致、外形线条柔和圆润的风格。其胎体选料极精，壁薄体轻，匀称一致，仰光透视，略显淡青，呈半透明状。

雍正六年，唐英至景德镇御窑厂督导瓷器生产，取得了很大成绩：粉彩最为突出，取代了康熙五彩的地位，成为釉上彩的主流；青釉烧制技术达到历史上最高水平；仿官、哥、汝、钧等名窑制品也非常成功；出之于康熙时期的茶叶末、铁锈花等铁结晶釉也达到了极盛。在唐英所作的《陶成纪事》中，仅景德镇御窑厂的主要工艺就列出了57条之多。

一、青花

雍正朝的官窑青花，早期接近康熙时的瓷器，部分瓷器色调艳丽明快。中期具有本朝特点，青花色调灰暗，一部分仿宣德青花类瓷器有晕散，纹饰上有人工点出的小黑色斑点（永乐、宣德两朝青花上的黑色斑点是自然形成的），没有金属光泽，也不沉入胎体；一部分仿嘉靖、万历的青花瓷深蓝色艳，呈色稳定；还有一部分仿成化时的青花瓷，颜色淡雅闪灰。

青花瓷胎坚致洁白、细润、轻薄，修胎非常规整，造型俊秀，在清代瓷器中很突出。其釉子光润，仿永乐、成化时的瓷器釉面洁白，仿宣德时的瓷器呈橘皮釉面闪青，仿嘉靖、万历瓷的釉面则是亮青釉。青

清雍正·青花一束莲盘

花纹饰的总体风格是清秀雅致，常用的皮球花、过枝花、过墙龙、八桃、蝠桃等纹饰是这一时期开始或流行的。这时所绘的山石用"披麻皴"技法，形成一层层的苔点，所绘人物从康熙时的大人小景变成小人大景，人物只居于景中一角。文字中用梵文满饰器面，也是此时独有的。总体来看，雍正青花构图疏朗、简洁明快，人物面目清秀、花卉细腻纤巧。

青花瓷器造型很多，除仿永乐、宣德等前朝的器型外，还有一些具有本朝风格的器型。这时盘、碗的口面、底足都比较大，且无论什么器型，线条都非常柔美秀丽、比例协调、恰如其分，是清代造型设计最完

美的瓷器。

雍正青花官窑瓷器的款，字体基本一样，应是一人所写，楷款、篆款全有，字体清秀规矩，六字二行、三行款都有。双圈画得很规矩，几乎看不出起落笔。民窑署字较为草率，喜用吉语。

二、釉里红

雍正釉里红被称为"宝烧红"，大部分器物采用轻勾淡描的手法，十分难得。制品较康熙为少，但多数烧得十分成功，比康熙时更鲜艳。呈色技术进一步提高，和青花搭配时可做到运用自如。青花釉里红在包彩、设计上有新意，青花色调浓淡、鲜亮，且时有晕散，画面轻盈洒脱。胎质坚致洁白，釉层肥厚有橘皮纹。青花釉里红往往在原来烧制欠色的红色上加胭脂紫或矾红，三次烧成。常见的纹饰有三鱼、三果、五蝠、云鹤、松竹梅、缠枝花、凤穿花、山水人物等。器型有梅瓶、天球瓶、高足碗、葫芦瓶等，大多数有"大清雍正年制"两行六字楷书青花款。

雍正釉里红除白地釉里红外，还有青釉釉里红团龙、团凤器。

三、粉彩

粉彩是雍正彩瓷中最著名的品种之一，无论在造型、胎釉和彩绘方面，粉彩瓷都得到了空前发展。当时的官窑、民窑都大量生产，尤其是官窑制品工艺精湛，装饰图案笔法细腻、线条飘逸、色彩淡雅、色调温润柔和，较之五彩有强烈的立体感，可以与当时专供皇帝使用的珐琅彩瓷器相媲美。取得这样的成就，其中的一个关键工艺因素是地釉质量好。

雍正粉彩的彩料配制技术较高，珐琅彩在烧彩前与烧彩后呈色大致相同，而粉彩颜料则不同。除了红、黑二色外，别的颜色在烧之前无法区别，颜料配制后必须进行试烧，合乎要求后才能正式彩绘，经低温彩烧后，色彩微微凸出釉面，彩面具有晶莹的光泽，有的粉彩纹饰边际显现出彩虹般的光晕。

造型极为丰富，器型优美，一改康熙时古拙厚重之感。大器规整不变形，小器各部位处理严谨得当。

绘画技法多样，在勾线、平涂、渲染、没骨法、洗笔法、皴法、点笔法等画法的组合下，以花卉、雀鸟、山水、人物占主要地位。同时，集诗、书、画、印于一身，展现文雅俊秀之风。

民窑的粉彩花卉、花鸟纹饰粗犷，人物画中善绘刀马人物或戏剧故事中的情节，色彩凝厚浓艳，胎体厚重，琢器的外底部多为砂底。

雍正粉彩瓷器的官窑款识多以青花双圈"大清雍正"双行或三行楷书款为主。此款是由专人书写，字体工整有力、青花色调纯正。雍正粉彩民窑器有的无款，有的采用画押款，如青花蕉叶、银锭、杂宝、书卷、宝鼎等标志作为款识。

清雍正·粉彩蝠桃
"福寿"纹橄榄瓶

四、珐琅彩瓷

雍正珐琅彩瓷器最为精美。它突破了康熙时期专门模仿铜胎画珐琅的做法，结合瓷器彩绘特性创造出了具有瓷器特色的珐琅彩瓷器。首先是把纯粹模仿铜胎画珐琅改为精致白瓷地上施彩；其次是使用宫廷造办处炼制的珐琅彩料，比康熙时使用的进口料增加了更多的色料品种，如软白色、秋香色、藕荷色、浅松色等，大大充实了色料的表现力；其三是彩料凝重、花纹突起、色彩鲜艳、笔画精细，纹饰着彩有晶莹透彻的玻璃质感、层次清晰，类似西方油画的艺术效果，纹饰题材也有花鸟、竹石、山水等各种不同的画面；其四是配以书法极精的相应题诗，使珐琅彩瓷器成为制瓷工艺和书、诗、画相结合的艺术珍品。

由于珐琅料难得，所以雍正中期以前的珐琅彩多是小件器物，如小瓶、碗等，只用于宫廷陈设。雍正中期以后珐琅彩的数量才多了起来，也有了稍大的器物。

雍正珐琅彩瓷有"雍正年制"和"大清雍正年制"蓝珐琅彩款、"雍正年制"洋红楷书方款、"大清雍正年制"青花款等几种。

五、斗彩

斗彩瓷器虽然以明代成化斗彩最为名贵，但在雍正时期也有极佳的制品。雍正斗彩突出的成就：一是摹仿成化斗彩的成功，所仿成化鸡缸杯、小杯及"天"字罐等，真伪难辨、几可乱真。二是在工艺制作上改变了过去釉下青花和釉上五彩相结合的做法，创造出了釉下青花和釉上粉彩相结合为一体的新工艺，较前代制品显得更为雅致柔美。在描绘技巧上，雍正斗彩则更为工整、细腻，施彩薄而浅淡，填彩精确，很少溢出青花勾出的轮廓线，反映了当时斗彩制作工艺的精湛水平。明代成化时期的斗彩多数是小

清雍正·斗彩花卉纹瓶

件器物，而雍正时大件的斗彩器增多，这种大件的斗彩器制作规整、绘画精巧，要耗费许多物力和时间才能制作成功。雍正斗彩的图案以花卉为多，风格趋于清逸。

第四节　乾隆时期的陶瓷

乾隆皇帝在位60年，过去被很多人看成是中国封建社会的鼎盛之世，至少是清代的盛世。其实，乾隆王朝托庇祖荫，过度消费祖、父辈积聚的财富，耗竭了清廷的国库，使乾隆以后清朝财政上处于捉襟见肘的境地。

这一时期的瓷器在装饰风格上，由于整个上层社会沉醉于尽情挥霍财富、夸耀富有之中，盛行锦上添花、大红、大绿、金银辉耀，显得繁琐华缛，较少雅静之作，较前朝有衰退之迹象，成为清朝制瓷业的一个转折点。

但从成型技巧角度看，乾隆瓷器的造型在我国陶瓷史上却达到了登峰造极的地步，它竭尽制作之能事，无论大器小器巨细不惜工本、精益

求精。瓶不仅有小到"二寸"、"三寸"之瓶，而且有大到"五六尺"之瓶，其形"圆如壶，圆而下垂如胆，圆而侈口，下如尊，廉之成角如觚，直如筒，方如斗"，可谓复杂多样，变化多端。除单体瓶外，还有双联、三联、四联，甚至七联、八联、九联之瓶。有放置书桌、案头的座瓶；有挂在墙上的壁瓶；有系在空中的吊瓶、放在轿内的轿瓶等等。还有可以称得上独一无二绝技的转心瓶、转颈瓶以及交泰瓶。

乾隆时期，御窑厂内聚集了大量管理人材和能工巧匠，在康熙、雍正两朝制瓷工艺的基础上，彩瓷和单色釉瓷的制作在数量或质量上都达到了极高的水平。尤为突出的是工艺技巧，新奇的制品层出不穷、鬼斧神工，令人赞叹不已，把清代的制瓷业推向了历史的顶峰。乾隆本人精于古物鉴赏，嗜古成癖，对瓷器有狂热的爱好，凡过目的器物，很多都写、刻有御题诗句，这在一定程度上也推动了制瓷技术的发展。

一、青花

乾隆青花瓷质早期与雍正基本一样，胎质洁白细润，晚期略显逊色，官窑与民窑无多大区别。釉面仍以青白色为主，匀净光润，也有呈粉白色的釉面，民窑中多见。微度的波浪釉偶有出现。浆胎青花康、雍、乾三朝均有。

乾隆青花用国产青料，早期与雍正时无甚区别，略有晕散出廓的现象；中期则形成正蓝呈色明快的风格，有浓淡两种，浓重处见黑色斑点；晚期青花呈色略显青灰，厚郁沉闷，无明快清丽之感。

器物造型奇思异巧、极为多样，制作精致，但线条不及雍正青花圆柔。因刻意追求精致，有些堆塑粘贴的附属饰物反有蛇足之误。圈足圆滑，但较雍正青花更为尖削。民窑中落斋堂款的，无论工艺或青花的呈色，均可与官窑比美。

绘画笔法和雍正青花相似，有勾勒平涂和勾勒填色后点染两种，分别应用于不同题材的作品中。勾勒线条平滑均匀，但缺乏力度与生气。

纹饰缛丽繁满、犹如织锦，式样有龙凤纹、牡丹纹、花蝶纹、莲池纹、松鹿纹、山水纹、树石纹、云蝠纹、寿字纹及各种人物纹等。

中国瓷文化

二、釉里红

乾隆釉里红的品种有青花釉里红、黄釉青花釉里红、豆青釉青花釉里红等，总体上与雍正时期的差不多，色彩鲜艳、纹饰清晰、层次深浅不同，青花与釉里红发色都很稳定，不晕散，深浅浓淡互相补充、和谐统一。但雍正时的三鱼盆、碗及三果高足碗等有着极鲜艳红色的官窑器在乾隆朝极为少见，瓷器的装饰图案也已趋向程式化。

和青花瓷一样，这时的釉里红纹饰也有人工点染的深色小点。常见的纹样有团螭、团夔、凤穿牡丹、折枝花果、竹石芭蕉、云龙、龙凤、云蝠等。为了突出主题，常以釉里红绘龙纹，以釉里黑绘乌云相衬托。常见器型有蝠耳大尊、玉壶春瓶、胆瓶、茶壶、天球瓶、高足杯、梅瓶、盘、碗等。民窑常见的有大盘、香炉、盘口大瓶等。

三、珐琅彩瓷

珐琅彩釉在乾隆时得到了极致的发挥。此时，珐琅彩瓷的数量增多，用料上采用清宫造办处库存的上等填白（又作甜白）瓷作胎，工艺上采用了轧道和"锦上添花"工艺，使器物极具富丽。所谓轧道工艺即在器物局部或全部色地上刻画纤细的花纹，然后再加绘各色图案；"锦上添花"是在锦地开光内绘山水、花鸟、人物，题乾隆御制诗。

乾隆珐琅彩瓷的白瓷胎上还有暗花，出现了西洋人的形象。题诗上有朱文或白文的胭脂水或抹红印章。这些印章的文字都和画面的内容及诗名相配合，如"金成"、"旭映"用于黄红秋花，"彬然"、"君子"用于画竹，"先春"用于腊梅，"凤彩"用于凤及鸟类，"佳丽"用于牡丹、玫瑰、月季等花卉，而"寿如"、"山高"、"冰长"用于山水等。

但这时的画工不如雍正时精，图案布局很满，显得繁杂。

乾隆珐琅彩最初烧造的地点只有三处：一是皇帝寝宫旁边的养心殿配房；二是乾隆皇帝的弟弟怡亲王府；三是京西的皇家园林圆明园内。除此以外，没有任何地方被批准生产和烧制珐琅彩。乾隆二十一年以后，宫内珐琅移出京城，改由广东粤海关制作。但那以后的珐琅彩便失去了清宫的全力扶植，大不如前了。从严格的意义上说，此后的"珐琅彩"已不再具有清宫珐琅彩独领风骚的魅力了。

四、斗彩

乾隆斗彩和雍正斗彩一样，有两个特点：一是官窑器为多；二是其制作方法有釉下青花与釉上五彩相结合和釉下青花与釉上粉彩相结合的两种工艺，而以青花和粉彩相结合为多。器型主要是盘、碗、罐、高足碗、花觚、盒等。由于多数是官窑器，因此图案花纹也脱离不了缠枝莲、云蝠、八吉祥、暗八仙、团花、岁寒三友、凤凰牡丹等。有很多器物是为宫廷寿庆典礼特殊定制的，因此寿字盘、碗之类的器物很多。乾隆斗彩器型有全仿时成化、嘉靖、万历和清康熙朝的制品，其中有的书"大明万历年制"、"大明嘉靖年制"和"大明成化年制"，也有的书乾隆本朝款，或仿成化斗彩"天"字罐等。

清乾隆·斗彩花卉纹瓶

五、粉彩

乾隆时期，粉彩完全取代了五彩，但产品质量不如前代。

从清宫内务府造办处的记事档案中可以看出乾隆帝曾直接干预宫内制瓷事务。乾隆不仅对宫内粉彩器的用途、形状、纹样等屡屡过问，而且要求在制作前须呈画样或本样，待亲自审定后方可送交景德镇御窑厂烧制。乾隆关于粉彩瓷器的陪衬纹饰、款识以及题诗等谕旨在《清宫档案》中都有案可查。根据《陶冶图编次》中介绍：乾隆时制瓷有拉、印、雕、锥、拱、削、镂等诸多工艺，分工精细，形成了专业性极强的陶瓷工匠队伍，逐渐使成型工艺越加精湛。此时的官窑粉彩器皿，一改康熙、雍正时期清新典雅的风范，陷入了精工细作、华丽繁缛的境地。

乾隆粉彩装饰有其独特的表现技法。首先，是在传统的白地粉彩以外，出现了各种不同的色地粉彩，分别有红、黄、蓝、紫、粉红、金、

中国瓷文化

经典文化系列

酱色、豆青、粉青、窑变等釉彩，达10余种之多。其次，是在以粉彩绘画为主的基础上，加用了其他彩料。如：在画面上加绘青花、黑彩，或与五彩、斗彩并施绘于一器之上。这种在一件器物上施有多种彩料，或同时以多种彩绘工艺制作的乾隆粉彩，甚为鲜丽娇艳，可以说集多种中国陶瓷工艺成就于一身，充分反映出乾隆朝制瓷工艺的精湛。此外，乾隆粉彩琢器的器里及底部常有松石绿釉的处理。松石绿釉非常浅淡光润，釉面犹如粥皮，并常可看到纹片。这一特点在乾隆时期首先出现后，一直沿用到晚清。

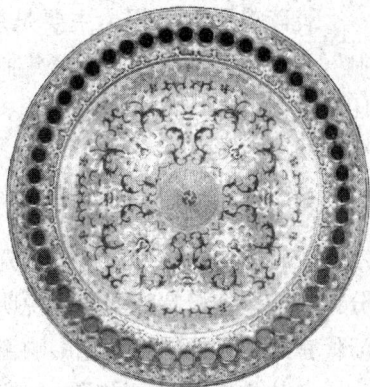

清乾隆·粉彩缠枝花卉多孔盘

在装饰纹样方面，乾隆的色地粉彩经常借用珐琅彩的轧道工艺和"锦上添花"技法，并配以花、山水、人物、百兽的通景画面或开光装饰，这种装饰方法综合了西洋铜胎画珐琅与中国传统粉彩绘画两种技法，将西方美术中的洛可可风格植入中国陶瓷装饰之中，形成了极具时代特色的中西合璧技法。

清代官窑器皿开光中的主题图案，按照不同的节气和时令有着严格的规定，必须按照"大内"送来的图样和皇帝的旨意设计，不能随便改动。如：乾隆八年十二月初九日，太监传旨，烧造"年节用三羊开泰、上元节用五谷丰登、端阳节用艾叶灵符、七夕节用鹊桥仙渡、万寿节用万寿无疆、中秋节用丹桂飘香、九月九用重阳菊花之类，寻常赏花用万花献瑞，俱按时令花样烧造"。

当时以粉彩作为装饰的官窑瓷器品种繁多，在造型方面呈现多样化的发展趋势，凡生活用品、陈设器皿、玩赏之物、文房用具等样式齐备、应有尽有。比较新颖的有：灯笼式瓶、镂空灯罩、带托爵杯、转心瓶等。器身镂雕、凸雕工艺较前更加新奇精巧。乾隆粉彩利用粉彩粉润柔和的质感和粉化的各种彩料仿制出各种各种工艺品。在故宫博物院清宫旧藏的乾隆粉彩象生瓷中，诸如瓜、果、梨、桃、核桃、瓜子、荸荠、海螺、贝壳、螃蟹、鸭子、钟等都用粉彩装饰，品种达30多种，其形态、质感、色泽几乎可以乱真。

乾隆粉彩的款识，主要是用青花、红彩、金彩书写"大清乾隆年制"六字篆书款以及"乾隆年制"四字篆书款。款识不论大小皆为方形印章式，书体规整、样式划一。

六、乾隆皇帝与藏传佛教瓷器

故宫博物馆藏有大量清宫瓷器中，藏传佛教瓷器占有很重要的一部分。它从一个极特殊的角度说明西藏与内地源远流长的文化交流史，是清代宫廷中藏传佛教文化影响留下的痕迹。

藏传佛教是我国佛教中的重要一系，13世纪开始传入内地，后称喇嘛教。清朝的皇帝对喇嘛教的尊崇和优待是出于政治上的需要。

清宫佛堂内收藏了大量的藏传佛教艺术品，都是藏传供奉的圣物，主要是教义中所说的"身、语、意三所依"的佛像、佛经、法器等。这些供奉之物有些是西藏进贡的物品，并对其用途以至造型、纹饰都给予了具体的指导。在此基础上，乾隆皇帝命景德镇御窑厂进行了大量的仿制。其中主要是藏传佛教的"八宝"和"七珍"。八宝指的是法轮、法螺、宝伞、白盖、莲花、白罐、金鱼、盘肠。七珍指的是水珠、火珠、象宝、马宝、文官、武将、佛像。八宝在乾隆朝开始烧制单独成型的瓷制八宝。八宝和七珍在乾隆时期是以由圆饼形镂雕制出其图形，下承以莲花式器座，并以金彩仿制铜镀金的效果，与铜制品一般无二。乾隆时期的仿木纹釉多穆壶、青花贲巴壶、粉彩藏草瓶也都别具特色。

七、乾隆帝与特种工艺瓷

乾隆皇帝是个自命"风雅"的封建君王，他对于书画诗词以及各种工艺美术品的爱好，均达到了狂热的程度，对瓷器的爱好尤甚。在他的倡导和影响下，当时上流社会崇尚"风雅"的习气十分盛行，为了迎合皇帝的这种偏好，景德镇御窑厂督陶官唐英，不惜挖空心思烧造一些器物来取媚于圣上，乾隆特种工艺瓷就是在这种背景下产生的。所谓的特种工艺瓷，即各种形状奇异之瓷，包括象生瓷、仿生瓷。其别出新意的造型，令人眼花缭乱的仿真釉色，使它有别于传统瓷器的造型、釉色、

中国瓷文化

经典文化系列

纹饰，这些瓷器主要是供皇帝观赏把玩之物，被称作"浑厚不及康熙、秀美不如雍正"。

清乾隆·仿官釉海棠形碟

此时盛行在琢器上使用转心、转颈等技艺手段，制作工艺极其精致。象生瓷技术高超，仿木纹、仿竹器、仿漆器、仿象牙、仿玉器、仿金属器等等，几可乱真。这与当时制瓷艺人的高超技术密不可分，他们高度准确地掌握了釉料的配制和火候的控制，以至可以惟妙惟肖地模仿其他物质效果。

八、中国最早的陶瓷器专著

中国最早的陶瓷器专著是《陶说》，于清朝乾隆三十二年（1767年）由朱琰在江西省景德镇编纂而成。全书分为六卷，第一卷"说今"，是清代景德镇陶业的沿革和陶器的种类、制造方法的概要叙述；第二卷"说古"，引用诸书说明从太古到唐宋陶瓷器的变迁；第三卷"说明"，叙述从太古到明代的各种陶器和图案；第四卷至第六卷均为"说器"，对唐以后各朝代的各类器皿多有涉及，按语中旁征博引，并详为考订，反映了作者在陶瓷方面的渊博常识。《陶说》一书问世后，深受广大学者及陶瓷爱好者的重视和欢迎，对研究中国陶瓷有重要的参考价值。除国内出版外，自19世纪以后随着中瓷器大量流入欧洲，也为欧洲学者所重视。

第五节　嘉庆时期的陶瓷

清代经过了康熙、雍正、乾隆的三朝盛世以后，从18世纪末开始走上下坡路，我国制瓷业也急转直下。嘉庆和道光时期虽承乾隆余绪，但品种、数量和质量远远不及乾隆盛世，逐步走向衰弱的趋势。综观其制瓷技术，无论是器型还是纹饰题材，都以前朝作品为蓝本，没有大的突破，尤其是嘉庆早期，乾隆太上皇健在时与乾隆朝作品基本一致，有"乾嘉不分"的说法。嘉庆的精品如不看款识，很容易与乾隆器相混淆。

乾隆帝去世后，嘉庆皇帝利用国殇的机会，力图振作，希望一扫乾隆晚年官场享乐腐败的风气，于是一方面惩治贪官，一方面减缩政府预算，官窑瓷器自然成为削减的项目之一。嘉庆四年，将每年烧造官窑款项由一万两银减为五千两；嘉庆十一年，又降到了两千五百两；嘉庆十五年十二月，更下令终止了御窑厂的运作。因此，现在市场上能看到的嘉庆官窑器很少。嘉庆后期，景德镇御窑厂已无督陶官，改由地方官员兼管，制瓷工艺日趋衰落，产品多显粗糙笨拙之象。

一、青花

嘉庆官窑青花比例较少，早期的青花完全是乾隆作品的再版。胎骨初期尚佳，以后渐粗松。修胎欠精，器物底足粗壮，但厚薄不均。釉有青白和浆白两种，有逐渐变薄趋势。只有个别的官窑作品釉色厚润、形如青玉，和雍正官窑青花相似。民窑器釉层均较薄，大器、粗器有"荞麦地"及"波浪釉"现象。

嘉庆朝的青花颜色大多深蓝，也有浅淡闪灰或稍微鲜亮点的，比较稳定，不晕散，但细看青花纹饰不像前朝的青花有下沉感，而是飘在釉面上。白描青花渐多，工致的纹样安排繁密、青色淡雅、具有特色。粗陋的显得简约、画法随意、青色浓暗。有些器物在勾莲纹中绘双勾填色"喜"字。这种装饰流行于清后期，延至光绪、宣统，总的趋势是越晚的"喜"字越大。豆青釉堆粉青花在民窑中较为盛行，这种堆粉青花于康熙时出现，嘉庆产品堆粉较厚，使得青花在白地上更加明显。

嘉庆时流行的纹饰有夔凤、婴戏等，其他常见的纹饰还有云龙、龙凤、团凤、松鹿、锦鸡牡丹、山水、八仙、仕女等等。官窑青花瓷纹饰沿袭乾隆，花卉纹有两种基本绘制方法：一是单线平涂，另一种是单线平涂后点染，平涂用淡笔，点染时用浓笔。后一种是仿明初青花，但嘉庆朝青花上的点染方法已经是十分机械的程式化工艺，和前朝相比缺少艺术情趣。嘉庆官窑瓷器以日用器物为多，流行成套餐具、盘、碗、汤盆、温锅、茶具、罐、炉、五供、马蹄形杯、格盘、水仙盆、上品、赏瓶等。

中国瓷文化

经典文化系列

二、粉彩

嘉庆延续了乾隆时期的风格，但已比乾隆朝器物逊色得多。延续生产的乾隆粉彩产品以色地勾莲器皿为主，如各种色地勾莲夔凤纹的各式瓶、罐、壶、盘，以及黄地勾莲白里飞蝠纹碗等。嘉庆官窑中的黄地粉彩花卉大盘、黄地粉彩开光题诗茶壶、粉彩百子图碗、粉彩人物纹笔筒等仍有乾隆粉彩瓷的遗风，但也有自己的特色，如百花纹，花团锦簇，追求近乎村俗的富贵与繁华，虽无深沉的艺术境界和高超的技法，却能赏心悦目，符合中国人富贵祥和的人生追求。

在装饰上也沿用乾隆时的一些工艺方法。轧道工艺常见于嘉庆的粉彩圆器上。在琢器上也喜欢用缠枝"洋花"做色地装饰，器物口沿和足边用料彩、金彩作边饰，在腹部做龙纹或人物的凸雕装饰或腹部开光。以胭脂红地彩绘或胭脂红地开光，在嘉庆朝被广泛运用。

嘉庆粉彩官、民窑产品区别主要在纹饰上。官窑主要以各种色地花卉、花蝶、花鸟、八吉祥、云龙、夔龙、夔凤等吉祥纹饰。民窑则以白地粉彩瓷器为主，出现了一些新颖的风景瓷画，如"庐山十景"、"西湖十景、"萧山八景"等，并常附墨书诗句，这种粉彩多作为游览风景所出售的纪念品。人物画中出现了以《无双谱》人物或历史人物为主题的画面。其多画在酒杯、盘或碗的内壁外壁，所绘的人物数目不多，人物旁边均墨书人物的姓名和小传。

嘉庆粉彩中不可埋没的新作，主要表现在器型上。新创的有帽筒、折沿洗、格碟、茶船、渣斗等。帽筒呈圆筒状，筒身挖几个不同形状的孔作为装饰。余处绘以粉彩纹饰。折沿洗较为新颖，其特点是洗沿较宽，沿上有二十几个透空圆孔，沿下带金彩环饰，洗壁比康熙时深，洗心绘粉彩花蝶或婴戏纹饰；也有不带圆孔的折沿洗。

嘉庆粉彩的官窑款式基本上沿用乾隆时的写法，以篆刻为主，用青花、红彩或金彩书"大清嘉庆年制"六字，字体规整、结构严谨。值得提出的是嘉庆民窑款识，常见一种青花篆书的"大清嘉庆年制"六字款，笔画不齐均由六字的半边字组成，草率松散，还不易识别。

第六节 道光时期的陶瓷

道光二十年，英国发动了以武力侵略中国的鸦片战争。从此以后，中国逐渐沦为半殖民地半封建社会，民族工业日益衰退。道光时期的陶瓷业随着国势衰微，其生产规模大大下降，产品质量也不如从前。

道光瓷器的造型特点比较明显：一是外型比较笨拙，缺乏灵性；二是线型不够圆润，板滞生硬；三是足脊多不平整；四是装饰图案中的人物形象有形无神、构图零乱、线条纤弱。但唯一例外的是"慎德堂"款的御用粉彩器皿极为精美，不同于同时代的其他产品。"慎德堂"是道光皇帝的堂名，景德镇所产的器皿上以三字直款最为稀少，款多为抹红色，也有描金色，器皿多以折枝花为装饰。

一、青花

道光朝的青花比嘉庆青花瓷又差了一截，前期尚存一丝乾隆与嘉庆朝的余韵，有一部分稍精细一点；而后期的制品粗俗，胎土淘炼欠精细，胎质疏松，薄厚不均，釉有青白、白中含青与粉白三类，尤其是粉白为多，胎釉结合差，釉表见水波痕。民窑器的釉层厚润，含极多的气泡。

清道光·青花
缠枝花纹贯

青花颜色部分淡雅，部分深蓝中含灰，呈色较稳定，缺少亮丽感，像浮在釉面上。白描青花仍是民窑器的主要装饰方法，这时流行的内青花外粉彩或酱釉的器物，纹饰一般采用白描花卉的方法，淡描勾莲纹饰比较常见，线条纤细浅淡，常见纹饰有缠枝莲、鸳鸯荷莲、菊花、石榴、佛手、三果等。瓶、罐等大器上多加"喜"字。

装饰逐渐摒弃乾隆官窑繁华缛丽的宫廷风格，花卉纹更加图案化。有些器物的式样与北方农村的窗花相似，质朴且有匠气。带日本风格的皮球花颇被应用。生活场景如放牧、飞蝶、山水、龙纹、婴戏等采用新

中国瓷文化

的表现形式而重新出现，写实而生动。

道光间还出现"冬瓜罐"，形状像冬瓜，有的带盖。另外还有花口盘、盖碗、温锅、笔筒、墩式碗、将军罐、赏瓶、盆、洗、灯笼尊、玉壶春瓶、梅瓶、锥把瓶、烛台、鱼缸、花觚等。道光时的盘、碗和雍正时的一样，口面比较大。绣墩从道光开始较前代矮、胖，墩面平，有的下凹；墩面中心部位和捏手部镂空钱纹或联钱纹；鼓钉小而密，直到清末都是如此。一般器物的造型都比较笨拙。

二、粉彩

道光粉彩无论是官窑还是民窑，传世品都较为常见。从陶瓷史的发展角度分析，此时处于瓷业的衰退阶段，官窑的技术水平虽然存在一定的缺陷，但有些产品也可与乾隆、嘉庆瓷媲美，尤其是"大清道光年制"款或"慎德堂制"款的瓷器。

色地粉彩仍属道光官窑粉彩主流，传统的轧道开光粉彩、色地粉彩等仍见生产，唯有釉彩略粗松。一些黄地或红地的粉彩花卉碗是仿康熙珐琅彩，造型艳丽华贵，是非常成功的作品。

清道光·粉彩太平有象图杯

以各种色地粉彩勾莲开光装饰为主，在追求乾、嘉时官窑特色的同时，有的开光内还加绘青花，非常宜人。白地粉彩在风格和技法上脱胎于乾隆、嘉庆粉彩，画面追求纹饰的繁华和釉彩的瑰丽。白色地釉较润泽，松石绿底釉比嘉庆器物稍深；白釉往往出现波浪状的釉面，一般称为"波浪釉"，俗称"波荡釉"，为道光瓷器的主要特征。"波荡釉"的出现，说明道光时的施釉技术水平不佳，但这种现象早在乾隆时已出现了。

道光粉彩的造型基本上沿用前两朝的传统器型，只有冬瓜罐可称为新创之作：罐口内敛、丰肩，直筒状圆腹、卧足。比较突出的是：小件器皿丰富多彩，酒杯多种多样，有套杯、卧足小杯、铃铛式小杯，杯外有配合纹饰的墨书诗句。

清道光·黄地粉彩牡丹花纹碗

如果说雍正粉彩展示的是典雅之美，那么道光粉彩呈现的就是素净之美，更带平民化倾向。主要表现在绘动物纹，传世品中的大小动物画多达十余种，如猫、蝶、狗、牛、羊、象、鸳鸯、水鸭和仙鹤等等。这些大小动物与多种花卉、瓜果组成吉祥画面，形成道光粉彩纹饰的一大特色。此外，婴戏图案、官带流船图案、龙舟竞渡等图案也比较多见。

道光粉彩的款识也别具风格。青花或红彩篆书者行笔圆润流畅、紧凑。楷书多为斋堂款，用侧锋书写，笔力刚柔相济、红彩浓艳匀净。道光时皇家贵族订制的瓷器中都有斋堂款，特别是盖碗。如"睿邸退思堂制"款粉彩桃花盖碗、"宝善斋制"款粉彩花鸟盖碗、"德诚斋制"款粉彩菊花蝈蝈盖碗。这些盖碗的盖纽为环形抓纽，在纽的中心及外底心均用红彩书写款识。还有的纽中心用红彩书写所绘纹饰的花名，如"四月牡丹"、"九月菊花"。这类盖碗绘画都很精细，给使用者在品茗时增添了一些情趣。

第七节　咸丰、同治时期的瓷器

这一时期，社会每况愈下，景德镇官窑瓷器的生产处于衰落的境地，工艺低下，产品十分有限。"同光中兴"以后，社会局面有所稳定，陶瓷业也随之复兴，但仍不及康乾旧貌。民窑器虽仍大量烧造，但多数比较粗糙。官、民窑中只有少量的精品。

一、青花

咸丰五年，景德镇官窑毁于兵火，因此官窑青花均为咸丰前五年作品，流传很少。

咸丰官窑青花胎骨较道光细薄、制作规整、釉色净白、釉面平滑。民窑青花胎骨厚重粗松、釉色青灰居多、表面施釉厚薄不一，常出现桔

中国瓷文化

经典文化系列

98

皮状坑凹。官窑造型精粗均有。民窑器则粗壮居多，瓶类均口大颈粗，壶类则口小腹鼓，具特殊风格。造型笨拙最典型者数玉壶春瓶，腰腹粗大，颈部粗短。咸丰官窑瓷器款识为"大清咸丰年制"六字两行楷书，字体工整，字外无圈栏。

到了同治五年时，官窑重建，瓷器数量超过了咸丰。官窑器胎体仍属精细，民窑器则粗松厚重，大件器物尤其如此。官窑釉色粉白居多，少数含青；民窑器则淡青或淡灰，釉层均较稀薄，有混浊之感。同治后期民窑呈色青紫飘浮。

同治青花精品极少，多数以色调浮浅暗晦为特点，使用一种"洋蓝"，鲜艳却不美观，发色蓝紫，用线软弱散乱，青花加紫的装饰手法比较多见。而民窑青花器中以日用瓷及婚嫁瓷为多，常见的为笔筒、盖罐、印盒、水盂、茶壶、灯盏、壁灯等。纹饰有两大类：一类是白描青花，勾勒线条较粗，釉面粗松。青花勾勒莲喜字纹在瓶、罐、茶壶、盘上均可见到，"喜"字也已逐渐放大，笔画变粗。另一类为传统图案、写意画法，荣华富贵、吉祥如意寓意的内容很多，如"马上封侯"、"状元及第"等。

二、粉彩

咸丰后期至同治前期，官窑一度停烧，两朝粉彩风格也有很大的变化。咸丰粉彩在道光的基础上，喜绘蝴蝶、博古，多加饰金彩，其画法细腻，故宫旧藏的咸丰器物十分稀少，故咸丰粉彩器可谓弥足珍贵，已经成为稀世之宝。咸丰官窑的粉彩花鸟方瓶属典型器物。造型线条稍硬，颈部的四圆形开光，腹部四长方形开光，内皆有白地彩绘花鸟，代表咸丰初管官窑的制作水平。

咸丰官窑粉彩有黄地粉彩、紫地粉彩、蓝地粉彩等色地青花，也有白地粉彩，色地开光粉彩是常见的装饰方法。绿地粉彩多见，绿釉稍深而沉着。纹饰有传统的龙凤、博古、寿星、人物、花卉等内容。人物纹绘制精细、穿红着绿、加绘金彩，但形态憨厚稚拙、头大身小不成比例、衣饰如戏剧人物。花卉纹纤丽高雅、釉彩明亮。

同治瓷器以承袭前朝为主，粉彩器以彩色为地，一般以淡黄、淡蓝、淡绿或淡紫为多见。"体和殿"款瓷器是为朝廷所造的陈设品，同治时期的产品基本上囊括了晚清以前所有的传统器型，器型规整而略显呆板，但在仿古上亦有创新，如荷叶式盖罐、铜质提梁茶壶等都为新创。这一时期的装饰图案多采用吉祥纹样以及龙凤云鹤等，格调不高。

第八节　光绪、宣统时期的瓷器

光绪一朝，官窑瓷器的生产甚为红火。官窑瓷器的数量之多、制作工艺之精湛，远非道光、咸丰、同治各朝所能比拟。但这一段时期犹如回光返照，衰落的趋势不可扭转。紧接着的宣统是清代最后的一个王朝，风雨之中摇曳的统治已不能致力于陶瓷业的复兴。

一、青花

光绪青花官窑以仿古为主线，民窑则走商品化道路，在制瓷技术和艺术的追求上具有现代瓷的特色。

官窑青花的胎土精良、细腻洁净。民窑器粗精均有。釉色青白为主，有一部分浆白釉，釉层薄，致使青花如浮釉面，缺少含蓄与韵味。官窑青花有两种发色：一种是画晚清风格的牡丹双燕等纹饰的作品，呈色纯净细洁、不见瑕疵，略有蓝灰色调，成为光绪官窑青花特有呈色。另一种是呈色青紫、明艳亮丽，有的含小而均匀的黑点。民窑青花发色多样，有纯正的靛青，也有浑浊的灰青，有些用工业钴料的则紫中有晕散飘浮感。

官窑青花纹饰画法有数种：第一种是单线平涂，应用很广，其中仿康熙的缠枝莲纹很多，有的作品是将传统画法简化，省去点染工序，使纹饰更加图案化。第二种为单线平涂加点染，用于仿明初青花或说是仿清初作品，但造型难免走样，风格更是大相径庭。第三种是光绪时流行的画法，笔法细腻、纹饰隽美、风格写实，画面清丽，在洁白瓷釉和纯净的青花配合下展示一种新的艺术境界，更突出了纹饰的"画"功能。

这一时期，青花纹饰的主要特点是：清代的各种传统纹饰都能见到，但均有改造，画法更简单，布白更平稳，完全受图案化、程式化的支配。在青花绘制中，大多仅浓淡两个层次。相比之下一些制作较精的

中国瓷文化

经典绘画文化系列

民窑青花更具有艺术价值，纹饰虽以传统为主，但布白和画法上都已创新。造型大多以康熙、雍正、乾隆制品为样本，在器物线条的圆润、胎体的轻薄上已超过咸丰和同治。仿前清的玉壶春瓶、天球瓶、灯笼尊、牛头尊等虽难言乱真，但确实轩轾难分。

慈禧御用的"大雅斋"款官窑瓷器是这一时期比较少见的精品，其画风细柔、图案精巧，往往有"永庆升平"等章，制品以豆青地黑线双勾花者最多，五彩器物也多见，所装饰内容多为牡丹之类。官窑青花中题"体和殿制"款的为慈禧专用瓷，质精而量多，纹饰有云龙、梅竹等。另有一种"体和殿制"款的花卉纹盒，纹饰精美、制作工致，属晚清官窑的代表作。

宣统青花完全是光绪青花的延伸和完美，总体制作工艺比光绪要规整精细许多。其胎体选料上乘，胎骨坚致、细腻而洁白，胎壁轻薄均匀，坯釉结合好，烧结程度较高，叩之声音清脆，釉层中极少气泡，光亮透明，但白釉中仍含一丝青味，和民国十年后的粉白有别。青花呈色有两种：一种蓝中含灰，多用于民窑粗器；另一种青中含紫，明丽而艳扬，多用于官窑中的传统作品。有部分民窑用工业钴料，青紫色，晕散飘浮。官窑青花纹饰如八卦云鹤纹、海水瑞兽纹、团龙纹、蚕纹、"寿"字纹等仿清前期作品，技术精于同治和光绪，艺术上却缺少创造力。由于宣统朝仅经历三年，其传世品极少。

二、粉彩

光绪为慈禧万寿烧制了数以万计的色地粉彩瓷器。这些宫廷用瓷装饰风格相同，除了少量用冷色地外，大都以浓重的暖色作地，上绘寓意万寿喜庆的花鸟、花卉等纹饰，纹样题材丰富，如光绪粉彩藕荷地花鸟圆盒等。其中光绪粉彩餐具特别喜欢用藤萝花鸟、葡萄花鸟、鸳鸯莲花等纹样。这些御烧的瓷器都具有浓厚的宫廷色彩及一定的工艺水准，但缺乏艺术创造性，反映出当时宫廷对御窑厂的严格束缚阻碍了工匠制瓷技艺的创造性发挥。粉彩陈设品中有一些是大型器，如赏瓶、各式花盆、大地瓶以及大缸等，反映晚清烧制大型瓷器有一定的技术水平，如光绪粉彩描金五伦图象耳大地瓶可谓光绪粉彩中的精品，光绪粉彩黄地凸雕古龙耳大地瓶更是难得一见的佳品。光绪时陈设品的底部用红彩楷书"永庆长春"。

宣统是清代最后一朝。光绪末年至宣统时期,景德镇按西方体制设立了陶瓷公司并设立分厂,研究新法,技术上有所提高,质量样式方面都有改良,但终因时局混乱,经费不足,支撑不了而告失败。从技术角度而言,宣统瓷器的工艺水平较高,具有现代陶瓷工艺的特征。宣统二年,江西瓷业公司筹措资金,成立中国陶业学校,内设本科及艺徒二班,有目的有计划地培养专业陶瓷人材。此外,山东淄博、江苏宜兴、福建建阳、广东佛山、四川成都、河北彭城等地窑厂也都有产品面市,至民国时期继续烧造。这一时期所留下的产品数量不多,至今仍为稀品。

第十二章

民国的瓷器

民国是我国陶瓷生产、发展史上最为低潮的时期。我国陶瓷业发展到宋、元、明、清诸代，都有一个复苏、发展、全盛至衰落的过程，但到了民国时期，整个陶瓷业就一直低迷不振，瓷器生产已呈全面衰退之势。袁世凯为了效仿封建王朝，在江西景德镇建立了御窑厂，派郭葆昌监督窑务，陶瓷业中心仍在景德镇。这些瓷器在一定程度上保持了传统官窑瓷器的精美细腻，但总体上看工艺低劣，精美程度甚至不及工艺衰落的晚清瓷器。

民国时期仿古成风，以青花、五彩、粉彩为主流：一个原因是官窑败落以后，窑工流散到民间，以前民间不得制造的御器，现在随便烧造了，仿官窑的制式已不再被阻止；二是利益驱使，从三国、两晋一直到唐、宋、元、明、清，没有不仿的，数量极其庞大。

一、"洪宪"瓷与"觯斋"瓷

在袁世凯复辟帝制的紧锣密鼓声中，郭世五想效仿明、清历代皇帝的做法，在江西景德镇烧制名贵瓷器，供宫廷陈设使用。郭世五将这一想法禀报给袁世凯，袁世凯大为赞许，当即委任郭世五为陶务署监督，赴江西烧造"洪宪"帝号御用瓷器。为此，郭世五成了景德镇御窑厂历史上的最后一任督陶官。

御窑厂在很短的一段时间内，烧出数量极少的一批"洪宪"瓷。它多取兴旺祥瑞的雍、乾盛行瓷器为标本，精心效仿。这批瓷器质地精

民国·茄皮紫釉仿竹编碗

良，彩料考究，造型美观大方，是一批极为特殊的产品。

其实"洪宪"瓷只是一种通称，郭世五烧制的高级名贵瓷器并没有用"洪宪"款识。郭世五督理景德镇制瓷时，开始先烧"居仁堂制"款瓷，未等"洪宪年制"款御瓷烧制，做了83天皇帝的袁世凯便倒台了。"居仁堂"为当时袁世凯在中南海的寓所，正宗的"洪宪"瓷是闻名于世的"居仁堂制"款瓷。所以，现在见到的"洪宪年制"或"洪宪御制"款的器物，绝大多数都是二三十年代民窑烧制的，虽制作精细，但确属赝品。郭世五还用自己的别号"觯斋"为款识，烧制了一部分瓷器，与"居仁堂制"款瓷都堪称名贵。

遗憾的是：至今仍有人将"洪宪"款识的瓷器视为珍品。"居仁堂"、"觯斋"款识的名贵瓷器甚少，有人见了不识货、不重视，乃至轻易出手。鉴别真、伪品时，应特别注意到署"居仁堂制"款的器物，其胎釉、器型、绘画等均有工细的特点，并且是小件器物多于大件，而仿品往往是"款"十分相像，其余的都很粗糙。

这一时期的青花瓷器胎骨较粗，民窑产品较多，与历代瓷器相比差距很大。瓷釉与胎骨结合不够紧密，釉面上出现气泡和脱釉现象。一般而言，如发现蓝色花纹面上留有爆釉点自釉里向外爆破的痕迹，其制作年代在近百年内。青花瓷器颜色晕暗发蓝，俗称洋蓝，料质不精细、发色灰暗、层次单一、立体感差。洋蓝是光绪末期在我国出现的，这时民窑青花瓷器大部分施用洋蓝，绘画精细的渐少，草率的增多。大量青花瓷仿品表现得呆滞，有的虽青翠、艳丽，但漂浮感极强。

水彩是光绪末期出现的一种瓷器彩色，此种彩色不含粉质，具有彩料薄、玻璃质釉的特征。由于选料精细，瓷器胎骨很薄。当时烧制水彩和软彩瓷器，有的落"洪宪年制"或"洪宪御制"蓝料或红料款。民国时的五彩瓷，其色彩艳丽，大红大绿的品种多见，很容易与前期的品种区分。较著名的还有仿珐琅彩和粉彩器物。据文献记载：1916年，郭葆昌在江西督陶，曾经烧制仿古珐琅彩瓷百枚左右，题"居仁堂"三字红色篆书款，目前几已绝迹。国内藏有仿乾隆青花珐琅彩山水人物双耳罐，题"居仁堂制"四字方形篆书款，一般认为是真洪宪瓷。

二、粉彩新艺瓷

民国初出现了粉彩新画法，它与传统粉彩相比更接近画。作品无论在造型、线条、光线、色彩等方面都吸取了近代画的营养，是画于瓷上的"瓷画"。民国粉彩新艺瓷揭开了民国瓷器新的篇章，在继承民族瓷业发展的基础上，创造出了民国粉彩新的辉煌，画品高尚，展示出了绘瓷名家的独特风格。

新艺瓷的艺术成就主要在于每个绘瓷名家都有独特的专长与艺术创造。画师都出身于艺匠，以工见长，作品浓艳俏丽，更符合市民的欣赏习惯。同是粉彩人物，却各有不同的艺术风韵；同是粉彩花鸟，却各有别出心裁的表现手法；同是粉彩山水，却各抒发独特的意境。

新粉彩全盛期在 1912—1940 年间。

第一代新粉彩画师是潘陶宇和汪晓棠。潘是江西鄱阳人，民国初曾任江西省立甲种窑业学校图画教师。汪晓棠名汪隶，又名汪隶华，号龙山樵子，早年有不少浅绛彩作品，专为袁世凯画洪宪瓷。

第二代新粉彩画师为王琦为首"珠山八友"。

第三代新粉彩画师活跃于 20 世纪 30 年代以后，有的到 50、60 年代仍在创作，大多师承"珠山八友"，有汪大沧、方云峰、刘希仁、万云岩、汪小亭、涂菊亭、张沛轩、邹文侯、程芸农、余翰青、王锡良、刘仲卿等人。

新粉彩画于瓷板上居多，另外还有方瓶、筒形瓶、印盒、水盂、扁壶等造型简单的器物，取其画面较大而易发挥。

三、瓷板画

瓷板画是一种在板块瓷胎上运用各种彩料作画、烧造而成的艺术品。

它起源于唐代越窑。清初康雍时期，景德镇的窑工为提高产品质量，将卧烧法改为竖烧法，从而获得了比较光平的瓷板。晚清粉彩艺人由于分工细、文化程度低，多数人只能专工一种题材。而浅绛艺人则有

较高的文化素养，多数都兼能山水、人物、花鸟、虫鱼，而绝无专工一门者。他们往往从图稿设计、勾画到渲染皆由一人完成，自由表达画者的个性，因而浅绛瓷画就显得"活"，而且比较"放"，又往往诗书画协调统一，署款留名，模式新颖。那时瓷板上才逐渐兴起署匠师名款、书写制作年月的风气。并涌现出一批专画浅绛彩的名家，如：程门、金品卿、俞子明、王少维、王凤池等人。他们的作品融"诗、书、画、印"于一体，具有文人画风格，备受士大夫之族的青睐。

20世纪20年代后，粉彩逐渐取代浅绛彩成为瓷板画的主流。此时出现了以王琦为首的"珠山八友"，绘制了一批深受各阶层人士喜爱的瓷板画精品。除"八友"外，李明亮、方云峰、邓碧孙、王步等名家作品也名噪一时。

瓷板画见有粉彩、浅绛彩、墨彩、刻瓷、青花、矾红、凸雕彩绘、素三彩、五彩及斗彩等品种，传世品数量以前两者居多；纹饰主要分为山水、花鸟、人物和走兽等，以前两种见长；形制有长方形、正方形、横幅、竖幅、圆形、菱形、扇形等，常以红木镶嵌成条屏、插屏、挂屏等作为装饰物，造型精美、用途广泛，为后人收藏奠定了物质基础。

民国时期的瓷器造型上品种单调，器型丧失了过去浑厚朴素的风格，显得笨拙，在一定程度上受到了些国外工业产品的影响。这时期瓷器造型有：陈设品和生活用品。陈设品有：瓷像（人像、佛像、飞禽走兽、三星人、大肚人、和合二仙等）。生活用品有：盘、碗、杯、碟、胆瓶、缸、小瓶、皂盒、烟壶、扣盒、节盒、水仙盘、水洗、帽筒、花盆、笔筒、水盂、笔架、茶壶、鱼缸、粥罐、药瓶、花瓶、将军罐等。还出现了大量仿古怪器。它的特点是数量多、范围广，不仅有仿制历代名窑陶瓷，还有民国后期仿前期的瓷器。常见的仿制古瓷器有：仿三国、两晋、南北朝时期的青瓷；仿隋唐五代白瓷；仿宋元时期官、汝、钧、哥、定五大名窑瓷器。仿明、清和民国前期瓷器的，制作工艺相当粗糙，如笔筒口沿处修胎不圆润，摸上去有坚硬感，瓶类器型线条轮廓没有同治、光绪时分明，瓶双耳由前朝双狮耳简化成为回形耳、花耳，耳的装饰性愈来愈差。

民国瓷器上的纹饰画工草率，如天女散花、喜字、龙凤、花鸟等。喜字写得粗大、不规整。龙纹画得软弱无力，龙鳞多呈网格状，五爪龙多了起来，牙是獠牙。光绪时香炉、碗等器的足部边饰海水纹还有一点动感，到了民国则是风平浪静。火焰纹、云纹光绪时比较细，有一定的飘浮感，而到了民国似乎凝固，呈条块状。民国生活瓷的纹饰继承了清代在器物上题写诗句的传统。由过去的山水、人物、花卉图案，演变为一面是绘画，一面是诗词文字装饰。多数为江西景德镇、天津、唐山等瓷厂烧制。其中以江西景德镇烧制的全彩（双面彩绘的）较好。常见的有："美色清华不计年"、"是真名士自风流"、"闲作轻舟泛碧溪"、"读书声里是吾家"等。

这时期出现了贴花瓷器，有的瓷器全部是贴花的，有的是贴花与水彩相间的瓷器，也就是说，有一部分是贴花，有一部分是绘画水彩，两者融为一体。

清末和民国初期，瓷器上出现了"公司"款，如"江西瓷业公司"、"江西桐华公司"、"江西义成公司"、"刘荣盛号"、"唐益源号"、"陈和顺号"等款识。

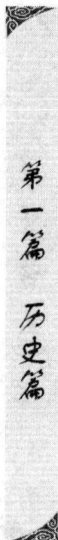

第十三章

中国仿古瓷概述

仿古瓷，即仿其釉彩、仿其器型、仿其纹饰或兼而有之，是中国古代瓷器中一种带有鲜明时代特色的工艺现象，不论在民间还是在官方都大量存在，因而仿古瓷存世很多。它主要萌芽于两宋，形成于元代，成熟于明代，繁荣于清代前期，衰落于清代后期。总之，其基本上存在于中国古代瓷器发展的后半期，并对这一时期瓷器的发展进程起到了很大的促进作用，在中国古代瓷器中占有重要地位。

第一节 仿古瓷出现的
历史条件

一、仿古瓷的概念

如《中国古代瓷器基础知识》仿古瓷条目中说："后期模仿前朝的名瓷品种而烧造出来的瓷器，称为仿古瓷。仿古之风，早在宋代就很流行，当时已出现了大量仿制商周青铜器，同时一些地方瓷窑也不乏刻意仿古者。"另如《中国古代瓷器鉴赏辞典》仿古瓷条目中说，仿古瓷即"仿古代或后期前朝青铜器、陶器、瓷器、漆器而烧制的瓷器，仿古瓷宋代已盛行……"其实，中国古代仿古瓷指的就是那种在中国古代瓷器发展过程中，一个时期的瓷器里出现模仿这个时期以前瓷器工艺的制品。

二、仿古瓷出现的历史条件

1. 物以稀为贵

这是历代仿古瓷出现的重要原因。唐、宋、明、清时期哪种瓷器传世稀少，价格一定昂贵，直至今天亦如此。索思比、佳士德等几大拍卖行在拍卖文物时，凡是稀少的文物，其价格就贵；流传下来的瓷器越少，其价值就愈高。人们为了牟取暴利，就进行仿制。

元·磁州窑龙凤纹罐

2. 文人品评

历代收藏家以及文化墨客在研究、欣赏陶瓷之余，留下了不少笔记，这对仿古瓷的出现也起了一定作用。如明代笔记中记载神宗御案上的一对成化斗彩鸡杯，当时值钱十万。此记载文字虽简单，但却现出了仿成化斗彩鸡杯的事实。明代文献记载有沈德符的《敝帚轩剩语》、王世贞的《觚不觚录》、张应文的《清秘藏》、谢肇淛的《五杂俎》、田艺蘅的《留留青》等。清代文献中也有许多记载，对明代永乐、宣德、成化、嘉靖等时期的瓷器都有评价。这些评论对仿古文物影响很大，出现了仿永乐、宣德、成化各朝代的作品，数量很多，世界各大博物馆都收藏有这类仿品。

3. 历代帝王爱好

宋徽宗以及明代永乐、宣德，清代康熙、雍正、乾隆皇帝对文物非常喜爱，上行下效，形成风气。为迎合这种风气，大量仿造铜器，瓷器也不例外，五大名窑的作品有很多器形是仿汉代器物的。这样就使瓷器这种工艺由原来一般的工艺品上升为高级玩赏品。特别是明清时的几位皇帝对瓷器生产尤为重视，更使瓷器的玩赏性得到加强。而仿古瓷在一定程度上就是在"古代名窑瓷器可以在今天再现"的玩味中生产出来的。

4. 投其所好

19世纪后期，很多国家大量掠取中国文物。英国搜罗历代青瓷与

素三彩；法国搜罗珐花与郎窑红；日本搜罗唐三彩，宋、元磁州窑和嘉靖、万历五彩。由于这些国家对上述陶瓷的特殊爱好，加之传世瓷器数量有限，故投其所好，大量仿制。英国20世纪30年代出版两大本《康熙素三彩图录》，其中有黄地、绿地、紫地、黑地素三彩大瓶，5件一套的很多。这种5件一套的大瓶，康熙时期本来没有，是民国时为迎合英国需要而大量烧制的。珐花、郎窑红（法国称牛血红）的仿品也很多，也是民国时仿制的，其仿品在国外很多博物馆都有。日本喜欢宋代磁州窑的产品，从20世纪前半期开始大量收购，直至今日，其收藏的磁州窑精品在世界上也是首屈一指的，但其中也有一部分是仿磁州窑的作品。

5. 官民竞世

商品经济的发展和资本主义萌芽的出现为仿古瓷的生产提供了如下条件：首先是逐利的需求，刺激了民窑的迅速发展，提高了民窑的制瓷工艺水平，形成了"官民竞世"的局面，使仿古瓷的制作得以顺利完成；其次是官窑、御窑厂的设立，使仿古瓷得以在分工细密、专业化程度较强的条件下进行生产，仿古瓷得以逼真、精良；三是市场的形成，使仿古瓷得以成为商品，汇入商品经济的大潮，从而刺激了制瓷工匠制作仿古瓷的积极性。

仿唐长沙窑青釉贴花
人物四系罐

第二节　仿古瓷的分类

一、仿古瓷的仿古与作伪

一类制作伪品是源于对某些古陶瓷的爱慕，因真品太少或不易得到而仿造。这些仿古陶瓷多是宫廷需要而烧制的官窑产品，工艺规整，质量精良，在仿古过程中还有不少创新。鉴定这类瓷器要把握两个标准：一是被仿时代陶瓷的特征；二是仿制时代陶瓷的特征。只要把握这两条原则，反复比较，自可识其真伪。

另一类制作仿品就是为了盈利。自元、明以至于近现代，许多人雅好古名窑瓷器，不惜花重金刻意搜求。真品便价值日高，且供不应求。于是一些好利之徒，便集名匠高手作伪仿造，或名家自行仿造。仿古作伪之风最为盛行时是清末和民国初年。仿古作伪瓷器主要是宋、元、明清的各大名窑器。窑口中的瓷器越有名，仿品就越多见，市场的需求量就越大。常见仿古作伪的陶瓷品种有：唐三彩、耀州窑、定窑、钧窑、龙泉窑、宋元景德镇青白瓷，元、明青花，明、清官窑彩瓷，康、雍、乾青花，吉州窑褐瓷，宋建窑黑瓷，明德化白瓷等。陶瓷作伪不同于陶瓷仿古，二者在方法上和目的上有本质的区别。虽然作伪也需仿古，但因为作伪是以次充好、以粗充精，目的是为了骗人钱财，所以其常为人们所不耻。

二、仿古瓷的分类

中国仿古瓷器的方法包括：仿器物、仿造型、仿釉彩、仿纹饰、仿款识五个方面。

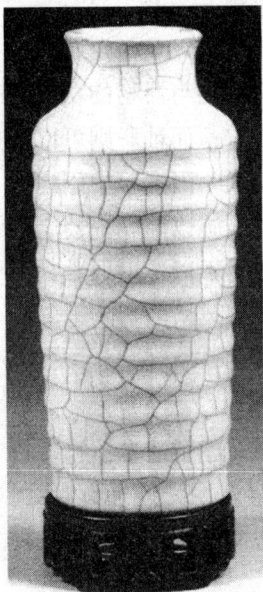

清雍正·仿哥釉铺首耳瓶

1. 仿器物

即仿器物的所有方面。这种摹仿不仅要摹仿型、釉、纹饰、款几个因素的单纯效果，而且摹仿它们之间的协调效应，即器物整体的综合神气，以使仿器完全达到逼真。仿器物是仿古瓷中最常见的一种表现形式，它的仿制对象一般是中国古代瓷器中那些久负盛名的制品。如宋代五大名窑（汝窑、官窑、哥窑、定窑、钧窑）的制品、明代永乐和宣德时的青花瓷器、明代成化时期的斗彩瓷器等。这些名窑瓷器由于多是历史上供皇家宫廷使用的制品，因而原料精良、技术优秀、制作考究，是代表了中国古代制瓷工艺高超技术的经典之作，历来受到皇家和民间的青睐。因此，后世宫廷竭力仿制这些制品，不仅要炫耀本时期制瓷水平的高超，而且借仿古再现自我玩味，反映出在精神生活中的风雅趣味。在民间，仿制者借商品经济的发展、官品民烧、官窑体制松弛之机，也仿制历史上的名窑瓷器，借以迷惑世人、牟取私利。流传至今的古代仿制名窑瓷器的制品，官窑和民窑的器物都可以见到，正反映出这种历史现象。

2. 仿造型

即仿原器物的造型。造型是瓷器构成的重要因素，它是胎体性能的体现者，又是釉彩工艺施展的舞台。但是，由于中国仿造型制品受到两方面的制约，所以长期以来真正被确认者很少。这两个方面分别是：一是仿造型必定要仿釉彩，单纯仿造型者很难成功；二是仿造型要受到形式延续的制约。因为中国古代瓷器中许多造型都是世代相袭，延续久长，要在这些造型中找出仿造型的器物很难。因此，仿古瓷一般都是仿制那种在历史上较为独特的、罕见的、不具有延续特征的制品。如：唐代的串铃盒是当时较为独特的制品，唐以后甚为罕见，唯到明代嘉靖时，青花瓷器中才见有此种造型。所以，嘉靖青花串铃盒必是对唐代串铃盒造型的一种模仿。

3. 仿釉彩

即仿制器物的釉饰和彩饰。釉彩是瓷器的外部装饰，它与瓷器的造型相比，具有一定的灵活性。由于造型一经形成，往往与器物的功能联系在一起，因此便成为固定模式，使仿制者不能回避；而釉彩则可以选择任何一件器物来作为自己的表现对象。正是由于这一因素，中国古代仿古瓷中才出现了那种在具有本朝造型风格的器物上施以前朝瓷器上的特定釉饰的现象。如宋代的汝窑、官窑、哥窑等瓷器不以造型取胜，而以釉饰见长，明清时期仰慕之，则在具有本时代造型风格的器物上施以宋汝釉、官釉和哥釉。

4. 仿纹饰

即仿制器物的纹饰形象。这类仿古瓷的特点与前述仿造型器物的特点相近，主要表现为制品数量较少，仿制特征不甚鲜明，但确有存在。如晚清烧制的青花红彩海马奔浪碗上的纹饰，就是模仿明万历青花海马奔浪碗上的纹饰而成的。

5. 仿款识

即仿制器物上的落款，或信手写下所仿器物的款识。这种仿古瓷指单纯的仿款识制品，并不包括那种仿器物全貌而同时仿款识的制品。如清代康熙瓷器中的许多制品，原本面貌属康熙瓷器风格的制品，但由于器底仿写或随意书写明代宣德年款、成化年款、嘉靖年款等，反映出对明代名窑瓷器的仰慕。一般来说，随意写款者不属一种仿制行为；但由于所书款识的内容容易造成一种假象，使不熟悉中国古代瓷器的人误以为这些器物是明代制品，因此仍被包括在此项之中。

第三节　仿古瓷的发展史

一、仿古瓷发展的两个高潮

中国古代仿古瓷的发展曾出现了两次高潮：一次是在明代中晚期，另一次则是在清代前期。而这两个时期正是明清两代资本主义萌芽发展的高涨时期。

在永乐、宣德、成化开始便有了不少仿制宋汝、定、哥、钧诸大名窑的作品，但弘治时期对窑业不大重视，烧瓷数量也不多。后来从正德官、民窑开始出现了专仿当代宣德、成化的瓷器。以后的嘉靖、隆庆、万历三朝官、民窑也都竞相模仿永、宣、成窑的瓷器。此种风气的形成，与朝廷和收藏家们的偏爱有很大的关系。为了趋时谋利，当然还出现了若干仿古瓷的名手，其中最负盛名的是：崔国懋所仿的宣、成器皿，时称"崔公瓷窑，四方争售"；周丹泉所仿的宋代名窑瓷器，虽善于鉴别的博古家也为所感，文献中称他仿的定窑文王鼎是"逼真无双，千金争市"。此外，还有吴为的"壶公窑"所仿的永、宣两窑瓷器和其他民窑所仿的本朝名窑与宋官、哥窑器皿，数量极多。

清代初期制瓷技术在前代的基础上大有提高，从而仿古的技巧也具备了更多的条件，加以人们嗜古成癖的爱好，使得仿古之风变本加厉，形成了仿古瓷的第二个高潮。

康熙官窑瓷器连款识也模仿前朝，著名的郎窑所仿的明代宣、成窑瓷器不仅相当成功，而且恢复了自嘉靖时失传一个多世纪的永、宣宝石红釉。当时曾有人作诗称赞它的成就说："比视宣成欲乱真，乾隆万象归陶甄。雨过天青红琢玉，供之廊庙光鸿钧。"难怪清人刘廷玑著的《在园杂记》也认为它"仿古暗合，与真无二"了。更值得一提的是，雍、乾时期的青花素以模仿明代永乐、宣德青花而闻名，但由于不具备永乐、宣德青花的制作工艺条件，因而便以人工点染的方法趋附之。如此一来，雍、乾青花纹饰在追求国画的表现风格时，这种人工点染的方法便成为表现形象层次、加强形象立体感的重要手段。采用这种手法描绘的青花瓷器，其效果与古人用披麻皴法描绘的效果一样，具有传神的表现力。

二、仿古瓷的历史概况

1. 宋代

仿古瓷萌芽于宋代。在宋代，仿同代名窑瓷器的制品很多，最为鲜明突出的是宋代龙泉窑仿官窑。龙泉窑与官窑器一样都是延续青铜器形式的制品。它根据自身窑场的特定工艺特色来进行仿制，仿制时间有先后之。

2. 元代

元代仿古瓷以仿制宋代名窑瓷器为特征，表现形式较为单一。比较突出的是霍窑仿古瓷。霍窑又称霍县窑、彭窑。从实物看，霍窑的仿古瓷主要是仿定器，但存世量不多。器型除文献中提到的折腰盘，还有小洗子、高足杯、盖罐、盏托等器物，种类较少。霍窑仿定窑器物的胎体白润、细腻、薄而脆，但仍不至于有娇气感，这在元代制品中是很少见的。霍窑器物的装饰不多，偶尔见有印花，但纹饰不够鲜明；定窑器物则装饰丰富，手法有印、划、刻等。

3. 明代

明代仿古瓷逐渐走向成熟，就其规模、表现形式和工艺水平来说，都较元代有很大的进步。这时不仅有宋代名窑的仿制品，又增添了青花、五彩、斗彩、红釉、青釉、红绿彩等品种，几乎涉及了瓷器工艺的各个领域。如此深入的发展，标志着仿古瓷工艺紧密地联系着瓷器发展的总体趋势，并逐步与瓷器工艺的演变融合为一体。明代仿古瓷的生产在明代早期和中期多表现为官窑的制作，而在明代中晚期则多表现为民窑的制作，与官窑形成格局。

（1）明代仿宋代。永乐御窑有仿宋景德镇影青及龙泉两窑作品。仿影青的只见划花碗一种，碗里无纹饰，外部划不同的缠枝花卉；仿龙泉窑的有三系盖罐及高足碗。这类仿宋作品只仿釉色不仿器形，仿品的造型均具永乐时期特色。宣德年仿前朝的瓷器有汝窑、龙泉窑和定窑作品。作品均为盘，也是只仿釉色，盘底均用青花书写"大明宣德年制"六字楷款，外有双圈。仿汝、仿龙泉为天青及粉青釉，仿定为酱釉。

成化时有仿哥窑及仿钧窑作品。仿哥有八方形高足小杯及敞口小碗，前者于足内横书"大明成化年制"六字楷款；后者足内双行直书"大明成化年制"六字楷款，款外画双圈线。仿钧的均为碗，碗敞口微外撇，碗身稍矮而近垂直，下部丰满，圈足。里外施釉，多为玫瑰紫或海棠红色；圈足内无釉，呈黄褐色。成化仿钧碗除清宫旧藏外，上海博物馆及英国伦敦大维德基金会有同类收藏。

明代民窑仿官的器物传世很多，北京故宫博物院就有一百多件。这些仿品不忠实于原作，这是因为官窑是供宫廷享用的，民间看不到，民间只是根据文献记载的官窑器物紫口铁足、开片等特征进行仿制，有一件黑釉剔花瓶，专家定为宋代，实际上是明代早期的作品。这说明，仿器虽然也保留了一些宋代的装饰风格，但从造型、纹饰上看与宋代的不同，具有明初瓷器的特点。

（2）明后期仿明前期。明后期，仿宣德、成化的瓷器大量出现，主要是受当时"窑品当重汝哥"评语的影响。明后期大量仿制的哥窑作品有各式瓶、盘、碗、笔筒、水盂、印池、臂搁等用具，大多出自民窑，均无款识。

嘉靖仿宣德黄地穿花龙纹盘，是按宣德实物仿的，同形同纹。但纹饰细部不一样，青料也不相同。宣德用苏麻离青，嘉靖用回青，蓝中带紫。此件器物底部落嘉靖官窑六字款，为我们鉴定年代提供了可靠的依据。另一件嘉靖仿宣德菱花形鱼藻纹洗，画鲭、鲌、鲤、鳜四种鱼，造型比宣德的略高，也落嘉靖六字款。一般情况下，如果碰到落宣德款的，就一定要从造型、纹饰、青料、款识字体上认真加以对比，找出不同点，然后才能判断是宣德还是嘉靖仿宣德的作品。

4. 清代

清代前期的仿古瓷，与当时瓷器发展的相适应，达到了一个发展的高峰。仿瓷中以青花制品为大宗，不仅数量上占优势，而且种类也很丰富，既有仿器物品，又有仿造型和款识的制品。清后期仿古瓷的产量减少，不成规模，呈衰落态势。

康熙仿明弘治黄地绿龙高足碗，龙纹凸出，器心有绿彩"弘治年制"四字篆款。传世品中有弘治黄地绿龙纹盘、碗，绿龙一般为阴纹划

经典文化系列

经典

出填彩，但弘治阳纹龙、绿彩四字篆款实物没有见过，仅在景德镇御窑厂出土物中见过残片，却是楷书款。此碗的款识字体纤秀，是康熙时的仿品。

清雍正·仿官釉荷叶式

清康熙仿明代釉里红云龙纹碗，北京、台北故宫博物院及日本东京国立博物馆都有。这种碗白地上有暗海水纹，碗心为团龙，碗外画两条行龙，足内书"大明宣德年制"六字款。景德镇御窑中出土有宣德釉里红龙纹碗残器，两者加以比较，其不同点是：宣德的胎薄，康熙仿的胎厚。造型、呈色、龙的姿态与画法、边线、款识上也都有所不同，从款识的字体上可以看出是康熙时的。

清雍正年间，仿烧前朝民窑作品达到高潮，宋代民窑的制品无所不仿，有的形体近似，达到乱真的程度。雍正御窑厂仿古瓷器以仿官、钧两窑最好，仿官作品把紫口铁足、釉如堆脂、纹如鳝血等特征仿得惟妙惟肖，桃式洗可视为仿官窑的成功作品。据说由宫中发出古瓷样品甚多，交御器厂仿制。官窑所仿宋、哥、官、钧、汝、定、龙泉等名窑及明代永、宣、成三朝瓷器，无论在釉质、造型乃至纹饰等方面，大部分都达到了历史上最高的水准。仿钧窑的制品以雍正时期最为逼真。仿钧釉中的窑变花釉，是利用多种不同色灿施于一器，在高温下自然流淌以及相互交融所呈现的犹如火焰状的色彩，较红的称为火焰红，偏蓝的谓之火焰青。厂官釉是清雍正时唐英仿明代官釉发明的品种，分为鳝鱼黄、蛇皮绿、黄斑点（现称"茶叶末釉"）三种。此外尚有蟹甲青釉一种，此种釉色呈深青绿色，类螃蟹壳色，故而得名。

雍正仿永乐青花扁瓶，数量较多，造型相似。纹饰上尽量模仿明初使用的苏麻离青的效果，深蓝色上有黑色结晶斑，但不是自然形成的，而是人为点染上去的。造型虽然近似，但纹饰布局、青料都有明显不同。

雍正仿永乐青花梅瓶，下部偏瘦，与永乐器形不同。宋代梅瓶肩部丰满，下部较瘦，有亭亭玉立之感，下承以方座，以保持稳定。明代永乐梅瓶不配底座，为使其稳定，造型上有所改变。瓶体下部放宽，底部加厚，使瓶的重心下移，保持平稳，不致倾倒。雍正仿品忽略了这一点，下部仍很瘦，由此看出是仿永乐的作品。

乾隆时期所仿的古瓷品种也很多，虽然有的不如雍正仿品精致，但是官窑中所谓"唐窑"的仿品犹能继承旧范，独步一时。尤其是薄胎暗花与仿宋影青器皿最为出色。《景德镇陶录》中称它："仿有古名窑诸器无不媲美，仿各种名釉无不巧合"，并非过誉。

清代仿宋代钧窑的罐，罐上有紫红色斑，实际是元代造型，当时宋、元不分，是清代后期河南禹县按元代钧窑器形仿造的。除了罐，还有带紫红色斑的其他器物。有的小碗上的红斑是后吹上去的，又经过第二次烘烧，不是在窑中一次烧成的。

5. 民国

民国仿古瓷器的数量相当多，仿宋、明、清瓷的更多。凡属少而珍贵的品种，民国时均有仿制，仿品水平比雍正、乾隆时相差甚多，仔细观察，均可找出破绽。

仿磁州窑的有白地黑花龙纹瓶，现藏于美国堪萨斯州纳尔逊美术馆。从造型看磁州窑有这种瓶式，但此件比例失调，颈部过长，足又撇得过大，与宋代瓶的造型不同。从纹饰上看漏洞也比较多，此瓶主题纹饰绘龙纹。宋代磁州窑画龙纹的极少，有代表性的一件龙纹瓶，现藏于日本白鹤美术馆，龙刻画极其生动，三爪有力。而此龙形象呆板，画五爪则违背了宋代龙画三爪的规律（当时民窑瓷器画五爪龙是要遭杀身之祸的）。瓶体下部刻"花瓶刘家造"五字铭文。"花瓶"一词在宋代还没有出现，明人张廉德《瓶花谱》中说："古无花瓶。"在宋代器物上出现明代的词汇，再一次出现了矛盾。"刘家造"是作伪者参照了磁州窑"张家造"瓷枕作坊标记，又标新立异改为"刘家造"引人上当受骗。此外，釉面开片不是土浸所致，而是有意用硫酸烧的，是新瓷作旧采用的一种手法。通过以上四方面对比可以看出此瓶是彻头彻尾民国时期的仿品。

仿磁州窑的器物中有一件白地黑花罐，现收藏于英国大英博物馆，罐上有"大明万历年制"款，从器形、纹饰上看不是万历时期的。磁州窑在明初宣德时期已经没落，只为宫廷烧制白釉或黑釉酒坛。此器之所以落万历款，是认为大家都不了解磁州窑已不烧造白地黑花器物，款识虽然是按景德镇落款方法书写的，纹饰上也画鱼藻纹，但可以看出不是磁州窑的风格，而是民国时的仿品。

仿宋影清的数量也不少。青白瓷盒宋代产量很大，日本、东南亚都出土不少，国内出土也很多，说明这类器物内销、外销数量都很多。民国是仿南宋时的印花盒，纹饰线条棱角清晰，立体感强，似用新刻的陶范制作而成，与出土的印花盒比较有明显区别。仿的青白瓷壶造型也与宋代有差距，虽然长流长柄，具宋代特征，但不协调。仿青白瓷磨，上为磨盘，下部镂空，内有一只雄鸡，设计手法拙劣，宋、元两代从未见过。磨盘刻菊瓣装饰与民国仿影清盒子相似，可以判断是民国时仿品。

仿越窑，20世纪30年代浙江余姚县越窑窑址出土了不少带有"太平戊寅"纪年铭文的碗片，是吴越王钱氏贡宋瓷器中的等外品。日本、英国、瑞典等国对带有纪年铭文的标本比较重视，在上海古董市场收买这类标本。从越窑盘底可以看出，越窑盘是采用五或六个条状瓷土支烧，由于条状支具含有砂粒，烧成后粘在盘底上的砂粒用指甲可以除去。此件仿品也刻"太平戊寅"之铭，但支烧是使用八个泥索支烧，烧成后土黄色的泥索粘在底足上，胎亦较厚，釉色也较深。此件仿品出现的最大漏洞是忽略了支烧窑具。这类仿品数量很多，流传亦广。

仿吉州窑黑釉梅花纹碗。吉州窑产品中有梅花纹装饰，但以花釉为地的梅花纹却没有。此件碗口大底小，高度过矮，比例失调。釉有用硫酸烧过作旧的痕迹，不是自然的土浸色，也属民国仿品。

仿康熙素三彩的器物有素三彩大瓶、方瓶、八方碗等，多为五件一套，分黄地、紫地、绿地、黑地，英国收藏很多。黑地较其他色地更为珍贵，都是民国时仿制的，绝大多数销往英国。20世纪50年代故宫博物院在国内各地搜集素三彩器物，但不多见。

康熙晚期曾烧造一批豇豆红器物，有柳叶瓶、太白尊、洗、印盒等。豇豆红又名桃花片、美人醉。民国时大量仿造，传世很多。但仿品或造型比例失调，或釉色失真，尤其是豇豆红釉中显现的绿色苔点极难模仿。

道光时期的王炳荣雕瓷有名，民国仿其竹节纹笔筒、盒子等。还仿陈国治的作品，多为淡黄色，但雕瓷工艺技术与真品相差很多。

6. 近现代仿古瓷

　　近代的制陶名家魏善成设计的康熙三彩、五彩仿品，樊汇川设计的康、雍、乾官窑仿品，均能惟妙惟肖、假以乱真。一些"高窑"仿宋钧的器皿，也被海外冠以"软钧"名头而炫耀于世。可见当时仿制的情况盛极一时。当时，仿古的方法多种多样，如用所谓的复窑、提彩、补釉、补缺、套口撞底、旧坯新彩、新物旧款及旧胎刻填加彩、加暗花等各种手法仿制的赝品，堪与真者竞胜，若非精于鉴别，很少不为鱼目所混。其中较著名的如：河南老艺人善仿唐三彩、宋钧及宋黑釉油滴、酱釉加彩；山西老艺人善仿宋代刻花、划花、剔花的黑白器皿；浙江老艺人善仿唐、五代名窑及宋、明龙泉窑；福建德化老艺人林姓善仿德化窑；磁县彭城镇刘锁子善仿宋、元、明白地黑花器；禹县神后镇卢姓兄弟善仿宋钧，珍珠地刻花；徽州王姓善仿清初五彩；古彩专家詹兴祥、刘春风、洪家华、法华陈、詹福同、何莽子、刘永清、岳虎臣等善用真坯加彩仿康熙五彩、三彩及雍正、乾隆的粉彩、珐琅彩。其他如久住上海的江西张姓也是仿古彩专家，以仿康熙彩最为精致。另外，近年由各地老艺人精心制作的历代名窑仿品也很精致，如：南昌王少泉仿的宋吉州窑、宋影清；北京孙鹤令仿的宋磁州窑，常小如、殷维溪仿的宋钧窑加彩、定窑和酱色釉加金彩，梁锄梅仿的宋茶叶末釉钵，孙瀛州仿的宣德青花及唐、五代越窑、宋龙泉，王柏泉仿的嘉靖、万历三彩和五彩，以及杜茂群仿的黑陶、珐华器等，多数可以乱真，甚至中外考古家也往往难以辨识。另外，日本商人在中国加工、作旧、配囊匣和木座后又辗转卖回日本的仿宋、明龙泉窑，建窑兔毫盏，明万历五彩、青花和德化窑等瓷器也不在少数。

第二篇 窑口篇

第一章

窑口的概述

瓷器的产地俗称"窑口"。中国古代瓷窑在元代以前基本是南、北方较为均衡,窑址遍及全国,名窑星罗棋布。其中宋代著名的五大名窑汝、官、哥、钧、定窑最令世人注目。汝、官、钧窑以釉色见长;哥窑以纹片著称;定窑有着丰富精美的装饰花纹。明清时期又出现了全国的瓷业中心——景德镇。

瓷器的窑口是由考古工作者根据古代文献记载或实地发掘所逐步了解的。关于从实物来研究印证方面,最好的方法是调查瓷窑遗址,因为窑址的材料是最真实、最可靠和最全面的,从实地调查得来的材料也是最科学的。怎样才能正确判断哪件瓷器是名窑产品,哪件价值更呢?这就需要收藏者对各个窑口的相关知识有充分的认识和辨别能力。辨认窑口是鉴定瓷器的年代和真伪的重要环节。中国制瓷产区分布很广,我们可根据分布区域的自然条件和自然资源的不同,制瓷原料、生产手段、工艺技术、装饰技法的不同,各窑瓷器的特点和风格不同,来确定古瓷的产地和时代。

我们这里所说的窑口是一种广义、细分的概念,它一般包括:窑名、型制和各种工艺特色。

窑名的命名法一般有五种:一是按地名来分的,这是一种最普通的命名法,瓷窑以其所属州县命名,如浙江余姚上林湖的瓷窑因它地属越州而称越窑,内丘瓷窑因它地属邢州而称为邢窑,其他如定窑、龙泉窑、哥窑等也是如此。二是以朝代来分,如唐窑、明窑、清窑等等。三是以经营性质命名的，如五代余姚上林湖越窑烧制一种"臣庶不得用"的秘色瓷器，就称秘色窑，北宋汴梁、南宋杭州瓷窑烧制宫廷专用瓷器，就称官司窑，明初景德镇设御窑厂专烧宫廷御用瓷器，就称御窑，民间烧的就称民窑。四是以方位来命名的，如北宋汴梁东西各有窑厂，当时官府设立东西二窑务，陈留县瓷窑因位于汴京之东而称东窑。五是以姓氏来命名的，如五代郑州的柴窑、宋代吉州永和镇的舒公窑、元代山西彭均宝主烧的彭窑、明代景德镇的崔公窑（崔国懋）和周窑（周丹泉）、江苏宜兴的欧窑（欧子明），以及清代以监烧官姓氏命名的臧窑（臧应选）、郎窑（郎廷极）、年窑（年希尧）和唐窑（唐英）等等。

解放后，各地发现了不少窑址，现在对于许多新发现的古代瓷窑所定的名称，都取名于窑址所在地，上面再冠以所属县名。像浙江萧山上董窑、广州西村窑、福建连江浦口窑、四川华阳琉璃厂窑、河南汤阴鹤壁集窑、山西介休洪山镇窑等等，这种命名方法已基本上趋于一致。这样命名，既具体又符合实际情况。历史上沿袭下来的窑口有窑址和名称不一致的，由于人们已经习惯于这种叫法，也就不再改了，如定窑实际上不在定县而在曲阳县灵山镇涧磁村，耀州窑实际上不在耀县而在铜川县黄堡镇等等。

按窑口的形制分有四大类：一是馒头窑，其因火膛和窑室合为一个馒头形的空间而称馒头窑。因其形与南方的龙窑窑身长相比较圆滑且小巧，又名圆窑。通常所说的馒头窑是指半倒焰、倒焰式的窑炉。主要流行于我国北方地区。由窑门、火膛、窑室、烟囱等部分组成。其优点是保温性能好，适于焙烧胎体较厚、高温下釉的粘度较大的瓷器。缺点是升温慢、降温也慢，烧成时间相对较长，窑内温度分布不够均匀，易出次品。二是龙窑，又称长窑。多依山坡或土堆倾斜建筑，窑长 30—80 米，形似长龙，故而得名。龙窑建筑方便，装烧量大，产量高。并由于其本身有一定的高度差，具有一种自然的抽力，升、降温快，生产周期短，产量大，成本低，容易维持还原气氛，适合于焙烧胎体较薄、高温下粘度较小的石灰釉瓷器。龙窑出现于商代，既烧印纹硬陶，又烧原始青瓷，就是通常所说的"陶瓷同窑合烧"。此后龙窑的窑身逐渐增长，倾斜度和结构也不断地改进。至东汉中晚期出现了专烧瓷器的龙窑，窑室结构也进行了一定的改进。三是阶级窑，又称阶梯窑，其出现于明代福建德化窑，由宋元时期的分室龙窑发展而成。就整体而言，它是一个倾斜度较大的龙窑，就每个室而言，又是一个半倒焰式的馒头窑，所以它既具有龙窑装烧量大、产量高的长处，又有馒头窑容易控制降温速度等优点，并可以充分利用前一室的余热来节省燃料。适合于烧制含氧化钾成分较高、釉在高温下粘度较大的瓷器，如德化窑白釉瓷器。四是葫芦形窑。清《南窑笔记》载：葫芦形窑"窑如卧地葫芦"。窑因其形状而得名。葫芦形窑是由龙窑发展而来的，但对龙窑进行了较大的改造，适合于烧造氧化钾含量较高、釉在高温下粘度较大的瓷器。五是蛋形窑。其出现于明末清初江西景德镇，是由元明时期的葫芦形窑发展演变而成的。以砖等材料砌筑，由窑门、火膛、窑室、护墙和烟囱等部分组成。窑床前低后渐高，倾斜度为 3 度左右。窑室前部高而宽，后渐低、窄，略呈扁长圆形，似平卧在地上的半个蛋，故名蛋形窑。蛋形窑以柴作燃料，单位耗柴量低，砌筑材料施工方便，使得造价低廉；结构合理，设计科学，使得烧成时间短、装烧量大、产品质量好。蛋形窑适合于一窑多类瓷种的同时烧成，对清代景德镇瓷器手工业的发展起了重要作用。

　　按窑火的走向分有四种：一是升焰窑，又名直焰窑，是中国古代陶窑的早期形制，流行于新石器时代和商、西周时期。西周后期，逐渐被半倒焰式的馒头窑所取代。烧窑时，火焰由火膛进入火道，然后经火眼进入窑室，从室底往上升，流经坯件，烟由窑室顶部的排烟孔排出窑外。这种火焰流动方式的窑炉称为"升焰窑"。升焰窑易升温，但不易控制烧成温度和烧成气氛，燃料利用率较低，装烧量小。二是平焰窑，这是一种火焰在窑内与窑身平行流行的窑炉，它升温快，烧成时间短，可提高产量。三是半倒焰窑，这是馒头窑的型制之一，火焰由火膛斜直喷向窑室顶部，然后由于设在后壁下部的排烟孔和烟囱的吸引而倒向窑室后半部，烟则由排烟孔进入烟囱，排出窑外。其约出现于西周晚期，此后逐渐流行。四是倒焰窑，又称"全倒焰窑"，也是馒头窑型制之一。其是从半倒焰窑发展演变而来，但形制结构上与半倒焰窑有明显的不同。烧焰时，火焰从火膛斜直喷至窑室顶部，然后全部倒向窑底，流经坯件，由吸火孔进入烟道，借助烟囱的抽力，将烟从排烟孔排出窑外。倒焰窑出现于明代，沿用至今。其主要用于烧制瓷器，也可用来烧制琉璃瓦和琉璃建筑构件。倒焰窑与半倒焰窑相比，能够缩小窑室内各部位尤其是上下、前后的温差，充分利用能量。

官窑与民窑的区别：官窑一般指官办的瓷窑，其产品被宫廷垄断。五代和北宋的越窑是中国最早的官窑，宋代官窑、元代枢府窑、明清的景德镇御窑厂都是历史上著名的官窑。其产品称为"官窑器"，是相对民窑器而言的。官窑器多按颁发式样承做，不同时期有不同的造型与纹饰，其底部多书写"大明某某年制"或"大清某某年制"六字款。官窑由于是由官府营建和朝廷官员主持窑务，所以能够强占优质瓷土和原料，拘获天下能工巧匠无偿使用，并控制釉料配方和制瓷工艺，因而制作技术熟练精湛，所烧瓷器质量精工、不计工本、动辄以万计，如明宣德、嘉靖年间所烧瓷器即达 80 万件。因此，其产品一般都代表了当时制瓷业的最高水平。民窑是指民间经营的瓷窑，一般是相对宫廷专设的官窑而言的。在明代景德镇御厂设立以前，历代瓷窑除少数为官设外，大多为民营，如著名的唐代邢窑、长沙窑和宋代的磁州窑、哥窑、龙泉窑、耀州窑等。但其中多数都曾先后被指定烧造过进贡宫廷的供器。民窑在设备和技术条件等方面不及官窑，但著名的民窑都有其朴实、健康、清闲的艺术风格，为广大人民所喜爱。明清民窑的精品与官窑器很难划分，如清康熙青花和五彩器以民窑品更为突出。

窑系、窑场和窑址的区别。窑系是瓷窑体系的简称。民间众多瓷窑中，以一个窑口为代表，产品的胎釉成分、工艺、造型、釉色、装饰等方面相同或相近的一批瓷窑，往往被划分为一个窑系。窑系形成和繁荣于民间制瓷业空前发展的宋代，元代继续但已逐渐衰退。重要的窑系有越窑系、定窑系、磁州窑系、耀州窑系、钧窑窑系、景德镇青白瓷窑系、龙泉窑系。各窑系多精于一种或几种产品，如越窑系的青瓷、定窑系的白瓷、磁州窑系的白地黑花瓷、耀州窑系的刻花青瓷等，形成了它们各自的特色。窑系的形成大多与其产品的分布和流向有关，如隋唐之后，江南地区的窑口主要集中在浙江、福建、广东、广西和江西等沿海地区；北宋时耀州窑经过广州、泉州港出海，影响了广东、福建两省；景德镇的青白瓷影响了浙江、安徽、福建、广东、广西等省区；定窑影响了江西和四川两省。窑场一般不仅指陶瓷产区，有时还往往包括附近的原料产地。如陕西铜川黄堡镇耀州窑，古代即有所谓"十里窑场"之称。一个窑场在一定的范围内有原料、作坊、窑炉及废品堆积等区域划分。窑址一般是指烧造陶瓷器物的窑口遗址，可以是一个独立的窑场遗址，也可以是一个较大的窑群遗址。我国幅员辽阔，全国 2/3 以上的省区均发现过古窑址，发现窑址最早的是浙江省绍兴和肖山两县，专家鉴定是属于春秋战国时期烧造原始瓷器的窑址。六朝青瓷的窑址以浙江发现最多。已经发现的遗址大都分布在长江流域，主要烧青瓷，少数为青釉褐斑或青釉绿彩绘，白釉则仅发现长沙窑有白釉绿彩装饰。北方地区瓷器出现较南方稍晚，主要以白釉为主流，还有黑釉、茶叶末、褐黄釉等，青釉也有少量发现。就目前的出土物来看，瓷史上"南青北白"的说法基本上是对的。

第二章

早期的窑口

窑口的器型演变及时代风格,可代表全国瓷器的演变和风格。但典型器物在全国众多的窑场中也是南北各有差异;即使是典型器物,各地流行时间也有先有后,一般是距离制瓷中心越远的窑口,典型特征的出现越迟。所以,我们在鉴别年代久远的瓷器时一定要先掌握其窑口的一些基本情况。

一、越窑

创烧于东汉,其后发展极快。主要生产青瓷,所产瓷器胎体细密坚硬,上釉用浸釉法,施釉常不到底(半施釉)。

三国时窑场主要集中于上虞曹娥江两岸,窑场数量比汉时增加数倍。胎骨坚致细腻、淡灰色、少数呈现黄色的胎较粗松。釉以淡青为主,出土的青瓷虎子、青瓷羊、蛙形水盂、熊形灯是当时的杰作。南京光华门外赵士岗"赤乌十四年"(251年)墓出土的青瓷虎子,器身刻有"赤乌十四年会稽上虞师袁宜作"字;江苏金坛县出土的一只青瓷扁壶,器身两侧分别刻

东汉·越窑黑褐釉印纹罐

有"紫是会稽上虞范休可作者也"、"紫是鱼浦（在上虞白马湖）土地"等铭文。

两晋越窑早期青瓷胎质细密坚硬，呈灰白色，吸水率低；后期胎色渐深，呈灰或深灰色。根据器物的不同用途，有的器身内外都施釉，有的器身内不施釉，仅施于内壁口沿附近。

南朝越窑青瓷施有青灰或黄釉，莲瓣纹是主要纹饰特征，褐色点染也是重要装饰手段，彩点由东晋的大而疏改为小而密。以碗、盘、罐、鸡头壶、虎子等实用器逐渐占据主导地位，器型由早期的矮胖端庄逐渐向后期纤瘦清秀发展。

二、瓯窑

瓯窑位于浙江省温州一带，至今已发现瓯窑古窑场二百多处，集中于瓯江、飞云江、楠溪江两岸，其特点是：胎质坚硬、白中泛灰，釉层较薄、呈淡青和青黄、透明度高、有细小开片、易脱落。瓯窑纹饰纹样不及越窑丰富，常见有釉上褐彩，手法有点彩和绘彩两种，点彩多用于动物纹的双眼、耳朵、尾或冠等处，晚期开始用莲瓣纹。南朝时，青瓷釉色泛黄，釉面开冰裂纹、易脱落，胎釉结合欠佳。

三、婺州窑

婺州窑位于今浙江西南部的金华、衢州一带，瓷窑的分布范围很广，主要产地在金华、武义、东阳、义乌四县，永唐、兰溪、浦江、龙游、衢县、江山、常山等县也有一部分制瓷工场。唐代的窑场常以州名命名，故将婺州境内的窑场称为"婺窑"或"婺州窑"。它是今浙江境内除越窑外的又一著名古窑。自三国时开始创烧，随后即不断发展，在六朝时有长足的进步，为唐宋时期的瓷业大发展打下了坚实的基础，生产年代之长在我国瓷器史上也不多见。婺州窑瓷胎体较薄、呈灰白色、含铁量高，烧成后呈深灰色或紫色。婺州窑的匠师们利用当地的资源，在西晋末期创造出以化妆土为衬底的工艺，用以遮盖其深色的胎体，并使釉层呈色柔和滋润。婺州窑瓷釉色呈淡青或青黄，釉层厚薄不匀，早期釉常见凝成芝麻点状，后期釉层厚、易剥落、常见开片，开片或胎釉结合不紧密处往往产生白色结晶，呈现丝状或星状奶白色。瓷器造型有

第二篇 窑口篇

经典文化系列

各种实用器和明器，到南朝时，明器所占比例减少，实用器生产增多。谷仓罐的造型和装饰趋于简单，器型增高，造型更实用。婺州窑除生产青瓷外，还生产少量的黑瓷和酱瓷。

四、德清窑

窑址位于今浙江德清东南郊，故名德清窑，是一处黑瓷和青瓷兼烧的瓷窑，以生产黑瓷为主。它是浙江地区发现的两处黑瓷产地之一，也是我国最早烧制黑瓷的窑场。它的烧造历史仅东晋至南朝初期就有一百多年，运销地区广，影响很大。

由于制坯原料中含有3％的氧化铁和1％左右的氧钛，胎呈砖红色、紫色或浅褐色。青瓷胎一般呈深浅不一的灰色或紫红色；胎外普遍上化妆土；釉层较厚，釉色较深，一般呈豆青、青绿或青黄色，具有较好的光泽。黑釉釉料中的氧化铁含量高达8％左右，因而釉色乌黑。上等黑釉制品的釉层厚、釉面滋润、黑亮如漆。黑瓷与青瓷的造型大体相同。产品有碗、碟、盘、耳杯、盘口壶、鸡头壶、唾壶、虎子、香炉、罐、盒灯和盏托等，造型风格与婺州窑、越窑相似，特色产品有直筒形小盖罐、扁圆形盖盒和茶盏、浅盘形盏托配套的新型茶具等，为其他同期瓷窑少见。纹饰仅为在口沿和肩腹部划几道弦纹或在青瓷上有几点褐色点彩。

五、湘阴窑

湘阴窑在今湖南省湘阴县，因县名而得窑名，又因湘阴县在唐代属岳州，故又名岳州窑。创烧于南朝，当时瓷胎呈灰白色，瓷土淘洗不精，胎质不太细密，少量胎中有气泡。釉色有青、黄、酱等，以青绿为主，半透明，多开片，有流釉现象，施半釉，较易剥落。

六、青羊宫窑

位于四川成都青羊宫一带。南朝时的青瓷胎呈紫、红、淡红色，只有少量灰色和灰白色。釉色多为青褐色，上半施釉，易剥落。釉的玻璃质较强。

七、固驿窑

固驿窑分布于四川省邛崃县固驿镇一带。初创于南朝，产品不多。瓷器胎以褐色为主，另外有少量的红褐色、砖红色。胎质粗糙，胎体厚重。釉色青中泛白的比较多，另有青褐、青灰等。

八、罗湖窑

罗湖窑分布于江西省丰城县罗湖一带，是唐代洪州窑所在地。罗湖窑瓷器胎灰白或灰褐，较细，火候不很高，较松。釉以青黄、米黄为主，开裂多，易剥落。

九、洪州窑

洪州窑位于江西省丰城县。瓷胎体较厚，呈灰白色，釉以米黄色为主，少数有豆青或青黄色，常见脱釉现象，釉面多冰裂纹。器类有实用器和明器，其中瓶、烛盘、盏托、五盅盘、四管插器是创新品种；一度停烧的明器也得到恢复，有带座三足炉、灶、锥斗、六联罐等。

十、寨里窑

寨里窑分布于山东省淄博市淄川区城东一带。此窑青瓷器胎多为灰白色，也有灰褐色的，胎质较薄、火候较高；釉色青褐或青黄，表面明亮润泽；釉层厚薄不匀、容易剥落。

十一、中陈郝窑

这是近年来新发现的一处南北朝时期的窑址，位于山东省枣庄市薛城区邹坞镇中陈郝村。中陈郝村北朝时的瓷器胎为青灰色，胎质较粗，釉为青或青绿色，里满釉外半釉。

十二、淄博窑

位于今山东淄博市，故名淄博窑。根据考古发现：其于北齐时就已烧制青瓷，是目前已经发现的南北朝时期北方唯一的青瓷窑址。它的胎

第二篇 窑口篇

131

体一般较薄，胎质粗，色带灰白；釉色深浅不同，有青褐色和青黄的；釉面厚薄不匀，掺有杂色的黑色斑点。后期采用二次上釉法，釉层加厚，明亮光泽。器物以碗、盘、缸为主，造型和南方的青瓷大体相同；装饰主要是刻划莲瓣花和同心圆纹；修坯不太细致，底足多挖成内凹形；三足支钉叠烧，器物内心留有三足支钉痕。

十三、南山窑

位于江苏省宜兴县东南的丁蜀镇，素有"陶都"之称，是紫砂陶的著名产地。汉时，窑烧制高温硬陶和原始瓷。三国至西晋时，主要烧制青瓷，其瓷胎呈青灰、灰白、黄白色，外施透明釉，釉呈青灰或青黄色，常有脱釉现象，器壁近底处无釉，釉面常见冰裂纹。南山窑距越窑不远，受其烧瓷工艺影响很大。

第三章

隋唐时期的窑口

一、柴窑

柴窑一名最早见于明代曹昭《格古要论》，万历以后的《玉芝堂谈套》、《清秘藏》、《事物绸珠》、《五杂姐》、《博物要览》、《长物志》等书多论及此窑，但众说纷纭。基本有两种见解：一为周世宗姓柴，当时所烧之器都叫"柴窑"；一为吴越秘色青瓷即"柴窑"。对其形质，曹昭认为："柴窑天青色滋润，细腻有细纹，多是粗黄土足，近世少见"；张应文则谓："柴窑不可得矣，闻其制云，青如天，明如镜，薄如纸，声如磬。"但均属传闻，未见实物。据明代文献记载：当时宫廷中所收藏的珍贵瓷器，把柴窑器推放首位，可见其艺术价值之高。清末民国初张应文有以"青如天、明如镜、薄如纸、声如磬"证诸柴窑，仅有宋景德镇影青瓷相符，可能是他误以宋影青为柴窑而言之的。

二、越窑

唐代越窑主要集中在上虞、余姚、宁波等地。自东汉到宋的1000多年间，这里瓷器生产从未间断，规模不断扩大，制瓷技术不断提高，经历了创造、发展、繁荣和衰落几个大的发展阶段。唐、五代可谓是越窑的大发展时期，它们的青瓷代表了当时青瓷的最高水平。

唐代茶圣陆羽在《茶经》中论及饮茶用碗时说："碗越州上，鼎州次，婺州次，岳州次，寿州、洪州次。或者以邢州处越州上，殊为不然，若邢瓷类银，越瓷类玉，邢不如越一也；若邢瓷类雪，则越瓷类冰，邢不如越二也；邢瓷白而茶色丹，越瓷青而花色绿，邢不如越三也。""瓯越州上，口唇不卷，底卷而浅，受半升已下。越州瓷、岳州瓷皆青，青则益茶，茶作白红之色；寿州瓷黄，茶色紫；洪州瓷褐，茶色黑，悉不宜茶。"评语中对于名列第二、第三的鼎州、婺州窑以及它们的釉色和是否宜茶只字未提，而对于越州窑碗的器形、色泽甚至容量都描述得极为细致。陆羽精于饮茶，对唐代青瓷评价较多，并列举了当时六个青瓷名窑，把越窑评为第一位。而对越窑评价高的不只陆羽一人，唐代文人与诗家对越窑碗也赞扬备至，至今遗留有不少诗句。但唐代也有人认为邢窑白瓷碗比越窑青瓷碗好，陆羽则提出三条理由加以反驳，指出邢瓷不如越瓷的原因：首先他用比喻法加以对比，如果说邢瓷喻为与银相类，则越瓷与玉器相类。在唐代玉器远较银器贵重，陆羽从这个角度认为邢不如越。其次，从色与质两方面来看，如果说邢瓷象雪那样白，越瓷则像冰一样凝重剔透，邢不如越。最后，陆羽以茶色作标准，认为邢瓷白而茶色红、越瓷青则茶色绿、邢瓷不如越瓷。陆羽对饮茶精通三昧，从适于饮茶的角度出发，认为青瓷比白瓷更为合适，因此褒越而贬邢。从出土和传世的越窑青瓷来看，质量确实很好。釉色葱翠、釉层均匀、浑厚滋润、如冰如玉；造型典雅、式样优美、难怪唐代的名人墨客都为之赞叹。

初唐时期越窑瓷器基本沿袭了南朝和隋代的风格：胎质灰白而松，釉色呈现青黄色，胎釉结合不好，容易剥落。中晚唐时，越窑生产跨上了一个新的台阶。不仅烧瓷的窑场大量增加，器物的质量也有了显著的提高：胎质已经做到细腻轻盈，有灰、淡灰和淡紫等多种颜色，釉质腴润匀净如玉，釉色黄或青中含黄，无纹片；器型以多足圆口的各式执壶及直口浅腹、圈足外撇的茶盏最具特色。这个时期的越窑青瓷造型在影响其他窑口的同时，也广泛吸取了它们精品的样式，还吸取玉、石、陶艺的风格，尤其是仿制金银器的工艺效果，取得了极大的成功。五代时的越窑成为首屈一指的名窑。其青瓷制品秘色瓷更是作为贡品，以特殊政治目的和神秘的身世成为一个时代的传奇。越窑产品畅销国内外，在印度、伊朗、埃及和日本等地均有越瓷遗物被发现。五代越窑青瓷的原料精细，其胎坚致细腻、呈灰白色，釉子呈青绿色、薄而均匀、温润如玉。其装饰一改唐代朴实无华而表现出繁缛富丽的风格，纹饰很满，线条纤细而流畅，纹饰题材比唐代的更加丰富，多划花的风格。根据文献

中国瓷文化

经典文化系列

记载：五代有"金知瓷器"、"金棱秘色瓷器"等，在杭州市郊钱氏墓葬中发现了一件五代越窑青瓷罍，龙身涂金，证明了钱氏确实用金银装饰瓷器。

三、邢窑

邢窑位于河北省内丘县，内丘在唐代武德五年（622年）由赵州改为隶属邢州，故称邢窑。邢窑主产白釉瓷，产品广销国内、远销国外，在我国陶瓷史上占有十分重要的地位，古人多有赞誉。李肇《国史补》云："内丘白瓷瓯，端溪紫石砚，天下无贵贱通用之。"陆羽《茶经》赞颂其"邢瓷类银"、"邢瓷类雪"。但到了唐代后期，由于原料短缺等原因而逐渐衰落。邢窑的发展至衰败的全过程可分为三个时期：

唐·绿釉双系罐

一是北齐至隋的初始期。此时，胎质白色，釉色乳浊淡青，釉薄处呈乳白色，是一种尚不成熟的白瓷。隋开始用化妆土装饰青灰色的胎体，烧造青白色瓷器，用白色粘土制胎，烧制粗白瓷。工艺技术水平比北齐显著提高，胎料制备精细、轮制成形旋削工整、装烧讲究。器物品类显著增加，立式器皿显著增多，造型挺拔豪放。隋代窑址出土的白瓷精品，胎质洁白、胎薄、半透明、釉色纯正莹润。

二是唐代的成熟期。此时，制瓷工艺精益求精，旋坯技法规范，装烧更趋科学，采用了装匣正烧，消除了器内支痕，火候适度，产品瓷化而不过烧，保证了造型应有的神韵，强调了产品实用功能，注意了审美作用，体态丰盈、庄重大方，具盛唐之风。

瓷器的特点是：胎骨坚实致密，胎土白而细洁、瓷化度高，釉质莹白滋润，作风朴素、不带纹饰，圈足厚而底平，有的足底外缘切削斜棱一道。器类有碗、罐、皮囊壶、注子、枕等，碗底足大而平；小碗足为玉璧形，碗底常见刻一"盈"字。装饰技法有模印、划花和点彩等多种。内丘白瓷窑址出土的白瓷品种很丰富，有小唇沿撇口浅腹玉璧形底碗、圆沿弧腹玉环形底碗、瓣口深腹玉环形底杯、瓣口盘状玉环形底托、圆沿短颈鼓腹罐、短戏耍短流鼓腹双泥条系执壶、矮圆形子母口粉盒等。

三是五代之后的衰落期。唐末五代，邢窑因受战乱等内外因素的影响，随着定窑产品的兴起而日渐衰落。由于优质原料的枯竭，细白瓷已不再生产，粗白瓷质量明显下降，于是又使用起化妆土来遮盖劣质瓷土的瑕疵，技术也渐趋保守落后。到宋时，邢窑北邻的定窑和南邻的磁州窑皆凭借当地资源条件的优势而崛起。金元时期恢复生产的邢窑，规模很小，工艺落后，已不再往日的风光，仅是模仿定窑、磁州窑生产。

四、长沙窑

长沙窑的窑址在湘南省长沙铜官镇及书堂乡石渚瓦渣坪一带，又称"铜官窑"、"瓦渣坪窑"，始于中唐，盛于晚唐，终于五代，为唐、五代时期南方的一处重要青瓷窑场。长沙窑产品的特征是：胎体疏松，胎呈灰白色或灰青色，少量黄褐色和微带红色，微红胎的表面往往上一层化妆土。釉色多种，以青釉为主，青釉带黄者居多，釉面均开细小纹片。产品有盘、碗、碟、杯、壶、瓶等日用器和猪、羊、马、狮、青蛙等象生瓷。器物造型前期丰满端庄，线条柔和圆润，后期除了保持前期那种气势和规范外，形态趋求秀丽。以壶、罐为例，前期腹体圆浑、短颈、多棱短流、单曲柄，表现出一种线条艺术的韵味和意境。烧制工艺方面：盘、碗、碟类采用叠烧法，器心与器底均无釉露胎，盒类平底外凸，碟类平底内凹。

长沙窑以釉下彩装饰见长，在越窑、邢窑采用刻划花和釉上彩装饰的时候，其釉下彩就已经得到了很大的发展。长沙窑釉下彩主要有：褐色斑点、褐绿色斑点、绿彩和褐绿彩绘。

长沙窑褐斑釉下彩的做法是：先在胎器上点褐斑，然后施青釉，并进入炉中烧制；烧成后，釉面平整，褐斑永不脱落（这不同于东晋越窑早期釉上彩是在施好青釉以后随意点上一些褐色斑点。斑因点在釉上，烧成后很容易剥落）。这种装饰有两种：一种为大斑点，在壶和罐的口部或肩部画三四个；一种为小斑点，在壶、罐的器身上用连串的斑点组成菱形、斜十字形或方形等图案纹饰。

褐绿斑釉下彩是长沙窑产量较多的一个品种，也是长沙窑中最美的、烧制最难的一种。具体做法是：在坯体上以褐彩或蓝绿彩点绘成花草纹样，然后再施釉，高温烧成。褐色彩料是以含铁量高的矿物原料为色料，蓝绿彩料是以含氧化铜的矿物原料作色料。烧成后，呈现青色釉映衬着褐色、绿色或褐绿色人物、花鸟、鱼虫等纹样，画笔流畅、画风清新、画面美丽。斑点的排列是褐绿相间并串连在一起组成斜方、四方、六方和环状等多种图案纹饰。这种装饰也以壶、罐等器皿为多，大型洗和碗上也常采用。纹饰多画在壶流的下面，特点鲜明。

绿彩釉下彩有两种：一种是画后上白釉，一种是画后上青黄釉。白釉绿彩的装饰有两种方法：一种是在瓶、罐或壶身上任意画几笔似云霞或水波状的花纹；另一种是用小圆斑点组成各种菱形、圆形的图案或花纹。这种白釉的色调极柔和，而绿彩又极淡雅，配合在一起非常谐调，其绿彩是铜金属料烧成的。青黄釉绿彩也有两种装饰方法：比较简单的也是任意画几笔，盒盖上的纹饰就属于这类；此外是图案比较繁杂的，上面画象征性的花草或花卉纹。釉下绿彩用的是钴，蓝色很重，如果上面罩的是白釉的话，那就会显出青花瓷器的效果。

褐绿彩绘釉下彩是长沙窑装饰中最复杂的一种。制法也有两种：一种是把绘画题材应用到瓷器上，在用褐绿彩的胎上平画花鸟纹，这又是长沙窑的一项创举。另一种是在胎上先划刻花鸟的轮廓，然后在轮廓线内填褐绿彩，最后再施青釉。这在制造工序上是很繁复的，不仅要经过一般制瓷的工序，还要结合雕刻和绘画的手法。

长沙窑除釉下彩绘对中国古代陶瓷装饰有深远影响外，模塑贴花、印花、模印印花、刻花、堆花都是长沙窑装饰艺术的突出成就。模塑贴花是将纹样贴在器物腹部，饰以褐色彩斑后再烧成。模印往往是先刻划需要的花纹，制成模子。然后，再用刻有花纹的模子直接拍打在器物的坯胎上面，现出图案；或是在薄泥片上压印出花纹，然后再贴在坯胎上面，并施青釉。图案常有飞凤、飞鸟、飞雁、花蝶等等。这些图案构图简洁，线条粗细得体、均匀有力，没有繁杂多余、呆板堆砌之感。

特别值得一提的是长沙窑器的文字作装饰，这在当时是一大创举。唐长沙窑诗文执壶，其正面草书："人有方寸之心，必不求于名利"，就是这方面的代表作。唐人墨迹流传至今的少之又少，可在许多长沙窑器物上特别是长沙窑执壶上我们可以看到许多唐人的笔迹，这对当代学者研究唐代文字甚至唐代社会生活史都是大有裨益的。

长沙窑的制瓷工艺独具特色，国内其他地方瓷窑也吸收了它的优

经典文化系列

经典

点。四川邛崃窑就是其中典型的一个。两个窑所烧瓷器基本上差别不大，青釉褐斑、绿斑的风格一样，在轮旋方法上也相同。但这些相同点绝不是一种巧合。一个时期里，不同地区的产品出现共同点的是很少的，特别是在轮旋和支烧方法上更是少有完全相同的，而这两个窑的巧合出现，只能说明它们之间的关系是比较密切的。是善于学习的邛窑匠师对铜官器从成形轮旋以至施釉全部工序的尽量模仿，才使两窑产品的风格区别变小的。

磁州窑的釉下黑、褐彩器，也明显地受唐代长沙窑的影响。长沙窑的釉下彩画以及在器表题写诗句作装饰都为磁州窑所继承。

长沙窑瓷器远销朝鲜、日本、印尼等西亚国家，特别是在唐末、五代时期成为我国外销瓷器的大宗。

五、瓯窑

瓯窑是浙江主要瓷窑之一，唐代窑址分布于浙江的有温州、永嘉、瑞安、苍南、瓯海等地。所烧青瓷与越窑不同的是，胎为灰白或浅灰色，釉层匀净，釉色多为青绿。唐代早中期瓯窑产品的釉色呈黄或淡黄色，易剥落；釉质滋润如玉，胎釉结合紧密。制品的器类与越器相仿，但造型略有差异。晚唐时则为青色或青黄色，肃釉现象少见。制品造型多仿花、果形态，颇具轻盈秀丽之风韵，如长圆体的瓜式壶。就其制瓷的成就而言，远远超过了婺州、洪州等窑，在中国陶瓷史上占有一定的地位。

六、婺州窑

唐到北宋时期，婺州窑的发展进入了鼎盛时期。婺州窑是当时六大青瓷产地之一。婺州窑产品中青瓷的胎色较深，呈深灰或紫色，釉色青黄闪灰或泛紫，釉面有斜裂线纹，其上显露奶白色星点，是六朝以来就有的釉质特点。产品在种类与造型上多与越窑、瓯窑相似，器类有碗、盘、钵、瓶、罐等。为数较多的蟠龙瓶和多角瓶是具有特色的作品。唐代婺州窑以茶碗出名，同时较多地生产蟠龙罂和多角瓶等。蟠龙体型扁平，用宽扁形泥条堆贴而成，多数用指甲压成鳞纹。多角瓶，直口圆肩，腹部自下而上逐段弧收成级，每级按等距离装圆锥形四角，上下角成垂直。

在唐以前的瓷业中，婺州窑名列第三，仅次于越窑，可与瓯窑相媲美。其历代制品均属一般民间用瓷，产品风格实用大方，比较单一而缺少变化，器物的装饰俭朴，均为刻划花纹。但制瓷作坊较多，生产发展较快，逐渐形成了独特而完整的婺州窑系。

七、岳州窑

岳州窑的青瓷碗是饮茶良器，此外还有盘、碗、壶、罐、瓶等是主要作品。一般来说，青瓷的胎较薄，胎骨不够致密，胎色灰白，秋色以青绿为主，少有青黄同色，釉层较薄，玻璃质强，开细碎片纹，有剥釉现象，这是由于当时胎釉结合不紧所致。所烧白瓷的胎质洁白细腻，有瓷质光泽。白色釉纯正，釉面平滑光润，釉厚处闪浅水绿色，当在还原气氛中烧成。器类以碗为主，造型规整，底足旋削规矩，器底心满施白釉，工艺非常精细，有"圆似月魂堕，轻如云魄起"的赞美诗句。精致的白釉碗不仅作为饮茶用器，还用作乐器，《乐府杂录》就有所记述。另外，白瓷瓶、罐、壶等器的制作也相当精致。

八、寿州窑

寿州窑位于今淮南市田家庵区的上窑镇，遗址散布在镇的南郊和北郊、高塘湖和窑河的东岸、老鸪山的西麓，上起管家咀，下至外窑，长约4公里，其中以余家沟窑址最为集中。寿州窑烧瓷始于隋，唐代窑业繁盛。主烧黄釉瓷，胎色白中泛黄，釉呈黄色，有蜡黄、鳝黄、黄绿等色。坯面施细腻的化妆土，釉面细润开小纹片。以蘸釉法施釉，釉层薄厚不匀、釉色浓淡不一。有一些器物的釉与化妆土结合不好，致使剥釉。常见的器物有碗、盏、杯、注子、枕、玩具等。器物胎体较厚重，平底、底心微凹。

九、邛崃窑

四川邛崃窑位于邛崃县固驿镇固驿乡南河之南的瓦窑山，遗物呈现南朝到隋的风格。另一处窑址在邛崃县西门外的什方堂，遗物具有典型的唐代特征。唐代是邛崃窑的极盛时期。器物造型丰富，彩斑、彩绘装饰与湖南长沙窑相似。但另一些器物又独具四川的地方特色，如省油灯就是利用可注水的夹层灯碗来降低温度，减少油的过热蒸发，以期达到省油的目的。

十、巩县窑

巩县窑位于河南省巩县县城以南，以烧白瓷为主，绞胎与绞釉装饰也是其特色产品，另外还烧制黑釉、里白外黑釉、茶叶末釉等。巩县窑烧制的白瓷器物有碗、壶、瓶、罐、枕等。以碗类为最多，胎质较细，呈白色及灰白色，釉色有纯白、白闪青和白泛黄等，器内外均施釉，器外近底处无釉露胎，碗类底心多不施釉，釉面可见纹小开片纹。白瓷盒是唐代巩县窑的上乘之作，胎质坚硬，器壁厚实，内外施白釉，近底处无釉，盖顶部呈阶梯状向上斜收，直口，下腹向下斜收，假圈足。另外，巩县窑还由于创烧三彩陶器而扬名。

十一、湘阳窑

湘阳窑位于湖南省湘阳县。隋代湘阳窑瓷胎体较厚、釉层薄，胎色呈灰白和青灰，釉色以青釉为主，有黄釉、褐釉、酱釉等，釉面多细小开裂纹，器外为半施釉，器内酱黑，釉胎结合差，易剥落，纹饰以印花为主，并配有划花。器类多为实用器。

十二、安阳窑

位于河南省安阳市北郊，是隋代北方规模最大的一处青瓷窑。安阳窑瓷胎体厚重，胎色灰白，胎质因经过淘洗而细腻，器物内外施釉，器外施釉不到底，釉色有青绿、青黄、青灰、青褐等多种，釉薄而均匀，光泽较强，流釉现象较少。以胎装饰为主，有刻花、划花、印花、贴花等。纹饰以莲瓣纹为主，有仰莲和霞莲纹。所烧器类有碗、高足盘、四系罐、钵杯、瓶、瓷塑，以及明器装饰品等。

十三、淮南窑

窑址分布在安徽省淮南市上窑镇以及邻近凤阳县的武唐等地。淮南窑始于隋，盛于唐，历时 200 余年。上窑镇旧属寿州，应为唐代"寿州窑"的所在地。其瓷胎质坚硬细腻，多为灰白色，少数为黄白或青灰色，胎壁较厚；釉为青色透明釉，光泽强，釉色青中带黄、青中带绿，釉层厚薄不一，色厚处浓、薄处淡，器外为半施釉，釉面常见小开片纹，有的器物积釉处产生带紫翠色的窑变，为其他窑系所无；所制器物有壶、瓶、罐、碗、盏、高足盘等。在隋代墓葬中发现带纪年的淮南窑器的重要墓葬就有4座：合肥隋开皇三年（583年）清河张氏墓；合肥隋开皇六年（586年）墓；亳县隋开皇二十年（600年）王千墓；亳县隋大业三年（607年）口爽墓。

十四、成都窑

成都窑是四川烧瓷历史较早、延续年代较长的瓷窑之一。窑址位于摸底河之东、南河之北今通惠路东段（新罗路）西侧与胜利路西段的南侧地区，面积约达2平方公里，窑址的集中地在现一环路西二段两侧。瓷窑以烧青瓷为主，但釉色不稳，釉色常现豆青、青灰、米黄、姜黄、酱黄、褐青紫等。器物的胎质以紫红色者居多，有的呈淡红色、灰色和灰白色。

十五、广元窑

广元窑位于四川省广元磁窑铺，是宋、元时期的瓷窑，有黑釉、绿釉、黄釉褐花等品种，以黑釉器最多，有仿建窑兔毫盏和吉州窑玳瑁的产品。广元窑的兔毫盏形状与建窑不同，其线条圆润、过渡自然，足有饼形足、壁形足与浅圈足等。

十六、琉璃厂窑

琉璃厂窑在成都市南6公里的胜利乡，胜利乡原属华阳县，现属成都市。窑址早在20世纪30年代初期就已被发现。四川省博物馆、重庆市博物馆以及四川大学历史系均收藏有琉璃厂窑完整器物和标本。琉璃厂窑始于五代，盛于南宋，明代大量烧制低温釉陶俑。产品以生活日用陶瓷为主，也烧制陪葬用的陶俑。以黄绿釉烧制的的三彩陶俑是其特色。

十七、西村窑

西村窑位于广东省广州市，是广东宋代重点瓷窑，主要是为了满足外销的需要，其制品在国内出土极少，而频见于东南亚国家。烧瓷品种有青白釉、青釉及黑釉三类，以青白釉为主，青釉次之。烧于两宋时，除青瓷外，还烧青白瓷、黑瓷、青白釉彩绘瓷等品种。胎土较粗、釉色透明。刻花、划花较粗糙呆板。因产品主要销往东南亚，所以其产品大多带有东南亚国家的特色，如凤头壶就接受了波斯金属器鸟形壶的形制。器物一般都采用双重装饰，这是其一大特色，在其他瓷窑中很少见。

第 四 章

宋元时期的窑口与窑系

宋代是中国制瓷工艺百花争艳的时期，瓷窑遍及南北各地，民窑迭出、品类众多。闻名于世界的宋代五大名窑：定、汝、官、哥、钧窑，就产生于这个时期。这五大名窑在各自材质的基础上，利用传统工艺，采用的不同装饰方法，形成了各自独特的艺术风格，给人以独特的美感。

这些瓷窑由于各有成就，先后被官府选中，为宫廷烧制部分宫廷用瓷，都具有半官半民性质。当时的环境是官窑与民窑相持，民窑由民间投资经营，产品供给的对象既有高官、士大夫，也有平民百姓，因此种类丰富，民间制瓷业空前繁荣，窑系形成。宋代的八大窑系为：定窑系、钧窑系、龙泉窑系、耀州窑系、青白瓷窑系、建窑系、磁州窑系和越窑系。

一、定窑及定窑系

宋代的定窑属民窑，是当时北方著名白瓷窑场。窑址分布于今河北曲阳县涧磁村及东西燕山村一带，曲阳宋属定州，故名定窑。它创烧于唐代（早期受邢窑影响），盛于宋、金，止于元代，烧造时间达 700 余年，是北方烧造历史最长的瓷窑之一。宋代时，定窑是一个大瓷区，产量极大，传世文物甚丰。

定窑白瓷胎土颜色洁白细腻，胎体修削精细，有"竹丝刷纹"之

143

说。"竹丝刷纹"是制作时用一种竹丝做成的小刷来修理未干的胚胎时留下的痕迹。由于定窑釉较薄，所以竹丝刷纹留在器物胎体表面容易显露出来。此时，定窑白瓷的烧成温度在1320℃左右，烧结程度较为致密，气孔率较低。

唐、五代早期定窑白瓷器与入宋以后的瓷器相比，有明显的不同。釉色纯白或白中闪青，在造型曲线转折变化的积釉处，常呈现较明显的青白色，是早期定窑的一个重要特征。它是在还原焰中烧成的，白度很高，有一定的透明性。到了宋代以后，定窑白瓷的生产开始发生了较大的变化，釉色从纯白或白中闪青转变为白中泛黄，光润洁净。这种带暖色调的白色与东方女性的肤色有相似之处，被称之为女性美的颜色。也有的收藏家认为定窑的釉质釉色

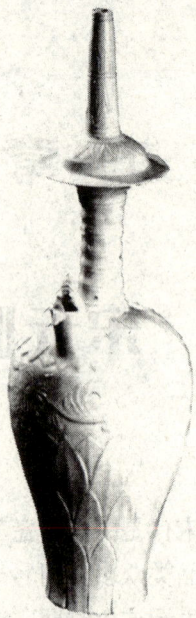

北宋·定窑莲瓣纹
龙首净瓶

像"煮熟了的饺子皮"那种感觉，是对烧窑火候熟练掌握的结果，仿品很难有其神韵。

定窑白瓷的器物表面釉汁下流，形如"泪痕"，也称为"涕泪痕"或"蜡泪痕"。这是由于施釉时釉浆稠厚，收釉时釉水下流而形成的现象。釉厚处均有明显的偏黄色。无论是正烧还是覆烧，"泪痕"流向均是自上而下流淌的，这是鉴定定窑瓷器的重要特征。"泪痕"多集中在器物的一侧，很有可能是施釉时手握器物倾斜或看不到器物背面所致。定窑白瓷釉面有数点极小的黑色杂质颗粒，即使北京故宫博物院中的收藏品也不例外，而伪品则没有这种杂质。

由于定窑瓷釉层较薄，釉面光润，也使刻花、印花线条极为清爽悦目，形成它独特的美术风格。白瓷装饰有刻花、划花、印花、剔花等多种手法，在定窑器上还偶见用金彩绘制的纹饰，属珍贵的稀有品种。北宋早期产品多用刻花和划花，北宋中期以后则以模印为主，纹饰稠密精致，尤其是模印纹饰都经精心设计，均匀而精美，反映了当时高超的刻模与脱模技术。

刻划花用竹或金属工具划刻。刻花的线条较宽，有明显的刀锋；划花的线条较细。一般来说，北宋产品纹饰深而清晰，南宋产品纹饰浅而含糊。

北宋早期定瓷刻花的构图、纹样简单，以重莲瓣纹居多，仿似浅浮雕，十分优美。北宋中晚期的刻花更趋精妙，用单齿、双齿、梳篦状工具刻划出各种线条构成的物象，生动自然，富有立体感。装饰图案有花卉、禽鸟、云龙、游鱼、婴戏等。纹饰布局严谨、线条清晰，常见器型有碗、盘、瓶、罐、炉、枕、壶等。一些大碗的内外壁均刻花纹饰，技艺精湛，弥足珍贵。

定窑印花装饰风靡当时并影响后世。具有构图严谨、层次分明、纹样清晰、密而不乱、画面富丽的装饰特点。它运用单线、双线或多线的刻划方法，简练生动，表现出各种生物的自然形态。有的使用轮制印花的技巧，清晰规整、虚实相间，别有一种庄重大方的意趣。

印花纹饰取材与当时的刺绣工艺密不可分。定窑的艺术家们很好地把刺绣方法运用到了装饰上。另外，定窑白瓷也受到铜镜的影响，赵汝珍在《古玩指南·瓷器》中记载：定器"花纹多仿自古铜镜，以牡丹、萱草、飞凤、双鱼为多见"。

印花题材以各种花卉最多见，动物、禽鸟、水波游鱼纹等也有一定数量；婴戏纹则比较少见。花卉纹又以牡丹、莲花多见，菊花次之。布局亦采用缠枝、转枝、折枝等方法，讲求对称；在敞口小底碗内印三或四朵花卉，碗心为一朵团花，有四瓣海棠花、五瓣梅花和六瓣葵花，不同于北方青瓷只一种团菊。禽鸟纹的孔雀、凤凰等，多与花卉组合。印龙纹的都是盘，盘里印满云纹，盘心为一姿态矫健生动的蟠龙。北宋晚期丝织品上盛行婴戏纹，定窑印花器中也有婴戏纹。窑址出土标本和传世品中还有婴戏牡丹、婴戏莲花、婴戏三果和婴戏莲塘赶鸭纹等。

烧造工艺在各个时期均有不同的特点。唐代采用三岔形支钉烧法，碗为平底，底心留有三个支钉痕；采用漏斗状匣钵烧法的碗较浅、器壁直斜，玉璧形底，足宽而矮。北宋早、中期为装匣钵仰烧和支烧的技法，碗体高，器口外撇，口沿外部留有无釉的带状宽边，圈足满釉；器底部可见支钉痕迹或砂粒。北宋以后广泛使用覆烧法，胎薄体轻，口沿无釉，圈足窄矮，施满釉。器物的口沿不施釉，俗称"芒口"。为了弥补芒口的缺陷，便用各种金属将其口沿包上。唐宋上层社会喜爱金银饰品，便用金银镶口，以显示其身份和地位，称为"金口"、"银口"。更多的盘碗器皿是用铜铁来包口沿。即"铜口"、"铁口"。这些金属包口除美观之外，还可以降低器物使用时因碰撞而伤残的几率。

覆烧是定窑的一种工艺特色。宋代北方窑炉一般较小，高度仅1米多，用单件匣钵堆垛，每柱最多放20多个匣钵，如何充分利用窑炉空间容量，提高产量是当时制瓷工匠们所面临的急切问题。聪颖的定窑制瓷工匠们为了提高瓷器的产量，放弃了唐代以来使用的单件匣钵烧法，创造了"垫圈组合式"匣钵。这种组合式匣钵外观略如现代仍然常见的多层叠合的炊具笼屉，除了最上一层垫圈匣钵相当于单件匣钵高度，其下每层因系覆置（碗口向下）覆烧支圈的高度只占单件匣钵的五分之一，每增加一层垫圈覆置一碗，层层套叠至顶。垫圈层数越多，窑内空间的利用也越充分。以往窑内只可置放20件普通单件匣钵，改为垫圈组合匣钵后每柱可烧96件盘碗器。这种覆烧方法很快被其他瓷窑所采用。南宋时，窑址南迁，这一新工艺又传到了今江西、浙江、四川等地。

从出土和传世的定窑作品显示，定窑烧瓷以民间用瓷为大宗。器类除碗、盘、碟、钵占大部分外，还有各式盏、盏托、渣斗、盒、洗、瓶、壶、罐、薰、炉、枕等。北宋定窑的造型较以前更为丰富：有直颈瓶、梅瓶、八方四系

北宋·黑釉定窑葵口盏托

瓶、三足樽、渣斗、孩儿枕、盏托、单柄杯、板沿大盘、葵瓣口大盘、直口碗、盖碗及葵口碗等。

在已发现的定瓷上，有刻"官"、"新官"、"五王府"等等字样的，说明当时有一部分定窑白瓷已供宫廷使用。定窑瓷器的底部，屡见题铭不下十六种，大多与宫廷有关。

定窑除生产白瓷外，还生产黑釉、红釉、酱釉、绿釉器，分别称作黑定、红定、紫定、绿定等。这些产品在定窑瓷器中占的比例不大，完整的传世品更是稀少，故收藏价值更高。这些釉色的器胎都是白色，即与白瓷的所用胎料完全一致，这是紫定、黑定、绿定与其他窑口区别的重要标志。黑定为漆黑色，系釉中含大量铁成分的原因，紫定类似紫檀木的颜色，红定则是红褐色。文献记有"黑定"和"紫定"。

146

金代定窑是北宋定窑的直接继承。北宋末年，宋金对峙，连年战乱，定窑生产遭到了一定程度的破坏，但到了12世纪中期，定窑又恢复了往日的活力，所烧瓷器再次达到了相当高的水平。主烧白瓷，以刻花、印花装饰。产品有精、粗之分。精致白瓷一般都有花纹装饰，胎质细白，白釉呈乳白色，采用覆烧工艺装烧，器口无釉；粗白瓷多光素，用创新的砂圈垫烧工艺装烧，产量增大，但器物内底一圈毛涩露胎，很不美观。器物有碗、盘、洗、瓶等，制作规整。装饰方法有印花和刻划花，以印花装饰为突出。

定窑系以定窑为代表，包括山西的介休窑、阳城窑、平定窑、盂县窑和四川的彭县窑等。

1. 介休窑

介休窑窑址在山西省介休县，创烧于宋初，历金、元、明、清数代，烧瓷历史达千年之久。介休窑在宋代晚期受定窑影响烧白釉印花瓷器。其胎呈浅褐色，胎体较薄，釉白。器型以碗、盘、盏等日常生活器为主，并以小件盏、洗为多。装饰技法有印花、划花、剔花、釉下彩绘和镂雕。印花纹饰布局完整，线条清晰，但不太讲究均衡对称。碗、盏的里心、圈足各有三个细小支钉痕。

介休窑除烧白釉瓷外，尚有黑釉瓷和白釉釉下褐彩瓷等。介休窑有一种白底红花的划花装饰，色彩非常漂亮，为介休窑的绝精之作。褐釉盘洗的四面饰婴戏荡船纹，为此窑所独有。

2. 阳城窑

阳城窑在山西阳城县。宋代以烧白瓷为主，产品器型、花纹多仿定窑。胎较灰，用化妆土。有的器物用五支钉垫具叠烧，器里、器足大都留有支钉痕，而且支钉痕较大，这是与定窑不同的特征。

3. 彭县窑

彭县窑址在四川省彭县峰乡一带，是四川已发现的古代唯一生产白瓷的窑址。它的烧造年代为宋代，模仿定窑。彭县窑专烧白瓷。胎质灰白、较粗，釉色白中泛青灰、不滋润。装饰分印花、刻花、划花三种，纹饰生活气息很浓。刻花以双鱼为主，印花以花鸟为主，飞鸟衔草、凤穿牡丹等最有特色。彭县窑的印花白瓷用砂柱支烧，即在碗盘足部垫砂，另一碗盘覆于其上，器里中心留有一圈砂粒。它和定窑的覆烧一样，但没有芒口。

4. 平定窑

平定窑最早见于明李贤《大明一统志》等清代文献中。旧称西窑，始烧于唐，终于金，有五百多年的烧造历史。平定窑位于山西省平定县中，靠近河北省，受邢窑和定窑影响较深。烧瓷以白釉为主，兼烧黑釉。造型、胎釉与邢、定两窑极其近似。

5. 南程村窑

南程村遗址遍地散布的都是覆烧支圈，并发现印花白瓷。出土的印花白瓷均为盘碗，纹饰均在器物内部，有洞石花卉、缠枝花卉、鸳鸯花卉、水波游鱼等题材，明显看出取法于定窑。但有一点与定窑不同，即定窑印花白瓷均为覆烧，口部都无釉；南程村窑既有覆烧，也有刮釉叠烧，碗心一圈无釉。

二、汝窑

汝窑创烧于北宋神宗到徽宗（1068—1125 年）期间，是我国宋代五大名窑之一，素有"汝窑为魁"之称，因产于汝州而得名。原为民窑，产品风格近似陕西铜川耀州窑，北宋晚期开始为宫廷烧造高档瓷器。之所以被官家选中，是因为"定州白瓷器有芒"、"不入禁中，惟用汝器"（顾文荐《负暄杂录》、叶寘《坦斋笔衡》、陆游《老学庵笔记》）。

汝窑是由两个主要部分构成：一部分是宝丰县大营镇清凉寺专为宫廷烧制的瓷器，烧制时间短，生产数量少，而质量很精；一部分是为临汝地区民间烧制的瓷器，现在称"临汝窑"。

汝瓷制品素身多，极少以花纹作装饰。用料考究、配方独特、造型端庄、素静典雅、制作工艺精湛、烧成技艺高超、釉色晶莹似玉、铁还原达到了最佳效果，以天青釉瓷最为精致，是中国青瓷发展史上划时代的创举。北宋后期，由于宋金战乱而失传。

汝瓷胎土中含有微量铜，迎光照看，微见粉色，色调与官窑有些近似。胎色灰中略带着黄色，俗称"香灰胎"，又称"香灰黄"，多见汝州蟒川严和店、大峪东沟、汝州文庙、清凉寺等窑址。汝州张公巷汝窑器，胎呈灰白色，比其他窑口的胎色稍白。清雍正前后的仿汝器，据《南窑不笔记》记载："今景德仿做，有里乐釉，入青了少许，以不泥为骨，多鱼子纹者，略得遗意矣。不泥者，不子素泥也。"但仿汝器在"香灰胎"这一点上往往不能相像，而且由于景德镇仿品的胎土中不含微量铜元素，因此迎光照看，不见红色。

釉色有天青、粉青、卵青，天蓝色较多，也有豆绿、青绿、月白等各种名称。釉色或深或浅，釉薄处呈浅淡的粉色。青釉一改高温流动性强的石灰釉为高温粘度大的石灰碱釉，从而使釉质莹润不透的光泽。

釉面温润古朴、纯净如玉、抚之如绢、光亮晶莹、有明显酥油感和细微开片，多呈乳浊或结晶状。用放大镜观察，可见到釉下寥若晨星的稀疏气泡。汝州张公巷汝瓷，釉呈天青、粉青，釉色滋润、手感如玉。有青如天、面如玉、晨星稀的典型特征。

据说：为了符合宫廷奢侈生活的需要，窑工还在釉中加入了汝州玛瑙石，以使釉色呈现出纯净的天青色。

宋代宫廷用汝窑器物一般均采用满釉支烧，为了避免窑炉内杂质的污染，需用匣钵装好，并将器物用垫圈和支钉垫起，以防止与匣钵粘连。高濂的《遵生八笺》说汝窑"底有芝麻细小挣钉"。在器物底部可见细如芝麻状的支钉痕3、5、7个，6个支钉的很少，痕迹很浅，大小如粟米，支烧的器物都规整不变形，表明其炼泥、成型、装烧技艺之高超。支痕断裂处可见香灰胎色。一般器物，口径在14厘米以下的为3个支钉，14厘米以上的为5个支钉。但也有例外，如上海博物馆藏敞口盘，口径大17厘米，也为3个支钉。尊、瓶之类的器物用圈垫垫烧。张公巷的器物呈圆形支钉，盘、碗底部仅见细如芝麻的小支钉痕3枚至5枚，支痕断裂处可见香灰胎色。蟒川严和店、大峪东沟一带汝窑器多无支钉痕，个别碗、套盒、凹足钵、洗、器盖等用垫饼支烧工艺。

汝瓷开片堪称一绝，开片的形成，开始时是器物于高温焙烧下产生的一种釉表缺陷，行话叫"崩釉"。但汝窑的艺匠们将这种难以控制的、千变万化的釉病，通过人为的操作，转换为一种自然美妙的装饰，形成巧夺天工的绝活。釉面开片细密，多呈斜裂开片，深浅相互交织叠错，像是银光闪闪的片片鱼鳞，或呈蝉翼纹状，给人以排列有序的层次感。釉中细小沙眼呈鱼子纹、芝麻花和蟹爪纹，形成典型的桔皮釉、冰片釉、茶叶末，部分柳条纹状的开片是因手拉坯辘轳旋转时，使泥料分子排列结构朝一定方向而形成的现象。汝窑多见鱼子纹开片，但也有无开片的器物，明初曹昭《格古要论》说："汝窑器，出汝州，宋时烧者淡青色，有蟹爪纹者真，无纹者尤好。"目前所知，传世的无纹汝窑器仅为台北故宫博物院藏的"天青无纹椭圆水仙盆"一件，该器很可能就是唐英所说的"猫食盘"。除此之外，都是有纹片的。汝窑以纹片为装饰，一般不见印花和刻花，但英国大维德基金会有一件暗花双鱼盘，釉带玻璃光，与常见的汝釉很不一样，但确为满釉支烧，是一个很特殊的例子。

汝窑造型讲究，不以纹饰为重。传世的常见器型有碗、盘、洗、瓶、尊等日用品。盘有大小深浅之区分，以卷足者为多，也有的卧足。洗有敞口和直口两种，前者圈足外卷，后者口与底垂直，至近底处则为内敛平底，其中有椭圆形的四足洗，这类洗在其他窑尚未见过。

汝窑御用青瓷的器底主要有两种铭文："奉华"、"蔡字"。前者是宫廷"奉华宫"用器的标志，字铭是由宫廷玉作工匠刻于器底的；"蔡"字则是物主的姓氏，也是后刻的字铭。

在宋五大名窑中，以汝窑的传世品最为少见。目前所知，收藏汝瓷较集中的单位是中国的北京故宫博物院、台北故宫博物院、上海博物馆和英国的大维德基金会四处。其中，以台北故宫博物院收藏最丰富，精品有"奉华"粉青出戟尊、"奉华"粉青纸槌瓶等22件。

关于汝窑系，古陶瓷学者们认为：可包括河南的鲁山、郏县及宝丰、临汝窑等地。其中：临汝窑位于河南省临汝县，已发现严和店、轧花沟、下任村、东沟、陈沟、岗窑、石板河、桃木沟、陈家庄、蜈蚣山等遗址，都是宋代重要民间瓷窑。

三、官窑

官窑在中国陶瓷史上有着不同的含义。从广义上讲，它是指有别于民窑而专为官办的瓷窑，产品为宫廷所垄断。官窑由官府建置，专烧宫廷、官府用瓷，制品民间不得用。而在宋代瓷器中，官窑则是一种专门的指称，专指北宋和南宋时在京城汴梁由宫廷专设窑所烧造的青瓷，地点在现在的河南省开封一带。由于古老的黄河在历史上多次发生水患而改道，使当地地貌产生巨大变迁，所以这为今天人们的勘察带来很大困难。历史文献对宋官窑的窑址有过著录，但在多年的发掘中，始终扑朔迷离、难以认定，这就直接影响了我们对官窑的全面认识。

宋代官窑包括北宋官窑和南宋官窑，北宋官窑也称汴京官窑。公元1127年，宋室南迁临安（今杭州）后，为了满足宫廷和达官贵人的用瓷需要，先在浙江杭州凤凰山下设窑，曰修内司窑，也称"内窑"；后

中国瓷文化

又在郊坛下立新窑，曰"郊坛下官窑"，窑址在今杭州市南郊的乌龟山，均袭故京遗制。这一时期的官窑，史称南宋官窑。传世官窑器物中有相当一部分是南宋郊坛官窑产品。历代对官瓷评价很高，清代陈浏在《陶雅》中赞美道："宋官窑者绝不经见，世人罕有识之者。"

1. 北宋官窑

北宋官瓷胎质均为灰黑和紫褐色，胎土坚密细致，所以成型后的胎壁很薄。造型古朴庄重，釉色润美如玉，纹片鳞鳞如波、清籁幽韵、趣致拔俗，令人畅心悦目、爱不释手。其特点可谓"四绝"：一曰造型古朴，多仿商、周，乍看无惊人之处，细看有勃勃生机。二曰釉色润美、无图案、少纹饰、素淡典雅。三曰釉面纹片耀青流翠，多有冰裂纹，纹色多微黄"金丝"，有暗红"鳝血"者为上品。四曰紫口铁足，器口釉薄处微露胎色而泛紫，胎足无釉处呈铁红或铁褐色。

从传世的宋官窑器藏品上看：在造型设计上，宋代非常重视旧有体制，深受北宋徽宗提倡的仿古复古风气的影响，开拓了在器形上仿古的先声，尤其是官办瓷窑，更是大量烧制仿古铜器的造型。这类仿古器物是宫廷的陈设和观赏品。从世界各博物馆及私人收藏的官窑器物来看，器型主要有各式洗、瓶、壶、炉、盘、碗、盏托、花盆、单柄杯以及供器等。洗是官窑数量较多的器型之一，从口部特征看有直口、折沿、花口、葵瓣口；从式样上看有方形、圆形、葵瓣形、八方委角式。瓶的造型也很丰富，有直颈瓶、弦纹瓶、贯耳瓶、穿带瓶、瓜棱瓶、六棱瓶、双耳扁瓶等。盘亦有折沿、折口、葵瓣口等式样；碗有花口、棱花、葵瓣各式。有些器型与传世哥窑的器型较相似，加之釉色片纹也相似，故有一小部分器物与传世哥窑器物较难区分。

官窑釉色有粉青、灰青、月白、米黄等色，以粉青为上，浑厚滋润、如玉似冰。典型的官窑器，坯体的厚度仅为釉层的三分之一左右，坯薄釉厚。釉料属石灰碱釉，施釉较厚，如堆脂。从制作工艺来看，早期产品釉薄，至晚期釉层加厚、工艺复杂。为使釉层加厚、有玉石感，一般采用先素烧坯，以增加机械强度，然后再多次施釉以增加厚度，釉厚通常在两毫米以上。由于釉中氧化铝的含量高，克服了釉厚在烧制过程中发生流釉的现象。但我们所见的官窑器物底部也有缩釉现象。由于官窑器物釉厚而有片纹，所以不利于表现釉下花纹。

宋官瓷釉面多有片纹，种类为冰裂纹、流水纹、鱼子纹、百圾碎等，一般片纹较传世哥窑器物片纹大。《遵生八笺》中有"官窑品格，大率与哥窑相同，色取粉青为上，淡白次之。油灰，色之下也；纹取冰裂鳝血为上，梅花片墨纹，纹之下也"之说。片纹的形成主要是釉与胎的膨胀系数差异造成的。釉的膨胀系数比胎大即产生片纹，反之则无片纹；釉与胎的膨胀系数差值愈小，釉层愈厚，片纹愈大。由于官窑器物釉厚而有片纹，所以不利于表现釉下花纹。传世的官窑器物中带装饰的仅有几件龙纹洗、盘，分别收藏于台北。纹饰用印、划方法表现，花纹不很清晰，是官窑器物中稀有的作品。

宋·官窑盘口瓶

官窑器采用圈组垫烧与支钉支烧，有时二者兼用。传世器物中底部有3、4、5、6、7、8、10个支钉痕者，在窑址中也发现了1、3、5、8个支钉的窑具。瓶、盘、碗一般采用圈足垫烧，瓶的圈足较高，盘、碗圈足较矮。洗有支钉与圈足垫烧，也有宽浅圈足里又用支钉支烧的。

2. 南宋郊坛官窑

随着北宋王朝的灭亡，高宗南渡，杭州南宗小朝廷建立。为了适应朝廷的需要，高宗在杭州另立新窑，史称南宋官窑，又称南宋郊坛官窑。关于南宋郊坛官窑的最早的文献记载见于南宋叶真《坦斋笔衡》，书云："中兴渡江，有邵成章提举后苑，号邵局，袭故京遗制，置窑于修内司，造青器，名内窑。澄泥为范，极其精致，油色莹润，为世所珍。后郊坛下别立新窑，比旧窑大不侔矣。馀如乌泥窑、余杭窑、续窑皆非官窑比，若谓旧越窑，不复见矣。"

1956年和1958年，浙江省文管会根据文献记载，曾两次对杭州市南郊乌龟山一带进行考古试掘，发现有大量瓷器的碎片、窑具和窑炉，还发现了窑场作坊遗址。获得的青瓷标本表明：南宋官窑制品造型端庄、线条挺健。早期烧制薄胎、薄釉青瓷，胎质细腻，胎色有黑褐、灰、深灰，釉色粉青、青灰、青黄和炒米黄等，釉质薄匀润泽、有纹片。满釉支钉装烧，器底有圆形支钉痕。南宋后期烧制薄胎厚釉青瓷，釉质光亮莹润有玉石般的光泽，釉面有横竖交织的纹片或层层叠翠的冰裂纹片。采用圈足垫烧工艺，底足露胎处呈黑褐色或深灰色，形成紫口

中国瓷文化

铁足的特征。

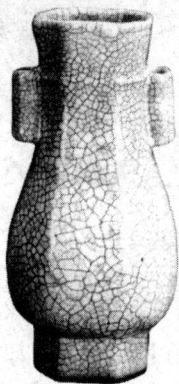
宋·哥窑青瓷贯耳瓶

宋代官窑由于当时专烧宫廷用品或陈列物，在南宋时已"为世所珍"。现在所见的宋官窑瓷器，大部分在北京和台北故宫，以及国外一些大博物馆，在私人手中收藏的极少。1989 年，香港某文物拍卖行曾拍卖一件距今七八百年的宋代官窑笔洗，成交价高达 2200 万港元。该笔洗为直矮身，呈六角葵花形，洗的中央内下凹，也现六棱角出戟纹，全身施粉青釉，釉色莹润，釉面布满金黄色纹片和无色小纹片，棱角凸出处和釉薄处现紫色。这是宋代官窑的代表作。

元、明两代，仿制官窑瓷器成风。如今常见的用青花料书写六字款的官窑器，都是明代宣德、成化年间的仿品，嘉靖、万历时也有仿制。入清以后，直至解放前，官窑瓷器一直被大量仿制，但在形制、胎骨、釉色等方面与真品相去甚远。这些仿制品，大部分出自江西景德镇，胎骨白色，不像宋代官窑的灰黑或紫褐色。清后期，也见有一种仿紫褐色胎的所谓官窑，但仔细一看，其紫褐色是后涂上去的，不是胎骨的真色，大多数仿品的胎很厚，拿在手中显得很重。近年来有一种灰黑色胎骨的仿制品，胎质粗糙，很容易看出是机器制出来的，不像过去用手工制的成品，洁净细腻，有一种内涵的质感。以上两种仿品，施釉比真的薄，没有肥厚莹润之感，缺乏一种玉质的美感。所以，我们对这样的赝品是不难鉴别的。

四、哥窑

哥瓷是宋代五大名瓷之一，传世品为数不少。哥窑被列为宋代名窑，但未见有宋人记载，只是明后期才有文献记录。最早见记于明宣德年间的《宣德鼎彝谱》。到目前为止，哥窑址还不明确。专家对此众说不一，有说在浙江的，也有说在江西的。关于这一点，只有寄希望于日后的考古发掘，以实物为证，来揭开陶瓷史上未解之谜。

关于哥窑的来历，民间曾有一个美好的传说。在浙江处州曾有章生一和章生二两兄弟，他们都是制瓷好手。兄弟俩人同在龙泉各设一窑，因生一是兄，所以被称为"哥窑"，生二为弟，当然称为"弟窑"。哥哥的烧造技术比弟弟的高明，招致弟弟的的嫉恨。为破坏哥哥的声誉，弟弟就偷偷在哥哥配好的釉料中添加了许多草木灰，而哥哥全无察觉。烧好后开窑一看。瓷器的釉全裂开了。裂得很有趣味，有的像冰裂纹，有的像鱼子纹，还有的像蟹爪纹。心地善良的哥哥见此情景惊呆了，只好拿到市场上去处理，却没有想到人们对这种带有裂纹的青釉瓷器产生了极大的兴趣，销售得很好。哥窑由此闻名于天下，而弟弟的青瓷质量总是略逊于哥哥。

宋·哥窑鱼耳炉

那么，传世的哥窑器又有哪些特征呢？

传世哥窑瓷器的胎体较厚，胎质细腻、有厚薄之分和瓷、砂之分，胎色为黑灰、深灰、浅灰和土黄。胎质粗松者叩之声音沙哑，呈色土黄，似欠火力。

釉质凝厚如堆脂、肥润有光，色泽有粉青、灰青、油灰、月白、灰黄、深浅米黄等多种，其中油灰色为最常见。器物里外披釉，多有缩釉小坑，均开裂成规格不同的冰裂纹片，色浅黄者如金丝，色黑者若铁线，两者相互交织，人称"金丝铁线"。按颜色分有：鳝血、黑蓝、浅黄鱼子纹。按形状分有；网形纹、梅花纹、细碎纹等。哥窑开片总的特点是：平整紧密，片纹裂开成上紧下宽状；黑色纹片中有时闪蓝色。器形收缩不同，部位纹片也就不同，千变万化而又自然贴切。

釉中蕴含的气泡密集，显微镜下如同聚沫串珠，凝腻的釉面则光泽莹润，如滑如酥。器口沿多尖锐窄小，故厚釉难以留

宋·哥窑出戟尊

存而显现胎骨黑色，此一现象传统上称为"紫口"。垂釉多在口边稍下处形成略为高突的环行带，是为哥窑器之一绝。除宋"官窑"作品外，

后世各窑口作品及历代仿宋哥窑器均无此特殊现象。

传世哥窑瓷器主要是陈设瓷,以仿古代青铜器造型的器物为多。如鱼耳炉、乳钉五足炉、胆式瓶、八方穿带瓶、弦纹瓶、贯耳瓶、菊瓣盘、兽耳炉、弦纹瓶、长颈瓶、立耳三足炉、鼎式炉、五足洗、葵口洗、葵口碗等。

宋代哥窑时代特征鲜明,琢器造型多仿青铜器,古拙、质朴、浑厚。底足工艺分为施釉裹足支钉烧和露胎圈足两种,多数器足因呈黑色而被称之为"铁足"。支烧钉痕小若芝麻,小器物支钉数量为三五个,略大器物为六七个。鼎、炉的器里多留有不等的支钉痕,系叠套烧所致,此后无这一烧法。露胎圈足,足背平齐或略圆,修足干净利落,手抓不起。

五、钧窑与钧窑系

钧瓷起源于河南省禹州市神垕镇。那里地处山区,自然资源丰富,有"南山煤,西山釉,东山瓷土处处有"的传说。据记载:生产钧瓷如果离开这些条件,在任何国家都不会成功。钧窑的兴起在宋徽宗时期。当时,奇花异木聚集京城,器皿需用量急剧增多,钧窑产品供不应求,民间有"纵有家产万贯,不如钧瓷一件"和"黄金有价钧无价"的评说。

据近年考古发掘资料分析:钧窑的烧造历史始于晚唐、全盛于北宋、遗续于金元,前后达 700 余年,以河南省禹县(古称钧州)为中心,向四周扩展。钧窑可分为官钧窑和民钧窑。官钧窑是宋徽宗年间继汝窑之后建立的第二座官窑。

迄今为止,在禹州境内已发现北宋钧窑遗址多达 40 处,以神垕镇大刘山下最为集中。禹州市神垕镇下白峪村和苌庄乡等地也先后出土黑、褐釉高温窑变花瓷,被陶瓷学家称为"唐钧",它是宋代钧瓷的先声。宋"靖康之变"(1126 年)后,宋室南迁,官钧窑停烧,钧瓷一时受挫。到金、元时代,钧瓷才有了新的发展,各地争相仿制,风靡一时,火遍全国。元末明初,因战乱和灾荒,钧窑生产渐衰。明、清时期,制瓷中心南移,北方诸名窑衰退,钧窑也基本停烧。清朝晚期,钧瓷复苏。到光绪三十年(1904 年),神垕镇烧制钧瓷者已有 10 余家。民国年间,因战乱、灾荒频繁,钧瓷生产举步维艰。至 1942 年后,因大旱和政局混乱，艺人外流，钧瓷生产趋于停产状态。1955年，钧瓷才在它的故乡——禹州市神垕镇得到恢复。

钧窑属北方青瓷系统，其瓷器以"釉具五色，艳丽绝伦，窑变美妙，彩色缤纷"为其他窑口的产品所不及。尤其是铜红窑变釉，在中国陶瓷工艺美术史上独树一帜、大放异彩。烧出的釉色青中带红，有如蓝天中的晚霞。青色虽色泽不一，但多近于蓝色，是一种蓝色乳光釉，成为青瓷工艺的一个创造和突破。其瓷器釉透、釉活，胎质精纯、坚实细腻，叩之声圆润悦耳、清脆动听，观之形端庄优美、古朴典雅。

钧瓷烧成工艺也不同于其他，为二次烧成，第一次为素烧，然后施加釉彩，再进行第二次窑烧。钧窑瓷器上所出现的红紫色相是由于在釉中加入了铜，铜红对窑温和烧成气氛比较敏感，必须在还原焰1250℃以上才能出现美丽的效果，条件稍稍偏离就得不到正常的红色，技术难度比较大。其釉色是自然形成，非人工描绘，每一件钧瓷的釉色都是独一无二的，古人曾用"高山云雾霞一朵，烟光空中星满天。

北宋·钧窑玫瑰紫釉尊

峡谷飞瀑菟丝缕，夕阳紫翠总成岚"等诗句来形容钧瓷釉色灵活、窑变微妙之美。

它的釉变色五彩缤纷、璀璨夺目、浑然天成，其中最著名的有：玫瑰紫、葡萄紫、茄皮紫、海棠红、鸡血红、朱砂红、胭脂红、火焰红、葱翠青、鹦哥绿等。另外还有各种深浅色调的蓝色乳光釉，如天青、天蓝、月白、碧蓝、米黄诸色。

钧窑瓷器还有一个明显的特征就是"蚯蚓走泥纹"。这种纹是瓷胎在上釉前先经素烧使其出现裂纹，然后再上釉，使釉料流入空隙填补裂罅，进入二次高温烧制才成的。

在宋代，为了保证产品的质量，更好地向朝廷交差。制作工艺非常精细：首先是将取回的泥料去掉石子、草根等所有杂质后，露天堆放，让它饱经日晒雨淋。上冻解冻后，再日晒雨淋、再上冻、再解冻，使泥料完全疏松风化。然后，以石头砌一圆形槽，放上泥料，槽中间插一木桩，用木作轴，木杆与耙连接，可以绕轴转动，木轴上端连以牛鼻绳，往泥料中加水，赶牛沿着石槽外走，泥就被耙碎，变成泥浆，再沉淀陈腐，放出浮水，再加风干，然后练泥。用铲子将泥铲起，反复拍打。彩釉也用当地的釉石，敲碎成核桃般大小，然后用石碾碾成粉，去掉杂质釉粉，用无杂质之草木灰浆配釉。配釉时浆水必须要匀。为官家和皇宫制作的钧瓷，必须要用颍河的水。据说：该水出于嵩山幽谷，那里是金玉玛瑙的产地，饱经日月精华，蕴有山川精灵，融天地万象气质。将泥料用陶轮拉坯成型，然后用圆雕浮雕装饰，或用模子印制。坯胎成型后，先将其加温到100℃，然后缓慢冷却，到100℃后开窑，此乃素烧。接着在冷却的坯胎上施釉彩，重新入窑烧制成品。唐末宋初是"青一色"的，后来变成入窑一色，出窑万彩。在多窑瓷器的烧制过程中，对风向、温度和选料、窑址等方面都有很深的讲究，有人说"钧窑万变，难在烧成，贵在窑变"，十烧九不成，所以钧窑产品才显得名贵。经过窑变出来的瓷器，宛若"峡谷飞瀑菟丝缕，夕阳紫翠总成岚，绿如春水初升日，红如朝霞欲上时"，就像一幅天然的绘画。所以，宋徽宗下旨，除了宫廷收藏外，禁止民间收藏钧窑瓷器。

在御用钧窑瓷器中主要有两种形式的铭文：一是于烧前刻在坯胎上的"奉华"、"省符"；二是清代造办处玉作匠人刻的清宫殿名，是器物陈设处所的标志，如"养心殿"、"重华宫"、"景阳宫"等。除上所述，最多见的是在花盆、奁、洗、尊等陈设器的底部，刻"一至十"之间的数字标号。大多刻于烧前的坯体上，极少的是在器成后补刻的。数字标号，是器物型号规范化和统计烧制件数的标记。

被世人所称颂的宋代五大名瓷，发展到元代，其中的汝、官、哥、定四窑已销声匿迹，唯独钧窑生命力极强，自成窑系。元代末期，钧窑的生产在北方已逐渐衰落，但由于其历史的影响，明清以来江南地区的仿钧又悄然兴起，并在仿烧中创出新的釉色品种，如江苏的宜兴、江西省的景德镇以及广东省的石湾窑等。

元朝统治时期，北方定窑、耀州窑已经走向衰弱，钧窑和磁州窑则继续发展。元代钧窑系的烧造仍在河南禹县，这时期钧瓷的影响比宋朝还大，烧钧瓷的窑口在河南广有分布，河北、陕西也有，形成了一个钧窑体系。和宋、金不同的是元钧瓷的胎子更厚，更粗糙、疏松，有砂粒及砂眼，胎子颜色深灰或土黄，胎釉结合不如宋钧紧密，釉子略粗，有大气泡和棕眼。颜色一般是月白色后蓝灰色，个别器物上有紫红色彩斑，是人工有意涂抹而不是釉中所含铜元素在高温中的自然晕散。釉厚，自然垂釉多不到底，底足无釉，露深黄色或浅褐色胎。

元钧瓷一般光素无纹，炉、罐、瓶等立器有的采用模具贴花或堆塑纹饰，纹饰模糊不清。常见有盘、碗、罐、炉、瓶、盆等。碗多敛口、收腹、小圈足，底足心有旋削残留的鸡心凸起。炉多直口或浅盘口，直颈，鼓腹，有三个小尖足或兽足。与宋代钧窑瓷器相比，元代钧窑瓷器流传后世的数量要多，但其价值与宋钧却相差很大，主要是因为元钧瓷胎质粗松、釉色僵硬、存世量多。

元代钧窑继续生产宋钧的传统品种天蓝釉、月白釉和蓝釉红斑器，以月白色釉为主，此时已不见玫瑰紫釉和海棠红釉；造型多为民间生活用具，已不见陈设用具；装饰则采用色釉、堆帖花和镂雕三种技法。

北宋时钧窑已影响河南省内一些瓷窑，金元时期影响面更为扩大，不仅今河南省内烧钧窑的瓷窑有了显著增加，而且影响及至今河北、山西两省，形成了一个钧窑系。但是钧瓷的早期历史仍然很不清楚，一些唐代遗址只是提示钧窑早期与唐代花瓷有关。钧窑形成窑系在北方诸窑中是最晚的，时间延续到元以后。

1. 河南临汝东沟窑

临汝窑窑址共发现八处，其中：宋代三处，元代五处。宋代三处窑址分布在大峪店区的有东沟及陈家庄。东沟窑所烧的青瓷既具有汝窑特征，又具有钧窑特色，可以看出两窑的影响。东沟窑的扳沿洗，具有典型宋钧窑的特征。洗底轮旋有凹入的浅圆窝，在天蓝釉地里带几块玫瑰紫色斑点。这种洗也有通体施青绿色釉的，釉色介于钧、汝之间，釉质纯粹滋润，可说烧制得恰到好处。这种洗都是里外施满釉，洗底留有支钉烧痕，也具有两窑共有的支烧特色。

2. 宜兴窑（欧窑）、景德镇窑（炉钧）、石湾窑（广钧）仿钧

江苏宜兴窑仿钧始于明代，仿钧作品有"宜钧"之称。以明代后期欧子明的作品最为成功，也称欧窑器。江西景德镇仿钧最早始于明成化时期，盛于清雍正至乾隆年间，其仿钧作品被称之为"炉钧"。广东石湾窑仿钧始于明代后期，清代仿钧成风，素有"广钧"之称。釉以蓝色为基调，错间白、红、紫诸色。有一种蓝釉，由于流淌，有"雨淋墙"之称。

六、越窑与越窑系

越窑烧制青瓷有着悠久的历史，五代时被吴越钱氏垄断专烧"秘色瓷"，臣僚及百姓都不能使用。据文献记载：自吴越钱氏入朝、纳土称臣，越州窑务已由宋朝廷接受，并设官监烧，但设官监的时间似乎并不长。当时越窑所产的实物，故宫收藏越窑器中有"端拱元年戊子岁十二月造□"十二字年款盒盖一件。盒面光素无纹饰，仅刻文字，与五代到宋初越窑精致划花盒相比质量相差悬殊。这件器物显然不是官监时期贡奉朝廷的，其官监停废的时间也就在太平兴国七年至端拱元年七八年之间。

至于越窑官监停废的原因，据现在已知的材料推测：大约此时北方诸窑中定窑、耀州窑烧瓷的工艺已有了很大的进步，定窑白瓷刻花器的雅洁素净、耀州窑青瓷刻花器比之越窑更是青出于蓝，所以宫廷用瓷已无须越窑了。而越窑自官监停废以后，熟练工匠也多有走散，产品质量大幅下降，盛名渐为其他青瓷诸窑所取代。

越窑系以浙江余姚上林湖滨湖地区的越窑为代表，已发现窑址 23 处，为宋初朝廷设官监烧，工艺精细、造型规整、釉色青绿、划花装饰纤秀。产品主供宫廷，一次可达 14 万件之多，数量可观。在官监停废后（大约在太平兴国七年至端拱元年间）越窑转向民间用瓷，产品质量明显下降。烧制越窑风格青瓷的窑业有上虞窑、鄞县窑等。

七、龙泉窑与龙泉窑系

龙泉窑在今浙江省龙泉县一带，主要集中在大窑、金村周围，是继越窑发展起来的瓷窑，创烧于北宋早期，至南宋前发展，进而形成独特风格，使青釉品种达到了很高的境界，也是南方地区产量最大的瓷窑，已发现数百处龙泉窑的民窑遗址。至南宋晚期，除龙泉当地外，浙江庆元、运和等县以及江西吉安、福建泉州等地都烧造龙泉风格的青瓷，形成龙泉窑系。

龙泉民窑烧造黑胎厚釉青瓷与白胎厚釉青瓷，往往同窑合烧。受官窑影响，工艺水平较高，胎薄釉厚、釉层如玉，釉色有粉青、梅子青、豆青、黄绿色釉、灰绿釉、菜绿色釉等。黑胎厚釉瓷器与官窑器相似，胎薄、质细、坚硬，灰黑如铁。少数胎呈黄或砖红色，胎质疏松。釉层厚、透明发亮、有开片，习称"紫口铁足"。而南宋官窑胎没有那么发亮、温润如玉，但也是"紫口铁足"。白胎厚釉青瓷也是受南宋官窑影响，胎略厚，白中带灰，圈足，底露胎处呈朱红色或浅紫色，多数青釉釉层光洁不开片，釉色有粉青、梅子青等。

南宋·龙泉窑青釉缠枝牡丹纹盖钵

南宋龙泉窑创用釉稠的石灰碱釉，代替过去使用的稀淡浅薄的重石灰釉，不仅使青瓷呈色青翠纯正，而且使其"釉汁莹润如堆脂"。采用多次施釉方法，烧造成功青翠欲滴的粉青和梅子青釉，使龙泉青瓷工艺达到了历史高峰，从而使青瓷艺术能利用釉中微小气泡所造成的折光散射，形成凝重深沉的质感，使人感觉到异常丰富的蕴蓄。

约在12世纪晚期，也就是从南宋中期开始，烧制成著名的粉青釉。稍后至元代前期，胎薄釉厚的梅子青釉烧制成功，使龙泉窑达到鼎盛，宋代的龙泉青瓷以釉色取胜。传世龙泉青瓷以南宋产品为多，釉色多为粉青釉，少数以印双鱼纹饰装饰。其上品釉色匀净、莹润如玉。

北宋时期的龙泉窑青瓷的装饰艺术特色，基本上是采用刻划技法。器物胎骨多呈灰色，釉色多为艾叶青或略微偏黄的色彩，透明度和光亮度较好，刻划的纹饰清晰明亮。这种表现方法是充分利用釉层的厚薄来呈现深浅不同的青色效果，坯体刻划纹饰的地方比坯体表面要深，施釉后凹下的部位积釉较厚而颜色深，所刻的纹样就清楚地呈现出来。另外刻划时所用刀法的变化有宽有窄、有深有浅，运刀的轻重缓急体现出刻线的节奏与韵律，从而赋予刻划纹舒展、流畅自如的艺术魅力。常见的纹饰有多莲瓣、荷叶。器型有炉、瓶、盘、渣斗及塑像等，各类造型变化有多种样式。如瓶有梅瓶、龙纹瓶、虎纹瓶、五管瓶、胆瓶、鹅胆瓶等；炉则有三足、四足及八卦炉，奁式炉等。

南宋时青瓷工艺上的主要变化是薄胎厚釉，装饰手法以印、贴、堆的方法代替刻、划方法。在胎骨上增加厚度而不损伤胚体，凸出的纹样施釉后，釉在高温烧成时产生流动，使纹样的凸起部分显得清清楚楚。广东省博物馆藏南宋龙泉窑印花莲瓣碗，碗的外壁是南宋盛行的丰腴厚肥的仰式莲瓣纹，就是采用深雕式的莲瓣纹，工整细致、立体感强；南宋龙泉窑三足炉从器物肩部到足部分别饰以一条凸起的线，烧成后隐现出白线，通常称为"出筋"，既加强了器物的形体美，又使青瓷釉色出现了浓淡的变化。

南宋造型除各类日用器皿外，文房用具中的水盂、水注、笔筒、笔架等也很常见，象棋子、鸟食罐也很有特色。此外，仿古铜器及玉器的各式鬲、觚、斛、投壶及琮式瓶等也多有生产，这与北宋后期崇古之风相关。铭文有"金玉满堂"及"河滨遗范"两种。

元代龙泉青瓷的造型比南宋形制明显增大，胎体厚重，显现出威武雄壮的风格。除一般碗盘常用瓷以外，创新产品有高足杯、菱口盘、荷叶盖罐、环耳瓶、凤尾尊等，产品质量一般来说不如南宋，胎质粗糙、釉面光亮，但也有许多精美之作。元代龙泉的装饰艺术有划、印、贴、堆、镂刻、点彩等，题材内容较为广泛，有各种花果、花卉、鱼纹、羽毛、人物以及吉祥图案等。在制作和装饰上又有很大变化，由南宋时的重釉色、重造型转为元代的重纹饰。

元代无论大小器物几乎都有花纹装饰，这是龙泉当时美化瓷器的主要手段。精品有八角双鱼碗，其在工艺制作上采用露胎氧化新工艺方法，外壁一圈八面各有一开光，开光内不施釉，胎氧化呈赭红色，各印人物、花树，印花开光不施釉露出氧化红色胎，使人物造型更加突出而不重复，产生一种特殊效果。这种氧化胎纹饰也是元代创新的一种艺术风格。碗内壁开光内印凤和孔雀纹衬以荷花纹。内底印双鱼纹，饰粉青釉，翠绿润泽、绿中透粉，十分雅观，精美至极。

元代是龙泉窑系瓷器烧造兴盛时期，因行政区划又称为"处州瓷"、"处瓷"或"青处器"。由于对外贸易的迅猛发展，生产规模比宋代扩大数倍，瓷器大量出口，深受海外各阶层人们的欢迎。其后，西方人称瓷器为"china"。

八、磁州窑及磁州窑系

磁州窑原属河南，现位于河北磁县。其始烧于宋，为宋代北方地区的民间窑场，产品专供民间，元代末年迁至今日的彭城。由于历史上的

金·磁州窑虎形枕

磁州窑以及后来彭城诸窑多生产民间日用陶瓷，故又名"杂器窑"。其产品花色品种繁多、装饰风格清新、不受任何束缚，具有浓郁的乡土气息，深受人们喜爱。其釉下彩绘等品种，被河南、山西、陕西、江西等省众多窑场竞相仿烧，一时成为北方民用瓷器的主流，形成了磁州窑系。

磁州窑瓷器品种丰富，有白、黑单色釉瓷；产品装饰以刻、划花或是铁锈花为主，黑白分明、质朴大方，一直沿袭至今。磁州窑的陶瓷枕最为有名，多雕塑成活泼可爱的儿童形象，或施以明快清晰的纹饰，具有浓厚的水墨画风格，花鸟鱼虫、山水人物、诗文书法无不挥洒自如，将制瓷技艺与绘画艺术完美结合在一起，在中国陶瓷史上独树一帜。此外尚有绿釉釉下黑彩，白釉釉上红绿彩及低温黄、绿、褐彩色釉陶器。其中釉上红绿的制作对明、清时期景德镇釉上彩发展有一定影响。

白釉黑花最有特色，颇似中国画，运用生动的笔法和色彩轮廓表现物像，简练活泼，具有粗犷洒脱的北国气韵，以民众喜闻乐见的生活景物，如花卉、禽鸟、虫鱼、动物、婴戏等做题材的白地黑花装饰，深受民众喜爱，享有盛誉并影响四方。白地画黑彩纹饰属于釉下彩，纹饰画在瓷坯上，然后罩一层透明釉烧成。纹饰因有釉层保护，可以防止磨伤，比釉上彩绘有较大的优越性，这是釉下彩装饰品种得以历代相传的一个原因。

珍珠地划花品种流行于北方河南、河北、山西三省，是模仿唐代金银器錾花工艺特征烧制的，最早出现在河南，以登丰窑产量最多，以磁州窑彩色最好，近似橘红色。

黑釉剔花流行于山西地区。所烧器皿以

北宋·磁州窑绿釉
缠枝牡丹纹瓶

中国瓷文化

瓶、罐、缸、坛为多，器身多剔刻粗线条纹饰，刚劲有力，釉乌黑光亮、胎较厚，地方特色浓厚，以浑源窑最好。

白釉红绿彩绘是北宋晚期出现的又一品种，是在已烧好的白釉盘、碗或瓷佣上施加红、绿、黄、黑等彩色，属釉上彩装饰。

元代磁州窑系以烧造白釉黑花器为主，产品也和其他窑场一样，具有硕大、浑圆厚重的特点。主要的器型有白地黑花大罐，器腹纹饰常见的有龙凤、花卉或云雁等，也有墨书诗句的。在瓷器上题诗作词和绘画，充分抒发了制瓷匠师们的

北宋·白釉褐彩缠枝牡丹纹壶

创作激情、生活感受和审美情趣，因而在内容题材方面，也就更直接、更充分地反映了当时的社会生活、经济生活、民俗民风、市井文化思想，富有浓厚的乡土气息与民间艺术色彩。

自宋至今，磁州窑的大规模生产贯穿几个世纪，直到清代康雍乾三朝，地方志记载民间仍有"南有景德，北有彭城"之誉，民国时期一度还有"千里彭城，日进斗金"的盛况。对此，有人认为：民窑是以平民百姓和商人的贸易为基础的，不依赖官方的资助和收购，所以磁州窑未受到朝代更迭的影响。也有人认为，强烈的民众性是它悠久的生命力所在。

磁州窑系以位于河北磁县境内的观台镇、鼓城镇的磁州窑为代表，

宋·当阳峪剔花罐系

是北方最大的一个民窑体系。这个窑系的窑场分布于今河南、河北、山西三省，而以河南为多、为早。它们的早期历史似乎可以追溯到唐代北方烧制白瓷的诸民窑，如河南的鹤壁窑、禹县的扒村窑、登封的曲河窑都创烧于唐。禹县扒林窑的白地黑花，以黑彩醇厚、画笔粗放简练见长；山西介休窑的白釉黑绘划花、白釉褐彩绘花，以深浅咖啡色、黑褐色、桔红色和多变化的色调为特点。洁白的化妆土底色托起桔红色的花纹，鲜明美观、独具一格，是磁州窑系中的精绝之作。

1. 修武当阳峪窑

当阳峪窑在今河南省修武县，属于磁州窑系，是北方民间瓷窑之一，烧瓷品种虽不及磁州窑丰富，但有些品种如白地釉下彩绘划花与剔花装饰，在磁州窑系中可谓名列前茅。修武当阳峪窑的代表作品是白地釉下彩绘划花，其纹饰流利洒脱、制作精美为，以强烈的黑白对比而独具一格。胎色以赭灰居多，多施用化妆土，在白土上画黑彩纹饰，再刻划轮廓及花蕊叶脉，最后再罩以透明玻璃釉，并在主题纹外剔刻方块组成的几何图案。

2. 禹县扒村窑

禹县扒村窑位于河南省禹县扒村，烧造年代由唐至元，属磁州窑系，以白釉釉下黑花瓷最具代表性。主要烧釉下彩绘瓷，胎有深灰或黄白色，白釉乳黄，纹饰笔调粗放、简练，有写意画的风格。黑彩浓而醇厚，使图案更加鲜明突出。有"白如淀粉、黑如油漆"的说法。除了白地黑彩以外，也有绿地绘黑彩器，如大海瓶"绿如翠"，很鲜艳，为其他窑所不及。

3. 登封曲河窑

登封曲河窑又称登封窑，位于河南登封县曲河村，始烧于唐末，北宋时为繁盛期。烧瓷品种丰富，以白釉为主，有白釉绿彩、白釉刻花、白釉剔花、白釉珍珠地划花、白地黑花等。最能代表本窑特征的为珍珠地划花瓷器，在灰白胎上施一层化妆土，再戳上细密的小圆圈，就成为珍珠地，然后在珍珠地上划各种图案，罩上釉入窑烧成。珍珠地划花瓷器是我国宋代有名的装饰精美的高档瓷器。造型有瓶、罐、洗、碗、枕等，如宋代登封窑的鹿纹枕。所产剔花柳斗杯也有一定特色。

宋·登封窑刻虎瓶

4. 介休窑

介休窑元代以后又受磁州窑影响，可纳入磁州瓷系，主烧釉下彩色，品种有：白釉釉下黑彩、褐彩、黑褐彩、桔红彩等，尤其以咖啡色、桔红色最为难得。还有一个特点就是介休窑的釉下彩瓷纹饰丰富，部分画面凸其，形象生动。

南宋·吉州窑海水纹炉

5. 吉州窑

吉州窑位于江西省吉安县永和镇，也称"东昌窑"、"永和窑"，为北宋沦亡后部分磁州窑工匠迁移至此继续烧造而成。其中比较突出的成就为彩瓷烧造。有些产品源自磁州窑而又有自身的独特面目。其瓷器富有浓郁的地方风格和民族艺术特色。按其釉色的不同可分为青釉瓷、乳白釉瓷、黑釉瓷、白釉彩绘瓷、绿釉瓷和瓷塑等几大类。

吉州窑釉下彩绘对景德镇青花瓷器有较大影响，元后期景德镇瓷器中的蓝地白花画法和元青花、釉里红瓷器边饰回纹的画法都借鉴于吉州窑。

吉州窑的白釉彩绘瓷又是南宋时受磁州窑的白地黑花瓷的影响，白釉彩绘瓷的胎质、釉色与同时期的乳白釉瓷十分相似。当时，磁州窑瓷器是在白色化妆土上用黑彩绘画，而吉州窑彩绘瓷是直接在白色或米黄色胎面用铁质涂料绘画，其纹饰题材有花卉、虫鱼、云涛、波浪、人物、动物、山水及回纹等，大多是表现吉祥如意的图案，生活气息浓郁。彩绘图样变化多姿、画工精巧、运笔酣畅、刚柔兼具、色泽鲜明，纹饰多取材于自然界，是我国传统艺术的杰作。开始时器型仅有盆、枕、鼎炉、盘、粉盒等，到元代则增加了罐、瓶、执壶、碗、杯、器盖、香熏盖等器类，产量有了很大增长。

南宋·吉州窑奔鹿纹盖罐

吉州窑生产的瓷塑作品造型逼真、栩栩如生，种类很多。人像类有骑驴小人、骑牛牧童、老寿星、抱小孩的妇人、顽童，神像类有观音、罗汉、弥勒等仙佛，动物类有牛、马、犬、猫、鸭、鸡等，此外还有象棋子、瓷珠等，具有很强的写实性和创意性，形象生动、神态毕现。

6. 鹤壁集窑

鹤壁集窑位于河南省鹤壁市，烧造年代由唐至元。唐代开始烧白釉、黄釉、黑釉器物。宋、金、元时期，增加了白地黑花、白釉划花、白釉印花、内白外黑釉、钧釉、红绿彩，很多产品与磁州窑相似，以白地黑花和褐黄釉划花最具代表性。黑釉凸白竖线纹罐，即是此窑所独有的。内施褐黄釉、外施黑釉的折沿大盆也很有特色。通常在器内刻划有鹅游、莲荷、兔子等纹，在纹内施一层很薄的化妆土，然后施釉，深褐色底子上衬托出褐黄色纹样，为其他瓷窑所未见。

九、景德镇窑及青白窑系

景德镇是江西的偏僻小镇，也是历史上闻名的瓷都。它在唐朝时就开始生产青瓷，一些瓷器被列入朝廷的贡品；五代时，这里的青瓷和白瓷也有相当大的影响。景德镇原先叫昌南镇，其名犹如英语 China 的发音。宋真宗景德年间（公元 1004—1008 年），皇帝对这里生产的瓷器爱不释手，就干脆把自己的年号"景德"赐予了这个小镇，从此它的声名大噪。景德镇青白瓷的出现，可以说是景德镇"弃仿创新"的结果。这里出产的青白釉瓷（影青瓷），为全国诸多青白瓷之魁。

青白瓷是宋代的一种具有独特风格的瓷器。把"假玉器"和"佳者莹缜如玉"的评语用于宋代景德镇的青白瓷是符合实际的。唐人陆羽在《茶经》一书中对越窑青瓷有过"如玉如冰"的评语。陆羽评的只是青釉温润的程度。而宋代景德镇的青白瓷不仅远远超过了越窑，使釉的质感达到了

北宋·青白瓷划花水注及温碗

如玉的要求，并且几乎达到了与玉器无别的境地。宋人诗词中也不乏赞美青白瓷的句子，词家李清照《醉花荫》词中就有"薄雾浓云愁永昼，瑞脑销金兽，佳节又重阳，玉枕纱橱，半夜凉初透……"一段话。重阳节的江南地区暑热未退，瓷枕蚊帐是去暑的良好用具。词中的玉枕可能指的就是色质如玉的青白瓷枕。这类瓷枕是景德镇湖田、湘湖等窑的产

品，在江苏南京、湖北汉阳等地宋墓都有出土。南京出土的婴戏纹枕，色质如玉，制作及纹饰俱佳，为宋代青白瓷枕的代表作品。其硬度、薄度和透明度、瓷里莫来石结晶的发达，都达到了现代硬瓷的标准，代表了宋代瓷器的烧造水平。

北宋初期，瓷器的釉色带青灰或淡黄者居多，纯青白色的很少。胎壁较厚，与五代时相似。壶的造型多为瓜棱形，与五代壶式相似。碗、盏亦保持着五代的唇口或葵口式样，但碗、盘圈足较五代的产品为高，足壁也比五代时要薄，器物的内外基本上无花纹装饰。

公元11世纪末到12世纪初，由于战事频起，北方诸名窑相继陷落。宋室南迁之后，政治、经济重心南移，制瓷技艺更向景德镇集中，在瓷业生产上集南北名窑之大成，工艺水平有突破性进展，生产规模也越来越大，从而使景德镇制瓷业进入大发展时期，成为"业陶都会"。据蒋祈所著的《陶记》称，当时的景德镇有窑300余座，形成全镇"村村陶埏，处处窑火"的盛景。

北宋末期至南宋初期，是青白瓷发展的顶峰时期。其胎质致密，造型规整精致，瓷釉洁白纯净、温润如玉、透光度好，呈现出典型的青白色。装饰以刻花为主，手法简练，线条流畅。纹饰题材有各式水波、飞凤、莲荷、游鱼等。瓷器的品种也大为增加，除壶、碗、盘、盏外，还有各式花瓶、香炉、瓷枕及各种瓷塑玩具等。瓷器的造型如各式碗碟、盏托等多仿当时盛行的金银器皿。器物成型改变了前期的湿泥拉坯方法，采用先拉出毛坯，待其干燥到一定程度再旋削成型的新方法。烧造技术也有了大幅的提高。

南宋中后期，青白瓷生产有所下降。在烧制技术上采用了北方定窑的支圈组合窑具的覆烧法，这种烧法尽管能大大提高产量，但在质量上受到极大影响，为了适应这种装烧方法，坯体要求严格规范化，所以器物的成型以模印为主。模印既有装饰效果，同时也起到成型的规范作用。即先用模印压出样坯，等样坯干燥后再削旋而成。因此，这时期的盘、碗之类的器物均为印花装饰。印花纹饰较为繁缛，显得较为呆板，不如前期的刻划花刚劲有力、生动活泼。壶、瓶的成型也多采用外模印的方法。

对宋代青白瓷的鉴定，往往多偏重于考察其烧造方法，因为不同的烧瓷方法可以反映出不同发展阶段的产品特征，不同时代的烧造方法都会在瓷器造型、胎釉以及纹饰等方面留下不同的工艺痕迹。这些工艺痕迹，就是鉴定家们所谓的时代特征。

景德镇青白釉瓷器畅销南北各地，影响着南北各省的窑业生产，江西和安徽、福建、湖北、广东、广西等省的部分瓷窑都烧制与景德镇青白瓷风格相同的器物。

1. 白舍窑

白舍窑在江西省南丰县白舍，宋元时专烧青白瓷，是景德镇以外最重要的青白瓷窑场之一。其产品质量很高，与宋代景德镇的青白瓷不相上下，成为与景德镇青白瓷争夺市场的对手。它的胎色白而且薄，细密坚致，瓷化的程度高。釉色白中泛青，釉质晶莹润泽。器型主要有碗、盘、虎、炉、盒、枕等，以碗的产量最大。壶的造型很有特色，一种是瓜棱式，一种是八方形。纹饰以刻花为多，有少量的剔花，题材以莲瓣、梅花为主。酱釉口刻花碗是白舍窑的代表作。南丰白舍窑青白瓷与景德镇窑青白瓷相似之处很多，不太容易区别。鉴别的关键之一是观察其器物底部：景德镇窑的器底部有黄褐色或黑褐色圆饼形垫饼痕，白舍窑的垫饼痕则不显得黄褐或黑褐色，痕迹色较浅。

2. 潮州窑

潮州窑在广东省潮安县，潮安宋代属潮州，故称潮州窑，又称潮安窑，始烧于唐代，终于宋。宋代以烧青白瓷为主，兼烧青瓷和黑瓷等。

宋代产品胎质细密，胎色大致可分白、灰白或深灰等种，胎质细密坚致。釉色白，施釉较薄，积釉处显水青色，精品青白瓷的白釉也泛青，一般都有细小开片。宋代器形有碗、盘、杯、壶、瓶、炉、罐、盆、灯、粉盒、砚、笔架、佛像和玩具等。碗以敞口平底造型为多见，一般施釉不到底。少量碗为圈足或四花瓣口圈足，碗内凸起四条直线。青白瓷产品以外腹浮雕莲瓣纹炉和喇叭口、长颈、细长流、瓜棱腹的壶最具特色。装饰以划花为主，其次是雕刻、镂空和褐色点彩，印花很少见。划花线条简朴流畅，内容以弦纹、卷草纹、平行斜线纹为主，其次是蓖纹、莲瓣纹和云龙纹等。佛像的头、眼、须部常点以黑褐色彩。青瓷产品中较有特色的是贴花双鱼纹盘，双鱼纹是贴附上去的，釉色较淡，胎质较松，与南宋龙泉窑青瓷贴花双鱼纹有区别。器物一般采用垫饼或垫环装烧，故底足无釉。盆类器皿中有的采用叠烧法，盆内底留有支钉痕，一般为5个支钉痕。

十、耀州窑与耀州窑系

耀州窑位于陕西省铜川黄堡镇，创于唐代，宋时属耀州，故称耀州窑。以陕西省铜川黄堡镇窑、玉华宫窑等为中心，沿漆水河号称"十里窑场"。主要产品有青瓷、白瓷、黑瓷。

北宋·耀州窑凤头壶

唐末到五代时期，耀州窑接受了南方越窑的影响，青瓷的烧造日趋稳定，质量也日臻精美。北宋末期为兴盛时期，耀州窑风格劲秀的刻花装饰在北方独具一格，因此也与定、汝官窑一样被选中烧造瓷器供应宫廷，停烧于明正德、嘉靖之间。

有研究者认为：该地唐五代产品或许与陆羽《茶经》所言"鼎州窑"有关；也有一些陶瓷研究人员称它为"临汝窑"；古董商称它为"北丽水"、"北龙泉"和"秦窑"；日本研究中国陶瓷的人称它为"汝窑"；西方国家的一些研究者笼统地称它为"北方青瓷"。

耀州窑是目前国内发掘面积最大，清理窑炉、作坊最多，出土陶瓷标本最丰富的窑址之一。宋代时，耀州窑形成了自己独特的风格，以烧青瓷为主，其次烧酱釉、黑釉、白釉。胎色灰白而薄，釉色匀净，青中泛绿，有极细密的气泡；由于胎质中含有铁份，在相应的烧成气氛下，器底呈现一种姜黄斑块，形成了耀州窑所独有的特征。其突出的成就是花纹装饰。花纹图案主要有莲花、缠枝花卉、波浪纹、鱼鸟纹等。耀州窑系最杰出的产品之一北宋耀州窑的青釉刻花牡丹纹尊，荷叶形敞口，颈部较粗，上饰刻花条状花叶纹，腹部以犀利的刀锋剔刻出变形牡丹卷草纹，在圈足部刻有桃形镂孔。

耀州窑表瓷多以刻花、印花装饰，刻花为宋瓷同类装饰之冠。刻花刀锋深，坯面上留有由浅至深的斜面纯正纹，施釉后，刀痕深陷处积厚釉；烧成后，线纹边缘呈现阴影，以托起装饰花纹，使其鲜明突出，具有刀锋犀利、线条刚劲、纹样丰富、画面充实、花纹雄丽的艺术风格。

被誉为"宋代青瓷刻花之冠"的耀瓷刻划花，其刻花工具主要是斜刃直刀或平刃直刀两种。其刻花工艺需分两步进行：第一步，先将斜刃

直刀或平刃直刀插入纹饰部位的
器坯中，垂直深入行刀，勾刻出
纹样的主轮廓线；第二步，在已
被深入刻开的主轮廓线外侧，改
用连续广削的下斜式行刀，以在
较宽的范围内除去花纹主轮廓线
外的背衬，使刻出的花纹不仅凸
出在器胎之上具有浮雕般立体感，
而且还能充分显现出刻刀在刻削

辽·耀州窑飞鱼形水盂

行刀中具有的犀利圆活之动感。花纹的大轮廓在完成了上面的两次行刀
刻成后，最后再使用一种多齿的篦形工具，在凸突的刻花主轮廓内精细
地勾划出花瓣纹理和叶脉，完成了优美生动的耀瓷刻划花纹样的制作工
艺。浮雕式的刻花主轮廓配上流畅精细的篦纹划花，使其刻划花纹样中
大轮廓的粗犷、刚劲、凸突，与小细部的精致、柔和、凹入巧妙结合。
再配以熔融后呈现出深浅不一浓淡相宜的温润晶莹之青釉，便具有了一
种多层次、多韵律和谐交织的艺术美。

　　耀州窑还新创出一种类似小勺形状的圆形圜刃刻刀，刻花的手法亦
将直刀的两步走改为一次刻成。这种圆圜刃刀的刻花工艺，犹如用小勺
挖西瓜瓤，不仅能舀出轮廓，还能掏出一道凹槽。具有一种在纹饰拐角
处不用停刀可随意变换方向、连续不断进行刻制的特点。由圆圜刃刀刻
制的耀瓷纹样，与由直刀刻制的纹样相比，显现出的刀刃动感圆活更甚
而犀利不足，同时刻纹也较浅。两者各自的刀痕工艺特征区别比较明
显。

　　耀州瓷刻划花和剔划花装饰采用的制作手法，是直接在拉坯成型后
半干的器物坯体上进行或剔、或刻、或划的纹样制作。至于印花青瓷纹
样的制作，是先拉坯成型，待可以拿起时放到印花范上印出纹样，最后
再修坯挖足定型。

　　最为常见的莲瓣纹为例，唐代的莲瓣肥硕丰满，瓣头胖圆；五代的
莲瓣胖体略长，瓣头较圆；宋代的莲瓣瓣体修长，瓣头削瘦弧尖；南宋
和金代的莲瓣更加削瘦，瓣头往往削成近似直线相交的尖角；元代的莲
瓣又转瘦为宽广，瓣头往往加有花饰等等。

　　北宋早期的莲瓣长体较圆，瓣头为圆中微尖，具有接近五代的特

北宋·耀州窑提梁倒灌壶

征；北宋中期的莲瓣修长秀丽，瓣头削圆为弧尖，是北宋鼎盛期的典型图形；北宋晚期的莲瓣修长削瘦，瓣头尖削中略有弧度，具有接近南宋的特征；南宋的莲瓣更加削瘦，瓣头往往削瘦到尖角失去弧度，成为或几乎成为直线相交的尖角。

耀州窑系是北方一个巨大的青瓷窑系。中心窑场在今陕西省铜川市黄堡镇。耀州窑系最突出的成就是图案装饰。宋元的花纹有折枝牡丹、缠枝菊花、水波三鱼、鸳鸯戏莲、双鸭戏水、水藻纹、忍冬纹、回纹、松林戏婴、龙凤花纹等。装饰手法以印花、刻花为主。刻花刚劲有力，纹样生动活泼，在古代装饰艺术中影响极大。代表性窑场有河南的宜阳窑、宝丰窑、新安城关窑、禹县均台窑和广东的西村窑。

1. 临汝窑

河南省临汝县窑场宋时烧瓷分两部分：一部分烧宫廷用瓷，就是宋代五大名窑之一的汝窑；一部分烧民间用瓷，为便于区别，今称为临汝窑，专烧制民间所用的青瓷。从采集的标本结合传世临汝窑瓷器观察，临汝窑以烧盘碗为主，但样式并不多。宋代瓷窑常见的瓶、壶、枕等器皿极少见。

临汝窑青瓷器的标本大体上分为两种：一种光素无纹饰，一种为印花。印花绝大部分为凸起的阳文，纹饰轮廓线凸起较高，叶筋以点线纹多见，在碗里多用缠枝布局，大小六朵菊花相间排列，

除菊花外还有牡丹等多种花卉纹饰，折枝花有两种：一是大花大叶，二方连续布局，以两朵饱满盛开的花朵为主题辅以大叶衬托，花叶轮廓均为阳文，花瓣及叶筋为凹入阴文。另一种花叶较小，布局是六朵花卉，碗中心为三组花枝交叉，也有印折枝叶纹的，主枝一分为二，两枝上各为三叶，左右对称。团菊文也较多，大体上分两种：一种团菊中心无花蕊，一种团菊纹中心为一圆圈，内印阳文"童"或阴文"吴"字，这表明是作坊主或工匠的标记。

具有临汝窑独特风格的为海水纹，海水布局为圆圈形式，多为八到十圈，好像在静静的湖水中投入一枚石子，激起的水波由小到大，形成多层波浪式水纹。中心为一花朵，具有落花流水的含义，也有中心饰以田螺纹的。临汝窑盘、碗胎稍厚；轮旋修坯较耀州窑草率，尤其表现在盘碗圈足部位；釉色青中闪绿较多见，与耀州窑的青中偏黄色调不同；施釉稍厚，气泡较多。

2. 广州西村窑

广州西村窑的产品无论传世品还是出土品国内都极少见，而多见于东南亚等地。其胎灰白坚致；釉色青中泛黄，比耀州窑的釉浅淡；纹饰以印花为主，题材多为缠枝菊，内心一朵团花；器物造型和种类与耀州窑十分相似，有人甚至认为西村印花用的印模有些可能是来自耀州窑。

3. 永福窑

窑址在今广西永福县，故名，创于宋代，主烧青瓷，兼烧黑釉器。胎呈灰白色，釉色有青黄、青灰、翠青、酱色等，以翠青釉最佳，在南方瓷窑中极少见，具有独特的地方特色；产品以碗、碟等日用品为多，还有腰鼓、坛、罐、壶、瓶等产品。腰鼓造型与北方瓷窑产品不同，器型较小，两头粗中间细长，一头敞口呈喇叭形，一头呈圆球形，釉下绘褐彩图案；装饰技法有印花、刻花、贴花和彩绘，以印花为主。纹饰多以花卉、海水、蜻蜓、游鱼为题材，尤以缠枝菊花、折枝牡丹纹较多见，大多采用模印，花纹清晰，在一定程度上受耀州窑的影响；装烧方法采用支钉叠烧，碗碟的器内或器底留有四至五个支钉痕，以五个为多见。

4. 新安窑

新安窑是一处制作工艺水平较高的瓷窑，以青釉印花装饰见长，缠枝菊纹最为多见。在印缠枝菊纹碗的碗心，见有刻印"吴"、"同"、"杨"、"惠"、"张"字的。其中"张"字印文的形式别致，"张"字下部以朵莲相托，上部以荷叶覆盖，颇似磁州窑"张家造"的标记。从印莲花纹与刻花卉纹碗的圈足修整工艺来看，该窑与耀州窑之间有着密切的关系。

5. 枸邑窑

枸邑窑在陕西枸邑，故名枸邑窑，其距离黄堡镇耀州窑较近，产品具耀州窑特征。出土器品中，碗里有刻花、印花纹饰，有花卉、海水、牛等题材；盘碗的里心多一圈刮釉，与耀州窑金代地层出土瓷器特征相同，应属金代产物。

6. 华亭窑

华亭窑在今甘肃华亭安口镇，故名华亭窑，明代前期产黑瓷。考古发现瓷窑遗址一处，遗留物为青黄釉盘碗标本，器里有印花、刻花装饰，器心多一圈无釉，乃适应迭烧需要而致。器物纹饰与烧制特征和陕西耀州窑相同，为耀州窑体系。与金代的瓷器特征相似。

7. 宜阳窑

宜阳窑位于河南省宜阳三里庙、锦屏山、红窑村等处，是宋金时期耀州窑系的瓷窑，以烧青瓷为主，还有白瓷、珍珠地划花、白地黑花及三彩陶器。

8. 宝丰窑

宝丰窑位于河南省宝丰清凉寺，为宋金时期瓷窑，烧造青瓷、白瓷、黑瓷、绿瓷、酱色瓷、三彩钧釉等。黑釉戳麦粒纹是其特产。这里是著名"汝器"的产地，耀州瓷系无疑对其有决定性影响。

9. 黄堡窑

黄堡窑位于陕西省铜川市黄堡镇，创烧于唐而终于元，五代以后称为"耀州窑"。黄堡窑烧瓷品种极为丰富，在唐代诸窑中首屈一指。此窑是靠近都城长安的窑场，成为全国各窑学习与模仿的榜样。在唐代以烧白釉瓷和黑釉瓷为主，兼烧黄釉瓷、青釉瓷和花瓷，还有茶叶末釉瓷和三彩陶器。1972年，黄堡镇出土了唐代一件黑釉塔式罐，罐体采用镂雕堆贴等技法，罐盖为七级宝塔形，盖顶塑一小猴，翘首观望，形态活泼可爱，罐腹下部模印堆贴叶纹一周，下承多边形底座，座上镂雕佛像人物及花卉，是唐代北方黑瓷中的精品。

十一、建阳窑及建阳窑系

建阳窑又称建窑，位于福建省建阳县永吉镇，是宋代著名窑址之一。历来被认为是宋代瓷窑，但出土文物和文献则表明建阳窑从晚唐、五代始烧青瓷，宋代以烧黑瓷为主，兼烧青白瓷。

建窑本来是江南地区的一处民间瓷窑，北宋晚期由于上层社会斗茶的特殊需要，才开始烧制专供宫廷用的黑盏。

建窑瓷的胎土含铁量高，故胎色多呈浅黑色或深褐色，文献上称之为"乌泥建"、"黑建"或"紫建",胎体较厚,胎质坚密。茶盏里外挂釉,釉层很厚,乌黑晶亮,玻璃化程度高,流淌严重,有的流过圈足,出窑后要将过长的流釉敲掉,否则圈足会高低不平。

黑釉原本不是讨人喜欢的颜色,但聪明的窑工们经过了无数次的反复实践,利用釉中所含的氧化金属的呈色原理和窑温火焰的机理,烧出了富有变化的结晶釉或窑变花釉。如玳瑁,有的在黑色釉地上呈现出条状和油滴状结晶,此外在黑釉上用刻花、划花、剔花、印花装饰技法予以美化;有的釉面呈条状结晶纹,细如兔毛,世称"兔毫盏",兔毫有黄、白两色,称金毫、银毫;也有呈油滴状结晶,因酷似某种尽善尽美的羽毛而被称为鹧鸪斑;还有极少数窑变花釉,会在不规则的油滴周围形成窑变蓝色,器底刻"进盏"、"供御"字铭,在日本被称为"天目釉",尤为珍贵。相传:当时浙江天目山一带佛寺林立,日本僧人多以至此留学为荣,回国时许多人携带寺庙中使用的建窑黑釉盏,一时间这种黑釉盏在日本成为时尚。建窑系产品除大部分为茶盏外,另有少量钵、玉壶春瓶、小罐、小壶等。

建阳窑系包括四川、山西、河北、河南、浙江等地的一些窑口,其中:四川、山西等地的瓷窑烧制兔毫盏,但数量不多;河北定窑和磁州窑、河南鹤壁集窑、山西临汾窑都烧制结晶点大小不一的油滴盏;浙江金华地区的武义窑也曾发现窑变花品种。

1. 吉州窑

吉州窑瓷器最负盛名的当数墨釉瓷,它创烧于北宋,盛行于南宋,延续至元代。采用的是当地廉价的天然黑色釉料,烧造出的器品有:素天目、木叶纹、鹧鸪斑、玳瑁斑、虎皮纹、油滴纹、兔豪纹、洒釉、剪纸贴花和剔花加彩等。器型有:罐、瓶、壶、碗、盏、碟、钵、盆、粉盒、鼎炉、漏斗等。北宋时期的碗为敞口或花口,高圈足;罐、壶多为瓜棱腹,其底足切削较粗涩,施釉不及底。南宋时期的碗盏为敛口,深腹,多芒口,底足矮且内凹,内外满釉,此时还新出现一种外黑内白釉碗。元代保持了南宋器类,并新增了镂空炉、高足杯、乳钉纹柳斗罐、香熏盖等。

从整体上看,吉州窑黑釉器的胎质较粗松,胎色呈灰白色或米黄色。早期黑釉瓷色单纯,釉中略带酱褐色,后来通过窑变而使釉色出现千变万化。史籍记载:宋人斗茶品茗专尚黑釉兔毫盏,连宋徽宗都称赞

南宋·吉州窑黑釉
剔花梅瓶

"盏色以青黑为贵，兔毫为上。"宋代大文豪苏东坡曾多次游览过吉州永和，并写下了这样的诗句："道人晓出南屏山，来试点茶三昧手。忽惊午盏兔毫斑，打出春瓮娥儿酒。"宋代诗人黄庭坚也吟咏道："石开膏溅乳，金镂鹧鸪斑。"

所谓玳瑁斑是指在黑色釉面上点染黄褐色斑块，烧成后类似海龟背壳上的颜色斑纹，呈现玳瑁黄黑相间的绚丽色彩，显得艳丽高雅。油滴纹是在乌黑发亮的釉面上显现银灰色金属光泽的小圆点，既像夜空闪烁的星辰，又似滴滴晶莹的油珠。兔毫纹是在黑釉上透出黄棕色或铁锈色的细密条状纹，恰似细长柔软的兔毛，毛上还带细点的闪光，纤细柔和、光彩耀眼。鹧鸪斑就像鹧鸪鸟颈上的斑点纹，且带有云状和块状，呈紫、蓝、粉青、黄、暗绿诸色，犹如节日夜空的礼花五彩缤纷。

器物装饰有剪纸贴花、木叶贴花和剔花加彩三种，其中：剪纸贴花是将剪纸艺术与制瓷工艺相结合，先在器物上施一道黑釉，然后将剪纸纹样贴印其上，再加施一层釉，在高温下产生窑变色地，与黑釉色形成深浅相映、动静相辅的鲜明对比效果。其纹样有梅、兰、牡丹、双蝶、海棠、鸾凤、鸳鸯、龙凤以及"金玉满堂"、"长命富贵"、"福寿康宁"之类吉祥文字组成的图案，自然朴实，清新活泼。木叶贴花是以天然树叶为标本，经过腐蚀处理后贴在坯体上，然后入窑焙烧，烧造成功后树叶的叶面及叶脉便清晰地留在器身上，有半叶一叶的，也有二叶三叶相重叠的，纹样有的安排在器壁或器口，也有的安排在器底。通过匠人的艺术创造，乌黑油亮的釉面上浮现一片纹理清晰的树叶，颇能产生自然天趣和诗意盎然的艺术效果。剔花加彩是在黑釉层面上剔出装饰纹样，再以笔勾绘纹样的精细部分，然后再上釉经过焙烧而成。如剔花折枝梅瓶，通体施晶亮黑釉，在瓶身一侧的肩

南宋·吉州窑凤纹碗

腹部剔刻出一枝梅花，褐色花蕊点缀其间，黑白分明、线条流畅，梅花绽苞吐艳，似飘送阵阵芳香。风格独特的剪纸贴花、木叶贴花和剔花加彩在制瓷装饰上的灵活运用，体现了吉州窑匠师的聪明才智和创造才能；窑变釉瓷绚丽多彩、异彩纷呈的釉面装饰，则充分反映出人们对大自然美景的向往。

2. 广元窑

广元窑位于四川省广元市，宋代以烧黑瓷为主。胎色为灰、褐，并有砖红、黑褐等色；胎质较粗，但坚密，瓷化程度较高；釉色黑中微泛灰褐，不太光亮；器型有碗、盘、瓶、罐、壶、炉、盏、盏托，及小型动物瓷塑等。黑釉小瓷塑继承唐邛窑风格，造型生动，活泼可爱。纹饰常见有兔毫、油滴、玳瑁斑等，还有划花、刻花、印花，内容多为花草、水波纹等。

宋·广元窑兔毫盏

3. 涂山窑

涂山窑位于四川省重庆市南岸区涂山，被称为"重庆的建窑遗址"。它的胎以黄白为主，有少量灰白胎，较厚。釉色黑中带褐，较为光润，釉层薄，是与建窑相区分的一点。虽然黑瓷的釉色深沉，却挡不住勤劳智慧的制瓷工匠们创造力的展现，他们运用多种手法，制造出丰富的纹饰品种，如兔毫、油滴、鹧鸪斑、菊花瓣、虹彩、曜变等，菊花瓣是该窑的独特纹样。曜变黑釉是黑瓷中极其珍贵的品种。器型主要分为食用器、容器、陈设器、玩具等四类，有碗、盘、碟、壶、罐、盏、瓶、炉、灯、玩具等。

十二、宋元其他名窑

1. 辽阳窑

在今辽宁辽阳东 30 公里江官屯，故名辽阳窑。产品以白釉粗瓷为主，也有少量白地黑花、黑瓷及三彩陶器白瓷及白地黑花。胎体较粗，均挂化妆土。白瓷烧杯、碗、盘、瓶、罐等器，黑釉则烧大器。此外，还烧黑釉、白釉、小俑、狗、马、骆驼等小玩具。

2. 林东窑

在今辽宁昭乌达盟巴林左旗林东镇，故名林东窑，共发现上京窑、南山窑及白音格勒窑窑址三处。上京窑为辽代官窑，烧白瓷、黑瓷及绿釉陶器，白瓷产品有长颈瓶、海棠式长盘、方盘及长柄壶等。辽上京故城内出土的白瓷"官"字款穿带壶，系上京窑产品。

3. 赤峰窑

赤峰窑又称缸瓦窑，在今辽宁昭乌达盟赤峰西南 60 公里的缸瓦窑屯，故名赤峰窑。烧造时间在辽太宗或辽世宗时期。窑场面积大，烧造时间长。辽应历九年（959 年）附马墓出土的白瓷带"官"字铭文盘碗，就地理方位及胎釉特征看，证明为辽代官窑。赤峰窑以烧白瓷为主，其他的种类有白地黑花、茶叶末釉、黄釉、三彩陶器等。茶叶末釉瓷器多含黑色杂质，不施化妆土，釉色灰绿，混浊而不透明。该窑的器皿有杯、碗、盘、碟、壶和罐。黄釉有鸡冠壶和凤首瓶。

4. 兰州窑

兰州窑在今甘肃兰州，故名兰州窑。最早见于《元一统志》兰州土产条："有窑一所，距州四十五里。"清康熙《兰州志》山川条："煤炭山洞在州南四十里，其洞数十，皆产煤，州民赖之。阿干峪在州南四十里，其土宜陶，经火不裂，故多窑冶，水岔在州东南六十里，亦有窑冶。"经调查，在阿干峪发现元代黑瓷窑址一处，以黑釉碗为主，《兰州志》所记初步得到证实。

5. 密县窑

密县窑是唐代至金代的瓷窑，窑址在河南省密县西关、窑沟等处。西关窑创烧于唐，终于宋金，烧白釉、黄釉、青釉、黑釉及珍珠地划花品种。窑沟烧瓷的时间在宋、金时期，以烧白釉器为主，白地黑花瓷也有很多。

6. 郏县窑

郏县窑位于河南省郏县，已发现黄道、黑虎洞、石湾河三处遗址。除石湾河只发现元代的标本外，其余两处均发现唐至元的标本。唐代品种除黄釉器外，还有黑釉斑点花瓷和白釉绿彩器。

7. 当阳峪窑

当阳峪窑位于河南省修武县当阳峪，是宋代北方民间瓷窑之一，属

177

磁州窑系。以剔花装饰最负盛名。白地釉下彩绘划花器是当阳峪窑的代表作品。酱地划花也是当阳峪窑的独特品种。另有绞胎品种，采用白褐两种色料绞在一起，以白口钵为多。

8. 鲁山窑

鲁山窑窑址位于鲁山城 10 公里的水梁洼镇段店村。该窑窑址范围非常广泛，遗物品种十分丰富，主要集中在村西边和水边。唐代烧制瓷、燕瓷，宋金时期主要烧制白瓷、黑瓷等。

9. 玉溪窑

玉溪窑位于云南省玉溪市，创烧于宋元，止于明。产品主要以青瓷和青花瓷器为主。元末明初时开始仿景德镇制瓷形式生产瓷器，胎质较松，与景德镇所产瓷器几乎相当，纹饰粗扩简单，常以鱼藻、折枝花及四佛杵等居多。

10. 藤县窑

藤县窑窑址位于今广西藤县，瓷器烧制时间始于晚唐止于宋，晚唐五代主要烧制青瓷及酱褐釉瓷，宋代以烧制青白瓷为主。

11. 湖田窑

湖田窑是我国古代的一处著名窑场，兴烧于五代，至明代隆庆、万历之际才结束，延续烧了 600 余年。五代时产品主要有灰胎青白瓷和白瓷；入宋以后，全是青白瓷；南宋后期，釉色有白、青两种；元后期主要产卵白釉制品，即所谓"枢府瓷"，还出现青花、釉里红等新品种；明代只有青花和纯白两种。湖田窑的产品，以宋代的青白瓷、元代的卵白釉和青花最有成就。

12. 胜梅亭窑

胜梅亭窑是景德镇的一处五代窑，也是目前所发现的南方地区烧造白瓷最早的窑址之一。胜梅亭窑烧造青瓷和白瓷，对于景德镇地区宋代青白瓷的制作，以及元、明、清时期瓷业的发展，有极为重要的作用。入宋后，改烧青白瓷。

13. 柳家湾窑

柳家湾窑位于景德镇寿安。是青白瓷窑场，烧瓷年代为北宋中晚期。产品以盏、杯、碗为大宗。装饰技法主要是划花，纹饰集中在器心或分布在内壁。早期的碗、盏往往是六弧或八弧瓜楞状，葵口也是一种装饰工艺。

14. 城关窑

城关窑位于河南省新安县，在北宋中晚期至金代烧造青瓷。城关窑产品制作工艺水平较高。装饰手法以印花为主。有的产品似磁州窑。

15. 钧台窑

钧台窑位于河南省禹县，在北宋、金、元时产钧窑瓷，也烧耀州窑系的青瓷。青瓷装饰以印花为主。在主要器型碗的造型上，身体较矮，圈足不明显，为耀州窑系其他诸窑中不见。

16. 西夏灵武窑

灵武窑烧瓷始于西夏中期，主烧白釉、黑釉、青釉、褐釉、茶叶末釉和少量的紫釉。胎质多呈浅黄色，较粗松，大多施化妆土来遮盖胎质的缺欠，便于釉饰和做剔刻、点彩装饰。釉色有数种，但白釉器较多，呈牙黄色。另有黑釉、褐釉。纹饰以折枝牡丹、波浪卷叶纹及鹿衔花、奔花等为多。器型十分丰富，有生活器皿、文房用具、娱乐用品、瓷雕、建筑材料等。生活用器主要以碗、盘、盆、钵、釜、盒、壶、瓶、罐、灯等为多，灵武窑出土的白釉剔花大罐、黑釉剔刻花瓶，黑釉剔刻花双耳扁壶是该窑产品的典型器，尤其以扁壶最具民族特色。装饰技法以刻花、剔刻花为典型，又分为刻、剔刻釉和刻、剔化妆土四种，形成釉色与胎色、化妆土与胎色的鲜明对比，极富有装饰性。装饰品种中的黑釉、褐釉、茶叶末釉和白釉上的剔刻花装饰，不仅为产品之大宗，且以娴熟的雕刻技法，表现深、浅色调对比鲜明的纹样和粗深挺健的线纹，赋予西夏瓷质朴、粗犷、毫放的艺术特色。形象表明西夏制瓷技艺源于中原，颇受磁州窑、定窑以及耀州窑的影响。

17. 回民巷窑

窑址位于宁夏灵武县回民巷，与灵武窑相邻，生产白瓷、黑瓷、青瓷、褐瓷以及姜黄釉瓷。胎质坚硬细密，含有少量砂粒，呈浅黄色或浅灰色。釉层均薄，釉色为白釉泛黄，黑釉漆黑发亮。施釉特征是：器里满釉，器外半釉或仅口沿一周有釉。器型有碗、盘、盆、钵、釜、瓶、灯、壶等，也有少量瓷瓦等建筑材料。装饰的手法主要有刻花、印花、彩绘等。碗、盘内底多有涩圈。

18. 古城窑

窑址位于甘肃省武威市古城乡，1992年初发现，出土了一批西夏瓷器、窑具等。品种有白釉黑花、褐花及黑釉、褐釉器。以壶、罐、瓮、碗、碟为多。窑址规模巨大，工艺技术及器型、装饰风格与灵武窑相类似。

19. 磁村窑

磁村窑位于山东省淄博市淄川区南 10 公里的磁州，属于淄博窑。此窑在北宋有较大的发展，产品以金代黑釉白线纹器（俗称"粉杠"）和宋加彩为最有代表性。黑釉白线器是在器腹的黑色釉面上以白线纹进行装饰，线条均匀，色白而粗，器内满釉。河南的汤阴窑、密县窑、登封窑等也有黑釉白线纹装饰器，但白线线条较为纤细，白釉成黄白色。加彩瓷是在白瓷上施红绿色等彩，再入窑低温烧成。这是一种来自于北宋磁州窑的釉上红绿彩瓷的工艺。

20. 萧窑

萧窑在安徽省萧县白土镇，创烧于唐代，金代成为徐淮地区的一个重要窑场，以产白瓷为主，也烧白釉黑花、黄釉等瓷器。它的胎有焦黄而较粗重与灰白而细轻两种。白釉的积釉处呈牙黄色，现乳白色亮光；釉薄的地方是灰暗的，没有光泽。器型主要有碗、枕、双耳罐、瓷塑小动物等。碗底足宽而矮，多采用托珠支烧。

21. 辽代的瓷窑

辽代的瓷窑已知者共 7 处，其分布情况是：上京地区有林东上京窑、林东南山窑、林东白音格勒窑；中京地区有赤峰缸瓦窑；东京地区有辽阳江官屯窑；南京地区有北京龙泉务窑；西京地区大同市西郊青瓷窑村也发现了窑址，所烧器物为黑釉鸡腿坛等。

辽代制瓷业是辽代手工业的重要组成部分。其工匠多为被掳掠的北方名窑窑工，故工艺上明显受唐三彩、定窑和磁州窑装饰风格的影响，但其造型纹饰又深受北方游牧民族的种族、环境、时代等诸因素的制约，因而形成了独具特色的辽瓷艺术风格。其中林东上京窑，窑址位于今内蒙古昭乌达盟巴林左旗东镇的辽上京临潢府故城的皇城内，窑场规模不大。始烧于辽道宗大康年间（1075—1084 年），烧造时间不长，但产品质量极佳，技术上受定窑影响较深。

辽上京故城曾出土白瓷"官"字款穿带壶，是此窑的产品，可以断定该窑在辽代晚期为皇宫烧贡瓷。赤峰缸瓦窑，窑址位于内蒙古自治区赤峰市西南 60 公里处的缸瓦窑屯，窑场极大，占地面积约为 1 万平方公里，所烧瓷器品种丰富，以白瓷为主兼烧各种单色釉瓷器及三彩和各种单色釉陶器。其中辽三彩成就最为突出，构成了与唐三彩分庭抗争的独特风格。据宋元时人记载：缸瓦窑乃是辽代官窑，在窑址中曾发现有刻"官"字款的窑具，可以证明此窑确实为皇宫烧贡瓷。北京龙泉务窑，窑址在今北京西郊门头沟的龙泉务村，所烧瓷器以白瓷为主，兼烧少量黑釉、酱釉产品。青瓷产品分粗、细两种。精者胎质坚硬莹白，釉色白中泛青，粗者釉色白而不润。黑釉瓷器胎质与白瓷同。其总体风格也与定窑接近，白瓷精者更可与定窑产品媲美。

第五章

明清的窑口

明清时期的制瓷业是中国瓷器发展史上的一个顶峰，官窑和民窑的数百个烟囱昼夜红焰蔽空、烟火相望，"万杵之声殷地，火光炸天，夜令人不能寝"，可谓盛况空前。而且，各类陶瓷艺术品璀璨生辉。以青花瓷为代表的彩瓷：五彩、斗彩、素三彩、釉下三彩、珐琅彩、粉彩等集陶瓷艺术之大成，进入炉火纯青的境界，极富艺术魅力。单色釉品种也不断创新，其中有：霁蓝釉、祭红釉、郎窑红釉、豇豆红釉、黄釉、孔雀绿釉等等。

一、景德镇窑

明代是景德镇瓷业飞速发展的时期。这时，其已成为全国制瓷行业的中心，不论数量、质量和花色品种等都成为当时中国瓷器的翘楚，有"天下窑器所聚"（《二酉委谭》）之称。

景德镇窑之所以能发展成全国的制瓷中心，是因为其具有得天独厚的自然条件：一是位于江西省东北部，地处群山环抱之中，昌江傍镇而过，自古就有"昌江通衢"的便捷条件。大批瓷器可顺流而下至鄱阳湖，转由当时重要的通商口岸如九江、南京、扬州等地，"行于九域，施及外洋"。二是浮梁县境内的麻仓山以及附近星子、乐平、婺源、余江和波阳等县尽是山陵地带，蕴藏着大量的高岭土、瓷石、釉果和耐火土一类矿物。这些制瓷原料杂质少、蕴藏量极丰，适宜于制造高级瓷器。三是景德镇及其四乡山区，盛产松木和其他杂木。松木火焰长，烧瓷最为合适，为烧窑提供丰富的燃料。四是瓷窑设于昌江及其支流沿岸，河水可供淘洗瓷土；设置水碓，可利用水力粉碎瓷土。

在景德镇制瓷史上一件不容忽略的大事是明代御器厂的建立。为了满足皇帝的宫廷用瓷，明洪武年间，开国皇帝朱元璋在宋、元两朝景德镇监造选购皇家用瓷的基础上，专门在景德镇设置御器厂，派遣督陶官，为皇帝烧制各种宫廷、外交、礼品用瓷。御器厂凭借帝王之威势，汇集大批精通瓷业生产、擅长制瓷技艺之工匠，投入大量资金，占用最好原料，对产品精益求精，制造出许多瓷器精品。这些瓷器不仅品种兼备，风格齐全，而且质量上乘，其中有不少成为传世珍品。

这个建立于公元十四世纪中叶的御器厂，初建时有窑 20 座，以后增至 58 座，最多时达 80 座，制瓷人员达 10 万人之多。厂内分工计有大碗作、盘作、画作等 23 座，采取协作形式进行生产。生产过程有：舂土、澄泥、造坯、汶水、过利、打圈、字画、喷水、过锈、装匣、满窑、烘烧等各道工序，《天工开物》说其"过手七十二，方克成器"。也就是说，要经过七十二道工序，才能制成一件瓷器。大多数工序都有人专司其职，技术上精益求精。御厂的烧造任务，每年一般有固定数量，由工部核发，称"部限"，宫廷临时需要，加派的烧造数，称"钦限"。御器厂设置在景德镇珠山，历经明、清 27 个皇帝，共 500 余年，对景德镇瓷器生产的发展和质量的提高起有巨大的作用。

明末，由于的战乱，清朝初期景德镇瓷业生产曾一度受到影响，处于停滞状态。可是到了康熙 19 年（公元 1680 年）以后，不仅恢复过来，而且在明代的基础上飞快发展，形成了康熙、雍正、乾隆三朝瓷业生产的鼎盛时期，跃上了历史的巅峰。瓷器"品质之精，造型之多，彩釉之丰富，无不登峰造极"。产品畅销国内外。清初的沈怀清说："昌南镇陶器行于九域，施及外洋，事陶之人动以数万计。"当时有一个叫"殷弘诸"的法国传教士，在康熙 51 年（公元 1712 年）9 月 1 日于饶州发出的一封信中说："昔日景德镇只有三百座窑，而现在窑数已达到三千座。……到了夜晚，它好像是被火焰包着的一座巨城，也像一座有许多烟囱的大火炉。"

清代的景德镇瓷器，不仅明代的工艺和品种应有尽有，而且还有许多发明创造。青花瓷的色彩呈宝石蓝，比明代的更鲜艳纯净，别具风格；釉上五彩因发明釉上蓝彩和墨彩，比明代的更丰富多彩、纹样清新、着色鲜明；斗彩的品种也比明代的多。雍正时期的青釉烧制达到历史最成熟阶段。更为可贵的是创制成功了很多名贵的新品种。如在康熙五彩的基础上创制了以"玻璃白"为填料、画面色彩柔和、富有立体感的粉彩；引进国外彩料，专做宫廷御器的洋彩；直接用黄金装饰瓷器的金彩；在单色釉中添加其他不同成分，使之在高温烧炼中流淌变幻，形成流光溢彩、色彩奇幻、斑烂绚丽的"窑"花釉等等。其他如釉下三彩、墨彩、乌金釉、天蓝釉、珊瑚红、松绿釉、胭脂红等等也都应运而生。此外，康熙期间，还恢复生产了明代中期以来几乎失传的铜红釉，其中尤以郎窑红、豇豆红最为著名。

景德镇瓷器造型优美，品种繁多，装饰独特。青花、玲珑、粉彩、颜色釉合称景德镇四大传统名瓷，瓷质"白如玉、明如镜、薄如纸、声如磬"。其中：

青花瓷创烧于元代，是以色料在坯胎上描绘纹样，施釉后经高温烧成，釉色晶莹、透彻、素净、雅致。青料溶于胎釉之间，发色青翠，虽色相单一，但感觉丰富。青花瓷经久耐用，瓷不碎，色不褪。

玲珑瓷是在明宣德年间镂空工艺的基础上创造和发展起来的，已有500多年的历史。在细薄的坯胎上，雕成米粒状的通花洞，然后施釉多次，填平通花洞，再入窑烧制而成。在清代，瓷工把青花和玲珑巧妙地结合在一起，形成了人人喜爱的青花玲珑瓷。碧绿透明的玲珑和色呈翠兰的青花互为衬托、相映生辉，给人以一种特殊的美感。

粉彩也称软彩，是瓷器的釉上装饰，自清康熙晚期开始，到雍正、乾隆年代，益臻完善。

瓷雕制作可以追溯到1400多年前，瓷雕工艺精湛，远在隋代就有"狮"、"象"等上乘之作。工艺种类有：园雕、捏雕、镂雕、浮雕等；造型千姿百态、栩栩如生；装饰丰富，有高温色釉、釉下五彩、青花斗彩、新花粉彩等；艺术表现力强，有的庄重浑厚，有的典雅清新，有的富丽堂皇、鲜艳夺目。

此外，还有仿历代名窑（汝、官、哥、钧）转心瓶、转颈瓶、玲珑瓷等，以及仿螃蟹、果品、禽鸟等像生瓷与仿木、竹、牙雕、玉石、金属等工艺品瓷的器品，工艺都有其独到之处。

二、龙泉窑

明代龙泉窑虽逐渐衰落，但早中期的制品仍十分精美，大体上和元代一致，其风格和宋代的纤巧秀丽不同，而代之以硕大厚重。产品多大型瓶、盘，日用的小件器物较少。釉色已失去南宋梅子青釉、粉青釉那种柔和、含蓄的艺术效果。但青瓷釉层薄而透明，光泽度较强。

从传世品来看，明的龙泉窑制品有精粗之分。精者胎色白中微闪灰、胎质细腻厚重、制作精湛、造型精美，施满釉，圈足底部留有刮圈垫烧痕；釉面光泽度很强，滋润匀净，釉色绿中微泛黄。器表多有刻划花装饰，图案构图疏密得体，刻花精细。粗品胎质淘洗不精，质地较粗，制作也不精细，胎体特别厚重，尤其是底部；所见多为碗、盘类制品，釉色多绿中闪黄；器皿仍采用满釉刮釉垫烧，但工艺较粗，常见的有直口深腹碗等；装饰以印花和刻划花为主，图案纹样有器外壁的瘦长菊瓣纹、内里的花卉纹，以及颇有特色的印花历史故事、二十四孝人物等。其中人物图多印在器内壁，人像旁根据人物的具体形象分别书"孔子泣颜回"、"韩信武之才"等，由于制作较粗，印花纹样常有模糊不清的感觉。

明代龙泉青瓷不以釉色取胜，而以印花、堆帖、刻划花为主。其利用釉的透明性能，采用刻、划、堆贴装饰，使作品另具一种工艺美。但总的来说，明代龙泉窑系的大多产品成型草率、器型笨拙，因而到清初以后就停止了生产。

明代陆蓉《菽园杂记》一书对龙泉窑记录的比较细致，是研究龙泉窑不可忽视的重要参考书，书中提到"青瓷初出于刘田，去县六十里，次则有金村窑，与刘田相去五里余，外则白雁、梧桐、安仁、安福、绿绕等处皆有之，然泥料精细，模范端巧，俱不如刘田。泥则取于窑之近地，其他处皆不及，釉则取诸山中，蓄木叶烧炼成灰，并白石末澄取细者合而为釉。大率取泥贵细，合釉贵精。匠作先以钧运成器，或模范成形，候泥干则蘸釉涂饰。用泥筒盛之。置诸窑内，端正排定，以紫筱日夜烧变，候火色红焰无烟，即以泥封闭火门，火气绝而后启。凡绿豆色莹净无暇者为上，生菜色者次之。然上等价高，皆转货他处，县官未尝见也"。这段记载从龙泉窑的分布、原料出处、制作工艺、装窑方法直到烧窑，描绘得极为细致。

《中国古陶瓷鉴赏》一书中也说："明代的龙泉窑青瓷与宋元时期相比，已大为逊色，呈衰退之势，窑数减少，规模缩小。明代龙泉窑青瓷的特点是胎厚重，胎色白中发灰，釉层透明度较高，成型草率，质量粗糙。"

明代龙泉窑青瓷的装饰方法基本承袭了元代的刻、印方法，但是在纹样的结构、形象以及刀法上比元代大为逊色，釉色也灰暗了许多，工整规矩的纹饰大都显得呆板，刻花常常按照花纹外形运刀，至于运刀的轻重、起落、宽窄、粗细都不甚讲究，缺乏那种节奏和韵律的感染力。图案有山水人物、历史故事、二十四孝等故事画面。此外还有碗底印鹿，上方有福寿等字，像"金玉满堂、福如东海、长命富贵"等吉祥语款则常见。

三、德化窑

德化窑位于福建省德化县，其始于宋代，明代得到很大发展，以烧造白瓷著称。其"象牙白"可与明永乐时景德镇创烧的甜白瓷相媲美。景德镇的甜白瓷中微微泛青，德化窑则是一种纯白釉器，胎质致密，釉面纯净晶莹、光泽如绢，釉色凝脂、通体透明，在光照下隐现出肉红或乳白的色调，又称"鹅绒白"，外国更赞为"中国白"。它釉色纯洁莹白，胎与釉浑然一体，结合的非常紧密，釉层和胎质几乎分不清。其优秀作品不以纹饰为主，而刻意追求材料的质地美。

清代德化窑的白瓷与明代相比，有一个很明显的差别：即清代的釉色缺乏明代产品那种温润如玉的质感，釉层色泽泛青，很可能是胎釉中氧化铁的含量增加或还原气氛掌握不当所致。

德化窑烧造的瓷塑作品最为精巧，明代已形成了自己的技法和风格。当时，佛教在中国流行，神仙佛像等瓷塑在全国非常盛兴。民间瓷塑艺术家何朝宗所创作的瓷塑观音有72种造型，大、小规格200多种，其中以十八手观音、立莲观音、坐岩观音、披坐观音

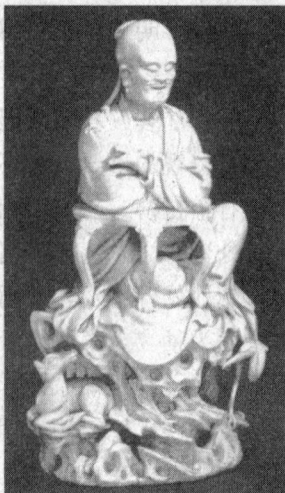

明·德化窑鹤鹿老人家

最为著名。器物造型优美、神韵动人、线条柔和、衣纹深秀。坐者庄严肃穆，衣角柔和飘垂；立者衣巾临风飘指，俨然驾云渡海，堪称一绝，被日本和欧洲国家誉为"东方艺术"。所塑如来、弥勒、菩提、达摩、罗汉等也仪态生动、神彩奕奕。另外，德化窑烧造的案头小雕塑也为明代晚期的瓷坛树立了一面新的旗帜。

除雕塑工艺品外，德化窑还生产一些仿古的尊、鼎、炉和一些日用器皿。这些器物的装饰通常以刻、划、印并重，因器而异。龙纹是这一时期的一大特色。龙的形象常常被运用于器物的装饰或造型当中，诸如龙凤、云龙、龙鹤、双龙戏水等纹饰及龙凤花瓶、龙瓶、蟠龙烛台、双龙灯具、龙嘴壶、龙虎爵形杯等造型器物。而五爪龙是统治者的专利，民窑彩绘中的龙只是四爪或三爪的，不能超越五爪的等级制度，但画风粗犷，比官窑的瓷器更显得生气蓬勃。康雍时代的龙形体大、身披鳞甲、气势磅礴，用顿捺皴点笔法渲染龙游浮云、翻腾转侧、一身三现的形象。乾隆时代摹古之风盛行，仿前朝景德镇成化、弘治情调，出现特殊的双龙纹：腰身细长、后半尾部为花叶状或凤尾形，轻盈绮丽，俗称香龙。这时期的莲塘游龙也灵活敏捷，一龙或双龙游戏于池塘中，曲折的水波丝丝缕缕，繁密布置，有的则以青地白花的形式构图，显示出池水中的游龙动态。雍正至道光时期，德化窑流行火珠云龙，往往从器里延伸到器外，被称为过墙龙，整个画面富有跳跃式的动感。另外，龙在德化窑釉下青花、五彩、粉彩等装饰中也是数不胜数。

进入 20 世纪 50 年代以后，德化白瓷恢复烧造传统产品 390 多种，现代题材产品日益增多。

第三篇 常识篇

第一章

瓷器的分类

第一节 瓷器的分类

由于历代制造的瓷器品种繁多，其分类和命名也众说纷纭、莫衷一是。但最基本的分类和命名方法主要有这四种：

一、烧制时间

按照烧制时间分类是最常用的一种分类和命名方法，一般包含两个方面：一是划出"朝"，如唐瓷、宋瓷、明瓷、清瓷等；二是划出"年代"，一般用于明、清瓷器，如明洪武窑、明宣德窑等。

二、烧制地点

指总的烧制区域。如"越窑"泛指浙江余姚、上虞、绍兴地区的窑址；"耀州窑"泛指陕西铜川市的黄堡镇、陈炉镇、立地坡、上店及玉华宫等窑址。

三、烧制特征

胎质、釉色、装饰、形制和铭文是构成瓷器的五大要素。其中，釉色又是区别瓷器类别的一个重要标准。瓷器按照施釉法分为单色釉

191

和彩釉瓷两大类，彩釉瓷中又以青花为大宗。我国陶瓷在发展中经历了单色釉到多色釉（彩釉）的过程。单色釉包括青釉、白釉、红釉、蓝釉、黄釉、绿釉、黑釉等，而青釉又可分为粉青、天青、豆青等，白釉分甜白、青白，红釉有霁红、牛血红、豇豆红等。多色釉包括两种：一种用釉色与形状不一的色块构成釉面，如钧釉等；另一种用釉彩勾勒图案，如青花、粉彩等，习惯上又称为"彩瓷"。彩瓷具体又可分为釉上彩、釉下彩和双层夹彩三种。

四、烧制窑别

官窑和民窑的划分是我国封建等级制度最生动的反映。官窑器泛指官办窑厂专为皇室烧制的产品，始于唐五代，明清时盛况空前。民窑器则是民间窑厂烧制的各种产品。官窑器工艺精美、端庄华贵，民窑器则显得洒脱、生动。

总之，对我国古瓷的命名，最好应将时间、地点、窑别和器物特征这四者有机结合起来，这样才显得科学、全面、正确。

第二节　色釉瓷的分类

古陶瓷的色釉繁多，仅青釉瓷就有豆青、粉青、天青、梅子青等多达20多种。关于古代瓷器釉色的分类，清代瓷史专著《南窑笔记》中的观点认为可分为两大类：凡在窑内烧成的称为高温釉，在彩炉内烧成的称为低温色釉。近代有人认为：如按照温度划分，颜色釉应该分为高温釉（1250℃以上）、中温釉（1100℃—1250℃）、低温色釉（1100℃以下）。另一种观点认为：颜色釉可分为纯色釉、结晶釉、花色釉、纹片釉。然而按照颜色划分，难以反映我国古陶瓷全貌。高、中、低温色釉概念属现代陶瓷范畴，有些方面不一定适用于古陶瓷。相对而言，清人的划分方法是比较科学的。

一般来说，我们将颜色釉分为如下几个大类，如青釉、酱釉、黑釉、白釉、黄釉、绿釉、青白釉等等，每种颜色还可以再细分。要注意的是颜色釉的划分忽视了肉眼对釉面颜色的判断，比如宋代福建窑的一些青白釉，直观看上去是白色的，但由于其所含各种微量元素的比例，决定了它仍是属于青白釉。窑变釉和结晶釉色应纳入色釉瓷的范围之内。

第三节　彩瓷的分类

彩瓷从底釉和纹饰的上下层关系可分成三大类：釉下彩瓷，如青花、釉里红等；釉上彩瓷，如釉上红绿彩、红彩、绿彩、褐彩、珐琅彩、粉彩等；釉下彩和釉上彩相结合的釉上釉下双层彩，如青花加彩、成化斗彩、万历五彩等。底釉有无色透明和带有一定色泽的两种，不同色泽的底釉和三种彩瓷的装饰方法结合起来，便变化出来数以百计的彩瓷品种。

从美术、彩料和工艺的角度加以分析，再结合粉彩的制作特点，人们又把中国明、清两代的釉上彩瓷划分为青花类、釉里红类、三彩、五彩、珐琅彩、粉彩等，形成了比较科学的分类与定名，其中青花在彩瓷中占有重要地位。按地釉青花瓷可分为白地青花和色地青花两大类。白地青花的地釉是无色透明的，这样便显出了胎的白色。青花瓷的地色实际上并不全白，而是呈现出不同的青色。釉层中含有大小不等的气泡，使釉层不完全透明而带玉的质感。色地青花地釉和带有某种色泽的青花称为色底青花，有两种：低温色底青花，是在烧成的普通白底青花上，用色釉涂地，然后经低温复烧。因此低温色地青花又称青花填色。这种青花明代宣德始见，如黄釉青花、绿釉青花等。高温色底青花是在胎上以钴蓝加以绘纹饰后，罩半透明的色釉，经高温一次烧成。如明末出现的哥釉青花、清初的冬青釉青花等。

第四节　特征的分类

一、原始瓷器

原始瓷器是一种胎色灰白、胎质坚硬、器表施薄层釉的、处于低级阶段的青釉器，与陶器相比有着本质的差别，具有其所没有的优越性。它虽属于瓷器范畴，但又于瓷器所必备的物理化学性能存在明显的差异，是由陶器到瓷器过渡阶段的产物，故被称为"原始瓷器"。

二、原始青瓷

大约在商代中期（约前16世纪），我国制陶工艺出现了质的飞跃，由高岭土制胎，表面施石灰釉，产生了我国最早的青釉瓷器，即"原始青釉瓷器"，堪称颜色釉的鼻祖。商代至战国是陶器过渡到瓷器的渐进阶段，也是原始青瓷的产生与发展阶段。因工艺不稳定，铁含量和烧成气氛不能控制自如，釉色也掌握不好，所以具有一定的原始性。

三、青瓷

青瓷釉面基本呈青绿色，是中国古代最主要的瓷器品种之一，于东汉时期进入早期发展阶段。青瓷是在坯体上施含有铁成份的釉，在还原气氛中烧成。由于铁的呈色作用，可呈现青色。如还原气氛掌握不好，则呈偏黄褐色泽。

四、缥瓷

缥瓷是一种晋代出现的早期青瓷。缥是一种青白色，缥瓷就是一种色调基本青白，但也常闪灰黄的瓷器。晋代由于坯釉配合及烧成工艺尚未熟练掌握，以及器物施釉很薄，烧出来的好成品也不过是二种青白色。其中纯正青白而不泛灰黄的产品也不多见，所以大家把近似这种釉色的称为缥瓷，意即釉色不纯、不稳。

五、白瓷

白瓷是胎和釉均为白色的瓷器总称，最早出现于北朝的北齐，以氧化火焰烧成，胎体白，釉层纯净而透明。其在制作中控制了胎和釉中的含铁量，克服了铁呈色的干扰。早期的白瓷胎料较为细白，经过了淘洗，但未上护胎釉；釉色乳白，釉层薄而滋润；釉厚处呈青色，而且器表普遍泛青。隋代白瓷胎质更白，釉面光润，胎釉均无泛青、闪黄的现象。唐代邢窑烧造的白瓷，胎、釉白净，标志着白瓷的真正成熟。

六、青白瓷

青白釉瓷器是介于青白间的色釉瓷，青中有白或白中显青，如浅湖色釉色的瓷器种类，也称"影青"。其胎质洁白细腻、釉色晶莹明澈，具有色质如玉的效果。被称作"色白花青"的影青瓷是北宋中期景德镇所独创，南宋时大量生产，是市场上的抢手货。

七、黑瓷

黑瓷是施黑色釉的瓷器总称，是在青瓷基础上发展起来的。它和青瓷的呈色剂都是铁元素，即在工艺上设法加重铁釉着色。黑瓷为东汉时期的创新产品，产地在南方。当时浙江的上虞、宁波窑都烧制黑瓷。此外，在湖北、江苏、安徽、江西等地也有东汉中晚期的黑瓷出土。东晋之后，北方才开始烧造黑瓷。

八、素瓷

凡是在釉上不加任何色彩，也不绘制任何有色图案花纹的瓷器，统称素瓷。虽然用色彩装饰陶瓷在中国已有数千年的历史，但是在明代以前，瓷器的主流还是素瓷，到了明代，彩瓷才蓬勃发展起来。因此，有人把中国瓷器的发展分为两大时代，明以前为素瓷时代，明以后为彩瓷时代。

九、彩瓷

广义上讲，彩瓷包括点彩、釉下彩、釉上彩、斗彩等，但习惯上所说的彩瓷则是指瓷器釉上加彩。其首创于北方，后来陆续传到景德镇等南方窑场。

以彩绘来装饰瓷器起源于晋。西晋晚期，南方开始用褐色斑点来装饰青瓷，东晋以后开始普遍采用；隋唐袭用，并有所发展；宋代出现釉上的"加彩"；元代则创烧了著名的青花、釉里红等釉下彩；明清两代对釉上彩的配方又进行了重大改革，并有了一系列创新。同时，白瓷质量的提高也对彩瓷的兴起起了极为重要的作用，有了细腻洁白的白瓷作底，以红、黄、绿、蓝、紫、黑、金各种彩色绘制的画面才能充分显示它诱人的绚丽美。明代彩瓷的兴盛使中国瓷业出现了一个彩色缤纷的崭新局面，并使一直占统治地位的单色釉瓷逐渐退居次要的位置，从此一蹶不振。

十、青花瓷

青花瓷是我国一个重要的彩瓷品种，创烧于元代。其经久耐用，瓷不碎，色不褪；以氧化钴为呈色剂作为彩料，在瓷胎直接描绘纹饰图案，施釉后经过高温还原焰一次烧成。我国古人称黑、蓝、青、绿等诸色皆曰"青"，故名青花瓷器，简称"青花"。青花釉色晶莹、透彻、素静、雅致。青料溶于胎釉之间，发色青翠，虽色相单一，但感觉丰富。

十一、玲珑瓷

玲珑瓷是在明宣德年间镂空工艺的基础上创造和发展起来的，已有500多年的历史，是景德镇的四大传统名瓷之一。它是在细薄的坯胎上，通过镂雕工艺雕镂出许多有规则的米粒状通花洞，也称为"玲珑眼"，然后施釉多次，填平通花洞，再入窑烧制而成。烧成后的洞眼成为半透明的亮孔，十分美观，被喻为"卡玻璃的瓷器"。因"玲珑"具有灵巧、明彻、剔透的含义，所以以"玲珑"命名。

十二、青花玲珑瓷

在清代，制瓷师傅们把青花和玲珑巧妙地结合在一起，形成了人人喜欢的青花玲珑瓷。碧绿透明的玲珑和色呈翠兰的青花互为衬托、相映生辉，给人以特殊的美感。这种瓷器既有镂雕艺术，又有青花特色，显得古朴、清新。解放后的玲珑瓷得到迅速发展，产品除中西餐具、茶具、咖啡具、文具等日用瓷外，还有各种花瓶、灯具等陈设瓷。近几年来更发展为彩色玲珑、薄胎玲珑皮灯等更为精美的工艺美术瓷。

十三、色釉瓷

色釉瓷又称颜色釉瓷，历经唐、宋、元、明四个朝代，清代时发展到了极致。颜色釉是瓷釉的一个种类，又称纯色釉、单色釉，是依靠釉水色彩的变化来装饰瓷器的。通常在釉料中调整各种微量元素的含量，加入铁、铜、锰、钴等氧化金属着色剂，在相应的烧成条件下达到改变釉色的目的，釉面会呈现出青、褐、红、蓝等颜色。窑变和开片是色釉瓷的两种重要装饰手段。统一中的变幻、完整中的残破使色釉瓷在中国瓷器发展史上具有非常重要的地位，被誉为彩瓷之母，也被认为是陶瓷收藏的更高境界。

十四、花瓷

花瓷是指一种在黑釉、黄釉上面用天蓝、乳白及褐绿色彩斑做装饰的花釉瓷。彩斑像云霞或叶片，大多施于器物的腹部，也有布满全身的，显得颜色和谐、潇洒自然、粗拙豪放、别有风韵。

十五、甜白瓷

甜白瓷在细腻洁白的瓷胎上施不含铁或含铁量极低的透明釉，高温焙烧出呈色很白的釉色，由于胎体很薄，从而使得这种高白度的釉格外莹润，给人以"甜"的视觉感受，故称为"甜白"。明永乐时创烧的甜白釉，记载于明代文献《事物绀珠》中。瓷器以碗、盘、小壶、高足杯、梅瓶为多见，还有双耳瓶、玉壶春瓶等。

十六、薄胎瓷

薄胎瓷薄如蝉翼、轻如绸纱，是一种轻巧秀丽的细白瓷。其制作要求极高，特别是修坯最难，也最要紧。胎体成型后，待器内挂釉干涸，全靠工人师傅以纯熟的技巧刮除未挂釉那面的胎体，刮得几乎只剩一层釉，再在此刮削面上施以釉汁。经过百余次的反复，将二、三毫米厚的粗坯修到蛋壳那么薄。这样的泥坯经过1300℃以上的高温焙烧，要不裂碎、不变形，其珍贵可想而知。烧好后，细看瓷器好像被抽去了胎骨，"脱胎"之名由此而来。永乐时期景德镇窑开始制作薄胎瓷，成化时期便有了很高的成就；到了隆庆、万历年间，连一些高级民窑也能烧造出技术水平很高的薄胎瓷，并有了薄胎瓷、卵幕杯、流霞盏、皮蛋盅等专用名称。器型除碗、盘、碟、杯外，还有花瓶、文具、酒具之类。

十七、绞胎瓷

绞胎瓷是创烧于唐代的一种瓷器。是将白、褐两色瓷土揉和在一起，然后相绞、拉坯、制作成型。由于绞揉的方式不同，瓷胎上出现的白、褐相间的纹理变化亦不同。再经施釉焙烧，便成绞胎瓷。陕西、河南的唐墓都有这类瓷器出土，在巩县唐窑窑址还曾发现绞胎瓷小花枕的残片。宋代以后，绞胎瓷的烧造渐趋衰落。

十八、绞釉瓷

绞釉瓷创烧于唐代。是在釉料中加入着色料，经过适当搅动后施于坯体上，再入窑烧成的，属于陶瓷的一种表面装饰技法。其表面特征类似绞胎器，但却不同于绞胎的胎体着色。绞釉瓷的传世品不多，其风格自然朴实。

十九、枢府瓷

枢府瓷又名卵白瓷，是元代景德镇窑在宋代青白釉的基础上创烧的一种著名瓷器。这种瓷器的胎骨洁白、胎质坚硬、胎体厚重、瓷化程度高。釉色一般都为青白色，釉层较厚，呈失透状，色白微青，犹如鹅卵的色泽。器型丰富多样，但形体不大，大件器物很少见，其中以一种小足、平底、敞口、深腹的折腰式碗最为典型。早期的器物由于在釉中含铁量较高，釉色白中泛青；晚期釉内含铁量减少，釉色趋于纯正。在装饰方法上以印花为主，图案多显得浑圆而不太清晰。在花卉间往往印有对称的楷书"枢府"二字，是枢密院在景德湖田窑定烧的瓷器。

二十、秘色瓷

越窑青瓷中釉的特殊品种。"秘色"意为稀见的颜色，旧传五代吴越王钱氏垄断越窑产品，专供钱氏宫廷，禁止民间使用，故称秘色瓷。釉色泛灰蓝、釉面无光，唐代已有，盛于五代，衰于南宋，元朝时中断。宋时的余姚上林湖烧秘色瓷器，但釉色已不再是那种青中闪黄的不成熟还原色，而是一泓清水般的湖绿色。国外有人将秘色瓷称为翡色瓷。

二十一、芒口瓷

芒口瓷就是器物口沿处无釉的瓷器。为宋代定窑发明覆烧工艺而产生，覆烧时由于器口紧贴垫圈，口部不能挂釉，露出一线胎骨为毛口，俗称芒口。为了弥补芒口的缺陷，往往以金、银、铜圈镶在口沿上作为装饰，更显豪华富贵。宋景德镇及东南地区青白瓷窑系也生产芒口瓷，其产量高、变形小，但器物口沿无釉，使用不方便。

二十二、骨瓷

骨瓷又称骨灰瓷，是骨粉加上石英混合而成的瓷土。1756年，一位英国人在陶瓷原料中意外地加入了动物的骨粉，竟出奇地烧出如脂似玉的瓷器，这是由于骨粉在烧制过程中能与高岭土中的杂质发生化学作用，起到消除杂质的效果。骨粉能增加瓷器的硬度与透光度，且强度高于一般瓷器，所以可以做到比一般瓷器薄、质地轻巧、细密坚硬（是日用瓷器的两倍）、不易磨损及破裂、有适度的透光性和保温性、色泽天然骨奶白。然而，由于加骨粉后容易烧裂，产量较少，价格偏贵。

二十三、珍珠瓷

将海洋中的贝类、珊瑚成分掺入瓷土，制成的是"贝瓷"；而将珍珠成分掺入瓷土，就会制成"珍珠瓷"。其按照制作工艺划分，是骨瓷的一种，也是难得一见的珍品。

18世纪，我国的制瓷工艺传入西方，英国人结合西方文明和理念，在中国制瓷工艺的基础上做了一些改良而发明了珍珠瓷。其实，早在明代，人们就发现将金银、珍珠、玛瑙掺入瓷胎，可以烧制出流光溢彩、美伦美奂的瓷器。"珍珠瓷"正因为瓷胎中有相当比例的珍珠成分，显现出了普通骨瓷所没有的神采，十分珍贵。因此，从瓷质成分的角度来讲，"珍珠瓷"应归于"宝烧"类瓷器范畴。

二十四、像生瓷

像生瓷顾名思义就是模仿真实人物、动物、花卉、果品形象的雕塑

第三篇　常识篇

经典文化系列

瓷。明清时期，江苏宜兴制作的像生紫砂器，开了像生瓷制作的先河。乾隆时，景德镇的制瓷工人开始用瓷土制造核桃、莲子、荔枝、石榴、菱角、雪藕、红枣和螃蟹、海螺等，制作精细、形象生动，艺术价值很高。

二十五、镶嵌瓷

镶嵌瓷镶嵌于桌几、床柜上作装饰用的瓷片，有长方形、圆形、椭圆形、菱形等。常雕刻彩绘花卉、动物纹饰，或书写诗词、吉祥语等。山西省考古工作者在浑源县发现了烧造镶嵌瓷的瓷窑遗址，说明我国应不晚于 12 世纪中叶就已开始烧造镶嵌瓷，并大量流行于民间。

二十六、新彩瓷

新彩瓷旧称洋彩，系清末民初逐步发展起来的一个新品种，也是由国外引入的一种陶瓷装饰方法。做法是用五彩颜料调成胶状，在白瓷表层绘以各式画面或图案，再入彩炉烘烤。景德镇现时流行的新彩中除颇有中国写意画风格的扁笔新彩外，还有鲜艳明快的刷花、喷彩，规整秀丽的平印、丝印贴花等，其中的手印、丝印、贴花、金彩、电光彩等都已广泛地装饰于配套的中西式的日用瓷上。

二十七、煨瓷

煨瓷多见于清康熙年间，属景德镇生产的一种瓷器。其特点是：釉面可见鲜明的开片和纹线，胎骨全为瓷浆胎，釉色中微泛淡红色或淡黄色。器型以瓶罐和文房用具为多，常见的有青花煨瓷和单色釉煨瓷。

二十八、生瓷

生瓷也称反瓷，指不施任何釉即入高温炉窑中，烧制而成的无釉瓷器。最早的生瓷产于万历前后的景德镇窑，到清光绪年间则更为普遍、精细。其特点是：器身均有浮雕图案，器物多见于文房用具。

二十九、文革瓷

文革瓷顾名思义是"文革"时期制造的，瓷身多有"文革"画面和

中国瓷文化

经典文化系列

"文革"语录等装饰。往往是为完成政治任务而创作的艺术品，具有时代色彩浓厚、品种造型多样、制工工艺精良等特点。在大量生活用品中有瓷杯、瓷盆、瓷壶、瓷板、瓷碗等，多以毛泽东塑像、毛主席语录为多见。

30年前，"文革"瓷器遍地都是，人们只把它当做日常用品。而现在由于它特殊的身份，"文革"瓷器价值倍增，在门类众多的文革物品收藏中成为较有特色的收藏项目。

三十、"主席"瓷

文革瓷的精品中有一款非常值得重视，这就是"主席"瓷。所谓"主席"瓷就是专为毛主席生产的瓷器，当年由景德镇瓷厂成立专门班子制作。它瓷质细腻、莹白发光、精美绝伦，图案多为梅花，这是因为毛主席喜欢梅花。器型主要包括餐具、茶具等，全部是配套，多达数十种。"主席"瓷由于制作的要求高，制作成功一套需要数套、数十套乃至更多的失败。所以，那些稍有瑕疵的专用瓷，就流传到有关机构和人员手中。现在拍卖会上出现的这些专用瓷，大多都是当年流散的，只有极少数是主席用过的。

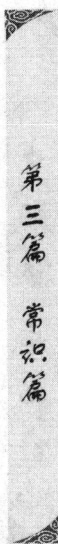

三十一、民间陶瓷

民间瓷器，是相对于官窑而言的，由民间窑场烧造，解决民生所需的瓷器。在我国悠久的陶瓷发展史中，为统治阶级专门烧造陶瓷的官窑未曾出现之前，并不存在民间陶瓷这个概念。直到五代出现最早的官窑开始，才相对有了民窑，而由民窑所烧造的瓷器，自然就成为了民间瓷器。

民间瓷器的造型方法多为手工拉坯成型，另外还有印坯、泥条盘筑等，制出的陶瓷既表现粘土的塑性、技艺的巧妙，又充满了人情味和创造精神。在装饰方面，也是用手工描绘或刻划纹饰。在器型的塑造上，民间瓷器一直遵循"实用、经济、美观"的原则，将美观与实用的用途结合在一起。总之，功能和形式美感结合得自然而又具有恰当的造型，是民间瓷器的主要特色。

三十二、祁门瓷器

祁门瓷器指用祁门瓷土就地烧制的瓷器。祁门盛产瓷土，历史悠久。境内出土文物表明：徽州瓷器最早见于西周时期，有专家说屯溪飞机场挖掘出的西周古墓里有古瓷，其胎土就取之祁门，并推断祁门有古窑址、祁门瓷土从唐代起就供应景德镇。明代祁门人多建碓生产，至清康熙年间才批量生产。当年景德镇为慈禧太后烧制御床成功，用的就是祁门庄岭的瓷土，庄岭矿因而有"太后坑"之称。祁门瓷土品位高、质量好，有"天然配方"之誉。

三十三、红绿彩瓷

红绿彩瓷是在高温白釉或白地黑花瓷烧成后，在白釉上用红、绿、黄等彩勾画出纹饰，再入窑以 800℃ 左右的低温烧成。因此也常称为"宋加彩"或"金加彩"。红绿彩瓷一般常以白釉为主要底色，以洁白的釉色和大面积的红彩相配合，使人感到十分明快、鲜艳。红绿彩瓷的色彩主色是红、绿、黄三色，但每种彩又有深浅不同的色阶。红彩一般为正红色或称枣红色，是以铁为呈色剂的矾红彩，用青矾加热、煅烧而成，最大的特点是将彩施于器表之前就已呈现红色，在施彩时就已知道其烧成后的呈色。绿彩有翠绿、墨绿、褐绿和浅翠绿等不同呈色，这是在配制彩时控制呈色剂而有意造成的。黄色有浅黄、明黄和金黄等色。红绿彩瓷常与釉下棕褐彩和黑彩相配合，是宋元时期瓷器的主要装饰艺术。

三十四、外销瓷器

外销瓷器即销往国外的瓷器。我国瓷器的外销，大致有以下几种情况：一是通过对外国使者、元首的赏赐和馈赠输出的；二是通过贸易由陆路、海路运出的；三是由外商来我国收购、订购、订造等直接经营方式而销往国外的。在外商订购的这类外销瓷中，有许多纹饰图案是依照外商从欧洲带来的样品，由中国瓷绘工人精心摹绘的，所以有相当一部分带有当时的异域风情。

中国瓷文化

三十五、高古瓷

高古瓷是一个与明清时瓷器相对的概念，通常指的是元代以前的瓷器。其虽年份久远，但当时生产数量大，除部分为博物馆收藏外，大多数都散落于民间，所以相对于明清官窑器来说高古瓷在民间流传较多。目前，在国内高古瓷价位普遍偏低，将来升值空间非常大。

三十六、现代瓷

现代瓷一般指的是建国后 50 多年来生产的瓷器作品。由于现代瓷缺乏一定的历史积淀，原先并不被收藏家们所重视。事实上，一些现代瓷作品尤其能反映出新中国制瓷工艺的水平，同样具有很高的收藏与投资价值。因此，不少投资者近年来开始瞄准具有升值潜力的现代瓷品市场。现代瓷中既有可供传世的名家珍品，又有供收藏界交流的收藏佳品，还有一些则偏重于陈设把玩的瓷器。

三十七、蓄光陶瓷

蓄光陶瓷是一种集陶瓷材料与发光材料优点于一身的绿色环保型陶瓷，又叫蓄光性发光陶瓷、夜光陶瓷等，是将蓄光材料加入陶瓷制品中而制得的。蓄光材料顾名思义就是当有可见光、紫外光等光源照射时，能将其光能储蓄起来，当光源撤离后，在黑暗状态下能将所储蓄的光能缓慢地释放出来而产生荧光现象的材料。有了这种特殊的材料，蓄光陶瓷被光照几分钟后，就可保持发光 1—2 小时。

三十八、自洁陶瓷

自洁陶瓷又称智洁陶瓷，它是利用纳米材料，将陶瓷釉面制成无针孔缺陷的超平滑表面，使釉面不易挂脏，即使有污垢，也能被轻松冲洗掉的一种新型陶瓷制品。可用作卫生陶瓷和室内釉面砖。

三十九、透明陶瓷

透明陶瓷是用玻璃的生产方法制造出来的陶瓷，其利用人工合成的化学原料，诸如氧化铝、氧化镁、氧化钙、氧化铍、氧化锆、氟化镁、氟化钙、氟化镧、硫化锌、硒化锌、碲化镉等，经过原料处理、成型和高温烧结等工艺制成。透明陶瓷的工艺要求严格、价格很昂贵，是现代陶瓷中的高级制品。透明陶瓷的机械强度和硬度都很高，能耐受很高的温度，即使在一千度的高温下也不会软化、变形、析晶。

第 二 章

瓷器的胎、釉、彩

第一节 瓷器的胎

瓷器主要由胎、釉及彩构成。瓷之美丽关键在于胎。胎是瓷器的体,瓷器未烧前称坯,在景德镇窑业中有做坯(成型)、印坯(正型)、利坯(修整)和挖坯(挖底足)等名称,坯烧成后就是胎。胎土由氧化硅、氧化铝、三氧化二铝、三氧化二铁等主要化学成分组成,此外还含有少量的钙(主要是氧化钙)、钠(主要是氧化钠)和镁(氧化镁)。

瓷胎。凡普通之瓷器均属瓷胎,撷瓷粉之精液澄清,融成泥浆,以成胚胎。瓷胎碾石为粉,研细成胚。瓷胎音清而脆。瓷胎之沙底,设底露胎而不涂釉。沙底贵白贵细,以细沙底为上。

浆胎。凡极轻而薄之瓷器,均属浆胎。浆胎质轻而松。指明清两代澄浆成形的一种瓷器,浆胎瓷器胎薄体轻,以康熙、雍正时期的白釉印花及青花碗、印盒等为多。

缸胎。又名瓦胎,专指胎土粗而厚重的一种瓷器,质地粗糙,如辽瓷和山西、陕西一带烧制的黑釉厚胎瓶之类。缸胎质重而坚、贵亮贵响,年久之缸胎多有铜音,故鉴别家往往叩其声而知其历年之长久。

石胎。凡凝重粗厚之器,属石胎而并非真石,只是质凝重而坚,略似大理石琢成之器物。康熙有石胎三彩。

铁胎。铁胎是专指胎土含铁量较多的瓷器,如宋建窑兔毫盏之类。

铁胎非真铁，瓷质近黑，犹如铁色，其胎的厚薄轻重亦不一致。

脱胎。脱胎是专指明永乐白釉薄胎盘碗而言。这种瓷器薄似卵壳，故又名卵幕。宛如釉质脱胎去，其薄能映见手指螺纹。此制始于明代永乐，亦以永乐所制为最精，宣德所制亦可媲美，清代康雍所制虽也极薄，然只能映见花与字。

第二节　瓷器的釉色

釉是生产瓷器最重要的原料之一，最早的釉出现在商代陶器上，即原始釉。到了两晋时期，制瓷工人才比较成熟地掌握了烧制青釉瓷器的技巧。青釉的烧成，使陶和瓷出现了根本的区别。

釉以石英、长石、黏土等为原料，是附着于陶瓷坯体表面的玻璃质薄层，有与玻璃相类似的某些物理与化学性质。化学成分为：氧化硅、氧化铝、氧化铁、氧化钾、氧化钠、氧化镁、氧化钙等。钙（氧化钙）是个很重要的因素，不同地区的瓷窑采用不同的原料，如景德镇用凤尾草灰，广东潮州枫溪用蚌壳灰。釉不仅可以使瓷器增加机械强度、介电强度，而且可以防止液体和气体的侵蚀，也是对瓷器进行美化的重要手段之一。继两晋青釉之后，唐代的白釉、宋代的红釉、黑釉都相继出现，到了明清两代更创制了多种多样的釉色。

釉按坯体分类，有瓷釉、陶釉及火石器釉；按烧成温度分，有低温釉、中温釉和高温釉；按釉面特征分类，有白釉、颜色釉、结晶釉、窑变纹釉和裂纹釉。除上述釉之外，还有无光釉、乳浊釉、食盐釉等。

现代日用陶瓷生产所用的釉分为石灰釉和长石釉。石灰釉是用釉果和灰釉配制而成，长石釉主要由石英、长石、大理石、高岭土等组成。在石灰釉和长石釉中加入金属氧化物，或掺进其他化学成分，就会出现各种各样的釉色。一般釉的厚度只有坯体厚度的1%—3%，经过窑火焙烧后，就紧紧附着在瓷胎上，使瓷器表面致密、光泽柔和，给人明亮如镜的感觉。

一、颜色釉

颜色釉又称色釉，也可称为一色釉或一道釉，是瓷釉的一个种类，以其纯净典雅、较少人工雕饰而闻名。颜色釉是依靠釉水色彩的变化来装饰瓷器的，通常是在釉料中调整各种微量元素的含量，加入铁、铜、锰、钴等氧化金属，然后再加以适当的烧成条件，就能达到改变釉色的目的，釉面就会呈现青、褐、红、蓝等各种色泽。釉里含有一定的铁，烧成后就呈青色；含一定的铜，烧成后就呈红色或绿色。另外，釉色还可以分成单色釉、结晶釉、花色釉、纹片釉。

二、青釉

青釉是以铁为着色剂，以氧化钙为主要助溶剂的高温釉，是中国瓷器最早出现的颜色釉。所谓"青釉"，颜色并不是纯粹的青，而是具有黄、绿、青等几种颜色，但多少总能泛出一点青绿色。同时，古人往往将青、绿、蓝三种颜色，一律统称为"青色"，例如：许之衡的《饮流斋说瓷》称："古瓷尚青，凡绿也、蓝也，皆以青括之。"刘子芬在《竹园陶说》中也说："青色一种，常与蓝色相混。雨过天晴，钧窑、元窑之青，皆近蓝色。……惟千峰翠色、梅子青、豆青乃为纯青耳。天色本蓝，有时为青。"

三、梅子青釉

梅子青釉是龙泉青瓷的一种釉色，创烧于南宋时期。其釉色浓翠莹润，恰似青梅色泽，故名梅子青。烧制梅子青釉对瓷胎的白度要求较高。釉料采用在高温下不易流动的石灰碱釉，以便于数次施釉以增加釉层的厚度。在1250℃—1280℃之间的高温和较强的还原气氛下烧造，釉面的玻璃化程度高、光泽强、略透明，釉质莹润如同美玉一般。

四、冬青釉

据蓝浦的《景德镇陶录》记载：为北宋时汴京东窑（在今河南开封陈留）所烧，故称之为东青釉，也有的称之为冬青、冻青。今日所见东青釉创始于永乐时期，以后各朝多有烧造。其特点是青中闪绿、苍翠欲滴。永乐时期东青釉瓷器有光素器，也有饰以刻花装饰者，釉层肥腴、有许多小气泡。宣德时期的东青釉器，胎体较厚，釉的匀净度与永乐时大致相同，大多数釉面无桔皮纹，釉层大多数不含有气泡，釉色深浅略有变化。清雍正时的东青釉器，釉料中的铁含量和烧造中的还原气氛掌控得比较好，特点是釉面平润、色泽稳定，以豆青色为主要色调。

五、豆青釉

豆青釉是青釉中派生出的一种釉色，是宋代龙泉窑青瓷中的釉色之一，釉色青中泛黄，光泽比粉青、梅子青弱。明代豆青色釉烧制水平趋于平稳，其基本色调仍以青中闪黄为主，青色比以前淡雅。清代豆青色釉更加淡雅柔和，色浅者淡若湖水，色深者绿中泛黄，釉面凝厚。清代在烧造豆青色釉的同时，还在釉上施以各种彩饰，入窑二次烧造，艳丽的彩饰在淡雅柔和的豆青衬托下显得更为妩媚。清中期以后，豆青色釉瓷器还在素胎上装饰凸起的纹饰，用青花勾描出纹饰轮廓线，填以豆青色釉，然后入窑烧造。豆青色釉透明程度不如白釉，因此豆青釉青花不如豆青釉上彩效果好。

六、影青釉

其釉料中含铁低于1％，在1200℃左右的高温还原焰中烧成，白度达70％。其胎质坚密洁白、胎骨轻薄，釉色晶莹透亮，介于青、白二色之间，即青中有白、白中泛青，故称"青白"。影青釉是"青白釉"的俗称。"影青"一词，较早见于文献记载的是成书于1906—1911年间寂园叟的《陶雅》一书。此后的许之衡在《饮流斋说瓷》一书中也说："素瓷甚薄，雕花纹而映出青色者谓之影青。"由此可见，"影青"一词是后人根据青白瓷釉面润泽、胎壁极薄、上雕暗花而映出青色之特征而命名的。由于宋、元时的青白瓷亦具有上述影青瓷的特征，于是"影青"一词就逐渐成为陶瓷界对宋、元以来青白瓷的专称，而且清代专指明代永乐或万历时的薄胎雕花制品。另外，也有将影青称为"隐青"或"映青"的。

七、天青釉

天青釉特指宋代河南汝窑烧制御用青瓷的一种釉色。玛瑙的成分主要是二氧化硅，汝窑釉中的主要成分也是二氧化硅，与一般石英砂作釉料并无区别，但玛瑙往往含有铁等着色元素，对增加汝窑瓷器的特殊光

中国瓷文化

经典文化系列

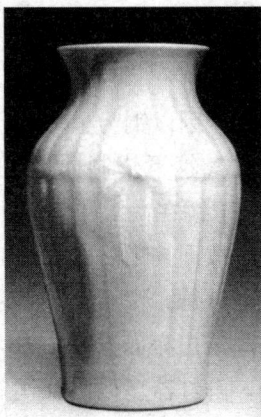

清雍正·粉青釉
结带纹瓶

泽有着一定的作用。根据实物观察，汝窑天青釉主要特征是釉层匀净、釉面润泽、汁水莹厚、犹如堆脂。经过还原焰烧成，釉色青蓝如澄澈的天空。釉中显露蟹爪纹、鱼子纹，釉表有鱼鳞状的开片。

八、粉青釉

粉青釉是青釉中派生出的一种釉色，呈粉润的青绿色，如半透明的青玉，为南宋龙泉窑创烧，是石灰碱釉的一种。以铁的氧化物为主要呈色剂，还有少量的锰或钛，且是生坯挂釉，胎中带灰，入窑经过 1180℃—1230℃高温还原焰烧成。因石灰碱釉高温粘度较大，在高温下不易流釉，釉层可施得厚，釉色可出现柔和淡雅的玉质感。粉青釉的釉层中含有大量的小气泡和未熔石英颗料，它们使进入釉层的光线发生强烈散射，从而使其在外观上获得一种和普通玻璃釉完全不一样的视觉效果。南宋许多瓷窑均烧粉青釉，郊坛下官窑亦烧成仿龙泉粉青。景德镇在明、清时期烧成的粉青，为浅湖绿色中微闪蓝，说明釉中除铁外，还有微量的钴元素。

九、缥色

缥原为一种淡青色的帛。所谓"缥色"，就是指青瓷如缥的釉色。瓯瓷的釉色就是缥色。其色淡青，在淡灰绿色中，青的成分较多。但由于火候不一，釉色也不太一致，有深灰绿、青绿、黄绿，甚至还有灰色和带烟焖暗红色。

十、仿龙泉釉

青釉品种之一。明初永乐仿烧的龙泉釉，釉色青中闪绿，釉质肥厚，多有小气泡及垂流现象。釉层均匀，釉面玻璃质强，色泽较重，具有摹仿宋、元龙泉的效果，故称之为"仿龙泉釉"。宣德时的仿龙泉釉，釉面无橘皮纹，釉质莹润无气泡。

十一、釉里红

瓷器釉色之一，属高温颜色釉器种，首创于元代。因以铜为呈色剂的釉（含铜0.3%—0.5%）施于坯体，在高温还原气氛下烧制而成，故又称"铜红釉"，是我国颜色釉中的名贵品种。由于铜在高温下易挥发，对窑室烧成气氛非常敏感，烧成技术不易掌握，故而初创阶段红釉呈色不够纯正，发色暗红。明初烧成永乐"鲜红"与宣德"宝石红"名贵品种，质料细腻、红而深沉、釉汁莹厚，器口一周洁白宛如玉带，为后人所重，有"以鲜红为宝"的评价。嘉、万时期，鲜红器多以矾红代之，这是由于铜红釉难以烧成所致。

十二、钧红

宋代钧窑利用铜的氧化物为着色剂，在还原气氛中烧成的铜红釉的一种，是最早的红釉。当时的釉料配置不够精细、准确，除了铜以外，还混杂着其他金属氧化物。因此钧红釉具有红里泛紫的色调，近乎玫瑰花、海棠花的紫红色，又被称为"玫瑰紫"和"海棠红"。钧红制品中，还常出现红、蓝、紫三色互相交错、如火如霞的绚丽画面。明代的宝石红、霁红，清代的郎窑红、桃花片及一些窑变釉的出现，都与钧红有关。

清道光·青花釉里红莲塘鸳鸯大缸

十三、霁红

铜红釉的一种，创烧于康熙后期，盛于康、雍、乾三代。是一种纯粹的深红釉，特点是：釉汁凝厚，釉面密布细小的棕眼，如同桔皮；色调深红，似暴风雨后晴空中的红霞，所以得到了"霁红"这一得意的名称。

十四、抹红

抹红属于低温红釉，为珊瑚红的一种。它不是采用吹釉法上釉，而是刷抹釉，故称"抹红"。抹红釉层不均匀，并有刷痕，但色泽清丽、温润。抹红出现于明代，而以清康熙时的成就最为突出。

十五、豇豆红釉

豇豆红是清康熙时的铜红品种之一，品种名贵。釉色浅红，釉面多绿苔点。这种绿色苔点本是烧成技术上的缺陷，但在浑然一体的淡红中，掺杂点点绿斑，反而显得幽雅清淡、柔和悦目。由于铜在各部分的密度不同，烧成后呈色各异：有的在匀净的粉红色中泛着深红斑点或红点密集成片，有的则在浅红色中映露着绿斑或色晕。

十六、鲜红釉

成书于明万历十七年（1589年）的王世懋撰《窥天外乘》载："永乐、宣德年间内府烧造，迄今为贵。其时以棕眼甜白为常，以苏麻离青为饰，以鲜红为贵。"但明末以来的谈瓷之书在谈及永、宣高温铜红釉瓷时，名称比较混乱，计有"宝石红"、"祭红"、"霁红"、"宣烧"、"宣德宝烧"、"积红"、"济红"、"鸡红"、"极红"、"醉红"、"大红"、"牛（鸡）血红"等，名目繁多，实为一物，现在统称为"红釉"。曰"宝石红"，是因这种红釉闪闪发光，具有天然红宝石般美丽的色泽；曰"祭红"，是因从明代典章制度看，红釉、蓝釉、黄釉、白釉瓷器等均可派作祭祀用；曰"霁红"，盖因其釉色颇似雨过天晴之霞霁；曰"宣烧"或"宣德宝烧"，是由于宣德年间这种产品尤为突出，或因以红宝石入釉烧造。

十七、郎窑红釉

清康熙时期仿明宣德宝石红釉所烧的一种红釉。因康熙时郎廷极督理景德镇窑务时仿烧成功，故以其姓氏命名，又称郎红。它以铜为着色剂，用1300℃以下的高温还原焰烧成，在烧造过程中对烧成的气氛、温度等技术指数要求很高，烧制一件成功的产品非常困难，所以郎窑红器价格在当时就很昂贵，民谚有"若要穷，烧郎红"的说法。郎窑红器的特点是色泽浓艳，犹如初凝的牛血一般猩红，又称牛血红。而红釉过薄，则会出现色如鸡血一般的鲜红器。郎窑红釉泡小而闪闪发亮，釉色极润，常有小白点，釉面开裂纹片，釉清澈、透亮有垂流现象，底足内呈透明的米黄或浅绿色，俗称米汤底或苹果底，也有较少的本色红釉底。口部因釉层较薄，铜分在高温下容易挥发和氧化，多露胎骨，呈现粉白、淡青或浅红色的"灯草边"。越往器体下部，红色越浓艳，这是由于釉在高温下自然流淌，集聚器下之故，但底足旋削工艺高超，流釉不过足，不会出现粘釉的缺陷，有"脱口垂失郎不流"之称。郎窑红釉色鲜艳夺目，釉面有大片裂纹，并有不规则的牛毛纹。

十八、矾红釉

矾红釉是以青矾煅烧后得到的氧化铁加入铅粉和牛胶配合，在氧化气氛中烧制而成的低温红釉，色泽略显橙红。清蓝浦的《景德镇陶录》卷三载："矾红釉，用青矾炼红加铅粉、广胶合成"，因此称"矾红"。矾红是一种以氧化铁为着色剂，在氧化气氛中以900℃左右温度烧制而成的低温红釉，故又称"铁红"。矾红釉虽没鲜红釉呈色浓重艳丽，但其最大特点是呈色稳定，容易烧造。

十九、火焰釉

清雍正年间景德镇烧出的一种仿钧釉。仿钧釉中的窑变花釉，是用多种不同色釉施于一器之上，经高温焙烧后，呈现出火焰状的色彩和图案。火焰红的出现，说明花釉的颜色发展到了十分丰富的程度。故宫博物院陶瓷展出的一件雍正窑变耳瓶，就是一件杰出的成功之作。釉里散着闪红的紫斑。瓶颈至圈足，都是以火红颜色为基本釉色，其间闪青、闪黄、青白、青蓝等颜色呈针状由上向下放射，整个瓶子就像燃烧得极为旺盛的火焰一样瑰丽。

二十、胭脂水

雍正时创烧，胎体极其薄、里釉极白，因外釉映照能发出一种美丽的粉红色，娇嫩欲滴，状如胭脂水，故名。

二十一、绿釉

绿釉是含氧化铜的石灰釉，在还原气氛中呈红色，在氧化气氛中呈绿色。明代烧成高温绿釉和低温绿釉两种。明成化年间，烧成色如孔雀尾翎上翠绿羽毛的"孔雀绿"釉，绿釉掩映着黑蓝色鱼藻纹样的装饰，别有情趣。明正德年间（1506—1521年）的孔雀绿釉薄匀、呈色鲜艳，最为名贵。清康熙时孔雀绿釉制品丰富，釉色深翠，光泽强。同时期又烧出秋葵绿、水绿、葱绿等新品种。明嘉靖时，在瓷坯上挂含铜釉料，经高温氧化气氛烧成翠绿釉。北京故宫博物院藏的绿釉刻凤纹尊，绿釉深翠、透体明亮、纹饰清晰、十分美观，是将含铜的铅釉施于素器上，再以低温氧化气氛烘烧而成。

二十二、松石绿

松石绿又叫秋葵绿，是以氧化铜为着色剂，二次烧成的低温色釉。现代配方系用硫酸钡、碳酸钙、硼酸等配制而成。其呈色为淡黄色中微微发绿，与绿松石色泽相似，柔和悦目，故名"松石绿"。它是清雍正时期创烧的绿釉新品种，乾隆时期产量最大。

二十三、瓜皮绿釉

瓜皮绿釉是玻璃质的低温铜绿釉，因其色泽绿似西瓜皮而得名。瓜皮绿是在涩胎上施釉，于低温中二次烧成的绿釉。始见于明代初期，清康熙时期烧造最为成功，尤其是用这种釉色装饰造型为瓜状的器物，更是弥足珍贵。雍正时期所烧制的瓜皮绿釉比康熙时期的釉厚而润，淡淡的绿色略泛黄，似春天的柳叶。乾隆时瓜皮绿颜色较深，略逊于雍正釉色。瓜皮绿有深浅两色，深色者为浓绿，无纹片，多用在颜色釉的瓶、罐、盘、碗、洗上；浅色者为嫩黄瓜色，常用来装饰高约六七寸、式样精巧的细颈瓶。瓜皮绿除作为颜色釉，还广泛用于彩瓷图案中山石、树木、枝叶等纹饰的涂梁。

二十四、苹果绿釉

苹果绿釉又名"郎窑绿"、"绿郎窑"、"苹果青"等，是郎窑红的

"窑变"品种。郎窑红制品在窑内烧成的最后阶段，因铜红釉误被氧化，使釉中的低阶铜氧化变为高阶铜，里外釉面均呈现浅绿色。郎窑绿是康熙年间郎窑烧制出的，釉色有的呈色浅翠，显玻璃光泽，有的微绿而泛五色光，器身布满极细小的纹片，釉色莹润，又有"绿哥瓷"之称。郎窑绿比郎窑红更为名贵，因而仿制品很多。郎窑红还有一个窑变品种是"反郎窑"，其是因铜红釉的氧化、还原不一，形成器里釉为红色，器外釉为浅绿色，类似绿郎窑而名。

二十五、鹦哥绿釉

鹦哥绿釉又称哥绿，是清代康熙年间瓷器上的一种低温装饰釉。用氧化铜呈色剂配入釉中，颜色比豆绿釉深，像鹦鹉身上的绿色羽毛一样碧绿青翠，器身布满仿哥窑青瓷器上的片纹，纹理比哥瓷细密均匀。哥绿为单色釉，施于已烧成的白瓷上，再以 800℃ 左右的温度烘烧；由于釉料中加入了大量的铅灰，釉面明亮娇媚，很有特色。

二十六、蓝釉

蓝釉最早见于唐三彩中，但那时还是低温蓝釉，只有绮丽之感，缺乏沉着色调。高温蓝釉的出现是在元代。入明以后，特别是在宣德时，蓝釉器物多而质美，被推为宣德瓷器的上品。至清康熙时，更出现洒蓝、天蓝等多种新品种。

蓝釉属高温石灰碱釉，掺入适量天然钴料做着色剂，在 1280℃—1300℃ 窑内一次烧成。元、明、清三代景德镇窑几乎从未间断过生产。蓝釉瓷器装饰有以下两种技法：一是在纯蓝色的釉上绘制金彩，蓝与金色形成强烈的反差，突出了金彩的装饰效果；二是在通体蓝釉地上，绘以白色花纹，使着意刻画的白色纹饰更为生动，代表器物如扬州博物馆藏传世的元代霁蓝釉白龙纹梅瓶。

明、清时期，蓝色釉器皿数量增多，质感越来越好。永乐蓝釉蓝色纯正、釉面光润肥厚。宣德时期蓝釉烧造的工艺技术更纯熟，蓝釉质感凝厚、有层次感、色泽美艳，犹如蓝色宝石，被叫做"宝石蓝"，后人在品评时，将其选为上品。成化蓝釉蓝中泛紫。弘治、正德蓝釉有的蓝中泛黑，有的闪灰。正德时期个别器皿垂流釉现象比较明显，质量明显不如前朝。嘉靖、万历时期蓝釉取用回青料，发色浅淡，次者蓝中泛灰。清代康熙、雍正时期蓝釉瓷器色泽匀润稳定，烧造高温蓝釉技术在平衡中有所提高，釉色光泽匀润，釉面近似茄皮色，色浓暗者仿明宣德蓝釉效果，然而釉面稍欠肥润。

二十七、回青

回青专指明代嘉靖、万历朝烧制的一种蓝色釉。因为烧造回青釉所用的钴料是进口回青与石子青调合而成的钴着色剂，故名。回青釉着色较淡，不如霁蓝釉色泽深沉、浓艳，质量较次的颜色泛灰，这可能与钴料中的石子青比例过大有一定关系。嘉靖、万历时期所烧的回青釉器多带有暗花纹。

二十八、霁蓝釉

霁蓝釉是高温石灰碱釉，也称"宝石蓝"、"积蓝"、"霁青"、"祭蓝"，在1280℃—1300℃的高温下一次烧成。其特点是色泽深沉、釉面不流不裂、色调浓淡均匀、呈色稳定。盛于明代宣德朝，《南窑笔记》中把它和霁红、甜白相提并论，推为宣德瓷器的上品。霁蓝器物除了单色釉外，往往用金彩来装饰，还有刻、印暗花的。

二十九、洒蓝釉

洒蓝釉系明宣德时期首创的名贵品种，蓝釉中自然分布着白色的斑点，如同雪花洒落，故名洒蓝，又称雪花蓝、青金蓝、盖雪蓝。采用吹釉法来施釉，是在烧成的白釉器上用竹制的管状工具，一端包扎纱布醮青釉料对准坯体，用口吹竹管的另一端，使釉附着在瓷胎上。宣德洒蓝釉产品除景德镇御器厂遗址中有出土标本外，传世品极其罕见。清代康熙年间，景德镇民窑大量烧造洒蓝釉器，成为当时外销瓷品种之一，标志着洒蓝釉制作水平的成熟与发展。

三十、孔雀蓝釉

孔雀蓝釉不同于一般蓝釉在高温烧成，而是在低温下烧成。一般是在制好的素坯上直接挂釉，或于白釉器上挂釉烧制。在素坯上直接挂釉的，釉层极易开片剥落。孔雀蓝釉器物中，多为不同规格的大盘类，小件器较少。另有类似弘治牺尊的双耳罐，为嘉靖官窑的祭器。器型较弘治时略矮，满施孔雀蓝釉，色呈艳丽，但欠匀净。

三十一、天蓝釉

天蓝是高温颜色釉。它是从天青演变而来，创烧于康熙时。釉色浅而发蓝、莹洁淡雅，像蔚蓝的天空，故名"天蓝"。其含钴量在2%以下，釉里的铜、铁、钛等金属元素均起呈色剂的作用，呈色稳定、幽菁美观，可与豇豆红媲美。清代康熙时均为小件文房用具，色调淡雅、釉面匀净莹润。至雍正、乾隆两朝才见瓶、罐等器型，大部分是官窑产品。雍正时期烧造技术更为纯熟，淡雅的天蓝色釉分成深、浅两种色阶，如同蓝天有远近之别一般。

三十二、黄釉

以适量的铁为着色剂，在氧化焰中烧成，故又称铁黄，分高温、低温两种。高温黄釉是含少量铁分的石灰釉，在高温氧化气氛中生成三氧化二铁，呈现黄色。黄釉最早出现于唐代，当时安徽淮南寿州窑、河南密县窑等都烧黄釉，其中：寿州窑瓷器的玻璃质釉透明光润，开小片纹，釉色以黄为主，有蜡黄、鳝鱼黄、黄绿等。但正色黄釉，还是汝窑的高温黄釉——茶叶末釉。明代的黄釉有新的发展，洪武时的老僧衣即茶叶末的衍化；始于宣德的浇黄，更是明代杰出的黄釉；嘉靖以后，又有鱼子黄、鸡油黄等。入清后有康熙的淡黄，以及其后的菜尾、鼻烟、金酱等。

三十三、娇黄

明弘治时期，黄釉的烧制技术纯熟，釉面光亮平整、色调纯正，色彩淡雅又显娇艳，似一泓清水，又像鸡油一样娇嫩欲滴，故有"鸡油黄"或"娇黄"之称。以浇釉法施釉的弘治黄釉，又有"浇黄"之名。浇黄釉呈色稳定，釉面匀净，透明度较好，传世品的弘治黄釉罐、碗、盘等大小器物的灿色几乎没有差异，可以说达到了历史上低温黄釉的最高水平。

三十四、蜜蜡黄

蜜蜡黄因釉色与蜜蜡相似，故名。康熙时蜜蜡黄釉层透明，釉色有深浅两种，深色釉厚，浅色釉薄，有细小开片。蜜蜡黄大多用来绘制瓷器上的图案。

三十五、蛋黄釉

蛋黄釉出现于清康熙年间，因色如鸡蛋黄而得名。与蜜腊黄、浇黄的釉色相比，显得淡而薄，滋润无纹片。康熙时黄釉色泽微重，釉层透明。雍正时的蛋黄釉为浅淡含有粉质的乳浊釉，是最成功的黄釉品种。到乾隆时，因釉中掺有玻璃白，使釉汁混而不透，呈色嫩淡。

三十六、鳝鱼黄

鳝鱼黄为结晶釉的一种。配釉时用长石少许，并加少量的镁，经1300℃的高温氧化焰烧成。釉色黄润，带黑色或黑褐色斑点，像鳝鱼的皮色，故名"鳝鱼黄"。明代就有鳝鱼黄的名称，《陶雅》说"鳝鱼皮以成化仿宋者为上"，说明宋已有之。清代前期的官窑也有意仿造，康熙时臧窑有蛇皮绿、鳝鱼黄等品种。

三十七、白釉

白釉是瓷器的本色釉。一般瓷土和釉料都或多或少含有一些氧化铁，器物烧出后必然呈现出深浅不同的青色来。但如果釉料中的铁元素含量小于0.75%，烧出来的就会是白釉。古代白瓷

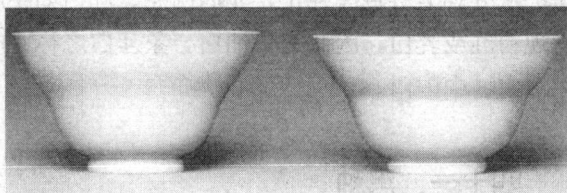

清道光·米色釉折腰碗（一对）

的制作，并不是在釉料中加进白色呈色剂，而是选择含铁量较少的瓷土和釉料加工精制，使含铁量降低到最少的程度。这样在洁白的瓷胎上施以纯净的透明釉，就能烧制白度很高的白瓷。从唐代邢窑出土实物看，

白釉瓷器釉面均匀纯净、洁白光润、玻璃质感强，确有"类银似雪"的效果。宋代烧制白釉瓷以河北定窑为代表，明代永乐时期白釉烧制达到了历史上最高水平，白釉温润如玉、胎体薄如卵壳。

三十八、卵白釉

卵白釉是一种色白闪青、釉质凝炼不透明的高温釉，由于釉色近于鹅卵色泽，故称"卵白釉"。这种釉的形成是由于釉中含微量铁，且钾、钠的成分增多，钙含量低所致，是元代景德镇湖田窑工匠的创新之作。卵白釉的烧成为明永乐甜白釉的烧制做了技术上的铺垫。

三十九、甜白釉

甜白釉是永乐窑创烧的一种白釉。由于永乐年间白瓷制品中许多都薄到半脱胎的程度，能够光照见影。在釉暗花刻纹的薄胎器面上，施以温润如玉的白釉，便给人以一种"甜"的感受，故名"甜白"。宣德时期的白釉"汁水莹厚如堆蜡，光莹如美玉"，为一代绝品。甜白釉的烧制成功，为明代彩瓷的发展创造了有利条件。明清时代的斗彩、五彩、粉彩，只有在白瓷取得高度成就的基础上，才能显示出它的鲜艳色彩来。

四十、象牙白釉

象牙白即明清德化窑的纯白釉。因釉中三氧化二铁含量特别低，而氧化钾的含量不特别高，再加上烧成时采用中性气氛，所以釉色特别纯净。从外观上看色泽纯正、光润明亮、乳白如凝脂；在光照之下，釉中隐现粉红或乳白，因此有猪油白、象牙白之称。欧洲人又称这种釉色为鹅绒白、中国白。

四十一、黑釉

黑釉瓷器的烧制始于东汉的早期越窑，但其色不纯。东晋至南朝初的浙江德清窑，烧制的黑釉瓷釉面光亮、釉层均匀、亮黑如漆，显示出较高水平。黑釉主要呈色剂为氧化铁及少量或微量的锰、钴、铜、铬等氧化着色剂。通常所见的赤褐色或暗褐色的瓷器，其釉料中氧化铁的比例为8%—10%。如将釉层加厚到1.5毫米左右，瓷釉即呈黑色。

中国瓷文化

我国古代黑釉分为石灰釉和石灰碱釉两大类。唐代以前属石灰釉，唐代以后基本上都改为石灰碱釉。就黑釉的品种而论，可以分为一般黑釉与花色黑釉两大类。油滴、兔毫、玳瑁、麻酱釉等，即属花色黑釉。

四十二、天目釉

天目釉瓷是黑色釉瓷的一种。一般黑釉瓷采用含铁较多的粘土制成，这种原料便于取得，因此许多地区均能烧造，生产发展迅速。部分地区借助于优良的原料和先进的工艺及操作技术，创造出许多独特的产品，其中之一就是天目釉瓷。天目釉瓷种类较多，以油滴釉、兔毫釉、木叶天目釉较为名贵。此外，还有玳瑁釉、剪纸漏花、鹧鸪斑等品种。流传至日本的天目油滴釉瓷碗，少数珍品釉中斑点周围显示出深蓝色辉光和金色银色的闪光，称为"曜变天目"。木叶天目釉是选用树叶，通过特殊加工，在釉上烧出叶纹而得，创造于永和镇窑。

四十三、油滴

油滴釉是黑釉的特殊品种之一，又称"雨点"或"滴珠"，创烧于宋代。特点是在釉面上散布着许多具有银灰色金属光泽的小圆点，大小不一，大的直径达数毫米，小的只有针尖大小，形似油滴，故名"油滴釉"。油滴、兔毫以及吉州窑的玳瑁斑为同一黑瓷体系，油滴釉的着色剂主要是铁的氧化物，当温度达到1200℃时，氧化铁发生分解，生成气泡，致使气泡周围氧化铁的含量比其他部位高。随着温度不断提高，气泡不断产生、聚集，而且越来越大，到一定程度时就爆裂，富含铁质的溶体升至釉面于原气泡处密集，随后釉冷却收缩变平，釉面形成饱和状态，然后以赤铁和磁铁矿的形式析出晶体，这些晶体就是我们见到的金属光泽的油滴状圆点。

四十四、兔毫釉

在黑釉器上透出黄棕色或铁锈色条纹，状如兔毫，谓之兔毫斑，是黑釉的名贵品种。它的形成原因是：在1300℃高温烧制过程中，釉层里的气泡将铁质带到釉面，釉层流动，富含铁质的部分流成条纹，冷却时便从中析出赤铁矿小晶体，从而形成绚丽的兔毫斑。

建窑兔毫釉于北宋时始烧，南宋时最为繁盛，元代不再生产，是专为宫廷生产的器皿。外釉不到底，足部露铁锈色胎，黑色釉面上流淌出丝丝兔毫般的纹理。从其外观上可以细分为金兔毫釉、银兔毫釉、灰兔毫釉、黄兔毫釉，也有纯黑釉。

四十五、玳瑁釉

玳瑁斑始见于宋代，以江西吉安永和窑制器为代表。其釉面黑、黄等色交织混合，黑色中有黄褐色斑纹，有如海洋动物玳瑁壳的色泽。玳瑁釉器的坯体系用含铁量较少的瓷土做成；生坯挂釉，入窑焙烧后再挂一次膨胀系数不同的釉，并重烧一次。由于釉层的龟裂、流动、密集、填缝，便在黑色中形成玳瑁状的斑纹，故称玳瑁釉。除吉州窑外，广西地区有仿吉州窑玳瑁釉标本的发现。

四十六、鹧鸪斑

鹧鸪斑是一种结晶釉，是用含铁量不同的两种黑釉在生坯上挂釉两次，以稍低于烧制其他结晶釉的温度焙烧。因其较多的铁元素在釉里结晶，黑色釉面便呈现鹧鸪羽毛一样的花纹，故名鹧鸪斑。

四十七、乌金釉

乌金釉是一种黑色亮釉，是高温颜色釉中的名贵品种，始创于清代康熙时期。配制乌金釉需要使用浓度较高的优质青料与紫金釉混合。釉中除含有大量铁分，还要有一定量的锰和钴等有色元素。制法是在白釉上吹以黑色玻璃釉，经高温还原焰烧成。景德镇所烧的乌金釉为最纯正的黑釉，光润透亮、色黑如漆。因主要采用景德镇附近所产的乌金土制釉。纯粹的乌金釉器极为少见，多在其上用金彩描绘各种锦地或开光纹饰，但金色都不能持久。

四十八、杂色釉

杂色釉就是除青、白、红、黄、蓝、黑、绿各种釉色以外的颜色釉，包括紫金釉（酱釉、麻酱釉）、紫釉（茄皮紫釉、葡萄紫釉、玫瑰紫釉）、米色釉、仿铜釉、仿石釉、仿木纹釉、琉璃釉等，可谓五彩缤纷、种类繁多。

四十九、酱色釉

酱色釉又名"紫金釉"、"酱釉"、"麻酱釉"。釉色如柿黄色或芝麻酱色，是一种以铁为着色剂的高温釉。

早在商代后期原始青瓷上就偶有出现，东汉时期比较盛行。多数器物通体施酱色釉，富有光泽、质坚耐用。它是利用一种铁成分较高的原料做成的，说明东汉烧制酱色釉的技术已经纯熟。考古资料证明，所谓"紫定"的釉色实际为酱色。有些酱色釉表面还呈现出红色，故古人又称为"定州红瓷"。明洪武时期的酱色釉是在元代基础上烧造的，釉层均匀，色调似佛教僧侣穿旧的僧衣，因而有人称之为"老僧衣"色。此外，还有外酱色内霁青的品种。

五十、金酱釉

金酱釉呈色似芝麻酱，故称"金酱釉"。康熙时色浅，雍、乾时釉色重。多施于小件器物上。

五十一、紫釉

紫釉分为高温和低温两种颜色釉。高温釉中最著名的有茄皮紫。由于配料和窑火气氛变化有别，紫釉呈色亦不同，有深、浅茄皮紫和葡萄紫、玫瑰紫等色。在低温紫釉中，还有清代创作的吹紫。

五十二、茄皮紫

茄皮紫为高温颜色釉，以锰作呈色剂加入含碱量较高的釉烧成。因釉色像成熟的茄子皮一样的光润，故名。根据其呈色的深浅，又有淡茄、深茄之别。淡茄介于豇豆色、云豆色之间，与红的区别微乎其微。茄皮紫创于明代，在弘治时，其色紫中泛蓝，釉质肥厚光润，所见器型有牺尊和绶带式双耳尊之类。嘉靖、万历时虽然都有茄皮紫釉品种，但造型不及弘治时规整。釉色在嘉靖时有深、浅两色，深者呈黑紫色，常施于大盘、大碗等大型供器之上；浅者，似未熟的茄皮，露淡紫色，多施于较精细的盘碗类，开片者为上等；色纯正、釉坚硬，虽有开片而片绞紧密者为次。

五十三、玻璃釉

玻璃釉又称琉璃釉，以石英为主体，铁、铜、钴、锰为着色剂，铅作助熔剂的低温色釉，主要用于装饰陶胎制品。釉色有黄、绿、蓝、紫等。琉璃釉始见于战国的陶胎琉璃珠，隋、唐、辽时更为发达，明、清仍继续烧造。琉璃釉一般二次烧成，即先烧好素胎再施琉璃釉，然后再经低温烧成。隋、唐时期琉璃釉多用于装饰建筑构件、明器、供器等。明清时期，皇家宫廷建筑、陵墓照壁、宗教庙宇、佛塔以及器具饰件，很多都用此类制品。

五十四、花色釉

花色釉是瓷器的一种多彩装饰釉，始见于唐，盛行于宋，以后各代都有烧制。花色釉瓷是在黑釉、黄釉、黄褐釉、天蓝釉或茶叶末釉上饰以天蓝或月白色彩斑，显得格外醒目。花釉采用两种色料装饰，先上一层底釉，多为黑褐色，再淋洒或涂抹另一色料，常为乳白或淡蓝色，入窑烧成，即为色泽对比强烈的斑块花釉。一般的黑釉多饰以天蓝或月白色斑纹，但比较少见。唐代烧造花釉瓷器装饰方法多由两种或两种以上釉混合而成，在施釉时，需要几次挂釉；有的是先施一层底釉之后，再在上面挂其他的色剂或色釉。焙烧时，在一定温度下釉面自然流淌，熔融交织，形成美丽多姿的色泽。花釉有高、低温两种。由于高温花釉在窑内烧成，故又叫窑变花釉，如火焰青、火焰红等；低温花釉在炉中烧成，如炉钧釉等。用花釉装饰的瓷器，釉层凝厚，釉中呈现出互相交错的青、红、青蓝、紫、褐黄、青白等多种颜色，并有针状、放射状的光点、块斑或结晶，加之釉面有光亮的玻璃质感，所以釉色灿烂夺目。

五十五、窑变釉

瓷器在窑内烧成时，由于窑内含有多种成色元素，经氧化或还原作用，出窑后，釉面色彩斑斓，呈现出意想不到的效果。它本出于偶然，由于呈色特别，又不知其原理，只知经窑中焙烧变化而得，所以自古称为"窑变"。清代以前景德镇的窑变釉瓷都不是人为烧制的，偶尔烧制的窑变釉瓷也未流传下来，这与当时人们认为窑变釉瓷是"怪胎"，出现窑变即预示不祥，多将其捣毁有关。到了清代，景德镇的窑变釉才开始作为著名色相而专门生产，虽然也入火使釉流淌，颜色变化任其自然，并非有意预定为某种釉色，但已经能够人为地配制釉料、控制火候，可以说基本上掌握了窑变的规律，成功地烧制出大批窑变釉瓷。

五十六、钧釉

钧釉是窑变釉的杰出代表，特指河南禹县钧窑在宋代烧制出的一种釉层较厚的乳浊釉。其特点是：在通体天蓝色中闪烁着红色或紫色的斑块。古人在总结钧釉颜色时，将其分为朱砂红、玫瑰紫、葱翠青、月白等数种名目，以赞美钧釉的万般变化与绚丽的色彩。钧釉的釉汁很厚、釉泡较大，釉中有所谓"蚯蚓走泥纹"的曲折线，釉面开片大小不一。

五十七、结晶釉

结晶釉是产品烧制过程中，由于釉内含有足量的结晶性物质（熔质），经熔融后处于饱和状态，在缓冷过程中产生析晶而形成。我国古代的结晶釉都是高温铁结晶釉。清代的铁绣花、茶叶末都是精美的结晶釉品种。现代的结晶釉，熔质除铁外，还有锌、锰、钛等；烧成温度除高温外，又有低温；晶花除细晶外，也有粗晶。

五十八、茶叶末釉

我国古代铁结晶釉中重要的品种之一，属高温黄釉，始于唐代。当时耀州窑大量生产，器物多为热壶及小盏两种。釉呈失透的黄绿色，在暗绿的底色上闪出犹如茶叶细末的黄褐色细点，古朴清丽、耐人寻味。清代前期的官窑，有意仿造明以前的茶叶末釉。从传世实物看，以雍正、乾隆时期的产品为多，并以乾隆时的烧制最为成功。由于清代的仿烧人是唐英，故又被称为"厂官釉"。茶叶末釉中绿者称茶，黄者称末。雍正时是有茶无末，乾隆时则茶末兼有。釉色偏绿者居多，有的上挂古铜锈色。因具有青铜器的沉着色调，常被用来仿古铜器，所以又叫"古铜彩"。

五十九、铁锈花

瓷器的一种彩绘装饰。制作技法是：在施好黑釉的坯体上用含氧化铁的斑花石作着色剂绘纹饰，在高温烧造过程中铁晶体呈现出斑斓的铁锈红色。铁锈花是北方磁州窑系宋、金、元时期特有的工艺。清代雍正、乾隆时期，景德镇御窑厂也生产黑釉铁锈花瓷器。清代寂园叟的《陶雅》中有"紫黑色釉，满现星点，灿烂发亮，其光如铁"的记载。这时的釉料配方主要是含铁和锰，釉呈赤褐色。

六十、低温色釉

低温色釉是以氧化铅为主要熔剂配制的釉，在900℃以下的温度中就能熔融，冷却后凝固成玻璃状，即低温色釉，也称铅釉。

出土的铅釉表面有时有一层银白色金属光泽的物质，被称为"银釉"，这实际上是铅绿釉的一层半透明的沉积物。当铅绿釉处于潮湿环境下，由于水和大气的作用，釉面受到轻微溶蚀，溶蚀下来的物质与水中原有的可溶性盐类混合，在一定条件下于釉层表面和裂缝中析出，又由于这层沉积物与釉面接触不紧，故水分仍能进入沉积物和釉面间的空隙，继续对釉面溶蚀，产生新的沉积物。如此反复，当沉积物达到一定厚度时，由于光线的干涉作用，就产生了银白色光泽。在汉代绿釉陶和唐三彩上有时就有这种银釉。这种银釉是由于铜绿釉易受水和大气的溶蚀而产生的。铁黄釉和钴蓝釉不易受到水的溶蚀，表面不会生成"银釉"。

六十一、胭脂红釉

胭脂红釉是以黄金为着色剂的低温粉红色釉，清代康熙年间从西方传入我国，故又称洋红。在康熙年间的珐琅彩瓷上始见应用。雍正、乾隆两朝的金红釉成为盛行的名贵色釉。它的制作是在烧成的薄胎白瓷器上施以含金的红色釉，在800℃—850℃的彩炉中烘烤而成。釉色匀净明艳、娇嫩欲滴，器内白釉纯净，更映衬出外釉极其美丽的粉红色。金红釉根据呈色的浓淡，有胭脂红、胭脂水、粉红釉之分。胭脂红大约在釉中掺入了万分之二的金，釉汁细腻，光润匀净，色如浓艳的胭脂。胭脂水掺入万分之一的金，即呈浅粉红色。

六十二、孔雀绿釉

孔雀绿又称"法翠"，也叫翡翠釉和吉翠釉。它是一种以氧化铜为着色剂，以硝酸钾为主要助熔剂的透明蓝绿色釉，因极似孔雀羽毛之绿色而得名。孔雀绿釉瓷器创烧于宋金时代北方民窑，景德镇从元代开始生产这一品种。除光素无纹者以外，其装饰题材为莲瓣纹；另一种是釉下青花装饰，透过孔雀绿釉看到的青花纹饰呈蓝黑色，装饰题材为鱼藻纹。明代的孔雀绿釉碧翠亮丽、清新雅洁，被视为颜色釉中的名品。

六十三、珐华釉

珐华釉是一种装饰陶瓷器的低温色釉，又称法花、法华。烧制技术源于琉璃，发展成为与琉璃制品不同的新品种。用牙硝作熔剂，施釉方法是在陶胎表面采用立粉技术，勾勒出凸线或堆贴纹饰轮廓，然后分别以所需彩料填底子和花纹色彩，入窑烧成。珐华釉又是一个集合名词，专指装饰珐华器所用的黄、白、绿、紫等各种色釉。瓷胎珐华由景德镇于宣德时期开始烧制，兴盛于明代中期。珐翠釉是珐华的主要釉色之一，又名珐绿，现代人认为是孔雀绿釉中的一种。珐蓝釉是珐华的另一种釉色，只是在烧成之前加入一些青料，釉色蓝若宝石、晶莹润泽。

六十四、炉钧

炉钧为景德镇窑在清雍正年间仿钧窑而烧出的一种低温釉。烧制的方法是先以高温烧成瓷胎，挂釉后在低温炉中第二次烧成，故称"炉钧"。炉钧色调丰富，几乎月白、葱翠、钧红、朱砂红等诸色皆备。由于使用了熔块釉，所以光泽性强，外表华美、艳丽。但缺少高温釉那种厚重、奔放感。雍正年间炉钧的特点是：釉流动很快，流动处呈现紫红，釉面常有桔皮纹似片状，反光显五色。乾隆时的窑变流动状如雍正时流利，釉中窑变纹颜色泛蓝。到嘉庆时流得更不畅，色蓝。道光后不再是自然窑变，而是用紫笔画上去的一个个比小米粒略大的圈圈。

六十五、高温颜色釉

高温颜色釉是在生坯上施釉，于 1200℃ 以上的高温下一次烧成。越窑青瓷、龙泉窑青瓷、甜白瓷、祭红瓷都属于高温色釉瓷。

第三节　瓷器的彩

瓷器的彩按照与底釉的上下层关系，可分成三大类：釉下彩、釉上彩、釉上釉下双层彩。其与瓷器的纹饰密不可分，是彩瓷的重要装饰方法。彩瓷的底釉又可分为无色透明和带一定色泽的，所以不同色泽的底釉和上述三种瓷彩工艺结合起来，便变化出了数以百计的彩瓷品种，使其成为瓷器世界里的一个庞大家族。不论是色调柔和淡雅、有粉匀之感的粉彩，还是画面立体感强、色彩瑰丽的珐琅彩，或是体现着东方艺术静谧内涵、幽菁高雅的青花，都显示出了中国劳动人民非凡的创造力和想像力。

一、釉上彩

顾名思义，釉上彩是指釉上加彩，是陶瓷的主要装饰技法之一。它是在已经烧成的瓷器釉面上，用各种彩料绘制各种纹饰，然后二次入窑，用 600℃—900℃ 的低温烧制，凝固彩料而成。

1. 五彩

五彩为瓷器釉上彩品种之一，是景德镇窑在宋元釉上彩器的基础上发展而来。所谓五彩，不过是寓意多彩，并非必定用五种色彩，但画面中的红、绿、黄三主色是不可缺少的。主要着色剂为铜、铁、锰等金属类。五彩系在已烧成的素器上用多种彩料绘画图案花纹，再入彩炉以 770℃—800℃ 低温二次烧成。因烧成后的色彩呈玻璃状、有坚硬的质感，又称"硬彩"，是相对于粉彩而言的。

经过明朝的发展，五彩在清朝达到了鼎盛时期。康熙五彩瓷器可分为两大类：一类是青花五彩；一类是釉上五彩。以釉上五彩最具康熙五彩特色。五彩描金的做法也很普遍，金彩鲜艳不易脱落。金彩还施在洒蓝釉、青釉、红釉等瓷器的釉面上，也收到了一种特殊的艺术效果，比明代鲜艳光亮，画彩技术精湛，方法也多样。康熙五彩的一个特点是红彩运用得比较多；另一特点是除了在白瓷地上彩绘外，还在各种颜色釉瓷器上施彩，如在豆青地、米黄地、霁蓝地、洒蓝地、黑地、红地和各种瓷地上施五彩，使得五彩瓷器别开生面、独具一格。

2. 斗彩

斗彩又称逗彩。"斗"是接合、拼合之意，又通逗，有招惹、逗引之意，指釉下青花和釉上彩之间互相呼应配合，是明景德镇窑创烧的彩绘装饰之一。最早使用"斗彩"这一名称并给予解释的，见于清雍正年间的《南窑笔记》。广义上讲，所有由釉下青花和釉上彩拼逗绘画纹饰的都可称为斗彩，涵盖所有的青花加彩。狭义上讲，斗彩专指成化官窑生产的青花加彩器，后代烧制的仿成化或具有成化风格的青花加彩器也称为斗彩。

斗彩的施彩技法，通常指的是一种在器胎上用青花料双钩纹饰轮廓，施亮釉烧成素瓷后，在青花双钩线内填画需要的色彩。制品多以釉下青花和釉上红、黄、紫、绿等鲜丽的色彩拼绘纹饰，有釉上、釉下色彩争艳媲美之意，遂称为"斗彩"。斗彩的彩料丰富，有鲜红、油红、杏黄、姜黄、水绿、叶子绿、孔雀蓝、葡萄紫、姹紫等等。

3. 粉彩

粉彩是瓷器釉上彩品种之一，于清康熙末年创烧，鼎盛于雍、乾时期。粉彩是景德镇窑在康熙五彩瓷器的基础上，采用珐琅彩的进口色料绘制，经炉火烧制而成的。其做法是：首先在白胎上用墨线起稿，然后在图案内填上一层可作熔剂又可作白彩的玻璃白。用国画的技法以彩料绘画纹样，施于玻璃白上，再经填、洗、扒、吹、点等将颜色依深浅不同晕开，使纹饰有明暗、浓淡层次，经低温二次烧成。其整体瓷面光泽透亮、色彩丰富、色调淡雅、粉润柔和，故称为"粉彩"。粉彩又可分为青花粉彩、祭红釉地粉彩、天兰釉地粉彩、豆青釉地粉彩、珊珊釉地粉彩、抹红彩地粉彩、绿釉地粉彩、窑变釉地粉彩等。

4. 水彩

水彩是光绪末期出现的一种瓷器彩色。此种彩色不含粉质，具有彩料薄、颜色暗淡的特征，它是光绪末期、宣统以后瓷器上所使用的一种彩色。

5. 软彩

所谓软彩就是一种含粉量极微、颜色暗淡的彩色，它介于粉彩与水彩两者之间，可以说是属于粉彩的范畴。它出现于同治晚期，到光绪、宣统时比较盛行。

6. 珐琅彩

釉上彩瓷器的一种，主要特点是彩料凝重、花纹突起、色彩鲜艳明丽、画笔精细。"珐琅"又称"佛郎"，属于低熔点的玻璃，烧成温度约为650℃—800℃，基本上是透明且带有光泽的，因加入各种不同的金属氧化物着色而呈各种不同颜色的彩釉。珐琅彩为外来釉料，故名称颇混淆。"洋瓷"是当时百姓的称呼；宫中的廷储藏饰盒的标签是"瓷胎画珐琅"、"瓷胎羊彩"；清末许之衡在《饮流斋说瓷》一书则称为"古月轩"。其主要用于清宫廷用器，为清康熙晚期所烧造，色彩有几十种。

7. 绿彩

以铜为着色元素，在氧化气氛中烧成的一种陶瓷装饰彩。绿彩是瓷彩家庭中主要成员之一。我国古陶瓷中绿彩品种甚多，其呈色有十余种，形成的主要原因是取决于彩料中铜的含量和窑温的变化。绿彩在装饰瓷器时，可以用于釉下，也可用于釉上。康熙珐琅彩和雍正粉彩中的一些绿彩略带黄色，就是加有锑的缘故。据文献记载：绿彩与黄料配合可呈现略似枯叶的色彩，称为"枯绿"；若绿料多一些就呈"酱绿"色。

8. 金彩

用金作陶瓷上的装饰，始于唐代。古代金彩装饰有描金、贴金（戗金）两种技法。描金即把金粉调入适量的胶水中，用毛笔蘸金料在瓷面上描饰。明人曹昭的《格古要论》认为：宋代定窑的描金方法是取大蒜汁作胶调金描画，贴金类似磁州窑刻花填彩技法。清代以金粉代替了金箔，描金代替了贴金。清代后期，德国的液态金（金水）传入我国，金箔、金粉均被淘汰。金水是一种金的树脂酸盐，特点是使用简单、耗金量低、外观富丽，所以后来成为金彩的主要原料。

9. 蓝彩

传统的釉上蓝彩是由钴蓝铅釉发展而来的，蓝彩的着色剂是天然的钴土矿。据考古资料得知，战国中出土的陶胎琉璃珠上的蓝彩即为钴的呈色。唐代用钴作为陶器上的呈色剂已经很普遍，尤其是唐三彩中的蓝彩和纯蓝彩陶器。钴土矿的化学组成由于产地不同而有较大的差别，除所含主要着色元素钴外，还含有不同量的铁、锰等元素。为了略微调整蓝彩的色调，还于料中加入少量的铜。清康熙年间创烧了釉上蓝彩，从而取代了五彩瓷器上的釉下青花。

10. 黄彩

有铁黄、锑黄两种。铁黄彩由铁黄铅釉发展而来，创始于汉代，唐三彩上的黄色釉即属此类。在明代嘉靖官窑器皿中还可见到黄釉黄彩器，又称"黄上黄"，即在淡黄釉上以赭彩勾描纹饰轮廓线，再填以黄彩。在清代康熙以前，瓷器上的黄色釉和黄彩均用铁黄。康熙时期的斗彩、五彩中的黄彩也是铁黄。康熙珐琅彩瓷器上所用的黄彩是进口锑黄彩料。雍正时期开始使用国产的锑黄彩料装饰瓷器。锑黄料中除含锑外，还含有作为稳定剂使用的锡。

11. 白釉红绿彩

白釉红绿彩是北方磁州窑系开创的一种装饰方法，出现于金代。方法是：用毛笔蘸红、绿彩料，在已烧成的瓷器釉面上描绘花纹，然后置于800℃左右的炉中加以烘焙，使彩料烧结在釉面上。彩料有红、绿、黄以及金、银彩等。从出土实物看，多在白釉碗、碟上加绘红、绿等彩的花鸟纹，也有以黑彩在釉下描绘纹饰轮廓线，釉上填入其他色彩的。

12. 黄地紫彩

目前发现最早的黄地紫彩是成化时期的产品。20世纪80年代在景德镇御器厂遗址出土有成化款黄地紫彩云龙纹盘、碗的标本。这种彩瓷的制作过程是：先在素胎上刻云龙纹饰，覆白色透明釉入窑烧造，然后在刻好的云龙纹上绘紫彩，其余部分施黄彩，再入低温彩炉焙烧而成。黄彩为地，紫彩作装饰，是这一品种的特征，以紫色绘制的纹饰有人物、花卉、动物等。

13. 黄地红彩

俗称"黄上红"，始见于明宣德时期，于嘉靖时期最为流行，此后一直延续到清末。制作工艺是先在高温烧结的瓷胎上施黄釉，入窑二次在900℃左右温度下烧成黄釉器，再在其上绘饰图案，然后三次入窑在750℃以上低温下焙烧而成。装饰方法多为刻花或以红彩、黑褐彩勾描主题花纹轮廓，再填以红料。除黄地红彩外，还有一种与此品种对应的红釉黄彩，以红釉为地，黄彩绘制各种纹饰，其制作工艺与黄地红彩相同。

14. 白釉孔雀蓝

用孔雀蓝彩直接在白釉瓷上描绘花纹，而且不用其他色彩来勾描轮廓线，施彩不匀，但色泽却艳丽凝重，这种工艺始见于明代嘉靖时期。孔雀蓝或孔雀绿色自宋代出现以来，一般多用于装饰瓷器的器身，成为单一的釉色，或与其他彩料配合，共同装饰彩瓷，很少当作一种独立的色彩在器表进行彩绘装饰的。而在嘉靖年间，白釉孔雀蓝的独特工艺得以实现。

二、釉下彩

顾名思义就是釉下加彩，也是陶瓷器的一种主要装饰手段。它用色料在已成型晾干的素坯上绘制各种纹饰，然后罩以白色透明釉或者其他浅色釉，入窑经高温一次烧成。其特点是色彩保存完好，经久不退。

1. 青花

青花是用含钴料在瓷坯上彩绘，施透明釉经高温焙烧，呈现白地蓝花的釉下彩绘装饰，有素雅恬静之美，最早见于唐代。成熟的青花瓷器当出自元代晚期景德镇窑工之手。元代青花多数是在白胎上画花纹，施釉烧成后，在白地上显出蓝色花纹。有为数不多的器物，则是在胎体花纹轮廓外填涂钴料，施釉烧成后，使白色花纹跃然蓝地，更为鲜明醒目。这种施彩方法最早见于宋代磁州窑白地黑花装饰中。自元代至清代，青花瓷器盛烧不衰，成为我国瓷业的传统产品。

2. 哥釉青花

哥釉青花又称"碎纹素地青花"、"纹片釉青花"，是集纹片釉与青花工艺为一体的瓷彩，特点是青花彩瓷上罩以纹片釉。由于碎片纹很像哥窑釉的开片，故名"哥釉青花"。明宣德时期御器厂仿烧哥釉瓷器时，底部用青花书写款识，可谓此品种的始创，于明代晚期较为常见。

3. 釉里红

釉里红瓷是以铜红釉（氧化铜）在瓷胎上绘制蕴含纹，然后罩以透明釉，在高温还原焰中烧成后，纹饰在釉下呈现红色，柔和

清雍正·青花釉里红
云龙天球瓶

美观。釉里红的制作是钧窑紫红斑釉窑变而来的。钧窑的紫红斑纹原为自然形态，有的像蝙蝠、有的像鱼，其后渐次为人工所控制。

4. 青花釉里红

青花釉里红又叫青花火紫，始于元代，是青花、釉里红两色同施于一器的装饰方法。由于青花着色剂是钴，釉里红着色剂是铜，二者性质不同，烧成温度以及对窑室气氛的要求也有差异，因此两者施于一器，烧制难度较大。元代的产量不多，留传器物也很少。现存的一件标有"至元戊寅"铭款的青花釉里红瓷器，是元代釉里红流传至今的珍品。

5. 青釉釉下彩

在瓷器的坯胎上进行彩绘装饰后，罩青色透明釉一次高温烧成。这种装饰始于三国时期，沿用到现代。唐末、五代时期以长沙窑烧制的釉下彩瓷器品种最为丰富，用氧化铁、铜为原料，在坯胎上进行彩绘，然后施青釉，在1220℃—1270℃高温下烧出青釉褐彩、绿彩和褐绿彩纹饰。晚唐时期越窑青瓷装饰由釉上彩发展成釉下褐彩，最精美的代表作是浙江临安水丘氏墓出土的青釉褐彩带盖罂和青釉褐彩云纹镂孔熏炉。

6. 窑彩

窑彩也叫釉下五彩。其制法是将纹样绘于釉下或层中间，经高温一次烧成。其色彩比青花丰富，适宜装饰体薄质精的"高白釉"产品，色彩透明雅丽，釉面光洁滋润，纹样活泼隽秀。由于颜色在釉下，所以经久耐用、永不褪色，也无铅毒。

7. 褐彩

以铁为主要呈色剂的彩料，施于釉中或釉下，有的任其自然流淌变化，烧成后呈现褐色花纹，始见于西晋早期，普遍使用于东晋到南朝早期。唐代四川邛窑器大多在上釉以后用含铁色料绘画，然后入窑一次烧成，谓之釉中褐彩。湖南长沙窑则用含铁色料在瓷胎上绘画，然后上釉烧成，花纹亦呈褐色，称为釉下褐彩。宋磁州窑系的褐彩多以这种方法烧制，纹饰精细。元代景德镇白釉瓷器用褐色彩斑作装饰，后施青白釉的由于氧化铁结晶斑过于浓重，致使釉面出现不均匀的现象。元代龙泉窑青瓷亦有用褐色彩斑作装饰的。

8. 墨彩

始见于清康熙中期，流行于雍正、乾隆时期，并一直延续至清末、民国时期。是以黑色为主，兼用矾红、本金等彩料在瓷器上描绘图案，经彩炉烘烤而成，为五彩、珐琅彩、粉彩瓷器中常见色彩之一。浓黑如墨的彩料或深或浅、或浓或淡地与如雪的白釉相互映衬，颇有传统的水墨画效果，因此又有"彩水墨画"之美称。

9. 蓝地白花

在通体蓝釉地色上，衬以白色花纹，再罩以透明釉高温烧成，是一种具有特殊艺术效果的装饰方法，始创于元代。明代宣德时的制品最为珍贵，装饰方法类似元代。用宝石蓝釉作地，留出空白作纹饰图案，用刻、堆、镶嵌等方法，使白花纹饰有立体感；蓝地深厚匀净，比青花更加鲜艳。常见纹饰有龙纹、葡萄、牡丹、鱼藻等。成化时期，工艺更精，多在宝石蓝色的釉地上，用浓厚的、加有粉质的白釉堆成纹饰，蓝釉鲜艳而微泛紫色，凸起的白色花纹非常清晰，具有珐华的效果。

10. 白釉釉下褐彩

在施有洁白化妆土的素胎上用褐彩绘画出简练的折枝花叶纹，然后罩以白色透明玻璃釉，经窑火一次烧成。是宋代西介休窑、交城窑受磁州窑系釉下彩绘影响创制的装饰方法，风格与磁州窑相近。有些器皿局部纹饰统统高出釉面，这是彩绘时用料较厚的缘故。褐彩呈色有深有浅，或桔红色或黑褐色，色调变化较大，这与晋中地区特殊的矿物质原料有关。

11. 白釉酱褐彩

宋代磁州窑系烧造的瓷彩品种之一。其绘制、烧造方法与白釉釉下黑彩相同，很有可能是在烧白釉釉下黑彩过程中，因黑彩略薄或烧成温度不同所致。宋、辽、金、元时期庞大的磁州窑系，使用酱包或酱褐色作装饰的窑场很多，每个窑场又有与众不同的风格，使白釉酱彩的内涵更加丰富。然而，白釉酱彩的成熟产品则是明代宣德年间景德镇御器厂所烧。其与前代的明显区别是酱色填在刻好的花纹内，在低温窑火内二次焙烧而成，釉色如同未经搅拌的芝麻酱色。

12. 釉下三彩

釉下三彩属瓷器高温装饰彩，清代康熙时期开始创烧，是以氧化钴、氧化铜、氧化铁三种元素为着色剂，集青花、釉里红、豆青三种色彩于一器的釉下彩品种。釉下三彩起源于吴末、晋初釉下褐彩，唐代长沙窑发明了釉下褐绿双彩。而明、清之际多生产釉上彩瓷，釉下彩一直局限于青花和釉里红两种色彩。清康熙时期，釉下彩工艺再度得到重视，在青花釉里红的基础上添加了豆青，三种对温度要求不同的高温彩集于一器，使釉下彩工艺更进了一步。但是，康熙釉下三彩器传世甚少，可能与当时烧造量较小有关。

13. 素三彩

素三彩瓷的创烧年代可以追溯到明代成化年间，是彩色中不用红色的彩瓷，这和五彩瓷器以红色为主调的风格截然不同。以黄、绿、紫、白为主，有时也加进孔雀蓝、藕荷色等。只要没有红色，均称之为素三彩。它是在唐三彩、宋三彩等低温色釉的基础上发展起来的，只是唐、宋三彩皆为陶质胎，而明、清三彩均为瓷质胎。清代素三彩以康熙时所产的最为著名。

14. 白釉釉下黑彩

白釉釉下黑彩又称"白地黑花"、"白地黑彩"，为宋代磁州窑系创烧特有品种之一。烧制过程为：先在成型的瓷坯上施一层洁白的化妆土，并在化妆土上用毛笔蘸细黑料描绘图案，然后上施一层薄而透明的玻璃釉入窑烧造。此种工艺将传统的中国画艺术与制瓷工艺有机地结合起来，题材多为吉祥图案，黑白形成鲜明对比，具有浓郁的笔墨情趣和醇厚的民间色彩。

15. 唐三彩

唐代生产的彩色低温铅釉。用白色粘土作胎，用含铜、铁、钴、锰等元素的矿物作釉料着色剂，并在釉里加入大量炼铅熔渣和铅灰作助熔剂，经过约800℃的温度烧制而成。釉面呈现深绿、浅绿、翠绿、蓝、黄、白、赭、褐等多种颜色，但以黄、绿、白三彩为主。唐三彩釉料以铅的氧化物作为助熔剂，目的是降低釉料的熔融温度。在烧制过程中，各种着色金属氧化物熔于铅釉中，自然扩散和流动，于是各种颜色互相浸润，形成斑驳灿烂的釉色。铅还能增加釉面光亮度，使色彩更加美丽。

唐·三彩马

16. 宋三彩

宋、金时期生产的低温彩色铅釉。陶质胎体主要用刻划方法进行装饰。在第一次烧成涩胎后，按纹饰需要填入彩色釉，再经第二次烧成。

233

釉色丰富，在唐三彩、辽三彩的基础上，除黄、绿、白、褐四种主色，还有酱色、艳红、黑色，并新创一种色泽青翠明艳的翡翠釉。与唐三彩相比较，宋三彩画面生动、填色规整，虽不见蓝釉，但是丰富的色彩、娴熟的绘画，使画面充满了生机。

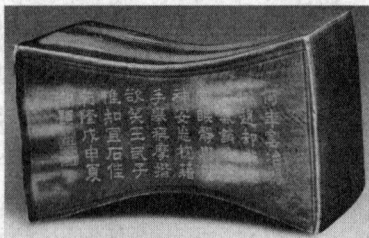

宋·三彩银锭枕

17. 辽三彩

辽代生产的低温彩色铅釉。技术上受唐三彩影响，在瓷胎上挂白粉后再施彩釉。辽三彩多用黄、绿、白三色釉。与唐三彩的区别除胎土不同外，主要是辽三彩中无蓝色，施釉不交融，釉面自然流动感稍差，缺少斑驳华丽的特点。而且，唐三彩是淋釉，靠釉子在高温中流动形成斑斓的色彩；而辽三彩却在印花纹饰上涂抹色彩，颜色稳定。

18. 绿釉釉下彩

又称绿地黑花，宋、元时期磁州窑一些窑场生产。烧制方法：一是在烧成的白地黑花瓷器上罩一层绿釉，再经低温烧结；另一种是不上透明釉，在烧结的绘花涩胎上直接施以绿釉。河北磁县的观台窑、磁州窑和河南禹县扒村窑都生产这类产品。从器物上看，观台窑的绿釉釉层较厚润、色调翠绿、黑彩如漆。扒村窑的绿釉釉层较薄、色调蓝绿、釉下彩呈黑褐色、釉面极易剥落。

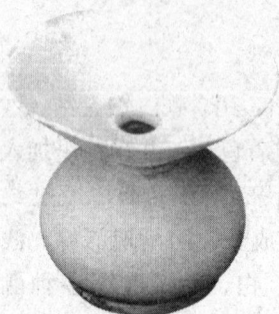

唐·白釉唾壶

19. 浅绛彩

仿中国山水画技法，以淡雅的黑色勾勒画的轮廓，以浅绛色，即朱砂、赭石、藤黄等天然颜料设色渲染画面，表现大自然景色意境，色调清淡柔和。

第三章

瓷器的器型

第一节 瓷器的器型术语

　　器型是指器物的口部、颈部、肩部、腹部、底部以及足部的外观形状。能够对瓷器每一部位的结构形式掌握和分析到位，对于判断其烧造的时代和窑口的鉴定有很大帮助。那么就先从瓷器器型的常用术语开始，让大家了解一下陶瓷器各部位的不同形式吧。

一、陶瓷器的口部形式

　　口沿：陶瓷容器口部及其边沿的统称。口沿的形状和成型工艺，是鉴定器物时代及烧造地点的依据之一。不同时期的不同器物口沿形状各异，如碗有敞口、敛口、花口，瓶、壶、罐、洗有直口、盘口、唇口、折沿等等。

　　敛口：多见于钵、碗、罐等器，形象为口沿处渐向内收敛，有的器壁先向外撇，近口岸再向内敛。

　　直口：形状为垂直的筒形。最早见于新石器时代的罐、瓶等器物，后代的碗、罐、壶、瓶等器均有直口的口式。

　　敞口：又称为"侈口"。形状为近口沿处逐渐开敞宽阔。历代碗、盘、尊、罐等器多作这种口式。敞口器物的器壁有弧形和斜直形之分。

　　撇口：形状为口沿为向外翻撇，略呈喇叭状。这种口式多用于瓶、

第三篇 常识篇

经典文化系列

235

壶等器物，碗、杯等偶有撇口的。

喇叭口：从细颈逐渐展开，形似管乐器喇叭，比敞口深度大。这种口式从新石器时代的陶壶、陶尊上即有出现，历代瓶、罐类器物均有此种口式。

唇口：器口边沿凸起一道浑圆似嘴唇的厚边，因此称唇口。唐代邢窑白瓷碗和历代一些罐等器物都有唇口。

盘口：壶、瓶等口部的一种形式。器型似盘，直壁，折收，下接较细的直颈。汉代陶壶已有盘口趋势，三国、两晋、南北朝盘口壶盛行，唾壶、鸡首壶也作盘口。盘口的壶、罐隋代仍有烧造，唐代变得渐为小巧，至宋代为洗口所取代。

洗口：瓶、罐等瓷容器的口部形式之一。源于六朝壶的盘口，形象接近而略深，更似文具中的笔洗；一般为浅直壁，折收，下接细颈。宋代始见洗口瓶，元、明、清的瓶、罐也有洗口的造型。

花口：一种是指碗、盘等器口部形式，把圆形或椭圆型的器口用连弧线分成若干等分，形若花瓣。有四瓣、五瓣、六瓣乃至十瓣以上花口。按花瓣曲线不同，又可分为葵口、菱花口、海棠式口等多种形式。唐至清代各个窑口烧造的碗、盘、洗、花盆等器均可见花口的造型。另一种是指唐以后出现的一种瓶口形式，即把圆形敞口捏成上下起伏的波浪形，瓶口似盛开的花朵。这种瓶式宋代比较流行，磁州窑、扒村窑、景德镇窑、耀州窑等处均有烧造。明、清瓷瓶仍有花口造型。

葵口：碗、盘花口的一种，把圆形器口做成同等分的连弧花瓣形，似秋葵花的形状。葵口有五瓣、六瓣之分。唐代始见，宋代广为流行，明、清仍大量生产，造型更加精美规整。

菱花口：口边每组花瓣为中央尖两侧圆弧的对称形，使整个器物口沿的线条富于变化。菱花口多见于盘、碗、盏托等器。出现于唐代，明、清时代较为流行，如明洪武时期青花或釉里红盏托、明宣德时期菱口花盆等。

海棠式口：一般器口均为椭圆形，作四瓣花口，形似海棠花。唐代越窑青釉碗即有海棠式口；辽代则十分盛行三彩海棠式长盘。

复口：即内外两重口，外层口似浅盘，内层为略高的直口，两口之间为环形浅凹槽。西晋青瓷罐即有这种口式。后代民间的泡菜坛也是这样的结构，碗形盖覆于两口之间的凹槽中，槽内注水，可起密封的作用。

子母口：带盖瓷器口部的一种结构。一般为盖内凸圈小于器物口沿，可插入器口，用以固定盖子。也有的器口小盖圈大，盖圈套住器口。

子口：子母口结构的器物直径小的一个口。常见的是盖内凸圈小于器物口沿，可插入器口，盖内凸圈即为子口。

折沿：造型为直口，向外翻折出一周窄沿，一般都有一道较硬的转折线。折沿多出现在盆、盘、瓶、罐等器具。新石器时代仰韶文化彩陶盆即有折沿，元代龙泉窑青釉折沿盘也是典型器物。

板沿：在直壁器物上做出较宽的水平折沿，有的并不布满器口一周，而只位于口部的一侧，如金代耀州窑青釉板沿洗。

二、陶瓷器的耳部形式

耳：安置于器物口部、颈部或连于颈、肩部的附加装饰物。一般呈对称布局，多见于瓶、壶、炉、罐等器上。耳多为竖置，除新石器时代陶器上和汉代陶耳杯的耳有一定的实用性外，在器物上主要起装饰作用，使器物整体趋于均衡、协调。古代制瓷工匠为了美化器物，发明了各式各样的耳，如龙耳、凤耳、蒙耳、贯耳、牺耳、戟耳、绳耳、鱼耳、鹦鹉耳、螭耳、鸠耳、象耳、菊耳、如意耳、绶带耳、铺首耳、蝠衔磬耳等。

龙耳：即将器物的耳做成龙形。最早见于隋、唐白瓷及唐代三彩釉陶上。如陕西西安李静训墓出土的白瓷双龙耳双连瓶，造型为盘口、细颈、双腹相连、口沿与肩之间有对称的两龙形耳，为隋代典型器之一。唐代白瓷双龙耳瓶与三彩双龙耳瓶造型相似，系由隋代白瓷双龙耳双连瓶演变而来。唐三彩双龙耳瓶的腹部有塑贴的宝相花纹。清代雍正时景德镇窑有茶叶末釉双龙耳瓶。

凤耳：即将器物的耳做成凤形。最早见于宋代龙泉窑青瓷瓶上，其造型为盘口、细长颈、折肩、直腹、颈部对称双凤耳。清代景德镇窑瓷器上亦有所见。如康熙茄皮紫釉凤耳蒜头口瓶、乾隆豆青釉青花凤耳瓶等。

戟耳：因形似古代兵器戟而得名。主要流行于明、清景德镇窑瓷器上，品种有青花、斗彩、仿官釉等。如明正德年间青花戟耳香炉、万历

青花戟耳瓶、清雍正仿官釉戟耳瓶、嘉庆斗彩戟耳瓶等。

鱼耳：即将器物的耳做成鱼形。最早见于宋代哥窑及龙泉窑制品上，如著名的哥窑鱼耳炉。明末景德镇民窑青花瓷上亦可见到。

螭耳：即将器物的耳做成螭虎形。主要流行于明、清景德镇窑瓷器上。如明嘉靖蓝釉耳瓶、万历黄釉紫彩螭耳瓶、青花螭耳瓶，清康熙天蓝釉耳尊等。

如意耳：即将器物的耳做成弯曲的如意形。流行于清代景德镇窑瓷器上。如雍正斗彩如意耳尊、乾隆仿官釉如意耳扁瓶、嘉庆粉彩如意耳瓶等。

绶带耳：即将器物的耳做成细长弯曲的绶带式。主要流行于明、清景德镇窑瓷器上，特别是葫芦式瓶多置此耳。如永乐、乾隆茶叶末釉绶带葫芦瓶等。

三、陶瓷器的肩部形式

肩：陶瓷瓶、罐、尊等容器颈与腹之间的过渡部位，因酷似人的肩部，因此得名。器物肩部造型有丰肩、溜肩、平肩、折肩等区别，它们也是鉴定陶瓷器时代及窑口的依据之一。

丰肩：其造型线条丰满浑圆，向上高耸。元、明、清的梅瓶和历代一些罐类器物多为丰肩。

溜肩：造型为肩部向下倾斜，与腹部衔接成圆弧形。历代瓶、罐、壶等器均有溜肩的造型。

折肩：造型为从肩至腹有明显的转折，转折处出现棱角。典型器如元龙泉窑双凤耳瓶。

平肩：肩部为一水平面，至腹部有明显转折。

四、陶瓷器的腹部形式

腹：陶瓷容器中部主要的盛物空间。一般罐类器物多为圆鼓腹；瓶类有直筒腹、扁圆腹、弧腹等多种样式；碗、钵有弧腹、折腹、斜直腹等。不同时代、不同地区的产品，腹部造型亦有区别。

鼓腹：造型为腹部呈弧形向外凸出，线条丰满鼓胀。一般罐类多为鼓腹。

直腹：腹部造型为直筒形或接近直筒形，有方、圆之分。如清代的棒槌瓶或方棒槌瓶。

扁腹：扁腹有两种情况：一种是腹部前后间距小于左右间距，腹部横截面为扁圆形，如唐至辽代的皮囊壶、穿带扁壶，以及明代永、宣年间的绶带拖月瓶等。另一种扁腹为腹部扁矮、纵截面为扁圆形，如六朝青瓷唾壶和大部分紫砂茶壶。

折腹：又称"折腰"，指器腹中部有明显的弯折，折棱下骤然收束。新石器时代仰韶文化即有折腹的盆、釜等陶器，其他文化还有折腹盘、盂、壶等。五代、宋、元定窑白瓷盘、碗、盂等常作折腹的造型，后代多见于盘、壶等器。

曲腹：造型为腹中部向外鼓凸、圆折，然后向下向内作弧形收束，转折曲线明显。新石器时代仰韶文化半坡类型曲腹罐、庙底沟类型曲腹碗、盆等为典型代表。

弧腹：多见于唐、五代及以后的执壶、罐等器，腹部压印数条纵向四槽，做出数瓣纵贯腹部的弧形凸棱，似南瓜形，也称瓜材腹。

垂腹：又称"胆形腹"，腹部上小下大呈自然下垂的弧线，形似悬胆。元、明、清常见的玉壶春瓶，明、清的胆瓶即为垂腹。辽代皮囊壶虽多为扁腹，但腹形上扁下鼓，也有垂腹的趋势。

五、陶瓷器的流部形式

流：俗称"嘴"，盛装液体的容器供液体流出的部位。新石器时代的陶爵和陶瓷有鸭嘴状流，亦有由器腹向斜上方伸出的管状流。后来，执壶等器多采用管状流。唐代注子的流短而直；宋代提壶流加长，略变弯曲，使注水动作更易控制。流与器腹相通的孔洞，初为单孔，清代起出现成组小孔的筛孔。

直流：流呈直管形。直流一般安装在器腹上部或肩部，口伸向斜上方，如新石器时代的陶角、唐代的注子、明清的部分紫砂茶壶。唐代注子的直流还分为圆筒形和多棱形两种外观。

曲流：圆管状，细长而微曲，略呈"S"形。流口稍向外撇，斜削成尖圆形，便于控制水流的角度和力度。宋代的执壶和明清的酒壶及部分茶壶均采用这种流，一般安装在器腹中下部，后代有的还在流末端至肩部加一微曲或略带花饰的扁横梁，起加固和装饰作用。

鸭嘴流：将圆形器口沿的一侧拉长，形似鸭嘴。明代的僧帽壶等器，都有鸭嘴流。

六、陶瓷器的底部形式

底：陶瓷器的最下部位，起承托或支撑的作用。一般将底与足统称为底足。器底或底足的形式多种多样，如平底、圈底、尖底、玉璧底等，这些造型均指器物外底，它们是鉴定器物时代、窑口的重要依据之一。

平底：指整个底面平坦，无明显起伏变化。有轻微弧凹的底形也可归入平底范畴。唐以前，平底为陶瓷器最基本、最常见的底形，唐以后的部分罐、壶、缸、盘等器仍作平底。

尖底：早期陶瓶底部的一种形式，瓶底作尖锐的圆锥形。见于新石器时代仰韶文化尖底瓶。

圆底：即圆弧形底，由器壁至底面作圆弧形过渡，无明显转折，底部无明确的平面。多见于早期陶器，新石器时代仰韶文化、马家窑文化均有圆底的钵、盆、罐等。后代瓷器偶见圆底造型，如唐代青釉或三彩圆底钵盂。

玉璧底：流行于唐代中、晚期。造型为圆形平底中心挖去一小片同心圆，形似玉璧，也称作玉璧形圈足。唐代越窑、邢窑、长沙窑等各窑口烧制的碗、盏等器均采用玉璧底。一般底部不施釉，较精致的制品，在底心内凹处施釉，只有圆环形底面露胎。

七、陶瓷器的足部形式

足：陶瓷器底部以下类似腿的支撑部位。早期陶器的足以鼎的三足为代表，鼎足形状有柱形、锥形等多种；以后相继出现实足和圈足，圈足是瓷器最为常见的足形。此外，还有袋状足、高足、珠足等种类。随着时代的更迭，陶瓷器足部形状也有相应变化。

实足：为实心的整体。常见的足形有饼形足，陶质鼎、禹、爵、砚等器的柱形足、锥形足、兽形足、珠足等多为实足。

饼形足：陶瓷器实足的一种。造型作圆饼形，外壁与器身之间有明显转折，足壁多微向外撇，底面不施釉，六朝至唐、宋的壶、罐、瓶、

中国瓷文化

经典文库系列

碗等器常采用这种足形。

留足：造型为平置的圆圈状。圈足有高低深浅之分，圈足壁有薄厚之分。成型方法有镶接和旋削两种。留足的造型始于新石器时代，龙山文化、马家窑文化、大汶口文化等诸多文化陶器均安装圈足。瓷器产生后，圈足更被广泛使用，它们多为施削而成。各个时期的挖足工艺略有区别，致使留足的深浅、薄厚、足壁倾斜程度不同，成为鉴定其时代的一个重要标志。

假留足：器物外壁看似有足，足与腹壁界限分明，但实为平底。

卧足：器外腹垂鼓，自然连接到底部，器型似伏卧状，底部中心内凹。卧足多用于明、清的碗上，鸡缸杯和少量瓶等器物也有这种足式。

珠足：瓷砚的一种足形，作若干个长圆的实心葡萄珠状，均匀粘附在圆盘形砚池底边。珠足从隋代起取代以前的蹄足，数目往往有8至10个或更多。足上均施釉。

高足：安装在陶豆、陶瓷盘、杯、碗的正下部，有圆柱形、圆筒形、竹节形、上小下大的喇叭形等样式。高足有实心的，也有中空的高圈足，还有的足壁有镂孔。新石器时代陶豆的高足多为喇叭形留足、按孔圈足、竹节形等，细而长的高足习惯上称为柄或把，如大汶口文化蛋壳黑陶高柄杯。从隋代至唐初，南北青瓷窑大量烧造的高足盘，盘足中空，较粗矮，足底外撇，足壁多装饰多重弦纹，有的盘心饰印花。元代起流行高足杯，又称为把杯或马上杯，多为酒具。其高足有圆柱形、竹节形或喇叭形，也有实足。这种高足杯明、清景德镇窑一直持续生产。

双圈足：流行于清康熙早期景德镇窑的瓶、罐、盘等器物上。造型为内外两重圈足，内圈足略浅，由外圈足支撑。

柱形足：如直立的实心圆柱，支撑着器腹。一般由3至4个组成。常见的如鼎或香炉的三柱足。

乳状足：属袋足的一种，区别在于足下端凸出似乳头，常见于新石器时代陶器上。

蹄足：足下端形似兽类的蹄。这种足式见于六朝青瓷砚、香炉以及唐代三彩三足镇等器上。

第二节 瓷器的器型

瓷器的器型也是鉴定的关键，下面就让我们来逐一认识一下：

一、碗类

平底碗：又称"实足碗"，东汉至唐常见的碗式。其平底是在制坯过程中对碗足部采用平切工艺制成的。东汉晚期平底碗的造型可分为两种形式：一种口沿细薄，深腹平底，碗壁圆弧，就像被横切开来的半球形；另一种口沿微微内敛，上腹稍微鼓起，下腹弧向内收，平底，器型较小；两种形式的碗底都微向内凹。三国时期的平底碗内有叠烧支钉痕。西晋时碗口较大，腹浅，平底小。东晋时以大口小肚为多，有的碗上腹部装饰网格纹。有些小型碗实为灯盏。东晋时造型简洁实用，腹深中等，平底或假圈足。南朝时口治变薄，腹深逐渐加大，器底变小而较厚，足台明显，有饼形足或假圈足。此碗式一直沿用到唐代。

玉璧底碗：碗足部为璧形，中心内凹，足圈宽大。足中心内凹处有不施釉和施釉之分。

四出碗：四出是指碗口部有四处下凹而形成四瓣花边状。通常下凹处的腹内壁都有凸起的竖向线纹，好似花叶的茎脉。

笠式碗：笠式碗又称斗笠式、凉帽式、草帽式碗，大敞口，斜直腹，斜腹壁呈45度角，小圈足，因似倒置尖顶斗笠而得名。清康熙时为宽口沿外撇、圆腹、大圈足。

葵口碗：北宋以来较为常见的一种碗式，因碗口沿为四、六、八瓣葵花式而得名。

注碗：与注子配套使用的一种温酒具。一般碗壁直而深，有的通体呈莲花形，使用时碗内放适量热水，注子内盛酒置于碗中。

孔明碗：孔明碗又称"诸葛碗"，始见于北宋龙泉窑刻花器。造型为敛口、弧腹、圈足。底与碗心呈双层夹空，义项有孔与空腹相通。此独特造型，源于三国故事：诸葛亮六出祁山，司马懿屡遭败北，困守不出。亮修书遣使赠巾帼衣物以羞辱之。据使者回报，懿阅札受礼不怒，却详询丞相寝食办事之繁简，继言："食少事烦，其能久乎。"亮为惑

242

敌，乃于对方来使刺探时，用双层碗进餐，明示食可盈碗，实仅上层有饭。后世遂称此种双层碗为诸葛碗，用途为供器。龙泉窑烧造数量最多，明、清景德镇也有烧制。

卧足碗：金代开始流行的一种碗式，浅腹，碗底心内凹，以碗壁充当圈足，因此而得名。

折腹碗：俗称"折腰碗"，元代流行的一种碗式。器呈敞口，腹内削，腹底向内平折，圈足。最早见于五代，元代流行最广。景德镇元枢府釉器较为常见。

鸡心碗：流行于明永乐、宣德时期的一种碗式。器呈敞口，深腹，内底下凹，外底心有鸡心状突起，小圈足。

宫碗：特指明宣德时期创烧的一种碗式。口沿微外撇，腹部宽深丰圆、造型端正，圈足。这种器型多以青花作装饰，并历代相传。正德时烧制量增大，加之多为皇宫用器，因此又称为"正德宫碗"。

盉碗：也称"合碗"，明宣德时景德镇窑已有烧制。器型为撇口、直壁、折腹，下腹部有两道凸起的弦纹为饰，上覆圆顶盖，清代盉碗盖钮多作蹲兽式。

骰子碗：俗称"骰盔子"，因与旧时赌博用具相似而得名。明宣德时期景德镇烧制。器型为平沿敞口、浅弧腹、圈足，胎体厚重，器内素白，器外多为青花或洒蓝釉装饰。

高足碗：也称"靶碗"，有中空足封闭底印和不封底两种。口微撇，近底处丰满，下承高足，造型与高足杯相似，略大。以明永乐红釉、宣德釉里红、成化斗彩最为名贵。

盖碗：流行于清代的一种茶具。清康熙时期盖碗的碗式有撇口折沿式、敞口式两种，器腹均下收，圈足。盖径多小于碗口径，扣于碗口径，少数盖大于碗口，俗称"天盖地式"。

八方碗：流行于清代的一种碗式。器型作八方形，有敞口、敛口二式，碗腹多内收。雍正时期有直腹内收式。

流霞盏：瓷盏的一种，饮酒用器。是古代文人相聚、吟诗流觞行乐时用的一种小酒盏，体小胎薄。万历时浮梁人吴为，又称吴十九烧制的流霞盏精致小巧，最为著名。

茶船：放茶盏的用具，其形似船，故名。明清时景德镇窑烧制有仿官釉、青花、粉彩茶船。

瓯：一种敞口小碗。用于饮茶，又用于打击乐器。《东府杂录》记载：唐代中初，调音律官郭道源，以越瓯、邢瓯共十二只，以筋击之。声音清脆，妙于方响。

净水碗：佛教供器，明末清初较为常见。口微侈，圆腹下收，假圈足，有的是饼形足或高足，碗身上往往题有弟子名称、乞求内容、施舍时间等。净水碗常配有瓷制器座，座呈洗口、长颈、溜肩、收腹、下部外撇、平砂底、侧置对称兽耳。

扎古扎雅木碗：是仿西藏喇嘛教木质碗烧造的一种碗式。器呈侈口，弧腹，器壁较浅，拱壁足底，内外施木釉或内施金彩外施木纹釉。为清代乾隆时期的独特造型。乾隆皇帝在其御题诗中称其为"扎古扎雅木"。

二、杯类

直筒杯：新石器时代就已出现的一种直筒杯，到唐代广为流行。目前，春秋时期的原始青瓷直筒杯在江西、浙江、江苏等地区常有发现，

爵杯：一种酒具。夏、商、周时代盛行陶制或青铜制的爵，明清瓷器造型多仿古之作，福建德化、浙江龙泉、江西景德镇等窑均曾烧制瓷爵，俗称爵杯。器型仿青铜器式样，口沿外撇，圆腹略深，前尖后翘，下承三高足，口沿两侧有对称的立柱，一旁有鋬。

提柄式杯：战国时期的一种原始青瓷杯式。杯体近似直筒形，小口，折肩，腹下略大，平底下有足。一侧有方棱形曲柄，柄上部与肩相连后向外折，下端与腹底相连。东吴时期亦有提柄式杯，作筒式，一侧附竖式提柄，柄端高于杯口，造型秀美。

耳杯：亦称"羽觞"，战国晚期创制的一种饮酒器，流行于东汉至两晋、南北朝时期。器型仿制汉代漆制羽觞，器身呈椭圆形、浅腹、平底，口沿两侧有对称的新月形板耳，由此得名。

鸽形杯：西晋时期的一种青瓷杯。杯体呈圆形，一侧贴塑昂首、展翅飞翔的鸽子，另一侧有宽而上翘的柄，形状酷似鸽尾，因此而得名。

高足杯：俗称"把杯"，是一种酒具。其基本器型为撇口、弧腹、高足，高足有竹节形、圆柱形、四方形等。因执于手中便于在马上饮酒，又名"马上杯"。源于同时期的金银器，明显受到西亚文化的影响，后成为元、明、清时期流行的器型。江西高安窑出土的元代釉里红彩斑

高足杯，杯底有上小下大的圆锥状榫嵌入圈足内，圈足上方有微内收的榫，能使杯旋转。明以后的高足杯又增加了菱花口式。

双联杯：流行于唐代的一种杯式。杯为双杯并联、敞口、收腹、圆底，腹下部有孔相通，连接处有羊首纹饰，一侧附柄。

海棠杯：流行于唐、五代时期的一种杯式，器型仿同时期金银制品，因造型似海棠花而得名。浙江省临安县晚唐水邱氏墓出土有白釉"官"字款海棠杯。器型平面近似椭圆，四瓣海棠花式敞口，腹部下收，喇叭形高圈足。

公道杯：又称"平心杯"，始见于辽代缸瓦窑产品，元代青花中亦有，流行于明、清时期。杯多撇口、垂腹、圈足；杯中立一人形，体内空心瓷管通于杯底小孔，瓷管口端与杯沿等高；立人足下与杯衔接处有一暗孔。当杯中酒位高于管口，酒即随杯底的漏水孔一泄而出。所以在酒宴中，进酒者只能给饮者注等量的酒，因此称其为公道杯。此杯是以物理学中的虹吸原理制成的，有着满招损、谦受益的教化作用。

压手杯：明代永乐朝景德镇御窑厂创制，为皇室内廷所垄断的一种杯式。基本器型为平口平外撇，腹壁较直，自腹壁处内收，圈足，足底外沿凸出一条棱线。手持时器口恰合于拇指指节，稳妥合手，加之器壁自口沿而下胎体渐厚，托于手中心有凝重之感，因此被成为"压手杯"。以明永乐青花压手杯最为著名。明人谷应泰的《博物要览》记载："压手杯，坦口折腰，沙足滑底。中心画双狮滚球，球内篆"大明永乐年制"六字，或四字，细若粒米，此为上品。鸳鸯心者次之，花心者又其次也。杯外青花深翠，式样精妙，传世已久，价亦甚高。"

马蹄杯：器呈敞口、斜削腹，内凹小平底，倒置似马蹄。明成化、嘉靖，清康熙、雍正时期烧制的数量最多。

铃铛杯：也称"仰钟杯"、"金钟杯"、"磬式杯"，杯口外撇、深腹、圈足，倒置似铃铛，是清康熙时期景德镇窑的创新品种之一。

鸡缸杯：明代成化时期御窑厂创制的一种酒具。器呈敞口、敛腹、卧足；外壁以斗彩绘雌、雄鸡相伴护雏觅食图，画面衬以山石、花草，色泽鲜亮而柔和。

高士杯：明成化年间的一种斗彩酒具。器呈直口，沿边微撇，口以下渐收，浅圈足，造型小巧丰腴。所谓"高士杯"是指杯身绘有文人行乐的图画，如王羲之爱鹅、陶渊明爱菊等。

三秋杯：明成化年间的一种斗彩杯。器呈敞口，浅斜式腹壁，圈足，杯身以秋菊、蝶、草组成画面，故名"三秋杯"。以青花勾勒草花和飞蝶的轮廓，以鹅黄、紫红、姹紫点染飞蝶和花蕊。

方斗杯：流行于明代嘉靖时期的一种杯式，因形似方斗而得名。古时制作方形器不似圆器那样能利用陶车的旋转直接拉坯而成，而是需要将坯泥制成片状粘接而成。清康熙时期，出现一种提梁式方斗杯。杯内有一横梁，将两侧内壁连接起来，由此加强了方斗杯在烧制过程中的强度，使器型十分规整。

卧足杯：明、清时期流行的一种杯式，因杯底无圈足而以内凹的卧足下承而得名。

套杯：清代雍正至道光时期流行的一种杯式。器呈撇口，敛腹，浅足。器倒置如同马蹄，大小10个为一组，依次套叠合成一体，源此而得名。

三、瓶类

传瓶：流行于隋唐时期的一种瓶式。器呈单口、双腹并联的双缡尊，自名"传瓶"。

双龙耳瓶：一种受外来影响的"胡瓶"，与当时鸡首壶身形相似，但不用鸡首而用双龙形把子。

葫芦瓶：形似葫芦的一种瓶式。自唐以来，因其谐音"福禄"，为民间所喜爱，遂成为传统器型。有四方、六方、八方、上圆下方及扁腹式等样式。除传统器型外，又有上圆下方式，蕴含天圆地方之意。至清康熙时，成为外销瓷品种之一，器型比明代的高大，并出现三节或四节式葫芦瓶。雍正以后，创制一孔葫芦瓶，嗣后变化多端，其中：器口内敛、卧足、装饰有对称如意绶带的又演化为"如意尊"。

盘口瓶：流行于唐、宋时期的一种瓶式，因瓶口似浅盘而得名。

玉壶春瓶：由宋人诗句中"玉壶先春"一词而得名。器呈撇口、细颈、垂腹、圈足，以变化的弧线构成柔和的瓶体。明、清两代器身普遍比宋、元器矮粗，并成为传统器型一直延续至清末。

梅瓶：北宋创烧的一种瓶式，是一种用来装酒的长瓶，人们又称之为京瓶，是宫廷用品之一种。原来这种瓶子上的盖子是用树木和其他材料制成的，由于年代久远，早已朽烂。因口之小仅能插梅枝而得名。造型为小口、短颈、丰肩、敛腹、瓶体修长。宋器一般呈蘑菇形口，器身修长秀丽。元代呈平口，短颈、上细下粗、器型雄伟。明以后多唇口，梅瓶之名始于清代。

贯耳瓶：流行于宋代的一种瓶式。器型仿汉代投壶式样，腹部扁圆，圈足，颈部两侧对称贴竖直的管状贯耳。

弦纹瓶：又称"起弦瓶"，因瓶体环绕一道道凸弦纹作装饰而得名。以龙泉窑烧制量最大。一种为洗口、直颈、折肩、筒式腹、浅圈足；另一种是洗口、长颈、扁圆腹、圈足。

琮式瓶：仿新石器时代玉琮造型的一种瓶式。器呈圆口、短颈、方柱形长身、圈足，口、足大小相当，有的器身四面有凸起的横线装饰。清代以后，器身横线装饰演变为八卦纹，故后期又称为"八卦瓶"。

蒜头瓶：仿秦汉时期铜瓶造型的一种瓶式，因瓶口似蒜头形而得名。其基本造型为口部作蒜头形，长颈、圆腹、圈足。

瓜棱瓶：流行于宋、辽时期的一种瓶式。因其瓶的腹部均匀分布着纵贯的凸凹弧线，将瓶体分成瓜棱形而得名。器型呈撇口、直颈，长圆瓜棱形腹，圈足作外撇花瓣式，以景德镇烧制的品种最多。

花口瓶：唐代始烧，流行于宋、金时期的一种瓶式，因瓶口似开放的花朵而得名。基本形式为花口、细颈、圆腹、撇足。现收藏于北京故宫博物院的白釉"丁道刚作瓶大好"铭花口瓶，瓶口似莲花瓣形、细颈、溜肩、球形腹、圈足、瓶口部有人面形把与肩部相接。

盘口长颈瓶：辽代的一种典型器具。器呈浅盘口、细长颈、溜肩、敛腹，底足外展。有的器底划有"官"字款。同样这种器身，肩、腹饰贯耳者称为"盘口穿带耳背壶"；肩侧有注流者称为"盘口长颈注壶"。

鸡腿瓶：又称"鸡腿坛"，辽、金时期一种典型的陶瓷器。侈口外卷，溜肩，腹部修长形如鸡腿，因此而得名。北方地区辽、金墓葬中常有出土，辽代壁画中有契丹人背负细长鸡腿坛的画面，说明此类器皿多为游牧民族所用。

象腿瓶：流行于清初顺治、康熙年间的一种瓶式，广口外撇，短颈，身如筒状，平底，造型如粗壮的象腿，由此而得名。品种有青花和五彩等。

凤首瓶：辽代的一种受中亚金银器影响而创制的独特瓶式。凤首张目，曲喙衔接，首顶荷叶状花口为冠，细长颈多饰弦纹，丰肩，敛肩修长，平底或假圈足外展。器身光素、刻花或堆塑图案。

凤尾瓶：清代康熙景德镇窑创制的一种瓶式。喇叭状口，长颈、鼓腹、下敛，至底又广，形状略似凤尾，因此而得名。

连座瓶：流行于元代的一种瓶式，因瓶体与瓶座连为一体而得名。广东省博物馆收藏的枢府釉连座瓶，盘口、细颈、垂腹、鼎式三足、下连六角形镂空座。北京市元大都遗址出土的钧窑连座双耳瓶，花瓣形口、细长颈、丰肩，腹下部内收、瓶底连有镂空座，堪称连座瓶的代表作。

扁腹绶带葫芦瓶：器型似扁葫芦，颈部有对称双系，因腹圆若满月，又称"抱月瓶"或"宝月瓶"，是受西亚文化影响出现的器型。清代康熙、雍正、乾隆时期官窑有仿制品或略加变化，改称"马挂瓶"，为皇亲国戚骑马出行时随身携带的用具。品种多为青花。

天球瓶：是受西亚文化影响的一种瓶式。口微侈，直颈、球腹、平底。

四方倭角瓶：明宣德时期景德镇御制器厂创制的一种瓶式。形状为唇式，口微侈，直颈两侧贴塑兽耳，方形腹的每个直角均斜削 45 度，使之变为八棱锤形，圈足外撇。

壁瓶：是专为悬于壁上或挂于轿中设计的一种瓶式，又称"挂瓶"或"轿瓶"，瓶体均为整体的半剖，背面平整有孔，可系绳悬挂。小者可挂于鸟笼之中。万历时大兴，有莲花、葫芦、瓜棱、胆式等多种造型。

赏瓶：清代雍正时期新创的一种瓶式，一直延续至清末宣统时期，成为官窑的传统器型。瓶呈撇口、长颈、圆腹、圈足，多以青花缠枝莲为饰，取其"清廉"谐音，专用于皇帝赏赐臣下，意在令其"为政清廉"。

净瓶：佛教僧侣"十八物"之一。游方时可随身携带以储水或净手。瓷制净瓶流行于唐、宋、辽时期。造型为喇叭形口、直颈、颈中部突出如圆盘、长圆腹、肩部上翘的短流多作瑞兽首形、肩一侧有一个上细下粗的流、壶口与注口均有盖（便于保持卫生）、圈足。元、明以后多称"军持"，器身多扁圆、颈较短、流肥硕。入清以后，这一器型为皇家垄断，成为清朝朝廷赐给西藏高级僧侣插草供佛之物，因此又改称为"藏草瓶"。乾隆时期制品为圆唇口、直颈有凸弦纹、丰肩、腹下部渐收、束胫、足部外撇。

藏草瓶：是藏传佛教密宗修行仪式中用与插草供佛之物，又称为甘露瓶。它的形制一般为小口、细长束颈、腹部扁圆、覆盘式足。藏草瓶在清代，一方面是朝廷赐给西藏僧侣的特别器皿，另一方面也可能是乾隆皇帝修炼密宗时的专用器皿。

花觚：一种仿青铜觚的瓷制花瓶。元、明、清时期广为流行的一种陈设品。器型为敞口、细身、圈足。另有一种器型，器身较粗壮、长颈、高圈足、鼓出的小圆腹四周凸起四道棱戟。乾隆、嘉庆年间所制还有一种细身的觚，腰际堆塑一条蟠螭，施素三彩釉。

方口觚：流行于明万历、天启时期的一种觚式，因口、腹、足均作方形而得名，是一种陈设品。

活环瓶：因瓶的双耳上套有可活动的环而得名。是明嘉靖以来流行的一种造型。嘉靖时期活环造型为唇沿外撇、束颈、长腹下垂、足部较高且外撇、平底、颈部贴塑双兽耳，并套有可活动的圆环。

筒瓶：形若直筒的一种瓶式。造型为侈口、短颈、溜肩、长腹、平底。筒瓶始见于明代万历年间，在清初顺治、康熙时期被赋予"大清天下一统"的寓意，从而成为民窑中最为流行的器物。

胆式瓶：宋代瓷瓶中造型优美的一种，它颈部细长、口稍广、以下渐收敛，至肩部又渐广，瓶底部丰满。瓶下部与玉壶春瓶相似，上部不同，直口微敞，颈部弧度很小，整个瓶式样极清秀。这种瓶，钧窑中烧制的较多。胆式瓶在元、明两代很少看到，清代却大量仿烧，最明显的特点是口径与颈径相等。

橄榄瓶：短颈、鼓腹、口足内敛、平底或圈足、形似橄榄，因此而得名。有素身与瓜棱式之分。创烧于宋代，瓶身上下径度略同，口外撇，颈很短，瓶身上下小而中部广，整个器形有如橄榄。这种瓶在宋代北方民间瓷窑中很普遍，南方青瓷及北方汝、官、定、耀州等窑中很少见到。元代后这种瓶就不再出现。

荸荠扁瓶：清代流行的一种瓶式。有撇口与直口之分，直颈较粗，器腹均为扁圆，形如荸荠，圈足。清代康熙时首创，多为直颈。晚清同治、光绪时期，官窑又流行这一造型，但均为粗短、锥颈、荸荠形、扁圆腹、圈足。

锥把瓶：形如锥把的一种瓶式。器呈小口、长颈上细下粗、溜肩、鼓腹、浅圈足。清康熙、雍正、乾隆三朝颇为流行。

油锤瓶：仅流行于清代康熙年间的一种瓶式。器呈小口、细长颈、鼓腹、平底，形似旧时油坊匏制之油锤，因此而得名。

棒槌瓶：形似旧时洗衣用的木棒槌。棒槌瓶又分圆、方、软三种。圆棒槌瓶又称硬棒槌瓶，造型为盘口、直颈较短、圆折肩、筒形长腹、底部多为平切式二层台，器型大小不一，大者高达 70 厘米，小者不足 10 厘米。方棒槌瓶又称方瓶，器型为撇口、短颈、平肩微折、方形长腹、腹部略为上宽下窄、方形宽足、凹底施釉。软棒槌瓶特指雍正初期所烧制的一种器型，是与硬棒槌相对而言，造型不及后者挺拔。器口外侈、束颈、溜肩、直筒形腹、腹下略收。

观音瓶：又称"观音尊"，流行于清代康熙至乾隆时期的一种瓶式。特征是侈口、短颈、丰肩、肩下弧线内收、至胫部以下外撇、浅圈足、瓶体修长、线条流畅。

四、壶类

唾壶：又称"唾盂"，为古代贵族宴饮唾鱼骨或兽骨的承器，故又有"渣斗"之称。东吴时为敞口短颈、腹扁圆、圈足，肩部饰水波纹，贴以铺首。西晋时平敞口或浅盘口，颈部明显，近球腹、圈足，肩部有网格纹。东晋时为盘口、短颈，腹下垂，以平底为主。南朝时为浅盘口，南朝晚期发展为撇口，腹扁圆，有平底、假圈足两式，有的带盖，有的带托子。

背壶：又称"穿带瓶"、"背水壶"，因壶的两侧有穿带的系或沟槽而得名，源于新石器时代的彩陶制品。

匏壶：流行于战国至汉代的一种壶式，器型似匏瓜状，是盛酒或水的容器。有的匏壶由上小下大的两个球体连接而成，有的颈部较长、或直或弯曲、腹部作椭圆形。壶盖造型考究，多做凤首形状。

茧形壶：也称"鸭蛋壶"，古代的一种壶形。唇口、短颈、圈足，腹呈横向长椭圆状，近似蚕茧，又若鸭蛋，因此而得名。茧形壶在当时既为容器，又可在战争中埋入地下，用以倾听远方敌军骑兵的马蹄声。

蒜头壶：始见于秦汉时期的一种壶式，有陶制和原始青瓷两种。特征为蒜头形小口长颈、圆腹。东汉时期蒜头壶腹部比西汉时期丰满，蒜头呈扁圆形。

带系扁壶：壶身扁平，肩腹部有系，便于穿绳提携的一种壶式。是仿铜器型状制作的。东汉青釉扁壶为圆唇口、直颈、扁腹、长方形足外撇、上腹两侧有对称的衔环耳。西晋时壶体呈丰唇、直口、短颈、圆肩，肩部两侧各贴塑带翼鼠为系，壶腹扁圆，圈足为椭圆状。南北朝、唐、五代时期出现了一种带西域风格的扁壶：敞口、短颈、肩两侧各有一带孔凸起为系；壶体扁圆，上窄下宽似核桃状，底部假圈足，扁腹两面印有胡人舞蹈图案。带有北方游牧民族特征的带系扁壶：长方形口、短颈、扁圆形壶体、椭圆形圈足、周边有凹沟，共有 6 个系。元代四系扁壶：唇口外卷、短颈、溜肩、装有四系、腹侧垂直、腹面平、长条状平底，造型风格与前朝完全不同，烧造地点有景德镇窑、龙泉窑、磁州窑。

盘口壶：造型源于西汉的喇叭壶，其时部分器物口颈转折外已呈现棱线，至东汉初棱线凸起，初具盘口，中期后定型。东吴时盘口和底部都小，上腹很大，重心偏于上部。西晋时盘口与底部渐加大，最大直径移至腹中部。有双系或四系，肩腹部有网格纹。到了隋代，盘口加深、颈粗、卵圆腹的称"壶"，颈细、修长身的称"瓶"，颈部有一至三道凸纹，肩腹部有的有凸弦纹，单泥条形耳或双覆系耳，有二、四、六等不同数目的系耳，平底，有的近底部外撇，有的做出假圈足。

虎子：是形若伏虎的一种器物。迄今发现最早的虎子为新石器时代良渚文化的黑皮灰陶器，瓷制虎子流行于三国、两晋、南北朝时期。东吴时期青瓷虎子在模仿基础上又有提高，典型器有江苏南京出土带"赤乌十四年会稽上虞师袁宣作"铭文的虎子，体似横茧，提梁塑成弓背虎形，虎头与器颈口相联，四足俯于腹下。吴末西晋时虎子在颈口部雕塑出虎头，腰部软束，前两侧刻划飞翼，前后腿部鼓凸，腹下蹲伏四足，虎口常作 45 度角上仰，虎形逼真。西晋时还出现圆形腹、平底、无装饰的虎子，东晋早期有少量茧形虎饰虎子。

鹰形壶：又称"鹰首壶"，盘口壶的一种。盘口、短粗颈、圆腹、平底，壶的肩部贴塑双目圆睁、尖喙下勾的鹰首，两侧有对称竖式双系。腹部两侧用简单的刻划纹表示鹰的飞翼，腹下部塑有鹰爪，另侧对称位置贴附鹰尾，着重刻画了鹰首部位和硕大的双翅。

羊首壶：器型为盘口、长颈、溜肩、椭圆形腹，口与肩部有一曲柄。羊鼓睛凸目、双角蜷曲，雕塑细腻。羊首壶出土于南京和平门外米家山东晋墓以及江苏丹阳、绍兴等地区。

象首盘口壶：盘口壶的一种，出土于河南安阳隋开皇十五年（595年）张盛墓。盘口高而微撇、束颈、丰肩、椭圆形腹、腹部下收、足外撇，肩部有对称的四组条状系。壶流根部塑一象首，象耳向两侧燕尾服开附在壶体上，高昂的象鼻为壶流，对称的一侧是隋代流行的龙首形柄，造型独特。其白釉略带青瓷特征，属白釉滥觞期的作品，是中国陶瓷发展史上珍贵的标本。

凤首壶：又称"龙凤壶"，流行于唐代的一种壶式。源于波斯萨珊朝金银器的造型，用龙凤纹作装饰，明显地体现了中国的传统风格。北京故宫博物院藏有青瓷凤首龙柄壶，壶盖塑造成一个扁状高冠、大眼、尖嘴的凤头，与壶口相吻合，由口沿至底部装置一条螭龙形壶柄，龙头伸向壶口，前肢攀壶肩，后肢连底座，瘦长的壶身上堆贴着层层繁缛瑰丽的纹饰。

龙首壶：始于唐代的一种壶式。北宋定窑烧造的龙首壶，直颈、长圆瓜棱形腹、圈足，肩一侧贴附扁形曲柄，另一侧有直立龙首，龙颈雕琢细腻的鳞纹，龙口含有弯曲的短流，壶的形体秀丽。

双鱼壶：唐至五代时期流行的一种壶式。整体作并联的双鱼形，双鱼嘴为壶口，鱼体作壶身，鱼尾为假圈足，鱼背脊间各有凹槽，槽上下两端贴有桥形系，可系绳，故又名双鱼穿带壶。广东梅县出土唐代水车窑青釉双鱼壶，壶口外敞、鱼形腹、圈足仿鱼尾、肩部一侧装管形短流、双鱼之间有一凹槽、上下各设一系、足上部有穿孔，制作简练。

贲巴壶：也称为奔巴壶，流行于清代的一种壶式，由藏族金属制品演变而来，是藏传佛教密宗修行仪式中的灌顶器物。贲巴壶的造型可能是从唐朝以来的陶瓷军持和铜器中的净瓶演变而来，也可能与西藏人民的生活用具和宗教寺庙的陈设有关。它的造型如塔状，有大小两个口，有的上面有盖，有的上面无盖。小口一般曲折连于腹部，腹呈扁圆状、下承以托。贲巴壶主要以青花为主，也有粉彩、斗彩等品种。瓷质贲巴壶在官窑中的大量生产出现在康、雍、乾三代尊重少数民族风俗习惯和宗教信仰的时期。贲巴壶的用途除了用作赏赐之外，还作为皇帝向寺庙的进献之物。

茄式壶：清康熙时期景德镇窑烧制的一种壶式，陈设品。小口，颈部细长向一侧弯曲，腹呈长圆球状，似长茄形，圆底施釉，故放置不稳。

执壶：又称"注子"、"注壶"，隋代出现的一种酒器。唐代早期为盘口、短颈、圆筒形或六角形短直流、曲柄、带鋬、身形较矮、鼓腹、假圈足。唐代中晚期大量流行，基本取代了鸡首壶、凤首壶等。这时期执壶式样繁多，有短流口、长颈、带鋬、附系耳，有长颈、中等流口、椭圆腹、瓜棱形，柄把有曲有直。五代至北宋，器身渐高，通体多压4至6条瓜棱，流渐趋细长微曲，曲柄高于壶口，平底变为圈足。器型修长秀美，并多有注碗相配，注碗稍大于注腹，因内盛热水用以温酒，又称"温碗"。

提梁壶：始于北宋，流行于明、清时期的一种壶式。明代提梁壶以万历时期的为代表，壶体有瓜形、球形、六棱形等式样，提梁有高、低之别。少数为窗柜式，或在壶肩部有双竖系，双系之间穿半环形金属提梁。

内管壶：始于宋、辽时期，流行于清代的一种壶式。因壶底中心有一通心管而得名。由于向壶内倒水需从底心管口倒入，又称倒灌壶、倒流壶、倒装壶。陕西省彬县出土的耀州窑青釉剔花内管壶，是这种壶式的典型器，壶虽然有流、柄、腹体及圈足，但无口、无盖。

人首鱼龙壶：辽代的一种壶式，出土于内蒙古赤峰市巴林左旗，器型为人首鱼身，腹部两侧有翼，背上壶口作莲瓣形，鱼尾上翘。胸前有一龙首为流，人首脑后与鱼尾之间相连的曲柄作提梁，造型奇特、构思巧妙。

鸡冠壶：辽代一种典型的壶式，是摹仿契丹族使用的各种皮囊容器而烧造的，亦称"皮囊壶"。因壶的上部有鸡冠状的穿孔，故称"鸡冠壶"，又因形似马蹬，俗称"马蹬壶"。鸡冠壶大体分为5种形式，即扁身单孔及扁身双孔式、扁身环梁式、圆身环梁式、矮身横梁式。辨别鸡冠壶年代的早晚，通常采用的办法是以壶身保留的皮囊形象多少来区分。

多穆壶：是一件带有鲜明民族特色的器皿，它是仿藏蒙地区少数民族盛放乳汁的银制或皮革器物而制，早在元代景德镇青白瓷就有仿制，当时的器物较为粗矮厚重。清代康熙，器身向细长秀丽发展，釉色有洒蓝釉、粉彩、素三彩、五彩、黄釉等多个品种。康熙与乾隆时期的多穆壶造型虽大体上一致，但风格上略有不同，前者显得粗犷，后者却有宫廷华贵之风。

僧帽壶：因壶口形似僧帽而得名的一种壶式。壶沿上翘，前低后高，鸭嘴形流，壶盖卧于口沿内，束颈，鼓腹，圈足，曲柄。最早的僧帽壶为元代景德镇青白釉器，明永乐、宣德红釉及甜白制品最为珍贵。元代僧帽壶形体敦实，壶颈较粗，壶流略短。明代造型秀美，各部位比例匀称，壶流比元代略长。清代壶颈略高，腹部略瘦，壶流略短于明代。

瓷质僧帽壶的出现完全是上层统治者对外政策的产物，明代永乐、宣德时期，清代康熙、雍正、乾隆时期，都是朝廷与藏蒙地区关系密切的时期，特别是对藏传佛教的崇信达到极盛的时期，因此是带有藏蒙风俗的器物。

梨式壶：始于元代，流行于明代的一种壶式，因形状似梨而得名。伞形盖，盖顶有宝珠钮，短颈，其下渐丰成下垂的圆腹，矮圈足，弯流，曲柄。

花浇：用来浇花的一种壶。流行于明永乐、宣德时期，延续至清。形状模仿西亚铜器，口沿一侧有流，直颈，圆腹，口、肩之间连有曲柄。明永乐时期颈部较长，宣德时期短且粗。清雍正时期的花浇呈细颈，腹部为直扁圆形，圈足，颈、肩均有下凸起的弦纹；肩、腋下部有凸起的菊瓣纹。

莲瓣壶：器型为直口、溜肩、圆腹，前有直流，后有曲柄，腹部有四层凸起的仰莲瓣纹。器表施有祭红釉，红色鲜丽匀润，造型宛如一朵怒放的莲花。

字划壶：也称"字形壶"，清代康熙时期出现的一种壶式。壶体为立体的汉字形，多做成福、禄、寿三字，笔划间雕镂透空。

香壶：清乾隆时期景德镇窑烧制仿青铜器型状的一种壶式。直口、圆腹、直流、曲柄、腹下承四柱状足。

五、罐类

罐作为一种陶瓷制容器，与瓶、壶有着较大的不同，主要是用于盛放茶叶、糖、盐、各类农副产品的制成品等，而且这种功能从古到今并无多大的改变。

横栓盖罐：又称"夹耳盖罐"、"夹梁盖罐"。出土于广东番禺石码

中国瓷文化

经典文化系列

村五代南汉墓的一件，器型为直口，丰肩，以下渐收，长圆腹，圈足。肩部有两对对称的板式带孔钮座。

荷叶形盖罐：流行于元代的一种罐式，因罐口覆有荷叶形盖而得名，南北窑场均有烧制。

轴头罐：流行于明、清的一种罐式。明永乐时期创烧，因罐体似卷轴画的轴头而得名。造型为上小下大，斜直腹，圜底内凹，颈、腹之间有板沿，弧形帽式盖。清康熙、雍正朝多有仿制。

元·釉里红盖罐

冬瓜罐：形如冬瓜的一种罐式。器呈敛口、丰肩、长圆腹、假圈足、宝珠钮平盖。其器型始见于明永乐年间楚昭王墓出土物，此后历朝未再见这一造型。

壮罐：流行于明、清时期的一种罐式。造型呈直口、折肩、筒腹、腹下内折、带盖，罐口与足直径基本相同。明宣德时期制品釉面肥润。

天字罐：明成化年间的一种小型半彩盖罐，因罐底无边栏的青花"天"字而得名。器型为直口、短颈、圆肩、鼓腹下部内敛、内挖圈足、覆盖。盖多平顶微凸、直壁、覆于罐口。罐腹主纹多为海马纹，还有海水波纹、缠枝莲纹等纹饰。

日月罐：雍正至道光时期官窑所制的一种独特罐式，始见于清代康熙时期。敛口、溜肩、长圆腹渐收、圈足，弧形圆盖若太阳、腹侧贴双耳若月牙，因此称为"日月罐"或"月牙耳罐"。

西瓜罐：南方称其为"西瓜罐"或"西瓜坛"，北方称为"一颗珠罐"。器呈敛口、圆腹，形如西瓜，又似宝珠，平盖，盖钮早期若宝珠，晚期如烛焰。

五联罐：五罐相联的一种罐形，是流行于东晋时期的陪葬冥器。造型为置于中心的大罐肩部或周边附堆起4个小罐或壶，腹间互不贯通；器身还堆塑各种瑞兽、飞禽；罐盖作为双线半环钮或鸟形钮两种。广西壮族自治区博物馆收藏的一件五联罐装饰比较简练，4个相同大小的罐排成方形，中间置一较小的罐，五罐相连。

堆塑谷仓罐：又称谷仓、丧葬罐、魂瓶，由东汉五联罐发展而来，是专为陪葬烧制的冥器，流行于三国、两晋时期，有陶、瓷制品。东吴时期较早的为在五联罐的上部和小罐身侧堆塑、贴塑大量动物、神人等；东吴中晚期，五联罐萎缩，堆塑、贴塑内容以人物、动物、神人、楼阁、门阙为主，有的出现小瓷碑。东吴时造型如长卵，釉常不及底。浙江慈溪鸣鹤瓦窑头出土的西晋堆塑谷仓罐，造型虽然与上例相似，但罐上部的堆塑着重表现了豪门贵族生前居住的城堡式楼阁建筑，在庄园门前有歌舞伎乐俑，以及飞鸟、牲畜等。楼阁

西晋·青釉谷仓

门阙有的似坞檐，有的似庭院，多层、单层均有。有一些带铭文碑记。

蟋蟀罐：专门畜养、斗弄蟋蟀的一种罐式。明宣德时期烧制的器型为鼓式，盖下凹，有钱形气孔；万历时期，造型变化较多，有圆、方、梅花、瓜棱、扇面、八方等形式。

法轮式罐：又称为"载法轮式罐"，明宣德朝出现的一种罐式，为佛教法器。造型呈直口、丰肩、广平底，罐肩部有凸起的8个长方形平面扳手，上绘青花折枝花卉，罐身分层饰有青花八吉祥纹、蓝查体梵文等。

六、尊类

大口尊：原始青瓷大口尊从商代中期始见。1971年出土的原始青瓷大口尊，造型为敞口、束颈、斜肩折腹式。

莲花尊：南北朝时期的一种青瓷尊，是顺应佛教盛行而产生的器型。造型呈侈口、长颈、溜肩、鼓腹、外撇、高圈足，肩部均匀分布6个直系。器身布满堆塑的上覆下仰层层莲花瓣，莲瓣丰硕而高凸，其间还有贴塑飞天与宝珠纹。

盖尊：因配有盖而得名的一种尊。南北朝、隋代墓中出土的尊常配有盖，器盖附属于各种不同的尊式。

双螭尊：又称"双螭瓶"，创始于北朝，盛行于隋、唐的一种尊式。造型呈盘口、长颈、溜肩、长腹、平底，从口至肩置对称双螭柄，另有

单口双腹并联式，自铭"传瓶"。

橄榄尊：又称"橄榄瓶"，形似橄榄的一种尊式。北宋时始烧，清康熙、雍正时期流行另一种橄榄尊。收藏于首都博物院的清雍正青花橄榄尊，喇叭式口，细颈，尊的上部比腹下略长，圈足；收藏于北京故宫博物院的雍正珐琅彩松竹梅纹瓶，口部微侈，粗颈，弧腹，圈足，造型亦略仿橄榄状。

鱼篓尊：因形似鱼篓而得名。明代初期与清代初期均有烧制。前者作盛储器，后者作高档陈设品。明永乐器特征为直口、溜肩、鼓腹、弧形圆底。宣德时期所烧为敞口、斜肩、圆腹下收、圈足。清雍正、乾隆年间制品着意仿竹编鱼篓，形状为盘口、束颈、扁鼓腹、平底。

无挡尊：流行于永乐、宣德时期的一种尊式。平沿，圆口，筒腹上下通透，底沿扁平与沿呼应。器型明显带有异域风格。有人亦称之为"器座"。

石榴尊：因形似石榴果实而得名，始见于明宣德时期，流行于清代。器身通体由纵向凹曲线分为六瓣形，口部外卷，短颈、鼓腹，圈足外撇，台阶式撇，台阶式底。清康熙、雍正、乾隆时期制品水平尤高。雍正时期烧造的一种宣德器型，作外撇五瓣式花口、束颈、腹部浑圆、浅圈足。

双牺尊：明弘治时期出现的一种尊式。敛口、短颈、溜肩、腹下部斜收、平底。肩部有对称的兽耳为饰。收藏于北京故宫博物院的仿古铜彩双牺尊，造型为撇口、短颈、丰肩、腹部下收、圈足外撇、肩部饰对称的回首立羊耳。

摇铃尊：清康熙时流行的一种尊式。造型呈小口、细长颈、丰肩、弧形或筒式腹、浅圈足、似长柄的铜铃。

太白尊：又称"太白坛"、"鸡罩尊"，清康熙官窑的一种典型尊式，因摹仿诗人、酒仙李太白的酒坛而得名。又因形似圈鸡用的罩，故有"鸡罩尊"之称。造型为小口微侈、短颈、溜肩，腹部渐阔呈半球形，浅圈足旋削得窄小整齐。腹部多浅刻团螭图案。

如意尊：清雍正时流行的一种尊式，因装有如意形耳而得名。尊上部呈钵式，颈部较细，有凸起弦纹，下部丰满浑圆，两侧有对称的如意式双耳。

络子尊：又称"网络尊"，清雍正、乾隆时流行的一种尊式。造型呈撇口、短颈、圆腹、假圈足，腹部贴型凸起的网络纹。民国时期仿制品比较多。

鹿头尊：始见于清代康熙年间、盛行于乾隆时期的一种尊式。造型呈收口、腹上敛下垂、夔耳，倒置器身若鹿头或牛头，因此称之为"鹿头尊"或"牛头尊"。当时粉彩器多以青绿山林为景，绘十鹿或百鹿奔跑、穿行于山林之中，因此也称为"百鹿尊"。青花器多绘缠枝莲纹，以青莲谐音"清廉"，因而又名"青莲尊"。

莱菔尊：俗称"萝卜尊"，清代康熙时期的一种独特尊式。造型呈侈口、细颈下饰双弦纹、丰肩、长腹下敛、假圈足，足脊窄细，形若莱菔，即萝卜，因此而得名。

扁棱尊：又称"出戟尊"、"出戟瓠"。造型为敞口、颈部内收、折肩、鼓腹、下接喇叭形圈足，颈、腹、足四面有扁棱。元代景德镇烧制的青花尊，仅腹部四面的饰有扁棱。明正德以后有些尊的颈、腹、足四面饰对称的扁棱，万历时期则有六面饰扁棱的。

琵琶尊：流行于清代的一种尊式，常用于陈设。器型似弦乐器琵琶，洗口、束颈、弧腹，腹下部较大，圈足为宽窄不同的二层台式。

七、炉类

博山炉：流行于汉晋时期的一种熏炉。秦汉时盛传东海有蓬莱仙山，根据这一传说，将炉盖设计成山形，上有羽人、走兽、云纹等，象征蓬莱仙境。所以称之为博山炉。江苏镇江出土的东晋德清窑青瓷博山炉，炉盖作三层重叠山峰状，每层五峰交错并列，峰沿划三线弦纹，酷似火焰起伏，镂雕的纹饰很有规律，炉腹为半球形，高足外撇，下承以宽沿敞口盆。盆内可以注水，象征着海水。

熏炉：又称"香炉"、"香熏"，熏香用具。三国时，其造型多敛口、扁圆腹、圈足、索耳，器身遍布大小不一的镂孔，有的中心立一中段接孔的细筒，以置香料；西晋时多为球形香笼，下连三熊足及浅腹平底承盘，环腹壁横列数层三角形气孔，直口边常堆塑飞鸟或圆珠；东晋器直口开阔，有的重熏呈上下开合式，并以支柱连接钵式承盘，平底无足。

托炉：流行于南朝的一种炉式。炉口外敞、直座、平底、兽蹄形三足，立于敞口直壁平底浅盘中。这种炉式是托盘熏炉向三足炉过渡的一种形式。

覆碟五足炉：又称"五足熏炉"，流行于宋代。因折沿形似覆扣的碟子而得名。器呈筒形腹，腹外壁贴兽形足，器型简练别致。

高式炉：流行于宋、明时期。龙泉窑、景德镇的制品较为多见。高式炉仿照商周时期青铜礼器而作。南宋龙泉窑所烧式样为敞口、束颈、圆腹、三足微向外撇、腹至足部有凸起线纹。元代炉式为直壁、盘式口、颈部比宋高。

钵式炉：形体似钵，流行于明末清初。宋景德镇窑有青白釉制品。器型为唇沿侈口、圆腹、圆足，有青花、五彩、冬青釉、洒蓝釉及蓝釉等装饰品种。

筒式炉：又称"三足搏式炉"、"弦纹三足炉"，因炉身作筒状而得名。筒式炉源于汉代的奁，因此也称为"奁式炉"。北宋官窑烧制一种筒式炉，口、底向内微敛，形成腹部微鼓的造型，腹底贴有三足。元代开始，筒腹下部逐渐缩小，器底下凹，三足逐步上移。明代宣德时期景德镇御器厂烧制器型比较规范，器身如筒，口沿微向外起棱，与器身凸起的弦纹相呼应。

鼎式炉：仿青铜礼器鼎的形状烧制而成。宋代鼎式炉器型如人立耳、直腹、柱足。金、元时期鼎式炉造型不再刻意追求青铜礼器型式。内蒙古呼和浩特市白塔村出土的元代钧窑炉，浅盘式口，颈部贴塑做纹，长方形双耳自颈部贴口沿曲折向上，长耳与球形腹之间附有对称的兽形耳，腹下有三足。

乳足炉：流行于明、清时期的一种炉式，因足部微小似乳头而得名。乳足、扁腹部似钵状，无耳。明正德时期炉口微外撇，明万历以后基本内敛。圆腹上收底，有 3 个乳状足。

八、盘类

高足盘：南北朝、隋代瓷器常见的一种盘式。器型有大、中、小之分。一般造型为浅盘式，口沿外撇，盘心平坦，常有阴线圈纹，留有 3 个、5 个或 7 个不等的支烧痕迹，下承以空心喇叭状高足。

豆：又称高足大盘，流行于新石器时代至汉代的一种陶瓷食具。早期青瓷豆始见于商代，至西周盛行，有假腹、粗把、碗形等式，东汉时有簋形豆，两晋时有细把豆，明代烧制过球腹豆。造型多为浅盘或浅钵形，直口，盘很大，下附高圈足。器足有喇叭形、镂孔喇叭形、竹节细把形、高柄把形等，有的盘中有支垫痕迹，有的内心有圆纹或莲瓣纹。

托盘：与耳杯配套使用的一种盘式。东汉时器型较大，能放 4—6 只耳杯，东晋时缩小，一般一盘放置一杯，盘内心下凹，东晋后少有生产。

海棠式长盘：辽瓷典型器之一，因全器若海棠花形而得名，盘面较扁长、折沿、浅腹、平底，多以三彩印花装饰。瓷制品源于木制餐具。这种器物也常见于辽墓壁画。

攒盘：始于明代万历年间，延续至清末的成套餐具。以分割成数件的盘或碗相攒组合为一个整体，故称作"攒盘"或"攒碗"，又称"全盘"、"全碗"，用以盛装不同的小菜或果点。按其件数区别，又称为"五子"、"七巧"、"八仙"、"九子"、"十成"。外部多以各种质地的套盒相盛。

九、盒类

油盒：盛装化妆品的瓷盒，一般为扁圆柱形，盖与盒身以子母口扣合。因江苏扬州唐城遗址出土的唐长沙窑制品盖面有褐彩书"油合"铭文而知其用途。

化妆盒：盛装化妆品的瓷盒，一般形体小巧，造型从宋代起尤为丰富，有扁圆盒中套装三个小盒的子母盒，有三盒联体并堆花装饰的，还有瓜棱形、八方形、菊瓣形、石榴形、桃形、朵花形等多种样式。

镜盒：存放铜镜的瓷盒，盛行于南北朝，宋代亦有生产。造型扁圆，平底内凹，附盖。宋代磁州窑镜盒有的盖面有钮，还有盖面书"镜盒"铭文的。宋代景德镇窑有烧造盒子的专业作坊，青白釉盒底部多有"某家合子记"的戳记。

槅：一种分格盛放细点果品的用具，有方形、圆形两式，带盖或者无盖，又称为果盒、分格盘、格子盘、多子盒等。东吴、西晋时流行长方形，其中：东吴多平底，西晋做成壶门式足。江西南昌西晋墓出土的一件，铭有"吴氏"字样。西晋晚期开始出现圆形，有的带盖。东晋、南朝时基本只见圆形。东晋的带盖、有子口、圈足。南朝的无子口、不带盖、干底。明清时代盛行瓷制果盒大概就由此演变而来，只是造型更加繁复，有圆形、方形、倭角方形等，有的盒内分格，还有层层相叠的

中国瓷文化

经典文化系列

套盒。

十、洗类

洗分为两类：一类为日常盥洗用具，作用类似于盆。从汉至清历代均有烧制，其中：宋、元时以磁州窑系为主，明、清时景德镇窑产量最大。其式样多为广口、折沿、圆腹、平底。另一类为文房用具，用于洗笔，因此亦称"笔洗"。宋代最为流行，汝窑、官窑、钧窑、哥窑、龙泉窑、耀州窑等许多窑场都有烧造。明、清时造型更为丰富，仅雍正时期就有桃、灵芝、葫芦、海棠、荷叶、梅花形等数十种之多。

花口洗：又称"菱花洗"、"葵式洗"、"海棠洗"。形状通常为5—10个花瓣形，洗壁向内斜。沿着高低起伏的花瓣形口，腹壁亦做出凹凸的棱线，传世品中宋代汝窑、钧窑、哥窑、官窑等均有花口式洗。明永乐时期的青花花口洗，内底绘云龙纹，外壁每一个花瓣上绘有团龙纹。

鼓式洗：也称"鼓钉洗"，宋代的一种笔洗，以钧窑制品最负盛名。器型为导口、圆腹、平底，圈足下有朵云形三足，洗口及下腹有一周鼓钉纹。底部通常刻有数目字，"一"表示此类器物中最高或最大，刻"十"字为最低或口径最小。明宣德及清雍正、乾隆时期都有仿造。

叶形洗：宋代的一种笔洗，因形状似秋叶而得名。以官窑制品最精，洗口外撇，呈曲线形，浅腹下收，椭圆形圈足。后世亦有烧制，清代为直壁，口作椭圆形。

桃形洗：元初至明初龙泉窑所烧的一种笔洗，形似一个半剖的桃子，靠近蒂处还有两片桃叶分贴在口沿两边，式样新颖，造型生动。清雍正朝除桃式洗外，还有双桃洗。

十一、盆类

一种盛贮器。东吴时形体较大，折沿凹弧唇，内凹底，上腹有斜方格文，铺首。晋时为折沿平唇，内凹底，腹部渐失铺首，而增饰以联珠纹。

花盆：栽种花草的盆具。宋代最名贵的品种是钧窑专为宫廷需要而烧制的玫瑰紫釉器。盆式有葵瓣、海棠、长方、八方等式。葵瓣式通体似六瓣花形，折口、深腹、罔足，器身贯以凹凸的线纹，通常与花盆托一起使用。

水仙盆：种植水仙花的盆具，是宋代宫廷流行的品种。汝窑制品最佳，形式为椭圆状，口外撇，斜腹，腹底有凸起的线技为饰，平底，有四足或无足。

十二、文房用具类

砚：砚是最为常见的文房用具，用于磨墨。初见于西汉墓葬，为长方泥板，以墨团研之，因多用作加工妇女画眉的粉黛，故又称作"黛板"。而专用于书写的椭圆形石研磨器，当为砚之雏形。东汉始见石质或灰陶的熊足圆砚。青瓷砚见于三国时期，为圆形砚面，周边开设水槽，加盖。东吴时带子口，砚面较隆，熊足趋简。西晋后期，蹄足砚取代了熊足砚，并随时间推移，砚面渐薄，足由少至多，由矮肥至高瘦。东晋时砚体比西晋时要厚一些。南北朝时，砚面向上凸起，多为六蹄足，在南朝晚期出现在多足之下带圈的式样，成为"镂孔圈足形瓷砚"。隋代多以珠足取代蹄足。唐以后中原流行石砚，瓷砚逐渐减少，但契丹族所建辽王朝盛行三彩砚，多为圆形，砚面与四周印花，顶面靠边仅留一方寸之地露夹砂胎以研磨。砚底多为倒置的圆洗，拆装自如，构思巧妙。

熊足砚：因砚平底上承以3个熊形足而得名的一种瓷砚。圆形，有子口，砚面平，带盖，砚心微凸。子口既能起到固定盖的作用，又有贮存墨汁的功能。

蹄足砚：六朝时期江南地区流行的一种砚式。器呈圆形，周围有子口多项式边墙，砚面微凸，略呈弧面，平底下有三、四、六不等的兽蹄形足。从出土情况分析，三足出现于西晋，四足出现于东晋，六足多出现于南朝时期，隋唐时期多足砚较流行。

辟雍砚：始见于南朝的一种瓷砚，后世广为流行。因形似古时大学中四周环水的辟雍建筑而得名。如河南禹县白沙水库东区唐墓出土的辟雍砚。早期圆砚周以了口形成向外微敞的口沿，砚面凸起，不施釉，以利磨墨，砚面与砚边之间环以凹槽，可以贮存墨汁，砚底17个兽蹄形足立于圆环之上，形成蹄形足下有圆足。宋代官窑有辟雍圆砚，其口、底径几乎相等，中部内收呈亚字形。明、清时辟雍砚最为盛行，多作喜式，砚面微凹，周围沟槽较深。

箕形砚：流行于唐代的一种砚式，因形似长方形箕而得名，又因砚尾端两侧向外撇似风字形，亦称"风字形砚"。上圆下方，周围有沿，面平，靠近砚首部位有凹槽，以便贮存墨汁，砚底箕口一端有二足，使无沿的箕口升高，保持砚面水平。

暖砚：辽瓷典型器之一，陶瓷砚的一种。器呈扁圆或八方形，顶面如意形开光，斜面如箕，可贮墨汁。近口沿处部分不施釉，显露胎以便研磨。腹部中空可置炭加热，旁侧有出气孔。器也可倒置，底面如同笔洗，有的底部可拆卸，用来洗笔。清代宜兴紫砂器也有此类产品。

抄手砚：明代流行的一种砚式，呈长方形。砚面平滑无釉，四周有沿，一端有凹槽，用于贮墨。砚底三面有高足墙，一面无，便于拾取，故名抄手砚。

辟邪：一种文房用具。辟邪为古代传说中的神兽，似狮而有翅翼，能驱邪。青釉辟邪造型似狮而有翅翼，背部立有小圆管，可注水。两晋墓葬中出土青釉辟邪较多。

砚滴：又称"水注"，形似注壶的一种文房用具，与砚合用，为之贮水。至宋元时期盛行，以浙江龙泉窑青瓷和江西景德镇青白瓷制品为主。器型秀巧，造型各异。

船形砚滴：宋元时期出现的一种新式文具。以龙泉窑、景德镇窑制品为主，器作船形，船中部、尾部有篷以及身披蓑衣的艄公，船的下部中空，船头留有花形流水口，工艺精巧，制作精良。

笔架：放置毛笔的文房用具，形如并列的山峰，因此又称"笔山"，元、明时期流行。明正德时期的五峰山式笔架，下连须弥台座，绘缠枝灵芝纹，两面有菱形开光，内书波斯文"笔架"。明万历年间笔架有长方形盒式，唇口沿外撇，四角内折，长圆形足，内有笔搁。有青花、五彩两种。清代笔架形状较为丰富，有盒式、山形和椭圆形数种。艺术水平超越前朝，如乾隆时期的哥釉笔架，将山峰做成玲珑透雕状，形似太湖石。

臂搁：用于写字时搁放手臂的文房用具。形状多为半圆筒形，似半剖的竹筒。宋代官窑制品中有天青釉器，搁面微凸，剖面四角有垫烧痕，中间为细小的两组支钉痕。清代前期，景德镇御窑厂烧制粉彩及仿各种质地的象生制品。

笔舔：一种文房用具。其作用是使笔内涵墨均匀、毛锋顺畅。清代笔舔多作椭圆形。

笔筒：插放毛笔的文房用具。器型似筒状。始见于宋代，流行于清代。宋代笔筒口径较小，传世不多。清代笔筒数量陡增，造型虽然都是筒式，但重视装饰效果。器型上也注意了变化，口部或直或撇，器身有直筒形、束腰形、竹节形、方胜形等。乾隆时期烧制转心笔筒，绘相同大小的葫芦纹，分别书有相对应的天干地支，上下两截自葫芦的束腰处分开，上部可以转动。

笔海：功能与笔筒相同的一种文房用具，清代盛行。造型呈筒状，比笔筒略矮，口径稍大，存放毛笔量多于笔筒。

墨床：用于放置墨锭的文房用具，多流行于清代乾隆时期。形状有长方形、书卷形、弧形、几案形等。

十三、其他

盂：一种盛食品的瓷制容器，有四足盂、高足盂、平底盂等。

蛙形水盂：东吴时有伏蛙式，背带管，一说为烛插。浙江上虞曾出土一件立蛙式水盂，蛙立起，前足捧一小钵挹水，背有管，造型极为生动。

提篮：曾被误认为香薰，后在江西晋墓中发现其中放置瓷耳杯，方知为浸入沸水消毒的卫生具。

鸭池：清嘉庆时期创新的器型，流行于晚清。器身上部为海棠式托盘，下连高足。托盘腹深者名为"鸭池"，腹浅者为"鱼池"，均系饮宴间餐具。

烛台：东吴时有卧羊形烛台，背有烛插管。西晋时有羊形烛台、人骑兽形烛台，最典型的为辟邪形烛台，以往被误称为"水注"，造型如猛兽，颈饰卷毛、张牙露齿，有的腿侧有羽翼，造型生动。东晋时的烛台仍流行西晋时辟邪形、羊形烛台，但比较粗糙。南朝时在福建等地流行双管、四管、莲花形烛台，浙江绍兴南朝墓出土一件狮形烛台，狮首左顾，尾上翘，四肢伏地，背上负一方座，座上又置长方形横梁，梁上有三个烛管。

油灯：灯具中较为常见的一种。基本造型是由盏、柱、承盘三部分组成。江苏南京曾出土一件铭东吴"甘露元年五月造"油灯，柱为蹲熊造型，蹲坐于承盘内，头顶及前肢顶托起油盏，是难得的珍品。东晋南朝以后的油灯造型趋于简朴，灯柱更加细长。唐代的无柱盏式油灯，移动比较方便。唐代四川邛窑生产的省油灯，构思巧妙。明宣德时有壶式油灯，圆腹、高足、白流、显带盖、壶上承盘内、曲柄上端与壶的肩部相接，下端中共盘相联，灯芯从壶嘴内伸出，壶腹部可贮油。

模型：即模仿人世间住宅、工具、炊具、车舟、禽畜栏舍等造型而制成的随葬物品。有瓷制的灶、井、仓、狗圈、猪圈、鸡笼、鸭舍、磨、臼、水桶、案几、榻、牛车、轿子、院落、屋宇、厕所、假山、水榭、凉亭、水田等。

俑类：以人俑为主，也包括部分动物造型。有瓷制胡俑、跪拜俑、伏听俑、立俑、蹲俑、箕坐俑、炊事俑、磨坊俑、杂技乐舞俑、力士俑、牵马俑、男女坐俑、孩儿俑、文吏俑、男女侍俑、老人俑、骑马俑、抚盾武士俑、甲骑武士俑、供养俑、人首蛇身俑、人首龙身俑、人首鱼身俑、人首鸟身俑、方相俑、镇墓兽俑、十二生肖俑等。还有瓷制骆驼、马、牛、鸡、犬等。

第四章

瓷器的题记

第一节 题记的概述

　　中国古代瓷器还有一种独特的文化特征，即瓷器上的题记。所谓瓷器题记，系指在瓷器上题写的各种文字。它不仅是一件瓷器的"自白"和"宣言"，也是一定时期和一定区域的社会政治、经济、文化、民众生活、风俗习惯等诸多方面的反映。因此，作为中国古代瓷器文化的有机组成部分，瓷器题记是中国古代物质文化、民众生活、风俗习惯的一个自然生成的结合点，或许正因为如此，才使瓷器在研究、鉴赏和收藏方面的魅力经久不衰。

一、题记的分类

　　陶瓷的题记可依据内容和形式划分为两大体系，每个体系又包括若干类别。分为款识类题记和诗句文字类题记。诗句文字类题记又可分为：民间谚语类、四季风景诗类、山水诗句类、花卉诗句类、对联类、仕女诗句类、短文类、歌颂名人类、御题诗类、祈愿类、记事类。

二、题记的艺术风格

　　中国古代陶瓷题记的主题是其内容，聪慧的古代陶瓷艺人在设计题记时善于采取多种多样的艺术形式来为题记的内容服务，达到美化、强化题记内容的目的。其中有些题记的内容和表现形式相辅相成，成为表达陶瓷器内涵及其精美的不可或缺的组成部分。

纵观古代陶瓷题记，其艺术风格主要体现在工艺制作、书体、格式三个方面。

1. 工艺制作

陶瓷题记的工艺制作可分为胎体和釉彩两种。

（1）胎体题记

在瓷器产生以前的陶器时期，陶瓷题记制作是直接在胎体上进行的；在瓷器产生以后，几乎所有单色釉瓷的题记也是直接在胎体上制作的。胎体题记的方法主要有：

刻划：是陶瓷题记的最早制作方法，有隶书、楷书、篆书等字体，写得刚劲有力、古朴凝重，巧妙地利用了陶瓷的胎质，极富金石韵味。在元代以前，刻划题记成为陶瓷题记普遍采用的形式。明清时期，刻划题记虽然不占主流，但也被广泛地采用。

模印：模印题记出现于唐代，是为了适应瓷器的大批量生产而产生的。这种题记的制作方法是用事先刻好的字模在胎体未干时打印上去，然后上釉（或不上釉），极其简单，其创作灵感或许来自春秋战国以来流行的印章艺术。模印题记有阴文和阳文两种，布局规范，但字数较少，字的结构和笔意皆具楷书风格。最突出的模印题记是宋代龙泉窑青瓷和景德镇窑、耀州窑的碗、盒类印文，元代"枢府"瓷也多用模印形式。

书写题记：是用毛笔在制好的胎体上题字，然后上釉或不上釉，再烧制的形式；也有的是直接在烧好的瓷器未上釉的部位书写。由于书写题记不拘一格，流畅自然，并具书法意味，所以更容易为人接受。宋代瓷枕、元代以后的青花瓷器多采取书写形式制作题记。

（2）釉彩题记

釉彩题记的前提是有两种或两种以上的釉彩同时使用，是瓷器题记在宋代以后的主要形式，有釉上彩、釉下彩两种。釉下彩题记的制作过程是制胎——题记——上釉——烧制。而釉上彩题记的制作过程比釉下彩题记更为复杂，制胎之后先上釉，再题记，再上釉、烧制。这种题记有釉上墨彩、红彩、珐琅彩等，尤以珐琅彩最为著名。

2. 书体艺术

陶瓷题记的发展过程，可以说是一部中国书法艺术发展史。陶瓷题记的文字种类很多，有汉文、西夏文、蒙文、满文、波斯文、西洋文、梵文、藏文等，以汉文为主。汉文的字体包含有中国古代书法体中的真、草、隶、篆四种主要字体。

3. 格式

中国古代陶瓷题记的格式是千变万化的，并没有固定的模式，这在明代以前表现的尤为突出。例如唐宋时期，题记在器盖、器身、器心、器底等都有所存在，甚至有在器物的肩、颈部位题记的。虽然如此，我们仍然可以通过对同类造型的器物进行分析，从而找到一些它们的共同点：

（1）碗、杯、盘类：这类器物均为撇口、浅身，题记的位置以里心和底面为主。明清时期的这类器物题记还往往与各种山水花鸟图案相互配合。

（2）壶、瓶、罐类：这类器物主要是容器，小口、高身，题记的基本位置是器腹、器肩、器底和口沿。有些题记是以装饰、欣赏的目的而设计的，所以多位于器腹等显著位置。如唐代长沙铜官窑器物和明清时期陈设所用的瓷瓶等。

（3）瓷枕类：瓷枕盛行于宋金时期，或刻划、或模印，或为了广告作用，但都以枕面为主，偶有题于侧面的。

在各类陶瓷题记中，题记的内容也与其格式和位置有着密切的关系。一般来说，属于商标广告性质的题记多在器物的底部或侧面，而以装饰为主的题记则多处于显著位置。研究中国历代陶瓷题记的过程，实际上是在研究陶瓷题记所具有的内容和形式的过程。在不同的历史时期，陶瓷器具有鲜明的时代特征，陶瓷题记也同样表现出一定的时代性。

第二节　纪年类题记

"款识"又称"铭文"，本指古代钟、鼎等青铜器上铸、刻的文字，后来就泛指在各类器物上特意留下的记录器物制作的时间、地点、工匠姓名、作坊名称等的文字。

明清时期是我国陶瓷器各种款识发展、成熟、完备的时期。这时期的"款识"才真正能为研究、鉴定提供比较重要的作用，所以历来受学者们重视。

纪年款是标明陶瓷器制作年代的一种款识，在款识中占有较大比例，可分为三种：第一种为年款，即以帝王年号为纪年的款识，也称朝代款，如"大明宣德年制"等；第二种为干支款，即用天干配地支来标明器物具体年份，如"大清康熙丙午年制"等；第三种为不书具体年代的款识，如"大明年造"，多用于民窑。字体有楷、篆、行草等，排列方式有横书、竖书，三行、二行、一行不等。用料有青花、彩绘等。明清官窑纪年款书写规范，而民窑则为随意，这也是判断官、民窑器物的标准之一。

1. 早期纪年款

从目前所掌握的资料看，陶器上的纪年款最早见于秦、汉时期，瓷器上的纪年款首载于三国时期。秦、汉至元代，纪年款日趋多见，落款方式以刻、划为主，另有彩书、墨书和模印。其特征是：文字内容不统一，落款位置不固定，款式无定制，不见批量落款，一种纪年款往往只用于某一件器物。

2. 秦、汉纪年款

秦代瓷器尚无单独落纪年款的习惯，但有些铭文中的纪年内容同样起到纪年款的作用。这些铭文大多印、刻在陶器上，字体多为小篆，字体方正、笔道圆润、章法和谐、布局合理，是研究秦代统一全国文字的重要佐证。

汉代瓷器上的题记远不如陶器题记那么丰富，这主要是因为瓷器本身尚处在发展的初期，釉下书写或刻划的艺术表现形式还没有被广泛采用。

3. 三国纪年款

最早带有纪年款铭的瓷器就诞生在三国时期。其特点是：釉下刻划，字体较草率，落款位置不固定，文字内容不统一。

4. 唐、五代纪年款

唐代纪年款主要为唐宣宗大中年间（847—859年）的款铭，如"大中二年"、"大塑"等。其次为宪宗元和年，如"元和三年二月三十日"等。另有武宗会昌年间（841—847年）、文宗开成年间（836—840年）、昭宗光化年间（898—901年）的款铭。五代瓷器上的纪年款见有"贞明六年"（920年）、"天成四年五月五日造"（929年）等。主要见于越窑和长沙窑瓷器，刻划款者多为越窑，釉下彩写款者多为长沙窑。款识字体多为草书，楷书少见，落款位置不固定。

5. 宋代纪年款

有纪年款的宋代器物，除各种日常用品和生产工具外，还有一些专为寺院烧制的供器、塑像及丧葬用具等。纪年大多为北宋年号，只有少数为南宋年号，主要见于越窑、龙泉窑、定窑、耀州窑、磁州窑等瓷器上，既有刻划、模印款，又有墨书、彩书款。磁州窑系瓷器上的纪年款多为釉下彩书，越窑、龙泉窑瓷器上的纪年款多为刻划。

6. 辽代纪年款

辽代瓷器的纪年款，主要见于契丹族独有的器物鸡腿瓶上，均为赤峰缸瓦窑的产品。其纪年款有"轧二年田"、"轧三艾二十一"等。这里的"轧"和"艾"都是契丹文，分别为汉文的"乾统"和"月"。

7. 金代纪年款

金代陶瓷纪年款以墨书款较为多见，另有釉下彩书写款和刻划款。落款的位置多在器物的外底、足部，也有落于腹部和内底的。金代瓷器上还有一种只书年号、不书具体年代的款识。红绿彩瓷器上见有"泰和"、"正大"等款，耀州窑青瓷残片上见有"贞元"款。

8. 元代纪年款

主要见于磁州窑、景德镇窑、龙泉窑、钧窑、耀州窑、定窑瓷器上。既有彩书、墨书，也有刻划款。多落款于器底、肩、腹部等。如英国伦敦大卫德基金会藏的元青花云龙纹象耳瓶，颈部书青花楷书"大元至元戊寅六月壬寅吉置"，可作为标准元代器物。

9. 明代纪年款

永乐款少、宣德款多、成化款肥、弘治款秀、正德款恭、嘉靖款杂。形式以书写为主，极少刻、印者。比如：明洪武纪年款多沿袭元代遗风。明永乐年间

（1403—1424 年），官窑瓷器上开始冠以帝王年号款并成为定制，但绝大部分不书年款，开启了明、清景德镇官窑瓷器上书帝王年号款之先河。明宣德年间（1426—1436 年），官窑红年款在明、清各朝中最为复杂。可分为"大明宣德年制"和"宣德年制"两种，有青花料书写款、矾红彩书写款、锥刻款和模印款等。明代成化年间（1465—1487 年）纪年款有"大明成化年制"和"成化年制"两种。主要体式为青料楷书"大明成化年制"双行六字款，围以青花双圆圈或双方框，也有极个别无边栏的。落款位置多在器物外底。明弘治年间（1488—1505 年）年款有"大明弘治年制"和"弘治年制"两种，以"大明弘治年制"为多，主要见于景德镇官、民窑瓷器上。明正德年间（1506—1521 年）官窑年款有"大明正德年制"和"正德年制"两种，字体均为楷书，其中又以"正德年制"居多，有青花料或矾红彩书写款，也有暗刻款。明嘉靖年间（1522—1566 年）纪年款有"大明嘉靖年造"、"大明嘉靖年制"、"嘉靖年制"三种。文字排列有直、横两种，题写方法有毛笔书写、刻划和模印三种。可分为青花料书写款、砚红彩书写款、暗刻款及刻字涂金款等，但以青花料书写款最为多见。明隆庆年间（1567—1572 年）年款有"大明隆庆年造"、"隆庆二年制造"、"隆庆贰年"、"大明隆庆五年吉日"五种。均为楷书款，不见篆书款，且绝大多数为青花料书写。明万历年间（1573—1620 年）纪年款主要有"大明万历年制"、"万历年制"、"德化长春"、"万历年造"四种。有青花料或紫彩书写款，也有刻划款或在刻划款的笔划上填绿彩的。落款位置较复杂，常见于外底，另有内底、外口沿、肩部等。青花烛台则书于承盘下。明天启年间（1621—1627 年）纪年款一般为"天启年制"、"天启年造"四字，另外还有"大明天启年制"、"天启元年"、"天启八年"等。主要见于景德镇瓷器上。明崇祯年间（1628—1644 年）纪年款题写官窑款的器物极少，民窑款较多见。目前仅有"大明崇祯年制"、"大明崇祯元年"及"崇祯丁丑"（1637）款的器物。

10. 清代纪年款

此时的纪年款主要有以下特征：顺治官窑年款均为青花料楷书，一种为"大清顺治年制"六字双行款，另一种为"顺治年制"四字双行款，款外无边栏。康熙纪年款书写方法有笔书、凹刻和凸雕多种，书体可分为楷书、篆书、行书，文字除汉字之外，还有满文、回文、藏文。题款除大多用青花料外还有用紫、天青色、湖水蓝、黑、黄等彩料题款，并有白底黑字、白底蓝字、白底红字等多种形式。康熙官窑早期作品多无年款或仅有干支款，中晚期大量使用楷书年款，晚期出现少量篆书款。雍正官窑楷书年款最为多见的是以青花料书于器物外底的"大清雍正年制"六字双行或三行款，外围青花双重圆圈或双线方框。乾隆年间（1736—1795 年）款有"大清乾隆年制"、"乾隆年制"、"大清乾隆仿古"三种。嘉庆年间（1796—1820 年）年款主要有"大清嘉庆年制"、"嘉庆年制"两种，还有"嘉庆年制"、"嘉庆元年"、"嘉庆廿三年九思堂"等款，以篆书为主，少有楷书。道光年间（1821—1850 年）官窑瓷器年款多为"大清道光年制"篆书六字款，楷书六字款较少见。咸丰年间（1851—1861 年）复兴起以楷书为主的风气，官窑瓷器年款以"大清咸丰年制"六字青花楷款最为多见。同治年间（1862—1874 年）官窑瓷器年款以楷书为主，兼有篆书，有六字款和四字款之分。光绪年间（1875—1908 年）景德镇官窑瓷器年款多为六字，四字较少，字体楷、篆并用，楷书较为多见。宣统年间（1909—1911 年）官窑瓷器年款多为"大清宣统年制"六字，分为青花、红彩、紫彩、墨彩款与暗刻款。

11. "大清年制"款

只书时代不书具体年号的特殊纪年款，源于明代景德镇窑，明代已有"大明年造"和"大明年制"两种。清代的"大清年制"款不多见，字体有楷书和行书两种，以青花料书于外底，四字分双行排列，外围双圆圈。其中较为草率的行书款为康熙早期款识，工整的楷书款字体同官窑年款一样，为康末雍初作品。

12. 民国纪年款

主要是指袁世凯洪宪政权时期景德镇瓷器上的纪年款。袁世凯1912年任中华民国大总统，1915年12月接受拥戴推行帝制，改中华民国为中华帝国，把大总统的称号换成了洪宪皇帝，后在全国一片反对声中，于1916年3月23日被迫取消帝制，复位为大总统，于同年6月6日病死。洪宪瓷的真伪是研究20世纪中国陶瓷史一个颇富争议的问题。

第三节　堂名款

将私人住所或书房名称刻、印在订烧的瓷器上，作为私人用瓷或藏瓷的标志，这类款识称为堂名款、斋名款等，内容有堂名、室名、斋名、轩名、殿名、书房名、馆名等。如"慎德堂"、"百花斋"、"彩云轩"……堂名款在宋代已经出现，明代后期形成风尚，至清代大量流行，其中康熙、乾隆、道光三朝使用更为普遍。订烧堂名款的多为皇亲、贵族、高官豪绅、文人雅士或名工巧匠。

1. 宋、元堂名款

宋代瓷器带堂名款的，主要见于定窑、汝窑和钧窑瓷器上。定窑瓷器的题款均在外底部，根据统计其题铭不下十六种，大多与宫廷有关，能确定为堂名的有奉华、风华、聚秀、禁苑、德寿、慈福等，这些题铭均与宋代宫殿名称有关，是在制品入宫后，由宫廷玉作匠师镌刻于器外底的。汝窑瓷器上的堂名款见有奉华、寿成殿、皇后阁等，亦系后刻款。钧窑瓷器上也有堂名款，窑址出土过"奉华"款的标本，系烧造前刻于器物外底。另外，钧窑瓷器上也有由清宫造办处玉作匠人镌刻清代的宫殿名，它们是器物陈设所在的标志，如："养心殿"、"重华殿"、"景阳宫"、"钟萃宫"、"养心殿明窗用"、"重华宫漱芳斋用"、"重华宫金昭玉翠用"，所刻室名多把东、西六宫的主要宫名横刻，而东、西六宫的配殿名则竖刻。

2. 明代堂名款

明代瓷器上的堂名款主要见于嘉靖以后景德镇窑瓷器上，多为青花或红彩书写款。嘉靖款有：东书堂、松柏草堂、滋树堂、茶房、大茶房、外膳房、内膳房、玉泉德记等。万历款有：芝兰室、博物斋藏、玄荫堂制、灌园督造等。崇祯款有：丛菊斋、雨香斋、白玉寨、博古斋、吾斋等。嘉靖、万历时多落款于器物外底，崇祯时多落款于器物的内底。

3. 清顺治堂名款

清代顺治时期瓷器上书堂名款的较少，见有五彩人物花觚器壁所书的"望仙楼"、青花山石碗内底所书的"百花斋"或"百花斋制"、"梓桑轩制"等。

4. 清康熙堂名款

清康熙时景德镇瓷器上大量出现堂名款，按款字内容归纳如下：(1) 带"堂"或"堂制"、"堂仿古制"、"堂博古制"等字的款识，如：安素草堂、春晖草堂、昭玉堂、中和堂制、永和堂制、聚玉堂制、天琛堂仿古制、全庆堂仿古制、慎德堂仿古制、来雨堂博古制、慎德堂博古制、应德轩博古制。(2) 带"斋"或"斋制"的室名款，如：容斋、五兰斋、宿云斋、芝兰斋制、金兰斋制。(3) 带"轩"、"居"或"阁"字的堂名款，如：杏林轩、应德轩、彩云轩、逸居、云居、木石居、卍石居、木石居仿古制、文山阁、潭草阁、远山阁。(4) 带"清玩"、"清制"、"清赏"、"珍藏"、"珍玩"、"佳玩"等字的堂名款，譬如：宁俭堂清玩、文翰斋清玩、蟫草阁清玩、复香轩之清制、调鹤间轩清赏、御赐纯一堂珍藏，常丰轩珍玩器、杏林轩珍玩、青云斋佳玩等。(5) 其他类型，譬如：张宅佳器、萃文苑制、萃友苑制、风流宰相家、莲峰寺记、漱玉亭等。

5. 清雍正堂名款

清雍正时期的堂名款少于康熙时期的，也没有康熙时期的繁杂。带"堂"或"堂制"的款识占多数，有守易堂、百露堂、敦复堂、园明堂、敬恩堂、东园堂、希范堂、云在草堂、世经堂、谦牧堂制、世恩堂制、裕慎堂制、庆宜堂制、养和堂制、燕喜堂制等。其他的有：立本堂置、古香书屋、正谊书屋、姚江冯护荫堂珍藏、宝机楼藏、椒声馆、亦庵、冯斋、吴府、太和斋雍邸清玩等。

6. 清乾隆堂名款

清乾隆时期景德镇瓷器上堂名款比较多见。带"堂"、"堂制"、"堂藏"的有：凝和堂、明远堂、述德堂、述古堂、雅雨堂制、六谦堂制、旭华堂藏等。带"斋"、"斋制"、"斋藏"的有：宝晋斋、宝善斋、宁晋斋、宁静斋、百一斋、德成斋、正味斋等。带"山房"、"书屋"、"楼制"的有：九畹山房、畹委山房、百一山房、红荔山房、文石山房、玉杯书屋、浴砚书屋、宝机楼制、市隐楼制、绣麒麟楼制等。其他的有：恭寿堂宗祠、对屏山馆、七十二鸳鸯社、听云山主人馆、略园、觉得园、听松庐、苏庄、啸园等。

7. 清嘉庆堂名款

清嘉庆时景德镇瓷器上的堂名款并不多见，有些沿用前朝堂名。带有"堂"或"堂制"的有：志勤堂、敬畏堂、诚信堂、植本堂、玉庆堂制、一善堂制等。其他的有：懋勤殿、润碧轩制、永源成记、春江花月楼、嘉荫堂斋谷山人造等。

8. 清道光堂名款

清道光时期景德镇瓷器上的堂名款所见很多，最常见的是慎德堂制款，其他的"堂"或"堂制"的有：筑野堂、种德堂、敬畏堂、行有恒堂、皆山堂制、庆宜堂制、存古堂制、静镜堂制、约己堂制、青莲堂制、墨缘堂制等。带斋或斋制的有：湛静斋、十砚斋、知不足斋、愿闻吾过之斋、思补斋制等。其他的还有：百寿堂记、九思堂置、锄月山庄、坦斋珍藏、爨斋监制、友棠浴砚书屋、观莲舫制、完颜宗祠等。

9. 清同治堂名款

清同治时期景德镇瓷器上带"堂"或"堂制"的室名款有：乐寿堂、务本堂、慎思堂制等。带"斋"或"斋制"的室名款有：慎静斋、涵德斋制、敬顺斋制等。另有体和殿制、竹雪轩、晋砖吟馆监制等。

10. 清光绪堂名款

清光绪时期瓷器上的堂名款，目前所见有：储秀宫制、长春宫制、一善堂、甘泽堂制、退思斋、大清光绪春怡堂制等。

11. 清宣统堂名款

清宣统瓷器上的堂名款比较少见，主要有：坤宁宫祭器、宣统己酉宜春堂制、宣统庚戌宜春堂制、来鹤堂制等。

12. 晚清慈禧的堂名款

慈禧专权后，烧制了相当数量的瓷器供自己赏玩，因而慈禧瓷无论在性质上还是在品质上，都是当时的官窑瓷。慈禧用瓷都题有她在宫内居住过的殿堂名，如长春宫、储秀宫、体和殿等。

（1）"储秀宫制"款的器物以大盘、鱼缸、瓶或其他陈设瓷为主，有青花、粉彩、暗纹素三彩等釉色。这些器物是储秀宫内的供奉器物，制作尤为精良。器物上所题"储秀宫制"四字有红釉和青花两种，字体挺劲隽秀，确是官窑上器。器物以传世品的青花色泽看，似大多为同治时所制。

（2）"大雅斋"款的器物画面上同时刻有"天地一家春"椭圆形印章或篆字款。器物有白地粉彩或色地粉彩。色地以黄、绿、蓝、红、紫、雪青等粉彩为地，用蓝白珐琅质釉料彩绘纹饰，内容有鹦鹉、藤萝花等花鸟画。器物见瓶、尊、瓝、盒、侈斗、盖碗、盘、碗等。大鱼缸做得相当精美，造型各异。花盆有大小不一的规格，盆托又可作水仙盆。"大雅斋"瓷在同治、光绪朝均有生产。

（3）"长春同庆"和"永庆长春"器物有"万寿无疆"茶具、粉彩山水盘、粉彩盖盒等陈设瓷。题上"长春"字样的，显然与慈禧曾住在长春宫有关。这类器物应为同治后期至光绪早期的产品。

（4）"体和殿制"款瓷有青花、粉彩（黄地粉彩或绿地粉彩）、墨彩、暗花黄釉、五彩、蓝釉加彩等，纹饰以各式花卉为主。器物有大鱼缸、各式花盆和圆形捧盒等。体和殿是慈禧住储秀宫时的用膳之处。

以"大雅斋"为代表的慈禧瓷引起了收藏家家的兴趣，需求量增加，这就出现大量仿制品，其中有些是专门用作外销的。仿制品以陈设瓷为主，与原物相比，制作粗糙，釉色灰暗，纹饰与落款也欠工整。

第四节　陶人款

在瓷器上署以陶工、作坊主、店主姓名的款识，称"陶人款"。"陶人款"是研究古代社会制度、生产关系的珍贵资料。陶人款的格式，一般是在匠人姓名后加一"造"字，也有只书姓名、姓氏或店号的。如唐长沙窑瓷器的"郑家小口天下第一"，清乾隆景德镇御窑厂督陶官唐英的"蜗寄唐英制"等，民国时期更有大量陶人款如"刘雨岑绘"、"汪野亭绘"等，以作坊主命名则有"丽泽轩"等。

1. 明清以前的陶人款

陶人款在早期青瓷上即已出现，但常常与纪年、赞颂、吉言等内容结合在一起，形成一条铭文。宋代瓷器上，陶人款骤然增多。商业的繁荣和海外贸易的加强带动了瓷器的需要量大增和瓷窑大量兴起，诸窑产品呈现出激烈竞争的新局面。生产者为了拓宽销路，于是在产品的外壁或底部标明了姓氏或作坊名称。如磁州窑瓷枕的"张家造"、"张家枕"等标记，景德镇青白瓷盒"段家合子记"的标记。到了辽、金、元时期瓷器上的陶人款与宋代相比，数量有所减少。赤峰缸瓦辽代茶叶末釉鸡腿瓶，肩上刻划汉人姓氏孙、徐等，究竟属于工匠姓氏抑或物主姓氏，尚不得而知。

明代以前的陶人款多为刻划或模印，亦有少量彩书，德化窑、宜兴窑等瓷器上的陶人款则多为模印或刻划。

2. 明代的陶人款

单独陶人款直到明清时才可见到，而且比较少，特别是官窑器上更为少见。主要见于景德镇瓷器上，如：何王清造、陈文显造、陈守贵造、程玉梓造、荆桂、天启年米石隐制等。龙泉窑瓷器上的陶人款多模印而成，有顾氏、石林、三愧、李氏、清河制造、张明工夫等。明代广东石湾窑瓷器的工匠名款，多为篆书印章款，见于塑像上的有：何朝宗、张寿山、陈伟之印、林学宗印、林朝景等。皆印于塑像背部，印章式样有葫芦形和方形两种。

3. 清代的陶人款

其也是多见于景德镇瓷器上，清初官窑器可偶见督陶官的款识。乾隆以后，制陶工匠姓名才见于款识。清代的陶人款常见的有许世文元公制、春育主人珍藏、中山人、程子受、商山仿古、江鸣皋造、昊十九制、壶隐老人、壶隐道人、泉制、蜗居老人、唐英之印、解竹主人制造、王炳荣、乐道堂主人制、熊氏璧臣仿古。清代景德镇瓷器上陶人款多落于器外底，也有个别落于器口边、腹壁、圈足内壁。清代德化窑瓷塑上的陶人款有：何朝春、许云鳞、许裕源制、博及渔人、许云麟制等，多为篆书印章款，印章式样有葫芦形或方形两种，款字既有阳文，又有阴文。德化窑盖罐和瓶上有"顺和苏记"阴文刻款。

4. 民国陶人款

较著名的有："郭世五"、"觯斋主人"、"陶务监督郭葆昌谨制"等，皆为方章红彩篆书或楷书款。

第五节　其他类款识

1. 供养款

宗教信徒订烧的专用于供奉神灵的瓷器及供奉祖先的瓷器、其他专用于祭祀活动的瓷器上的款识。这种款识文字较长，内容大多为供养（供奉）人姓名、祭献之神、佛名、器物名、地名、时间、祷词等。宋、金瓷器上已出现这种款识，元、明、清时期景德镇窑、龙泉窑等瓷器上大量流行。清代最著名的供养款瓷器是乾隆时的青花缠枝莲纹花觚。

2. 吉言赞颂款

吉言赞颂款又称"吉语款"、"赞颂款"。即在陶瓷上刻、印或书写的，具有祈求幸福吉祥或赞美器物本身含义的字和词语，如"富"、"福"、"禄"、"寿"、"禧"、"金玉满堂"、"在川之乐"、"万年甲子"、"陶成宝鼎"、"若深珍藏"、"美玉如斯"、"天下太平"、"福寿康宁"、"福山寿海"等。

3. 仿写款

仿写款简称仿款，又称寄托款。为后一朝代在瓷器上落前朝代的年款。如明正德落"大明宣德年制"，清康熙落"大明成化年制"，或清乾隆落"大清康熙年制"等。仿写款主要见于景德镇窑的官、民窑瓷器上，自明代中后期至今天仍有所见。仿写款的出现与人们的好古之心以及前朝瓷器的经济价值高有密切关系。如永宣青花以其青料的浓郁、釉质的润泽、胎质的精细一直为世所传诵，自成化以后一直有所仿制，它们都落上"大明宣德年制"年款，这些人当初的好古之心却为后世的鉴定带来极大的困难。前朝代的器物如成化的斗彩以及康熙、雍正的颜色釉等，因其市场价值较高，又多被精于制假者所造，充真器谋利，这就有必要对仿写款的器物进行鉴定。

4. 康熙仿宣德年款

康熙仿宣德年款的特点是：字体或过大，或过于规整，笔力较软。

仿写宣德年款瓷器见有白釉鲜红三鱼纹高足碗，内底心有青花楷书"大明宣德年制"六字双行款，外围青花双重圈。仿宣德祭红釉僧帽壶，外底有青花楷书"大明宣德年制"六字双行款，外围青花双重圈，而真正的宣德祭红釉僧帽壶一般无款识。仿宣德祭蓝釉白鱼莲纹盘、釉里红云龙纹碗、青花矾红海水龙纹盘、红绿彩鱼藻纹盘及青花仕女纹碗等，均在外底写青花楷书六字双行款，外围青花双重圆圈。

5. 花样款

花样款又称花押款，原指旧时文书契约末尾的草书签名或代替签名的特种符号，宋已见有花押印，元时花押印极盛行，也称元印、元戳，这与元人不识汉字有关，后汉人效仿，花样印遂广为流行。瓷器上出现花样印为明代晚期，表现形式有两种：一种外形如秦汉古玺中的印章款，外有青花双框或单框，字在可识与不可识之间，流行于天启、崇祯年间。另一种为窗格款，青花单框内以横竖线条组成图形，似文字，但仍不可识。

6. 明代、清代康熙与雍正的花样款

明代景德镇瓷器上的花样款不多见，永乐青花龙纹葵口碗的底有绘一龙的。另见永乐青花加金彩苜蓿花碗的外底用金彩描绘小片雪花状的图案。宣德青花凤纹葵口洗外底有绘一凤的。成化花瓷器的外底有绘牡丹或鹤莲的。嘉靖蓝彩花卉小盘，底部有画蓝彩小兔的。万历青花加红绿彩八仙人物纹梅瓶的底部有以绿彩绘一朵灵芝的。天启青花人物罐的外底有绘一兔或一花朵的。

清代景德镇民窑瓷器上盛行花样款，尤以康熙、雍正时多见，内容亦多种多样。康熙时有团凤、仙鹤、蕉叶、鹭莲、竹、团花、兰花、螺、犀角、双龙、盘长、鼎、方胜、梅朵、梅枝、银锭、双鱼、灵芝、笔洗、云头、兔、钱、"豆腐干"以及各种变形文字等。雍正时见有龙、凤、鹤、灵芝、鼎、人物、老媪、四朵花、笔锭如意、蝙蝠、云头及大量的"豆腐干"等。

瓷器上的花样款是指器物底部非文字的图案纹样标记，主要见于景德镇民窑瓷器上。花样款明代已经出现，至清代康熙、雍正时广为流行，其内容主要有：（1）博古图案，如八卦、太极图、八宝、琴棋书画、八音器及礼服上所绣的十二章等。（2）佛教符号，如轮、螺、伞、盖、花、罐、鱼、肠八吉祥。（3）道家符号，最著名的为八仙所持之物：汉钟离的还魂扇、吕洞宾的宝剑、铁拐李的葫芦、曹国舅的绰板、蓝采和的花篮、张果老的渔鼓、韩湘子的笛子，倾听仙姑的荷花，俗称"暗八仙"。（4）"豆腐干"图案，即在双重方框内绘横竖相间的线条。（5）"四朵花"图案，即在双重圆圈内绘四个似字非字的图案，或四个花朵，简单的只绘四个"X"。（6）其他花样，如龙、凤、鹿、鹤、龟、螭、兔、松、竹、梅、蟠桃、瑞草、灵芝、艾叶、云头、卍字等。

7. 古瓷器的特殊款识

"供御"与"进盏"款；"花盒"、"油盒"、"镜盒"款；"盈"字与"翰林"款；"会稽"款；"尚食局"与"尚药局"款；"五王府"与"易定"款；"仁和馆"与"太平馆"款；西夏文款；元代卵白釉款、"使司帅府公用"款；八思巴文款；"显德年制"款、"宣州官窑"款、"天威军官瓶"款；"永"字款；"正八"款。

8. "天"字款

"天"字款主要见于成化斗彩罐上。这种罐可分为长圆腹与矮圆腹两式。外底施白釉，中心以青花料写一楷书"天"字，款外无边栏。其纹饰有瓜地行龙、香草龙、海水龙、海马、海象、缠枝莲、缠枝莲托八吉祥等。其盖分为两种，一种平顶无钮，一种盖面隆起呈伞状，盖顶有宝珠钮。"天"字笔划均衡，起笔、住笔自然有力，全字显得一气呵成，毫无停滞。已故古陶瓷鉴定家孙瀛洲总结的"天"字款歌诀为："天字无栏确为官，字沉云濛浅褐边。康熙仿造虽技巧，一长二短里俱干。"成化斗彩天字罐的名气很大，明代万历、清代康熙、雍正时均有仿制品，康熙、雍正时景德镇官窑仿制品除斗彩器外，还有青花制品，但目前未见有成化青花天字罐。这类仿品除款识字体不及成化斗彩天字罐上的挺拔有力，其器型也有差异，腹部或很大或过于扁平，显得笨拙。另外，所用青料和釉上彩料也有区别。

9. "官"与"新官"款

这两种款识均为刻划款，书体有行、楷、草数种，以行书为多，主要见于晚唐至北宋时的白瓷上。五代耀州窑和越窑青瓷上以及辽代赤峰缸瓦窑遗址出土的匣钵上也有刻划的"官"字款，缸瓦窑垫柱上有刻划的"新官"款。

"官"或"新官"款白瓷的造型以盘、碗、碟最为多见，另有少量瓶、壶、罐、盏托、笔舔等，绝大部分作品是施釉后入窑前将铭文阴刻于外底，只有少数几件是在露胎的底部直接刻划的。

"官"、"新官"款白瓷是定窑白瓷中的精品，尤其是盘、碗、碟类器物，以模仿同时代金银器造型为主，多采用花口、起棱、压边等技法，有的还在口、足部镶包金、银扣。

考古资料表明："官"、"新官"款白瓷往往一同出土，因此两者并无时代先后的区别。从数量上看，"官"字款者占绝大多数。至于"官"、"新官"款的涵义，由于宋、辽、金时的铜镜上亦见有刻划的"官"字，如"朔州马邑县验记官"、"东平府银事司官"，且"官"字下都刻划签押文字，因此瓷器上的"官"、"新官"也应是"官样"之意，即是一种押记，表明是官府订烧之器。

10. 钧窑数目字款

传世宋代官钧窑瓷器及窑址出土的宋代官钧窑瓷器标本上，都曾见到数目字款。这类器物是北宋时期专为宫廷烧造的陈设用瓷，器型有花盆、盆奁、鼓钉洗、出戟尊等。釉色有玫瑰紫、海棠红、天青、月白等，质地优良，制作精细。数目字多阴刻于外底，从"一"到"十"都有。以往古陶瓷著作，例如，《南窑笔记》、《陶雅》、《饮流斋说瓷》等，对数目字的涵义和用途做过种种推测，如《南窑笔记》云："有一、二数目字于底足之间，盖配合一副之记号也……"《饮流斋说瓷》云："均盆与盆连（奁），其底必有数目字，红紫者单数，青蓝者双数……"但通过对传世品和窑址出土物进行排比研究，发现以往的推测皆不正确，数目字实际上是起表达同类器物尺寸大小的作用，即数目字越小，器物尺寸越大，"一"是同类器物中尺寸最大者，"十"是最小者。

12. 八思巴文款

元代瓷器款识。八思巴文是一种拼音文字，因它的创始人是元代忽必烈的国师、喇嘛教高僧八思巴而得名。忽必烈统一中原后，命令八思巴制订官方通用文字，八思巴便以藏文文字为基础，运用汉语的语法，创造出一套拼音文字，它类似现在的汉语拼音的形式。八思八文从1269年颁布到元朝末年，共用了大约一百年，因此八思巴文是元代瓷器的时代标志。龙泉窑系的安仁口窑、丽水窑及南海窑遗址都曾出土过带八思巴文的瓷片。明正德官窑青花瓷上也有八思巴文款瓷器，这与正德皇帝信奉喇嘛教并与蒙藏上层僧侣往来密切有很大的关系。

第六节　诗句文字类题记

与款识和题记相比，诗句文字类题记具有更强的装饰性，所采用的题记手段以书写为主，但其风格显得更为自由舒畅，内容更为丰富翔实，与器物的其他装饰方法结合得更为紧密，观赏性更为突出。

诗句文字类题记又根据内容以及题材等多方面分为如下几种：

1. 民间谚语类

用民间谚语作为瓷器的装饰，是从唐代长沙窑器物开始的。民间谚语具有鲜明的时代特征，主要是反映商人和市井小民的生活和意识，如"众人少语"、"红叶传书信，寄与薄情人"等。

2. 四季风景诗类

在器物上描绘四季风景，并配以诗句，如清代乾隆时期的一件粉彩山水转颈瓶，器面开光内绘春夏秋冬风景图，以便于随季节来展示。春夏秋冬四季分别用隶、楷、行、篆四种书体题写诗句，春季图题"春到人间饶富丽，柳烟花雨总宜人"；夏季图题"风绉谷纹回远濑，霞堆峰势映明川"；秋季图题"澹月梧桐影，轻风梦薛香"；冬季图题"梅帐春融血，松窗月舞龙"。

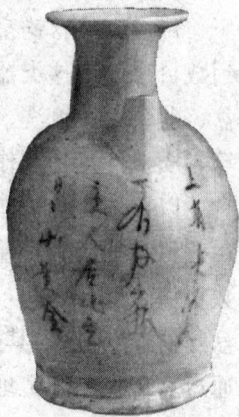
长沙窑青釉褐彩诗文壶

3. 山水诗类

将描写山水美景的诗题写于器物上，如一件清代的碗上就写道了"翠绕南山同一色，绿围沧海绿无边"，并配以"山高"、"水长"印章。诗句与山水景色相得益彰。

4. 花卉诗类

一般是在瓶、碗等器物上一面描绘花卉，一面题诗。常见的花卉有：月季、牡丹、天竹、兰草、腊梅等。常见的题诗有："夕吹撩寒馥，晨曦透暖光"等。

5. 对联类

在清代康熙时期的瓷器上，常见对联类题记，如康熙五彩加金锦地瓷器，在菱形开光内书"聪明当此发"，"步步是莲花"，横批"锦地永常"。

粉彩开光御题诗文壁瓶

6. 仕女诗句类

仕女类画是瓷器装饰的主要题材之一，仕女诗句类题记正是由此产生的。如清代乾隆时期的这类瓷器中，有"惜花春起早，爱日夜眠迟"，"掬水月在手，弄花香满衣"，"高烧银烛照红妆"，"轻罗小扇扑流萤"等题记。

7. 短文类

这一类题记在清代康熙时期较为流行，也是以整篇古文装饰瓷器的一种手段，常用的短文有《出师表》、《滕王阁序》、《兰亭集序》、《赤壁赋》、《圣主得闲臣颂》等。短文的字体也比较讲究，多仿书法名家，有不同风格的行、楷、隶、篆等形式。这类短文题记主要见于文具和陈设品上的装饰。

8. 歌颂名人类

这是一种以歌颂古代历史名人为内容的题记，如明代龙泉瓷器上的"孔子泣颜回，韩信武志才"。李白书。

9. 御题诗类

清代乾隆时期，盛行在唐宋名窑瓷器上的题写御制诗，目前所知乾隆一生所作的有关瓷器的诗文达199首，基本上都由宫廷造办处为其刻在唐宋瓷器上。

祈愿类：祈愿的主要内容是祈求幸福、健康、平安和升官发财，在寺庙道观使用的香炉花瓶等供器上常见。

记事类：将一些重要事件记录在陶瓷器上。

第五章

瓷器的纹饰

工艺品上面的纹饰，属于装饰的一部分，它能使器型更加完美，还可以弥补造型上的一些不足，通过画面上的题材还能更具体、更形象地反映出时代的精神面貌。

第一节　几何纹

几何纹是一种原始的装饰纹样，因其是以点、线、面组成多种有规则的几何图形而得名。包括网纹、三角纹、八角纹、菱形纹、曲折纹、雷纹、回纹、弧线纹、窄条纹、漩涡纹、圆圈纹、回旋钩连纹等。也可专指那些难以名状的抽象图案。到了商周时期，陶器上的几何纹十分突出，吴越地区几何印纹硬陶文化尤为发达。秦汉以后各代，几何纹始终是陶瓷器常见的装饰图案或辅助纹饰。

1. 编织纹

泛指竹、苇、藤、麻等编织物遗留在器物上的印痕，以及后来摹拟这些印痕的装饰性纹样，是一种具有浓厚传承性的原始装饰纹样。编织纹始见于新石器时代的早期陶器。在商周时期，编织纹在原始青瓷、印纹硬陶及灰陶器上已作为常用装饰。纹样有：席状、人字状、米筛状、叶脉状、方格状等。汉代陶瓷器承袭了这一传统纹饰。自唐代至清代，编织纹一直流行不衰，常用作器物的地纹或边饰，也有作为主题纹饰的。

2. 网纹

又称"网格纹"、"方格纹"，陶瓷器装饰的一种原始纹样。图案是：将方格以二方连续或四方边疆形式展开似鱼网，有直线网格、斜线网格和曲线网格之分。网纹的出现正是新石器时代渔猎经济生活在原始制陶及其审美意识上的反映。网纹的表现方法有刻划、拍印、压印、镂孔、彩绘等多种形式，以彩陶上的彩绘网纹最为生动。

3. 条纹

又称"条形纹"、"线纹"，一种原始的陶瓷装饰纹样，由较短的相对独立的线条构成，有竖线、横线、斜线、弧线、宽线、窄线、单线、复线等多种形状。篮纹也可视作一种条纹。条纹有的单独成立，也有与圆点纹、漩涡纹等组成复合纹样的。表现技法主要是刻划、压印、拍印、彩绘等。

4. 篦纹

因其是用篦状工具刻、压出篦状纹而得名的一种装饰纹样。商周陶器上多见，瓷器上大量采用则是宋元时期东南沿海地区瓷窑，青瓷和青白瓷器物上最为多见。用戳刺方法形成的成片点状纹样，习惯上称"篦点纹"；用划花方法形成的细密平行线条纹，习惯上称"篦划纹"。篦纹还有栉齿纹、梳篦纹、篦线纹等多种别称。

5. 剔刺纹

也称"刺剔纹"、"锥刺纹"、"针刺纹"、"戳刺纹"等，一种原始的陶瓷装饰纹样，因其是用工具在器坯上成片剔刺而成，故得名"剔刺纹"。用指甲剔刺而成的纹样，旧称"指甲纹"，也应归入剔刺纹类属。工具不同或操作方法不同，便产生不同形状的纹样。剔刺纹出现在新石器时代早期，装饰手法极为原始。

6. 云雷纹

陶瓷器装饰的一种原始纹样，图案呈圆弧形卷曲或方折的回旋线条。圆弧形的也单称云纹，方折形也称雷纹，云雷纹是两者的统称。云雷纹在构图上通常以四方边疆或二方边疆式展开，表现技法有拍印、压印、刻划、彩绘等。云雷纹出现在新石器时代晚期，可能是从漩涡纹发展而来的。

7. 回纹

因纹样如"回"字而得名。线条作方折形卷曲，回纹与雷纹同源同义，亦可视为雷纹形象的一种，有单体、一正一反相连成对和连续不断的带状形等，多用于装饰器物的口部或颈部。制作方法有彩绘、刻划、模印等。回纹最早在马家窑文化类型陶器上普遍出现，商代中期灰陶器上较盛行，商周原始青瓷上也多见。宋代复古风气较盛，回纹再度流行。宋代吉州窑、定窑、耀州窑、磁州窑等广泛采用，景德镇窑烧制的瓶、罐、盘、碗、洗、炉、枕等器物上，回纹常作为边饰出现。

8. 弦纹

一种原始的陶瓷装饰纹样，作细而长的线条形，水平展开并环绕器物周匝。弦纹的出现与原始制陶中轮制方法的产生有关，旋刻出来的弦纹又称旋纹。由于使用工具及处理方法的不同，有凹凸、粗细、尖方、圆弧等不同形状，也有单线弦纹与复线弦纹之别。此外，还有用彩绘、堆贴等方法形成的弦纹。

9. 带状纹

一种传统的纹样，为陶瓷器上带状纹样的统称。带状是指其外形为环绕器物的二方连续图案，上下压以边线。其内容形形色色，包括带状鱼鸟纹、带状网格纹、带状云雷纹、带状曲折纹、带状几何纹等等。带状纹可装饰在器物的口沿、颈、肩、腹、胫等部位，有作辅助性边饰的，也有作饰纹主题的。习惯上多将作为边饰的称作"带状纹"。带状纹的原始表现方法主要有彩绘、刻划、镂空、压印等。

10. 曲折纹

又称"曲尺纹"、"波折纹"、"三角折线纹"、"曲带纹"等，一种常见的陶瓷器装饰纹样，以边连续条折曲而成。用短直线、横线、斜线、连续或间断组成的单纯与复合带状的曲折纹也归入此类。表现技法有刻划、拍印、彩绘等。

11. 水纹

又称"水波纹"、"波浪纹"或"波状纹"等，一种传统的陶瓷器装饰纹样，形象摹拟水流动形态的统称水纹。专门表现海水波涛的，习惯上称作"海水纹"或"海涛纹"。着意表现水的漩涡的，习惯上称作"漩涡纹"或"涡纹"。水纹的表现技法主要有刻划、彩绘、拍印、模印等。战国秦汉时代彩绘陶和原始青瓷上，水波纹成为主要纹饰。

中国瓷文化

经典文献系列

12. 涡纹

又叫"漩涡纹",水纹中的一种,摹拟水流产生的漩涡状。

13. 海水纹

是水纹中着意表现海水波涛形态的一种纹样,多出现于宋以后尤其是明清时代的瓷器上。

14. 海涛纹

是水纹中专门描绘海水浪涛的一种纹样,多出现在宋以后特别是明清时代的瓷器上。

15. 螺旋纹

是指形似螺旋的一种陶瓷器传统纹样,也似流水漩涡。在器物成型过程中由于旋削而留于器底的螺旋状线痕,习惯上也称螺旋纹。表现技法主要是彩绘及刻划。布局有个体纹饰左右排列的,也有四方连续式的。采用黑红二色颜料,以红色为多,有的搭配较为复杂。

16. 云纹

用云朵形纹饰象征高升和如意。云纹多与龙、凤、蝙蝠等相配,有时也单独使用。元代磁州窑白地黑花云龙纹瓷器及景德镇青花、釉里红、红釉、卵白釉等瓷器上均有云纹装饰。明、清景德镇及其他地方窑陶瓷上也普遍装饰云纹,且形式多样,如灵芝形云、蝌蚪形云、如意头形云、风带如意云、"壬"字形云、"★"字形云等。

17. 云头纹

云纹的一种。其形状犹似下垂的如意,因此又称"如意云"。因多装饰在瓶、罐、壶器物的肩部,亦称"云肩纹";也有装饰在盘、碗的内心部位的,称作"垂云纹"。清代云头纹主要作为辅助纹饰,其作用有些类似"开光"。

18. 钱纹

因其图案呈现为圆圈中有内向弧形方格,似圆形方孔钱而得名。构图多作二方或四方连续排列,也绘作成串圆圈两相交套合的形象。表现手法主要为印花、刻花和绘画,多用于装饰盘、碗的边沿或瓶、罐的肩部或腹部。主要用作辅助纹饰,也有作主题纹饰的。辅助纹样多为单线二方连续展开,形成装饰带。主题纹样则由钱纹构成整个纹饰格局,并有在圆钱纹的中心填画花草等图案的。还有以钱纹作地,衬托主题纹饰的。

第二节　动物纹

1. 鱼纹

广义上可包含由鱼纹和其他纹样组合而成的纹饰，如鱼藻纹、鱼鸟纹等；狭义上仅指纯粹的鱼纹或以鱼纹为主体的纹饰。鱼纹的表现手法有深刻、彩绘、模印、塑贴等。

鱼水组合的画面称为海水鱼纹或水波游鱼纹。如耀州窑青釉花口碗内壁上的海水鱼纹，以篦状工具左旋右转刻划细密的水波纹，以粗健的线条勾勒出游鱼，动态真切自然。鱼与莲组成的画面，称为鱼莲纹或莲池游鱼纹；鱼与水藻相配称为鱼藻纹。磁州窑的鱼藻纹最为生动，水藻飘动，鱼儿浮游，水藻飘指显示水的流向，令人感受到鱼逆流而上的动态。元、明、清瓷器中鱼藻纹饰更为普遍，多用青花、釉里红、五彩表现单尾或双尾鱼纹，鲭、鲢、鲤、鳜或鲭、鲌、鲤、鲫鱼四鱼与水草组成的寓意纹饰。明宣德蓝釉鱼藻纹盘，以晶莹艳丽的宝石蓝色釉托起洁白如玉的鱼藻，清丽动人。

2. 鱼藻纹

"鱼"与"余"同音，是"富贵有余"、"连年有余"的意思。鱼纹几乎是每个朝代都使用的主要装饰图案。鱼纹种类繁多，如莲池游鱼、水波游鱼、水藻游鱼，或单或双，或三五追逐，鱼水相融。双数鱼的构图，在器壁用对称法，两两相对；若在器心，则两鱼并排而游。三五尾单数鱼的构图，多是顺向追逐游动，空间饰以浮萍、水草、莲花之类花草。

3. 摩羯纹

摩羯本是印度神话传说中的河水之精、生命之本，公元 4 世纪末传入中国。经隋唐，摩羯形象融入龙首的特征。宋代瓷器上的摩羯纹多见于耀州窑瓷器。往往在青瓷碗的内壁刻划头上长角、鼻子长而上卷、鱼体鱼尾的鱼形摩羯，或在碗心的莲池中盘旋，或在碗壁的碧波中对游。摩羯纹有的作为主题纹饰出现，也有作辅助纹饰的，与水波、莲荷、荷叶等组成带状纹，衬托婴戏主题纹饰。

4. 鸟纹

广义上可包含鸟纹与其他内容组合的纹饰，如花鸟纹；狭义上仅指纯粹鸟纹或以鸟纹为主体的纹饰。神话性质的凤纹或其他瑞禽纹也归在鸟纹类属。鸟纹的表现技法有刻划、彩绘、模印、塑贴等。唐宋以后，受中国画影响的鸟纹多与花卉纹相配为饰，习称花鸟纹。

5. 花鸟纹

宋代北方民窑常用的装饰题材，笔触流利生动，风格活泼豪放。如磁州窑残荷秋叶纹枕，枕面画野塘芦鸦、残荷败草、大雁南飞，呈现一派深秋景色。格调与此相反的竹雀图，只是草草几笔，便描绘了白头鸟停落在挺拔的竹枝上，竹枝似在微微摇颤，充满逗人情趣和盎然生机。

6. 凤纹

凤是远古氏族图腾的一种标志，是远古传说中"出于东方君子之国"的神鸟，其形象在传说中十分神秘奇异。

唐长沙窑青釉注子上釉下彩绘展翅之凤，侧题"飞凤"二字。唐三彩陶器上也多有印花凤鸟纹。宋代定窑、耀州窑、景德镇窑瓷器常见印花凤纹，多与牡丹相配，形成凤衔牡丹、凤穿牡丹等典型画面，还有双飞凤、双凤穿云等形象。宋吉州窑窑变釉剪纸贴花凤戏朵花纹，新颖别致。元大都遗址出土的青花凤纹扁壶，以凤首作流，壶身绘展翅飞翔的凤体，凤尾卷起作柄，融实用与美观于一体，构思精妙。

7. 凤尾纹

一种典型的瓷器装饰纹样，因图案形似凤尾而得名。凤纹多作为地纹，或作为辅助纹饰，有锥凤尾和画凤尾两种装饰方法。锥凤尾系用锐器在红、蓝、黄、绿等粉彩地色上划出凤尾纹，俗称压凤尾，作为地纹。画凤尾系用彩笔描绘而成，作为辅助纹饰。凤尾纹盛行于清乾隆、嘉庆时期彩瓷上，清乾隆蓝地粉彩凤尾纹开光山水图碗等是其典型作品。

8. 龙凤纹

一种典型的瓷器装饰纹样，描绘龙与凤相对飞舞的画面。龙为鳞虫之长，凤为百鸟之王，都是祥瑞之物。龙凤相配便呈吉祥，习称龙凤呈祥纹。明万历五彩龙凤纹笔盒、清康熙斗彩龙凤纹盖罐等都是典型之作。乾隆粉彩龙凤纹盒的盖面上饰龙凤对舞戏珠的纹样，别有情致。

9. 鹤纹

古人以鹤为仙禽，喻意长寿，用鹤纹蕴涵延年益寿之意。瓷器装饰中的鹤纹始见于唐代，越窑青瓷上有刻划鹤在云间飞翔的图案，习称"云鹤纹"。明、清瓷器上多画丹顶鹤，景德镇窑青花瓷、五彩瓷、黄釉绿彩瓷上多见。有云鹤纹葫芦瓶，鹤纹与寿字相配，组成长寿画面。有黄绿彩鹤纹碗，鹤衔葫芦穿云而飞，寓意福、禄、寿。还有仙鹤衔筹飞向海上瑶台祝寿，称作"海屋添筹"纹。

10. 雁纹

广义上包含以雁纹为主配合其他景物的纹饰，狭义上仅指单独的雁纹。雁纹常以其憩息环境芦苇为衬景，俗称"芦雁纹"。元代服饰制度上称雁衔芦，所以又称"雁衔芦纹"。变为口衔芦苇展翅飞翔状，并成为一种定式。如江西高安窖藏出土的釉里红匜，在适合纹样的圆形画心部位描绘一只红色衔芦之雁。明代民窑青花瓷器纹样上将雁置于芦苇滩汀上，充溢着一种野逸气息。

11. 鸳鸯纹

古人视鸳鸯为爱情的象征，《古今注》说鸳鸯为"鸟类，雌雄未尝相离，人得其一，则一必思而死，故曰匹鸟"。瓷器装饰中的鸳鸯皆成双成对出现，而且多与莲池相配，习称鸳鸯戏莲纹、鸳鸯卧莲纹、莲池鸳鸯纹。宋代定窑、景德镇窑、耀州窑、磁州窑的碗、盘、盆、枕等器物上普遍采用鸳鸯纹。典型器物有西藏萨迦寺藏明宣德青花五彩鸳鸯莲花纹碗、"台北故宫博物院"藏明成化斗彩鸳鸯莲花纹盘、北京故宫博物院藏明万历五彩鸳鸯池纹瓶等，均为传世之作。

12. 鹦鹉纹

始见于唐代瓷器，流行于晚唐至北宋。在构图方法上无论是表现展翅飞舞的单体鹦鹉，还是首尾相对的成对鹦鹉，都考虑器物造型特征，处理成适合纹样。这些都是因为深受金银器装饰风格的影响。主要表现方法是彩绘、刻划。唐长沙窑出土的鹦鹉纹枕，笔法流利、生动自然。北宋越窑青釉碗、盘等器物上，常刻划首尾相逐的两只鹦鹉，装饰更具韵味。

13. 鸭纹

包括单独的鸭纹和以鸭主体的组合纹饰。鸭纹多配以荷莲或芦苇，更奇者与雄鹰相配。宋代受中国花鸟画题材影响，瓷器上的鸭纹最为丰

中国瓷文化

富，定窑、景德镇窑、耀州窑、磁州窑多以此为装饰题材，画面上多是两只或四只鸭成双成对，周围莲草相间。尤以老鹰逐鸭最为精彩，黑鹰从天飞扑而下，一鸭仓皇逃窜，一鸭急钻入水，尚露腚尾，水花四溅，芦苇摇曳，画面真切动人。

14. 蝴蝶纹

广义上包含以蝴蝶为主配以其他内容的纹饰，狭义上仅指独立的蝴蝶纹。受宋代花鸟画成熟的影响，瓷器装饰中花鸟虫鱼题材大增，蝴蝶纹开始盛行。宋瓷上蝴蝶纹多取蝴蝶对飞纹样作圆形构图。典型器物有明成化斗彩团蝶纹罐、万历五彩花鸟花蝶纹蒜头瓶等。雍正以后瓷器上还盛行一种瓜蝶纹，即以瓜蔓与蝶纹相配，谐音"瓜瓞"，习称"瓜瓞绵绵"，寓意子孙万代连绵不绝，乾隆粉彩瓜蝶纹瓶即为代表之作。

15. 饕餮纹

饕餮是古代传说中的一种动物，《吕氏春秋·先识览》记载："周鼎著饕餮，有首无身，食人未咽，害及其身，以言报更也。"饕餮纹应视作兽面纹中的一种。清代名品有康熙青花饕餮纹瓶、五彩加金饕餮纹方熏、五彩加金饕餮纹尊等等。

16. 鹿纹

鹿纹是一种反映原始渔猎生活的传统陶瓷装饰纹样。唐代长沙窑有青釉鹿纹褐绿彩注壶，小鹿体态轻盈，边跑边顾盼，是不可多得的佳作。宋代缂丝上的天鹿纹移植于瓷器，典型纹饰如定窑白釉盘上的印花鹿纹，画面上两只长角鹿奔跑在枝叶缠绕的花丛中，前一只鹿回首张望，后一只鹿追赶鸣叫。磁州窑枕面上所绘鹿纹动态不同，或在山中奔跑、或在草莽间漫步、或卧于灌木中惊望、或立于路途上徘徊，线条流畅写意。明代晚期流行以谐音和寓意象征吉祥的纹样，鹿纹作为"禄"的替代形象常与蝠（福）、寿桃组合成"福禄寿"吉祥图案出现在青花瓷器上。乾隆朝创烧的粉彩百鹿纹尊，把鹿纹的人文含义推到了极致，乾隆以后及近代仿制品较多

17. 狮纹

一种具有宗教意味的传统陶瓷装饰纹样，包含以狮为主的组合纹饰，如狮子与绣球、狮子与人物等。入宋以后盛行狮子与绣球的配合纹饰，习称"狮球纹"。南京博物馆藏明永乐至宣德大报恩寺琉璃宝塔狮纹琉璃建筑构件，狮作为佛教中的护法神出现，造型奇伟，制作精湛。

其他典型器有"永乐年制"篆款青花压手杯，杯心绘画双狮滚球，为永乐压手杯的上品。

18. 麒麟纹

麒麟是中国古代传说中的一种祥瑞神兽，被视作吉祥象征，是古代麟凤龟龙"四灵"之一。形象略似鹿，独角，全身生鳞甲，尾像牛尾，简称"麒"。典型作品有元青花麒麟花果纹菱口大盘、元青花麟凤纹四系扁壶等。

19. 海马纹

初见于唐代三彩器上，元代盛行。白马又称玉马，特征是两膊有火焰。元代常在瓶、罐上部的云肩形纹饰中绘白马海水纹，习称"海马纹"。如元青花大罐的肩部所绘海马纹，画一匹两膊火焰上飘的白马，不加渲染，配以蓝线勾画的起伏不断的海浪，加强了白马的神奇感。

20. 云龙纹

是龙纹的一种，因其构图上以龙和云组成而得名。龙为主纹，云为辅纹，龙或作驾云疾驰状，或在云间舞动。始见于唐宋瓷器上，如晚唐五代越窑秘色瓷瓶上的云龙纹、宋定窑印花盘上在祥云间蟠曲舞动的龙纹等。元、明、清瓷器上云龙纹更为多见。

21. 海水龙纹

是一种典型的龙纹，以龙与海水组成，表现龙游在海水中。北宋越窑青瓷碗上刻划海水龙纹为典型纹饰。元、明、清瓷器上海水龙纹很多，有单龙、双龙、四龙乃至九龙，穿游腾跃于海水之间，多用绘画方法表现，也有用彩绘结合划花的手法。

22. 穿花龙纹

又称"串花龙纹"、"花间龙纹"，表现龙在花枝间穿行。五代越窑青瓷已见龙与蔓草相配的纹饰。明代穿花龙纹运用较多，主要以青花描绘，也有用五彩的。明宣德青花扁瓶，以青花描绘缠绕的花枝和穿行其间的龙纹。正德时穿花龙纹最盛行，盘、碗、渣斗、壶、花觚上较为常见。弘治朝青花瓷器中有龙游戏于莲塘中的纹饰，称"莲池龙纹"或"莲池游龙纹"。

23. 龙戏珠纹

以龙和宝珠组成画面，通常宝珠在前方，龙在后追逐；也有宝珠在中间，左右二龙相对戏游，习称双龙戏珠纹或二龙戏珠纹。五代越窑青釉龙纹四系壶，腹部浮雕双龙戏珠及卷云纹，是目前所见最早的龙戏珠纹饰。

24. 夔纹

夔是古代传说中的一种奇异动物，似龙而仅有一足。《庄子·秋水》中记载："夔谓蚿曰：'吾以一足趻踔而行。'"汉代许慎《说文解字》也谓夔"如龙一足"。瓷器上的夔纹主要流行于明、清景德镇瓷器上，如宣德青花夔龙纹罐、嘉庆青花夔龙福禄万代瓜棱形龙耳瓶等。

25. 螭纹

螭是古代传说中的一种动物，属蛟龙类，躯体比较粗壮，有的作双尾状。北京故宫博物院藏明嘉靖白釉红螭瓶，以一条蟠螭盘绕白瓶颈肩处，红白辉映，神采耀目。定陵出土明万历黄釉紫彩三螭足炉，以三螭倒立成足，螭身成为炉腹上的堆塑装饰，构思精巧、风格古朴、令人赞绝。晚明民窑青花瓷器上螭纹大量涌现，逸笔草草却颇有神彩。清康熙豇豆红太白尊上则是以细线刻划团螭纹，尽显盛世之时刻意追求精益求精的审美情趣。

第三节　植物纹

1. 莲花纹

莲花是最早用来装饰瓷器的花纹之一，也是典型的宗教纹样之一，从南朝至清代一直盛行不衰。宋代定窑、耀州窑、磁州窑、景德镇窑、龙泉窑、吉州窑等，多在盘、碗、瓶、罐、枕上分别用刻划、模印、彩绘等手法，以串枝、缠枝、折枝等多样姿态表现优美清雅的莲纹。其中折枝式的一花一叶莲花纹比较多见，如定窑白釉盘上舒展的缠枝莲，茎蔓缠绕，莲花摇曳。串枝莲则多以环带形式布于盘壁，两朵莲花相对开放，衬托

清雍正·珊瑚红地粉彩花卉碗

着盘心的折枝莲花。

把莲纹是莲花纹的一种形式，因将折枝莲花、莲叶和莲蓬用锦带扎成束状而得名。常见的是作对称构图的一把莲，还有均齐式构图的二把莲和三把莲，始见于宋代耀州窑青瓷的印花纹饰，其中三把莲纹样上还印"三把莲"字样。明代永乐、宣德时期把莲纹盛行，景德镇窑烧制的青花把莲纹瓷盘较为多见。

2. 莲瓣纹

以莲花花瓣为装饰纹样而得名。莲瓣纹在瓷器上出现始于南北朝时期，这与当时我国佛教盛行有密切关系。按所装饰莲瓣的层次，可分为单层莲瓣、双重莲瓣及多重莲瓣。按莲瓣的形态可分为尖头莲瓣、圆头莲瓣、单勾线莲瓣、双勾线莲瓣、仰莲瓣、覆莲瓣、变形莲瓣等。早期瓷器上的莲瓣纹曾作为主题纹饰出现，如著名的北朝青釉仰覆莲瓣纹大尊、五代耀州窑青釉刻花莲瓣纹渣斗、北宋定窑刻花莲瓣纹盖罐等。

3. 宝相花纹

将自然界花卉（主要是莲花）的花头作艺术处理，使之图案化、程式化。有两种形式：一种是平面团形，以8片平展的莲瓣构成花头，莲瓣尖端呈五曲形，各瓣内又填饰三曲小莲瓣，花心由8个小圆珠和8瓣小花组成。这种团形宝相花多用于唐三彩装饰，上海博物馆藏唐三彩宝相花纹盘为典型器。另一种是立面层叠形，以层层绽开的半侧面勾莲瓣构成。此种宝相花纹多见于明清景德镇瓷器上，以北京故宫博物院藏明永乐影青暗花缠枝宝相花纹碗、明成化青花宝相花纹碗为代表。

4. 牡丹纹

指以牡丹花为主题的纹饰。唐代人崇尚牡丹，金银器等常以牡丹纹为装饰题材。宋代人受其影响，视牡丹为富贵花，瓷器上盛行牡丹纹饰，宋定窑、磁州窑、耀州窑、景德镇窑等在瓶罐、盘碗、盒枕等器皿上大量采用。表现技法有刻花、印花、绘画等；形式有独枝、交枝、折枝、串枝、缠枝等。定窑器上常出现一枝独秀的单朵牡丹，耀州窑瓷器上多见花朵两两相对，磁州窑枕面上还可见随云头形曲线绘画3朵牡丹。构图方式有适合式、对称式、均衡式等。

5. 扁菊花纹

特指明洪武朝瓷器上的菊花图案。菊花纹饰在宋、元瓷器装饰中已经出现，花形近似团形。洪武朝瓷器则将菊花形状处理成扁圆形，因此称作扁菊花纹。一般将菊花的花蕊画成椭圆形双线圈，内填网格纹。其外围以两层长圆形菊瓣，内层菊瓣为白色，外层菊瓣填色留出白边，花形清晰，时代特征鲜明突出。

6. 百花纹

又称"满花纹"、"万花纹"、"万花堆"。以多种花卉为题材绘满器身。始见于清乾隆景德镇窑粉彩瓷器，嘉庆朝继续流行。构图多以牡丹花为主，并绘菊花、茶花、月季花、荷花、百合花、牵牛花等花卉，蕴含百花呈瑞之意。由于百花繁密不易见纹饰地色，俗称"百花不露地"，绘画极为工整秀丽。

7. 冰梅纹

又称"冰裂梅花纹"，创制于清康熙朝，以仿宋官窑冰裂片纹为图案地纹，然后于地纹上画朵梅或枝梅。景德镇有以青花作画的，也有以五彩作画的，以青花作画最见格调，多饰于瓶、罐、盘等器物上。康熙冰梅纹盖罐，通体以青花浓料画冰裂片纹，以青花淡料略加晕染，其间勾画白色梅花，蓝白相映，寒梅吐艳尤显芬芳，颇具文人画风韵，是典型的冰梅纹作品。晚清、民国瓷器上多有摹绘。

8. 木叶纹

特指以植物叶片经工艺处理贴烧后在器物上形成的纹样。天然树叶经腐蚀处理后，贴在素器上，施釉焙烧，树叶的形状及脉络便清晰地留在器壁上。这种木叶贴花装饰方法是宋代吉州窑的独特创造，装饰在黑釉瓷盏的内壁上，在黑釉的底色中显现纹饰美丽的黄颜色。木叶纹有单片树叶的，也有两片或三片树叶叠在一起的，错落有致。叶形或残叶稀疏，或满叶铺地，极富诗情和致趣。

9. 蕉叶纹

瓷器的一种辅助纹样，因其以芭蕉叶组成带状纹饰而得名，特指以蕉叶图样作二方连续展开形成的装饰性图案，写实性的芭蕉纹不在此列。蕉叶纹最初流行于商末周初青铜器上，用作瓷器装饰则始于宋代。定窑、龙泉窑、景德镇窑多将其作为瓷器的辅助纹样，表现手法主要是划花。景德镇出土明洪武青花松竹梅纹执壶，颈部饰蕉叶纹，近腹部饰一周大小相间的云肩纹，云肩纹内绘画蕉叶的筋脉，十分奇特，好似变形蕉叶纹。

10. 瓜果纹

指以各种植物果实为主题的纹饰。历代装饰手法有模印、贴塑、雕刻、彩绘等。始见于唐代，唐宋两代陶瓷器上多见葡萄纹和石榴纹，有缠枝葡萄、婴戏葡萄、婴戏石榴等图案，均含多子多孙的寓意。表现方式有图案性与写实性两类，构图方法多样。

11. 三果纹

瓜果纹的一种，以三种瑞果作为装饰题材，多见于明、清景德镇瓷器上。最著名的如宣德釉里红三果纹高足杯，腹壁饰石榴、柿子、桃三种果实，其装饰技法为施白釉后先剔出三种果实的轮廓，再在轮廓内填以高温铜红釉，烧成后，红宝石般艳丽的三果纹在白釉的衬托下显得格外醒目，称为"宝烧"。

12. 海石榴纹

海石榴纹从伊朗传入，最早出现在唐三彩陶器上，多与宝相花、莲花、葡萄等相配，有模印贴花，也有刻花施彩手法。其形象是在盛开的花朵中心露出饱绽的石榴果，或花苞之中满是石榴子，有的称"海石榴花"。因石榴"千房同膜，千子如一"，被民间视为象征多子的祥瑞之果，海石榴纹成为一种吉祥纹饰。

13. 岁寒三友纹

元代景德镇窑瓷器上始见，明清沿用，因其在器身上绘寒冬常青的松、竹、梅而得名。此外，亦见以梅、竹、石或柏、竹、梅组成的岁寒三友纹饰。岁寒三友题材源于文人画，文人画在元代特定的政治与文化背景中产生，采用松竹梅或梅兰竹菊等植物象征君子德行的风气，也影响到瓷器及其他工艺品的装饰。

14. 缠枝纹

我国传统瓷器装饰纹样之一，明清时期尤为盛行。因其图案花枝缠转不断而得名，明代称为"转枝"。构图机理是以波状线与切圆线相组合，作二方连续或四方连续展开，形成波卷缠绵的基本样式，再在切圆空间中或波线上缀以花卉，并点以叶子，便形成枝茎缠绕、花繁叶茂的缠枝花茎纹或缠枝花果纹。缠枝莲、缠枝菊、缠枝牡丹、缠枝石榴、缠枝灵芝、缠枝宝相花等纹样，统称缠枝纹。

15. 折枝纹

构图方法系截取花卉或花果的一枝或一部分，形似折下的花枝或花果，习称"折枝花纹"、"折枝果纹"或"折枝花果纹"，统称折枝纹。如折枝梅、折枝莲、折枝牡丹、折枝枇杷、折枝石榴、折枝荔枝等。折枝纹在瓷器装饰绘画中多作为单独纹样，也有配合禽鸟组成的折枝花鸟纹。以一枝单独使用者居多，也有作连续式或交织式组合。

16. 忍冬纹

一种以忍冬植物为主题的瓷器装饰纹样。忍冬也称金银花、二花，为多年生常绿灌木，枝叶缠绕，忍历严寒而不凋萎，因此而得名。陶瓷装饰中的忍冬纹通常是一种以三个叶瓣和一个叶瓣互生于波曲状茎蔓两侧的图案。忍冬纹始见于魏晋时期浙江一带的青瓷上，与佛教的传入有关。南北朝时期较为盛行，常与莲瓣纹相配作为主题纹饰。主要表现手法是刻划。北京故宫博物院藏南朝青釉刻花忍冬纹单柄壶是典型器物，表现风格比较写实。

17. 卷草纹

又称"卷枝纹"、"卷叶纹"，是一种典型的瓷器装饰纹样，因其以柔和的波曲状线组成连续的草叶纹样装饰带而得名。唐代已十分流行，日本人称之为"唐草"。图案为植物枝茎作连续波卷状变形，构图机理似缠枝纹，是以波状线与切圆线相组合，作二方连续展开，形成波卷缠绵的基本样式，再以切圆线为基干变化出有规则的草叶或茎蔓，形成枝蔓缠卷的装饰花纹带。卷枝纹与缠枝纹最大的不同是仅出现枝茎或草蔓，不出现花卉或花果。缠枝纹虽也图案化，但写实性仍较强，而卷枝纹则较凝炼概括，更具抽象性。卷草纹与卷叶纹也有细微差异。卷草纹只见茎蔓，不见叶形。卷叶纹则叶形明显，极类忍冬纹。卷枝纹源于魏晋南北朝时期流行的忍冬纹，但更规范也更细致，通常只作为辅助纹饰。

18. 过枝纹

又称"过墙花"、"过墙龙"，是一种特殊的纹饰构图，指器物内壁与外壁或器盖与器身的纹饰相连，浑然一体，宛如花枝越墙头，从外壁伸至内墙。有过枝花卉、过枝花果等纹样。《饮流斋说瓷》载："过枝，成化开其先。"清代开始流行起来，以雍正、乾隆、道光、光绪等朝为盛。过枝花卉多见于盘、碗、瓶等粉彩器上，有过枝牡丹、过枝菊花、过枝梅花等。尤其是表现"一枝红杏出墙来"诗境的过枝花卉纹，令人称绝。

19. 皮球花纹

以多个大小不一、花色不同的团花有规则或无规则地分布在装饰画面上，宛如跳动的花皮球，因而称作皮球花纹。皮球花纹的基本单位是团花，即圆形适合纹样。团花纹成熟于隋代，隋唐陶瓷器上常见，多以模印手法制作。明、清两代团花纹再度盛行，且内涵远比隋唐时期丰富，表现手法主要是彩绘。

第四节　人物纹

1. 舞蹈纹

一种表现人的舞蹈场面的传统陶瓷装饰纹样。早在新石器时代，陶器上就已出现舞蹈纹，纹饰多以彩绘。至魏晋南北朝时期，舞蹈纹则以贴塑、模印、刻划等表现在瓷器及画像砖上。"台北故宫博物院"藏明初青花胡人乐舞图扁壶，描画五个歌舞胡人，或击手鼓、或吹横笛，将边歌边舞的情景表现得淋漓尽致。

2. 婴戏纹

一种以儿童游戏为装饰题材的瓷器装饰纹样。最早见于唐代长沙窑瓷器，有釉下褐绿彩婴戏莲纹。入宋以后陕西耀州窑、河北定窑、磁州窑、山西介休窑、江西景德镇窑、广西容县窑等南北瓷窑均喜用婴戏纹作瓷器装饰。表现方法有刻花、印花和绘画，画面有婴戏花、婴戏球、婴戏鸭、婴戏鹿，还有荡船、骑竹马、钓鱼、放爆竹、抽陀螺、蹴鞠等，以婴戏花画面居多。明成化斗彩婴戏纹杯，描绘两个孩童放风筝的场面；明正德、嘉靖朝的婴戏纹碗是当时青花瓷的代表作。

3. 仕女图

因画面以仕女为主题而得名。仕女图最早见于唐代长沙窑瓷器，其丰盈的肌肤与饱满的体态具有明显的唐代仕女画的流行风格。宋元时期仕女图较为罕见，这与当时花鸟画盛行有极大的关系。由于元代仕女图器物所见甚少，就目前所见器物来看，无论是画法，还是构图均不及同时期的艺术成就高。明清时期是仕女图的大发展时期。明代早期由于青花原料的限制，仕女图不多。明中期的仕女图多反映贵族妇女的生活，尽管为数不多，却对后来仕女图的进一步发展起到了积极进步的作用，如成化朝仕女虽不甚精细，但颇有古意。明晚期仕女图大量出现，在一定程度上反映了当时社会生活的现实。清代仕女图大量增加，历朝均有绘制，但风格画法各不相同。如顺治仕女的衣带飘然，康熙仕女的妙笔传神，乾隆仕女的精细写照，无不独具代风格。

4. 行乐图

即今日俗说的"生活照片"。在园林庭院场景中，有画一人独坐品茶或酌饮赏景，旁衬婢女童仆烹茶或侍立者；有画三五名流雅聚，或合家欢庆者。

5. 竹林七贤图

以魏晋名士"竹林七贤"的活动场面为描绘主题的瓷器装饰纹样。七贤为山涛、阮籍、嵇康、向秀、刘伶、阮咸和王戎，他们常于竹林聚会，饮酒清谈，抚琴吟诗，世称"竹林七贤"。明清时期景德镇窑瓷器常以此为主题纹饰，传世的有青花及五彩竹林七贤图瓷器。

6. 高士图

特指人物图画中以文人雅士情趣生活为题材的一种装饰纹样。最负盛名的有：王羲之爱鹅、爱兰，陶渊明爱菊，周茂叔爱莲，林和靖爱鹤，俗称"四爱图"。除此还有描绘隐士行踪的图案，如携琴访友、山涧行吟等。在封建道德规范下，这些人士以高行著称，因此这类纹样又称为高士图。高士图常见于青花瓷和斗彩瓷上，多作为主纹描绘在瓶、缸、罐、杯等器物的主要装饰部位。元代瓷器装饰中的高士图已趋于成熟，题材也比较确定。明代则呈泛化现象，题材扩大，尤其是晚明，受世风影响，隐士图大量出现。

7. 历史故事图

以历史人物故事情节为题材的一种陶瓷器装饰纹样，流行于元、明、清时期。元代除景德镇窑青花瓷器，磁州窑白地黑花瓷器上也喜绘历史故事图。明、清两代景德镇窑青花、五彩、粉彩、珐华等陶瓷器上多见，通常在瓶、罐、盘、缸等器物上绘制。历史故事图纹多出自历史小说或戏曲。元代瓷绘有"周亚夫细柳营"、"萧何月下追韩信"、"蒙恬将军"等图画；明代有"弄玉吹箫"、"八仙过海"等图画；清代瓷绘纹样多选自《三国演义》、《水浒传》、《封神演义》中的人物故事。此外还有"陈平卖肉"、"西厢记"、"岳飞"等脍炙人口的民间传说。

8. 刀马人图

因描绘战争或习武场面的人物、坐骑、弓刀而得名。如火烧赤壁、曹操大宴铜雀台、五霸争战等历史人物故事。清代早期景德镇窑瓷器大量采用，构图复杂、人物生动。

9. 渔家乐图

描绘渔夫们劳动、生活情景的一种瓷器装饰纹样，有饮酒庆丰收、小舟垂钓、渔舟唱晚、渔翁得利等画面。渔家乐图流行于清康熙朝，多见于青花瓷器，以翠蓝色青花加以描绘，显得明快清新。

10. 耕织图

描绘农家耕种与纺织的生产场面的一种瓷器装饰纹样，起源于南宋时期，乾隆以前瓷绘上有耕织题材的图案，称"田家乐"或"农家乐"图。刘松年曾作《耕织图》，创作农耕二十一图并纺织二十四图。清康熙帝命内廷画家重绘《耕织图》，绘成耕图与织图各23幅。

11. 伯牙携琴访友图

伯牙，春秋时人，善于弹琴。据《乐府解题》载：伯牙学琴于成连先生，三年不成。后随成连至东海蓬莱山，闻海水澎湃，群岛悲号之声，心有所感，乃携琴而歌，从此琴艺大进。与钟子期为友，所奏《高山流水》曲意皆为钟子期悟出，世称知音。明清瓷品上绘有伯牙携琴访友图。以明成化图案最为精美，伯牙、琴童及携琴皆用青花勾勒，伯牙衣纹中填水绿彩，琴童的衣服着矾红色。松树、野菊也用青花绘成，枝叶加绿色，花着以黄彩。

12. 饮中八仙图

"饮中八仙"指唐代嗜酒的八位文人学士，也称酒中八仙或醉八仙，他们是贺知章、汝阳王李王进、李适之、崔宗之、苏晋、李白、张旭、焦遂。唐代诗人杜甫有《饮中八仙酒》，对他们各自的品行、性格做了淋漓尽致的描述。明清瓷器上的饮中八仙图，就是根据杜甫的诗绘制而成的。

第五节　山水纹

1. 山水画

山水画在元青花、釉里红中开始显露头角。明代民窑青花山水装饰已矗立于陶瓷艺术之林，山川乡气、楼台亭阁、田园风光、庭园小景均饶有情趣，且笔势洒脱，意境深远。清雍正、乾隆以来，多仿宋、元、明、清诸名家绘画笔意。御窑制作大多工整精细，而民窑产品则有明显的装饰性和质朴的民间风格。在画风上，康熙青花、五彩山水画中的山石，山石呈劈开的片状，系南宋画院派的风格，而雍正时期，则逐渐改用"披麻皴"，这是绘画界追随元代四王画派对制瓷工艺的影响。乾隆时期山水画的题材大量减少。

第六节　宗教纹

1. 梵文

自明宣德开始，梵文就作为装饰性图案附加在瓷器的画面上；嘉靖、万历以后，发展到用花朵环绕梵文构成一种特殊的"捧字"图案。

2. 八仙纹

瓷器饰中以八仙为题材的一种典型的宗教纹样，盛行于明代中期，尤以嘉靖、万历两朝为甚。八仙指八位传说中的道教神仙，即汉钟离、吕洞宾、铁拐李、曹国舅、蓝采和、张果老、韩湘子、何仙姑，习称八仙纹或八仙图，是清代景德镇窑瓷器常见的纹饰。也有暗八仙纹，即以其各自手持之物代表各位神仙。帝王和上层社会倡行道教，于是八仙纹流行，有"八仙过海"、"八仙祝寿"、"八仙捧寿"等图样。

3. 暗八仙纹

由八仙纹派生而来的一种宗教纹样，以道教中八仙各自的所持之物代表各位神仙，而不出现人物。暗八仙纹从清康熙朝始盛，并流行于整个清代。暗八仙以扇子代表汉钟离，以宝剑代表吕洞宾，以葫芦和拐杖代表铁拐李，以阴阳板代表曹国舅，以花篮代表蓝采和，以渔鼓（或道情筒和拂尘）代表张果老，以笛子代表韩湘子，以荷花或笊篱代表何仙姑。

4. 八卦纹

八卦系《周易》中的八种基本图形，以"—"为阳，以"- -"为阴，组成乾、坤、震、巽、坎、离、兑 8 种卦象来象征天、地、雷、风、水、火、山、泽八种自然现象。道教经籍中以八卦衍释经义。约在元代，瓷器绘画中开始采用八卦纹饰。明嘉靖朝道教极盛，八卦纹风行。

5. 八吉祥纹

又称"八宝纹"，瓷器装饰中一种典型的宗教纹样，即用八种佛教法物：法轮、法螺、宝伞、白盖、莲花、宝瓶、金

明·龙泉窑八卦纹三兽足炉

鱼、盘长结构成的一组图案，含有吉祥之意，因此得名八吉祥。由西藏喇嘛教流传而来，最早见于元代龙泉窑青瓷和景德镇窑卵白釉瓷上，以印花技法加以表现，纹样排列尚未规范化。

6. 五供养纹

供养也作"供施"、"供给"等，佛教用语。一般指以香花、花明、衣服等供佛、菩萨及亡灵。从佛经记载看，从佛本无一定，可以食物、用品、器杖法物等供养，称为"财供养"；也可以讲经说法供养，称为"法供养"。五供养即佛前供奉的五种物品，与佛前香案上陈设的被称为"五供"（由香炉一、烛台二、香觚或瓶二组成）的五种供具不同；也与一般寺庙殿堂供台所陈设的花、涂香、水、烧香、饭食、灯明，依次表示布施、持戒、忍辱、精进、禅定、智慧等"六度"的六类供具不同。由于当时宪宗皇帝崇佛，成化官窑瓷器上大量出现这种纹饰，明成化斗彩五供养纹小杯外壁所绘五种供物为莲花、白螺、寿桃、宝山、烛台。

7. 太极纹

相传伏羲创八卦图，八卦分据八方，居中的则为太极图。古代中国哲学家认为太极是派生万物的本原。明、清时期景德镇窑瓷器上有用太极图装饰的。形象为将圆形以 S 形线分成两半，一黑一白，即一阴一阳，并在白中有一黑圆点，黑中有一白圆点，寓意阴阳相生。

第七节　吉祥纹

1. 杂宝纹

始见于元代，流行于明清，多作辅助纹饰。所取宝物形象较多，元

代有双角、银锭、犀角、火珠等，明代又新增祥云、灵芝、方胜、艾叶等，由于任意择用，常无定式，因此称其纹为杂宝纹。但也有任取其中八品组成纹饰，故称为八宝，有别于八吉祥纹。元代一般描绘在器物肩部或胫部的变形莲瓣内。明代有所变化，杂宝纹多散于主纹的空间。清代也有作为主纹的，如清雍正仿成化青花八宝纹高足杯，在杯身主体位置绘画方胜、银锭、火焰等杂宝纹样。

2. 福寿喜庆纹

通常以蝙蝠谐音福，以寿桃或团寿喻示寿，以戟、磬谐音吉、庆，寓含福寿喜庆的美好祝颂。还有以双钱谐音双全，与福寿纹配成"福寿双全"纹。以鱼谐音余，与戟磬纹配成"吉庆有余"纹。福寿喜庆纹饰盛行于清乾隆朝，景德镇官窑瓷器上多有所见，主要以粉彩描绘，衬以各种色地，更显得喜气洋洋。

3. 福寿三多纹

以佛手谐意福，以桃子谐意寿，以石榴暗喻多子，表现多福多寿多子的颂祷，因此称福寿三多纹。清代瓷器上的福寿三多纹多见于乾隆朝斗彩和粉彩瓷器。还有绘画九支如意与佛手、桃子、石榴相配。九支如意谐意"九如"，即如山、如阜、如陵、如岗、如川之方至、如月之恒、如日之升、如松柏之萌、如南山之寿，皆为祝颂之意，习称"三多九如"。清乾隆粉彩福寿三多纹盘，斗彩福寿三多双耳扁瓶等为其代表作品。

4. 五福捧寿纹

清代康熙景德镇窑始创，以后历朝均有烧制。据《尚书·洪范》称：一为寿，二为富，三为康宁，四为攸好德，五为考终命，是谓五福。清代瓷器上多画5只蝙蝠以象征五福，又有将五蝠纹与桃或寿字相配，组成五福捧寿纹饰。构图上通常在画面中心绘一团寿，上有1只蝙蝠，外围再环以4只蝙蝠。也有绘画5只蝙蝠环捧寿桃或寿字。五福捧寿纹在清乾隆朝颇为盛行。

5. 洪福齐天纹

瓷器装饰中一种典型的吉祥纹样。指在器身上画许多满天飞舞的红蝠，取谐音"洪福齐天"之意，是一种吉祥图案。蝙蝠纹出现在明代，有在瓷器上绘画百只蝙蝠，谐意"百福"。北京故宫博物院藏乾隆粉彩洪福齐天纹葫芦瓶是典型之作，瓶体用绿色绘天地，无数红蝠翻飞其间，一派洪福祥瑞的气象。清乾隆以后各朝，皆喜用红蝠纹寓示洪福齐天。

6. 太平有象纹

流行于清代。以瓶谐音平，进而谐寓太平，以大象谐寓气象，在器物上绘画象驮宝瓶，象征太平景象，因此称太平有象纹。也有绘宝瓶中插3只戟，以戟谐音级，则谐寓"平升三级"。太平有象纹除用作装饰画面，还有以瓷塑手法做成立体的象大驮宝瓶，成对地陈设在宫殿内条案上，是清乾隆朝特有之作。

7. 日日见喜纹

以喜鹊寓喜，盛行于清乾隆时期。在器物上描绘月亮和喜鹊，如《饮流斋说瓷》所记："绘喜鹊三十只者，有一红月，名曰'一月三十喜'，又名曰'日日见喜'，皆吉祥语也。若不足三十者，即以其数名曰若干喜。杂以红梅，亦颇不俗。"

8. 独占鳌头纹

明清瓷器上多绘此类纹饰以祝仕途好运。唐宋时翰林学士承旨等候朝见皇帝时，立于镌有巨鳌（鳌是传说中海里的大鳖）的陛阶正中，因此称入翰林院为上鳌头。后世称状元及第为独占鳌头。

9. 三阳开泰纹

始见于明代中后期，明嘉靖朝有见青花三羊开泰纹杯，清代瓷绘中继续流行这种纹样。取材于《易经》"正月为泰卦，三阳生于下"。三阳开泰即意味着否极泰来、阴消阳长、万物复苏，为吉祥之象。瓷器图绘上以3只羊谐音三阳，并衬画山坡、松柏、小树、小草等，画面郁郁葱葱、生机盎然，有的题写"三羊开泰"。还有画9只羊的，题写"九羊启泰"。

10. 百鸟朝凤纹

是具有吉祥如意的风俗图案。画面通常在显要位置画凤凰梧桐，四周配画百鸟，仿佛在向凤凰朝觐，因此称为"百鸟朝凤纹"，也称"仪凤纹"。凤凰为百鸟之长，百鸟朝凤纹即寓示明君威德、人心向归，盛行于清康熙朝，五彩瓷器上尤为多见。

11. 丹凤朝阳纹

是一种象征或喻示吉祥内容的风俗图案，盛行于清康熙、雍正朝，多见于粉彩、五彩瓷。画面主体为凤凰、旭日及梧桐等，故称丹凤朝阳，又有称朝阳鸣凤或丹心彩凤。

12. 麻姑献寿纹

始于清康熙朝，清代一直流行，纹饰图象有多种。上海博物馆藏康熙五彩麻姑献寿纹盘在内底绘一头鹿拉车，俗称"鹿拉车"，车上一只大酒坛封着盖，车的右侧仙女麻姑肩荷如意，一童子随行其后，空中翻飞着数只红色蝙蝠。图绘精妙、色彩琦丽。

13. 福禄寿

指在器身上画蝙蝠、鹿和松鹤蟠桃，因蝠与福、鹿与禄谐音，而蟠桃松鹤又代表寿，因此得名。清代瓷器上常见，且多见于粉彩器上。

14. 一路连科

因在器身上画一只鹭鸶和莲花，取鹭与路、莲与连的谐音而得名。顾名思义，一路连科是对科举时代应试考生的祝颂语，是一种吉祥图案，清代瓷器上多见。此外，画鹭鸶芙蓉寓"一路荣华"，画鹭鸶花瓶寓意"一路平安"等等。

15. 安居乐业

在器身上画鹌鹑落在树叶上，取鹌与安、落与乐的谐音，由此得名。是一种吉祥图案，清代瓷器上多见。

16. 平升三级

在器身上画瓶、笙，瓶内插三支戟，取瓶与平、笙与升、三戟与三级的谐音，因此而得名。是一种吉祥图案，清代瓷器上多见。

17. 鱼跃龙门

《辛氏三春记》载：河津县（今山西省河津县）又叫龙门，因交通不方便，水险浪高，河里的雨鳖之类游不上去，凡是能够过去的就称龙，故有鱼跳龙门的说法。明清瓷器上绘有此图。

18. 纳福迎祥

清代瓷器纹饰。画面主要是两个孩童将蝙蝠放入罐中，题为"纳福迎祥"。

19. 寿山福海图

瓷器纹饰。常见于明清瓷器，画面绘灵芝和山石，代表"寿山"，绘蝙蝠和海水，代表"福海"。是以象征和谐的风俗画。

20. 三多九如图

流行于清。《随园笔记·庄子天地篇》载："华封人祝绕曰：'使圣人寿，使圣人福，使圣人多男。'绕辞曰：'多富则多事，多寿多辱，多男多累。'"九如：如山、如皋、如陵、如岗、如川之方至、如月之恒、如日之升、如松柏之荫、如南山之寿，皆是贺颂之辞。瓷器上绘佛手、桃、石榴，喻多福、多子、多寿；绘九个如意指代表"九如"；合称"三多九如"。

第四篇 鉴藏篇

第一章

瓷器的鉴定

　　瓷器的鉴定是指对历代瓷器制品的产地、年代、品类、质量、真伪等等做出准确的判断，并对古瓷器具有的历史、艺术与收藏价值做出评定。因此，鉴定瓷器是收藏者首要练就的基本功。

　　当然，要精通瓷器鉴定也非朝夕之功。我国从古至今，流传下来的瓷器浩如烟海，品种、风格异彩纷呈。尤其是清代仿古瓷，技术精湛、几可乱真，也给鉴定带来了更大的困难。古瓷器由于自身具有的特殊价值，不少人用各种方法仿造，甚至运用各种欺骗手段作伪，以图获利，这都增加了古瓷鉴定的难度。所以，古瓷鉴定是一门比较复杂、难度较大的学问。除需要专门知识外，还需要有丰富的历史、文学、艺术、理化等方面的相关知识。与学习、研究鉴定任何其他文物一样，学习中国古陶瓷的鉴定还必须学习、掌握中国陶瓷发展历史，即掌握和了解我国陶瓷业发生和发展轨迹、各时期陶瓷器的风格特征、各主要陶瓷器窑场的兴盛和衰亡变化情况及其特点，还要知道一点各时期的政治、经济、文化等对陶瓷器造型、装饰等的影响，及陶瓷器对它们的反作用，还有陶瓷器对中外政治、经济、文化关系的影响等。只有这样，才能使鉴赏古瓷器的知识网络形成一个体系。

第一节　瓷器鉴定的主要依据

　　要真正做到正确判断瓷器的真伪和年代，必须要有科学的依据。古瓷器鉴定的依据，主要有以下四个方面：

第一，器物的发展演变规律：瓷器是具有一定形体的物品，由于其用途、制作技术、使用者的生活或生产环境、制作和使用者的心理情况或审美观念等因素的作用，决定着物品的特定形态及其演化过程。也就是说，器物的发展演变是有规律可寻的，其规律就是历代陶瓷在造型、胎釉、工艺、纹饰、彩料、款识等方面各自具有的独特风格和特点，这也是我们鉴定瓷器的依据。然而，并非每一件瓷器的鉴定都可对号入座，还必须注意一些特殊情况。只有触类旁通、举一反三，灵活运用掌握的规律，才能使瓷器的鉴定更符合实际情况。

第二，以纪年墓出土的瓷器为标准器：有确切年代标记的古墓葬，其随葬瓷器的年代，可以以墓葬年代作为它的年代下限。这样，其他未能确定年代的瓷器，可与这类标准器进行比较，确定其与标准器的异同，从而作出比较确切的判断。

第三，古代遗址出土的器物：古代遗址文化层所出的器物，由于不同时期的文化层是按时间早晚，以自下而上的顺序依次堆积而成的，因此能够确定它们的相对年代，即相对的早晚的关系。

第四，器物本身的款识：有些瓷器在制作时，已经将年款书写或刻印在器物上了，这种带有明确年款的瓷器，也是鉴定时的标准器，但要注意是否是假款。

第二节　瓷器鉴定的主要内容

鉴定古陶瓷的内容可以简单地概括为：辨真伪、断时代、定窑口、评价值，这也是鉴定的四个基本要求，或称基本任务。

一、辨真伪

辨真伪非常好理解，即区分某件瓷器是否属于真品，这是鉴定工作关键的第一步。对不懂行的人来说，瓷器的真品、仿品、伪作很容易混淆。如市场上出现的明清时期大量的仿古瓷，不细加辨认与分析，肯定会差之毫厘、失之千里。各时期、各窑口的陶瓷特征，要辨出真伪，只知道真的特征显然是不够的，还得知道伪品的特征、规律，才能明辨是

中国瓷文化

经典文化系列

非，正所谓要知己知彼方能百战百胜。从真、伪品的比较，以及对伪品作假手法的了解等方面来提高辩别真伪的能力。

只有那些对陶瓷工艺发展的历史了如指掌的人，才有可能在鉴定实践中敏锐地发现现代仿品中存在的细微破绽，永远立于不败之地。实践证明，陶瓷鉴定可意会亦可言传。鉴别真假有时容易有时难，一般来说看假容易看真难。看假，只要抓住一条就可以作出明确结论；看真却要谨小慎微、面面俱到，尽量抓住每一个细节，把所有可能出现疑点的地方都排除后，才能作出肯定结论。

仿古作伪陶瓷的一般特征是鉴定工作中的"彼"。以下介绍的就是古陶瓷鉴定家们总结出来的几点经验之谈：

（1）胎体不是过重就是过轻，这是因为仿制品与真品所用胎料不同，也不可能相同。

现代造假古陶瓷者，用计算机等最新科技手段分析作伪对象的胎、釉成分、配方、古器的烧成气氛、古代窑炉的模式等，所仿古器在胎、釉、外观上几可乱真，不易辨真伪。但鉴定者可从真、伪品的其他方面去突破，主要是不同时代的人和社会文化因素在器物上的反映。

（2）胎质、釉质一般过细。仿制古器时的社会生产力、生产手段等等，均比被仿物生产时进步，而仿造者又惟恐做得不精不细不真，胎釉料加工时多充分利用当代之生产技术条件，故往往在精细程度上有过之而无不及。

（3）造型失去古物风格。这是最要害的一点。众所周知，不同时期、不同社会的哲学、美学、科技等社会文化差异是巨大的、无法重合的，即古希腊哲人所说的至理名言：人们不能进入同一条河流。因此，仿古作品无论怎样精心研究被仿对象，着意模仿古器造型特点，仍必然打上仿造者的时代烙印，给辨伪者留下蛛丝马迹。这点似乎有点玄妙，待我们后面列举几个鉴定实例就明朗了。

（4）轮廓线条生硬。这亦是鉴定作伪品的一个重要突破口。因为仿品是"仿"，任何高手制作时均在头脑中有一个蓝本，其制作受该蓝本制约，不能随意，只能尽心尽意去"依葫芦画瓢"。显而易见，在仿品上各部位的轮廓是小心翼翼做出来的，必然显得生硬呆板，远不及真品流畅自然。这是一切仿品之共性，是仿品"固有"的、不可克服的特征。

（5）无使用后的光滑感。陶瓷真品大都经历较长时间的使用把玩，器表均留有自然的、不太强也不太弱的、适度的光滑感（只有清朝宫廷的"库货"除外：清代官窑年年烧造大批瓷器运进皇宫，保存于库房中，有部分从未动用过，这种"库货"有的虽也有近三百年历史，却无使用特征，是"老的新器"）。仿古作伪瓷器，生产出来的时间不长，经手把玩少，当然没有上述古瓷的光滑感。有的仿古作伪瓷虽经人工作旧（作旧方法我们下面要详讲），但其光滑陈旧感又不太自然，有人为痕迹。

（6）与第 5 关相联系的是仿品釉面光泽一般太强（有些人称此种现象叫"火刺"），不细腻，比较粗松。白釉太白，白中泛兰而不是泛青。

（7）造型、纹饰方面的一些特征太强烈、过分，看上去极不自然。这是因为要仿得像、仿得真，仿造作伪者大多研究掌握了被仿真品的许多特征，历代好些作伪者均是研究、生产制作陶瓷的专家、内行。但因要想蒙骗世人，特别怕被行家识破，所以仿造时便仔细做出若干特征来，不太高明的仿造者甚至有意突出某些特征，这便形成了一般仿品的过激现象，为鉴定者留下鉴定依据。

（8）彩太鲜，比如白彩太白、红彩太红、绿彩太绿成墨绿色等等，没有真品的时代特色和真品彩色的意蕴。

（9）仿品纹饰的绘画不自然，笔力拘谨，线条不流畅，有些拙劣的仿品纹饰粗糙。仿品因其要仿，当然对纹饰图案要刻意描摹，必然十分小心谨慎，所画的纹饰也就拘谨生硬，很不自然了。当然，历来有不少绘画高手参与仿制，由于他们水平高，对真品绘画能心领神会，得其真谛，仿的画也极为形似，但终究不能完全表达出真品艺术的韵味来，不能神似。

（10）款识书法无力，字体做作不舒展自然，有些连边圈边框都明显不规整，线条粗细不匀。因为书法同绘画一样极具个性，要仿别人书法者，难免不露仿者的艺术个性来。

以上所述这种种仿品特征，在某件具体器物上，不大可能同时都鲜明表现出来。但只要我们知道这个道理，鉴定时用心观摩，抓住了一点两点，也就有了突破口，能顺利进行了。我们讲的假陶瓷器的特征中有一个重要方面，就是仿古作伪瓷釉面、彩色等往往现新象，不旧，这较易被人识破。于是，聪明的仿造者也总结出一些作旧的方法来，真是道高一尺，魔高一丈，这又增加了鉴定的难度。

古陶瓷鉴定工作者针对仿造者的作旧方式，也总结出一些识破机关的方法来，如青花器去光：仿造者先用氯氟酸轻擦器表，再用烟灰（最好是烤烟灰）涂擦，新瓷表面的光泽就会大大减弱，并现出久用瓷器所特有的烟黄色痕迹来。鉴定时如对此有怀疑，可用少许肥皂水或汽油轻擦，即可去掉，识破伪装。

作土锈以伪造出土器物：有些新仿古瓷，为了卖个好价，被做得像是出土物的样子，称为作土锈，其方法一是在老土中掺蛋白，涂拍于新器之上，时间稍久即可在器表生成一些土锈斑痕；二是用古墓中的泥土再掺入一些铜粉，涂于器表，烘烤于700℃左右炉中，即可出现尼黄色斑点。这两种方法所作出的锈均粘附牢固，不易去掉。不过这种斑痕太新、太过，形成不自然，仔细观察比较即可识破。

作金丝铁线：前面我们已经知道，釉的开片乃胎釉不能配合，烧成时冷却过程中膨胀系数不同而成，或无开片器物经久远年代后釉面发生变化而成。一般仿制者难以掌握烧成开片釉的技术，便用假的开片手段：在仿制瓷器已经烧成，开炉时趁器物温度还很高，用含盐的水往器身浇洒，便可生成开片釉。待器物冷却后，先用墨染粗片纹，形成铁线，再用茶水染细片，即成金丝。此种金丝铁线器，用水冲洗，便现原形。

过去仿古作伪瓷器不全是新烧，有将旧瓷加彩加款者（彩瓷比白瓷价高，有款比无款价高），此种作伪方法名曰旧坯新彩。除此而外，作伪方法还有复窑、提彩、脱釉、补釉、补缺、旧胎填花、新物旧款、旧物新款、套口、撞底、磨底磨口、去耳、去流、除柄、补彩、补画等等。凡此种种，作伪虽然巧妙，终有不可掩饰的痕迹，若仔细揣摩，认真观察，不轻易下结论，终会去伪存真的。

二、断代

断代即鉴定瓷器制作的年代。同一窑口的产品，有产于不同年代之别。如龙泉窑瓷器，宋、元、明均有生产。准确断定年代，就是要鉴别出它是宋代，还是元代或明代产品。景德镇瓷业在明清时期有很大的发展，由于这两代皇室甚至数朝同一品种瓷器的近似，因此对这类瓷器的断代就显的颇为困难。以前，收藏者往往习惯于把前后两朝瓷器并同断代，如明代早期青花瓷器，时常是判以"永宣"，五彩瓷则断为"嘉历"，表明断代的难度。

这个要求似乎同辨真伪差不多，是一个问题的两个方面。目前，关于陶瓷器年代的断定，学术界已经形成了一些不成文的规定，即：明代以前的器物，能定出朝代即可。再细一点，那些历时较长的朝代如唐、宋，能分出早、中、晚更好。在鉴别时，应特别注意那些能定出绝对年代的器物（这种绝对年代多在器物本身铭文中显示），其在科学上最有价值，往往作为标形器来研究。明代以后至清代，要求能定出帝王年号，如明宣德、成化，清康熙、嘉庆等。只说是明代、清代，就不大够水平了。还有，明、清历时长的朝代，如明之嘉靖、万历，清之康熙、乾隆，能分出早、中、晚更好。断时代与辨真伪的一个不同点在于：在古陶瓷中，有一些古人仿古器物，既使不是真品，也不是今人作伪。对今天来讲，它们也是一种古代陶瓷，精者也有很高的艺术价值，如宋元时期小窑仿名窑器、明清时期仿宋代名窑器、清代仿明代官窑器等等。对这类器物时代的鉴定，要说出仿品的时代和被仿对象，如宣德仿哥窑、永乐仿宋龙泉、康熙仿永乐青花、雍正仿汝窑、乾隆仿钧窑等等。这类确属古人仿古器物的，仍应充分重视。它们照样有一定的收藏、研究、陈列价值，只要我们拿准了是否为仿品，不致于鱼龙混杂，就算很有水平了。

三、断窑口

断窑口即鉴定古瓷的产地。如某件青釉瓷器，究竟是耀州窑产还是临汝窑产，即需鉴定其窑口。准确辨认古瓷产地，是鉴定制品年代与真伪的重要环节。

元代以前陶瓷的鉴定重视窑口的判别，也有较多的资料，比较容易鉴别。明、清时候，景德镇为官窑所在地，全国瓷业中心，官、民窑产质量高、数量大，民窑产品"器成天下走"，占领了全国市场。其他窑场相继衰落，处于次要地位，它们或生产低档大宗产品，或着意仿景德镇民窑产品，所以产品在造型、纹饰等方面少有特色，各地出土、传世较少，历来不受重视，作大墓明器档次不够，日常生活中随用随丢，无人注意保存。所以今人所见资料少、研究少，鉴别它们的窑口较困难。特别值得注意的是：明、清官窑瓷器生产数量大大少于民窑，流入民间者更少，凡署官窑款的器物更要小心谨慎。清代前期康雍乾三朝仿明代斗彩、青花等品种瓷，有署明代官款者；晚清光绪时仿康熙、乾隆器，书康、乾款的；鉴别时尤要注意。关于各朝款识特征，本编将有专章讲述。前面已说过，各名窑仿品皆多，而真品却很少。如宋汝窑烧造时间短，传世器极少，而明清两代仿得较多。成化斗彩价格特高，明代后期、清代前期均有仿者。作结论时多加小心，观察仔细，反复推敲。判定陶瓷器的窑口，需要掌握以下几点：

（1）胎：古代各窑基本上是就地取材，有什么料烧什么货，所以大体上是各窑产品各具特色。现代科学的方法是通过仪器测出各已知窑产品胎料的化学组成，特别是微量元素的成分。将要鉴定的器物测出胎的成分与之对比，即可发现区别。但当所鉴定器物不便测试时，只能通过观察胎体的色泽、火候、胎质等来判别。有丰富经验的古陶瓷鉴定专家，用此也能鉴定得相当准确。

（2）釉：各窑工艺技术往往形成传统风格，因而形成各自比较固有的特征。比如前面我们已经讲过的宋钧窑天青、月白色釉，耀州窑宋代的青釉肓中泛微黄，宋龙泉窑的梅子青，定窑白釉泛牙黄等等，这些显著特征是我们从釉着手判别窑口的依据。当然，不能绝对化。同一窑口器物，由于时间不同、烧成时的情况不同、同窑不同器等，釉色也有差异，有时差别还很大，这就要综合其他因素才能作结论了。

（3）装饰手法：由于各窑所处时代、地理位置、性质（官、民窑）等诸种不同，瓷器在烧制时会受时代、区域文化、地方风俗等的影响，纹饰内容和技法工艺都产生各自不同的传统特征，如唐代越窑青瓷纹饰少，宋代耀州窑青瓷装饰的刻花、印花多，定窑白瓷印花内容多花卉、婴戏，四川彭县磁峰窑印花白瓷多牡丹、凤穿花，康熙彩瓷多刀马人，乾隆瓷多西洋妇女等等。

（4）工艺：各窑生产传统、时间长短不同，技术影响、原材料来源不同（如宋以后北方窑多以煤为燃料，南方多烧木材等），以及窑场经营性质不同（如官窑不计成本，产品选料精良，装饰雕绘精细，相同品种、器形不多，次品销毁；而民窑追求利润，产品造型、装饰大多力求简洁适用美观，同类型品种多等），反映在工艺上就大不一样。

（5）器形：各窑性质、社会环境、地理位置不同，产品在器形上也就差别很大。如宋代钧窑多为皇家生产的仿铜礼器、陈设器，磁州窑

（民窑）多为生活用器。而且，一般说来，官窑产品器形单调、造型保守、少创新，而民窑产品器多样、形式活泼、创新多、变化多；宋代北方窑多产瓷枕，南方较少；唐代至明，北方窑所产瓷器形体较大，南方所产则形体较小。由此，要鉴别陶瓷器的窑口，就必须熟悉我国各时期各主要窑场产品的基本特征，以它们为蓝本，做到心中有底，这样就可以做到事半功倍了。

四、评价值

评价值是通过对某件瓷器质量优劣的鉴别，以评定该瓷器的艺术价值和收藏价值。鉴别器物的优劣，主要看其是否完整，是否有裂痕、变形等，以及是不是上乘之作、稀世珍品等，从而评定其艺术水平、收藏价值。

在古陶瓷鉴定中，唯有此点似乎比较灵活些，有时候简直是"仁者见仁，智者见智"。一件古陶瓷器的科学价值、艺术价值、历史价值，在不同的国家、不同的时代、不同的收藏研究者中是不完全一样的。比如：宋代、明代的民窑陶瓷，20世纪三四十年前几乎不为人们所重视。近些年，人们又特别看重它们，尤其是民窑器绘画的挥洒豪放、含蓄精炼、拙朴茂美，为艺术家们所倾倒，崇拜得五体投地。又如：有些人酷爱青花，另一些人则对青瓷一往情深。尽管如此，评定古陶瓷价值还是有一定的标准的，如：完整器比不完整者价值高；"物以稀为贵"，历史上生产少的、难得一见的、出土传世极少的科学价值高（如汝官窑器、明代空白朝代器等）；名窑精品，如邢窑、钧窑、定窑等的高；见于文献着录的瓷器（如永乐青花压手杯，成化斗彩鸡缸杯等）高；官窑器由于胎釉细润、造型规整、绘画精妙，历来价值比较高（清末民初，凡带官款的器就能卖高价）。一般说来，价值高的陶瓷器，必须胎质坚致、釉色鲜艳、釉质莹润、彩色鲜明、绘画装饰精工、造型优美等。但从经济价值上讲，就无一定之规了，如：

（1）科学研究价值。如扬州唐城遗址曾出土过几件唐代攻县窑的青花瓷片，对研究青花的起源有重要的意义，所以这几件残片的身价也就随之提高了。

（2）艺术价值。北京故宫博物院珍藏的磁州窑马戏纹枕，是研究宋代民俗和杂技史的重要参考资料，枕虽修补，但仍是国宝级的重要文物。

（3）历史价值。因为有纪年可证，造型、纹饰均可作为历史研究参考，所以其价值均非一般陶瓷可比。

（4）经济价值。这方面过去不太引人注意，因为我国长期没有开放过文物市场，文物没有市场价格。在一般人的心目中，仿佛凡是文物都价值连城。其实不然，文物的科研、历史、艺术价值不同，其经济价值也有不同，如景德镇的青白瓷，其在国际市场上流传较多，经济价值较低，几十件青白瓷的价格还不如一件定窑白瓷高。

第三节　古陶瓷的鉴定方法

对古陶瓷的鉴定，通常以两种手段进行：一是传统的目测手试法，二是科学技术检测法。传统方法具有科学性，鉴别面广且准确性高；后者方法，通常是由文物考古工作者提供须要鉴定的陶瓷样品，由科学工作者借助检测仪器，进行样品胎、釉化学组成的数据分析或理化性能的测定，提出对样品时代、产地的讨论意见或做出结论。

一、辨伪瓷器基本方法

历代瓷器仿制、作伪之风盛行，其仿制水平之高，几可乱真。因此要掌握一些辨伪瓷器常用的基本方法。首先是掌握各时代各类器物的基本特征，将所需要鉴别的器物和标准器对照、比较。其次，瓷器辨伪最根本的是从瓷器本身着手，各时代有其各自的特点。另外还可以从瓷器所反映的外部特点入手，如瓷器所反映的各时代文化特征、瓷器的用途等来辨伪。辨伪瓷器一般采用的方法有：

（1）分类法：即将各时代的同类器（包括相同器形、相同纹饰题材）理成发展序列，找出它们的共同点，再找出其不同点，来摸索它们的发展规律和各时期的特征。

（2）比较法：主要是利用考古发掘出来的、有地层年代的器物作为标准器，将所需鉴定、辨伪的器物与之比较，从而得出鉴别的结论。

（3）鉴别法：即利用同时代的同类器或不同类器上的时代特征来对照、比较所需鉴别的器物，从而得出综合鉴别的比较合理的结论。

（4）断代法：要了解各代年款的特点。年款是元代以后出现的。年款不同，瓷器也不同。牢记各代年款的规格、写法，对瓷器断代很重要。

（5）排除法：要学习现代科学知识，掌握鉴定仪器的特点和使用方法，用排除法可避免先入为主的错误。

（6）灵感法：要培养对器型、釉色、款识、绘画笔法等方面的综合感悟，这样便可以熟能生巧，即所谓的"器型一立，灵感顿现"。

（7）考古法：要了解最新的考古资料，因为考古发现的不断深入，可以为我们提供新的断代标准。

二、眼学与科学之争

中国古陶瓷鉴定是一门应用性较强的多边学科。在今天科技高度发展的时代，我们既不能像过去那样一味推崇眼学（即目鉴），亦不能像国外那样全部依靠仪器测试。正确的方法应该是将眼学与科学两者有机地结合，以眼学为基础，以科学为手段，解决古陶瓷鉴定中的各种难题。我们不可能也没有必要对每一件古陶瓷藏品进行仪器测试。一般都采取三个以上文物专家一起鉴定的方法，几个人都认为对或不对的，就不要做仪器测定了。几个人不一致时，才需要做仪器测定。为了使仪器测试又稳又准，不仅要建立科学数据库，而且还要建立实物标本室。从某种意义上说，实物标本室比科学数据库更为重要。正如俗话所说"不怕不识货，只怕货比货"，真假一对比，就立即露出原形了。

最后要说的是，做好中国古陶瓷鉴定工作的关键是人，故而加强人的思想修养，坚持实事求是的原则，提防一切外来的干扰因素，在今天市场经济的社会里就显得更为重要了。

大汶口文化·八角星纹彩陶盆

中国瓷文化

经典文化系列
经典

第四节　传统的鉴定法

造型与纹饰二者密不可分，都是鉴定瓷器的关键问题，抓住这两个方面，鉴定的可靠系数就可以达到85%。一般来讲，胎、釉、彩、款识、支烧方法只占很小的比重，但在某个时期有些器物是属例外的。

一、造型鉴定

造型鉴定是古陶瓷鉴定中的第一要素。孙瀛洲先生在《鉴定瓷器的要领》中说："造型是鉴定瓷器的重要依据……一般说来，陶瓷器在纹饰、胎釉等方面均能体现出各时代的特征，但造型在这方面表现得更为突出，所以若能善于识别其形状和神态，就可以在鉴定工作中掌握一种比较可靠的方法。"

瓷器造型是器物产生时代的制瓷技术、社会习俗、文化修养与美学风格的集中体现。熟悉并掌握不同时代瓷器造型的特点与神韵，是鉴别瓷器年代、真伪的重要依据。造型鉴定，在对元代以前陶瓷器真伪、时代鉴别中尤为重要；明清时期，由于陶瓷器的多样化、产地扩大等原因，造型鉴定虽然仍为首要因素，但纹饰、彩釉的重要性要比元代以前的更重要些。在划分时代的鉴别上，有些情况下要造型、纹饰并重，尤其是在划分较细的时代时，如某一朝代的早、中、晚期。

在这方面，我国古陶瓷鉴定专家们积数十年的经验，总结出了一套造型鉴定的要诀：首看总体风格，详察局部变化。

我国古陶瓷的时代总体风格是：

商周：幼稚粗糙，保持了陶器的特征，式样很少，不太规整，而原始瓷器多仿陶器的造型。

春秋战国：刚劲古朴，多仿青铜器。

东汉：简单粗疏，青瓷刚刚成熟，品种少，质量比较差。

南北朝至西晋：浑圆矮胖，许多器物仿动物造型，仿其他质料的实用器物，如仿漆器、铜器等，陶瓷明器更是如此。

东晋：秀骨清象，比西晋瘦长。这个风格从南朝直至隋代。

唐：浑圆饱满，显出勃勃生机。

宋：修长轻盈，优美清新，秀丽典雅，有些地方显得精细入微。

元：厚重粗犷，质朴无华，有些则近乎草率。

明：敦厚古朴，有唐宋遗风。

清：轻盈新颖，特别注重创新，因而器型秀丽多姿。

还有人说：汉晋瓷器的造型古朴端庄，唐代的丰腴雍容，宋代的清丽秀雅，元代的浑厚凝重，明代永乐的古雅秀美、成化的圆润秀致，清康熙的敦厚挺劲、雍正的纤柔秀丽、乾隆的精巧繁缛等等。

除对各时代瓷器造型的总体风格要把握外，对各时代的各类器物的造型特点以及典型器物的典型特征也要有明确的概念。后世所仿制的古瓷，大多是各代的名品和典型器，如宋哥窑的鱼耳炉、胆式瓶为雍正朝仿烧，明宣德则仿烧宋汝窑盘，清康熙则仿宣德汝釉盘、成化斗彩鸡缸杯，民国仿宋龙泉鬲式炉等。如果对典型器的造形特点了然于胸，对仿器造型上的破绽是不难鉴别的。

此外，还要掌握不同时代的同一器类造型的演变规律。例如：鸡头壶出现于东吴，西晋、东晋、南北朝至隋代都延续烧制，但器物的造型特点各代不一，突出表现在鸡头的形状大小、壶体的高度和壶柄上。早期鸡头壶体小、盘口、扁圆，肩部一侧贴实心小鸡头，无实用性，只是一种装饰，另一侧贴鸡尾。东晋时，不仅壶体变高，且鸡作引颈高冠状，中空与壶腹相通可流出、可执拿，这种柄亦见做成龙首式的，是东晋中晚期的作品。南朝鸡头壶则壶体修长，鸡冠高耸，更为实用，器身多以划花覆莲瓣纹为饰。隋代的鸡头壶为洗口、阔肩、瘦胫，鸡头呈昂首挺胸状，更为写实。

二、胎釉的鉴定

鉴定古陶瓷胎、釉的主要目的在于鉴定器物的产地。那些烧造历史很久的窑，由于多种原因，不同时期的胎、釉也会有些差别。而不同的古窑产品，胎釉的差别往往更明显一些。这就给我们鉴定瓷器窑口提供了可能。

由于古代交通不便、信息不灵，各地工艺、技术交流也不是很广泛，加上人为的技术保守等原因，各窑大多形成一些传统的工艺技术和加工方法，这容易使各窑的产品在胎体化学成分、烧成温度、色泽、精粗程度等方面大体相同，尤其在同一时期更相差不多。这就为我们以胎来鉴定窑口提供了物质条件。

地质学家告诉我们，同一地区不同地质层的形成时间不同，不同地层的物理化学变化也就不同。所以，同一地区的瓷土矿上层、中层、下层的化学成分也有些微量的变化。烧造时间长的窑口不同时期工艺技术也会有一些变更，所以同一窑场不同时期的产品胎体在诸多方面也会有些差别，这便是通过胎鉴定古陶瓷器年代的科学依据。

釉的鉴定与胎的鉴定差不多。构成釉的主要成分也是就地取材，各窑的烧造工艺常形成各自的传统，因而形成具有本窑特色的釉。

古陶瓷鉴定专家往往有可能看一看器物的釉就有可能判定其窑口。釉在鉴定中的作用有时比胎体还重要。而且更应该注意的是釉的变化比胎的变化大。古代的窑场生产完全凭借工匠们的技术经验，陶瓷又是"火的艺术"，所以同一窑场的产品不仅不同时期有变化，而且同一时期也会因人因时因地而不完全相同，甚至胎釉成分完全相同的器物因在窑内位置不同而烧成不同釉色的器物，即"同窑不同器"。

三、款识的鉴定

款识指在瓷器上刻划或书写的文字。主要有纪年款、名家款、官家款、明清官窑款识等。纪年款指在器物上直接刻划或书写的年号名称及具体年数，如"赤乌十四年……"虎子，吴"永安三年"谷仓等，可直接了解器物的制作年代。纪年墓出土物也为我们鉴定瓷器提供了准确的下限年代。名家款唐代有邢窑"徐六师记"壶，巩县窑的"杜家花枕"、"裴家花枕"，宋金元磁州窑"张家造"枕。官家款有定窑、耀州窑与越窑带"官"字款器物一百余件；福建建窑"供御"、"进琖"铭文碗。明清官窑款识比较规范化，一般书写"大明××年制"六字款与"××年制"四字款。明清两代御窑厂分工极细，多达72道工序，款识由专人书写，字体大体相同。从传世明清两代官窑瓷器可以看出正德后期与嘉靖前期款识字体出于一人之手，除正德、嘉靖四字外，"大明年制"四字完全相同。康熙晚期与雍正早期款识亦为一人所写。大清的"清"字写成"清"。

款识作为鉴定陶瓷器的重要的一环，历来深受古陶瓷研究学者与鉴定家们的重视，许多学者都作过深入研究。近一百多年了，研究古陶瓷的学者一代又一代，大家有一个共同的体会是：必须大量接触实物，观察、研究、比较，方能有所成就，学习、研究古陶瓷款识的鉴别更是如此，必须尽可能多地观察研究各个时代陶瓷器的款识字体、位置、内容、色泽、排列方式等特征，以及仿品的破绽，方能有所收益。

四、底足的鉴定

支烧方法对鉴定宋金时期瓷器尤为重要。如定窑首创的覆烧法被江南众多的瓷窑所仿效。刮圈烧法有陕西旬邑窑、耀州窑、山西霍县窑、河曲窑等，以金代瓷器最为常见。支钉烧法在南北方瓷窑广泛使用，有三叉形、圆饼形上凸起若干小钉、圆圈上凸出若干小钉或独立小支钉。支钉数量有三、五、六、七个，多者达十几个。汝窑支痕呈小米粒形，磁州窑为长条形支痕。山西介休与霍县窑白釉器物十分相近，但从支钉数量上可以区分，介休窑为三支钉，霍县窑为五支钉。从底足鉴定瓷器应注意以下几个方面：

（1）掌握各个朝代的器底之工艺，看其相符不相符，如足是什么形状的足，胎是什么质量的胎。

（2）观察其露胎之处胎骨老化及自然磨损情况（伪品之磨损比较平滑，没有真品那么自然）。一般来说古陶瓷真品，其露胎骨显得比较干燥，而仿品则不同，显得轻滑或坚腻。当然也不能绝对而言，有的古陶瓷露胎也很细润坚腻，然而相比仿品还是稍显干燥。

（3）鉴定其垫烧痕迹，如汝窑有芝麻钉支烧，官哥有"跌足"，明之以前之物器时常可以清晰地看到垫烧痕迹，只不过是各窑有各窑的垫烧方法而已。

（4）鉴定其足底露胎之处之火石红，各个时期都有不同，或多或少或无，如明之民窑削足之处火石红就特别浓显，仿品之火石红就完全不同，有的是用浆釉涂抹的，尽显轻浮不定，有的还偏黄。

（5）明之中期以前的器物，其挖脚就特别明显，如宋之瓶的挖脚、明之洪武碗之脚就特别突出，尤其是民窑，仿佛挖得像个小碗（因挖脚挖得浅），而仿品则挖得就不自然，甚至不是挖脚，而是模注。

（6）由底足察看各个时期胎釉的结合情况。明以前，一般都有护胎土、化状土或子金土呈现，而仿品则要不涂点朱砂红，要不涂点浆水，要不没有。

（7）观察其粘沙现象，如明之以前的器物多有不同程度的粘沙现象，清官民之窑足内积釉处也有粘沙，而仿品这一点却极少做到（伪品也有少数粘沙，然不像真品那样显得老化干燥），因其烧造工艺高于古时，釉也施得不是那么厚，不会造成积釉，再加上多为模注而过于规整等原因，使之极少有粘沙。

（8）由于各个时期的足之做法都有其特别之处，所以还可鉴察其露胎痕迹之纹路。如南宋瓶脚就有圆圈之旋纹；元之器物也都多有旋坯痕并有鸡心点；明时则多有放射状的跳刀痕，旋坯痕则少（仅前几朝带有元朝之遗迹）；清之民窑大多数能透过釉层看到旋坯之痕，官窑几乎就看不到什么痕迹；而仿品则往往做不到这点，不是过左就是过右。

五、纹饰的鉴定

造型和纹饰二者密不可分，是鉴定瓷器的关键问题。古瓷纹饰运笔或刀法自然流利，而仿造的瓷器纹饰则生硬、做作、呆板，绝无真品纹饰那种挥洒自如的流畅感，处处留下临摹的痕迹。

陶瓷器上的纹饰，按其所在部位及制作工艺可分成胎装饰与釉装饰两类：

第一，胎装饰：陶瓷器上举凡刻、划、印、剔、堆、贴、镂、雕、塑等纹饰，工艺上均是以硬质工具在胎体上作成，大多于上釉前施工，也有少数作于上釉后。胎装饰乃元代以前陶瓷的主要装饰手法。

第二，釉装饰：用釉料、彩料在胎体上描绘图案、书画等，工艺上是以毛笔之类的软工具施技，不伤胎体。釉装饰中又有釉上彩、釉下彩之分。釉装饰为元、明、清陶瓷的主要装饰手法。

除了以上的两种分类外，更多的是陶瓷器上让人眼花缭乱、欣赏不尽的纹饰。陶瓷上的纹饰，无论是题材内容，还是表现手法等方面，都强烈地反映了当时人们的审美观。每一时代都有自己鲜明的风格和特点，所以我们就必须多看、多翻阅关于陶瓷纹饰的图谱资料来掌握其中一定的规律。例如：元代青花瓷器的纹饰布局繁密、层次较多，少则二、三层，多则七、八层；而到了明代永乐时期，则趋向于疏朗。

最具有时代特点和典型意义的纹饰要数龙纹。龙的形象随着中国古代社会的发展不断趋向于完善，朝代的更迭、人间的沧桑、文明的发展、思想观念的演变，都对龙纹的形象及其含义产生过千丝万缕的影响。秦汉时期的中国得到了有史以来最完整的统一，龙的神态威武、肢体完备、绘画风格古朴，开启了绘制后世龙艺术的先河。唐代的龙纹华美富态，姿态也丰富多变，特别是龙身上的鳞纹细密均匀，更显得富丽华贵；龙口大张，长舌弹卷出口，充满了力量；有的龙纹还有一种异域风格。宋代是我国历史上一个十分软弱的朝代，龙纹缺乏唐龙那种宏博华丽的气势，但其朴素的造型、简单的装饰却给人一种清淡的美。元代是我国的一个尚武朝代，它的龙纹身形矫健、细颈长身、体态奔放、动作自如、充满生机，尽管龙眼很小，但双眼圆睁、目光炯炯，是唐宋以来最具有神韵的龙。明代是龙纹得到了很大的发展，前期的龙威武端庄、至圣至尊，而中期的龙纹已变得温驯而无野性，后期则多简化以平涂的方式渲染，用笔草率马虎。清朝是我国封建社会的最后一个朝代，除了康熙、雍正时期的龙纹尚存有一丝凶猛外，别的时期的龙纹则显得拙重苍老，状似威严、实无神韵。

六、工艺鉴定

陶瓷器在生产过程中，其原料、配方、加工、成型、装烧、窑炉气氛、燃料种类等都会在陶瓷器上留下种种痕迹。由于时代、窑口的不同，这些痕迹也就各具特色，成为我们鉴定陶瓷器的时代、窑口的依据之一。

1. 原材料对器物胎、釉、彩的影响

南北朝时期，浙江越窑为突出釉的沉静的色调，有意在用作胎料的当地瓷土中加入适量紫金土，使胎中铁含量达到 2.5%—3%，烧成后胎色深灰，达到衬托釉的目的；德清窑为烧成黑釉瓷，胎用富铁瓷土，或在瓷土中加较多紫金上，釉中加大量紫金土，使釉中铁含量高达 8% 左右，烧成的黑釉瓷胎为砖红色或紫色，釉漆黑光亮。西晋晚期开始，浙江婺州窑用化妆土工艺掩胎的缺陷，便于突出釉色，美化瓷器。此后，南朝四川、湖南、浙江的一些窑也有采用化妆土工艺的。唐代邢窑、曲阳窑、密县窑、寿州窑的部分产品也采用化妆土工艺。宋代磁州窑把古代应用化妆土工艺美化产品的方法充分发挥，不单纯掩饰胎体缺陷，还用剔刻化妆土等工艺，让化妆土从被动美化产品到主动美化，即化妆土本身成为花纹装饰的一个组成部分。宋代官窑、哥窑、龙泉窑的"紫口铁足"，是在胎料中配入大量紫金土，增加胎体中铁的含量，使胎色较深，更好突出青釉的沉稳、乳浊感，也使器物露胎处及薄釉处在二

次氧化时呈一种深沉凝重的窑红色，即文献上所谓的朱砂底（无釉）、紫口（薄釉）、铁足（无釉）。沉稳、乳浊的青釉与紫口铁足朱砂底相互衬托，更显出釉的美丽。元、明、清瓷器胎土的二元配方，能有效地控制胎料中氧化硅的含量，便于配制烧造不同器物所需不同质的胎料。元瓷胎体厚重，氧化硅含量超过 20％；明瓷胎体致密轻薄，氧化硅含量略少；清代官窑瓷胎体精巧，氧化硅含量比明代更少。宋代开创的石灰碱釉，使釉的玻璃质减轻，成乳浊透明，含蓄深沉，达到如冰似玉的效果。

2. 成型工艺造成的器物特征

（1）口沿。唐邢窑的唇口实心，窄边有浅槽。唐、五代曲阳窑（唐代定窑）的唇口为空心、宽边。五代景德镇窑的唇口也是空心。这种空心唇是成型时，将胎体口沿向外翻拍捏合形成的，"空心"很小，唇边较宽。（2）器身。宋代定窑器身有所谓竹丝刷纹，是成型时修坯所致，因修坯不可能完全平整如镜，所以当釉稀薄时便可见条条细小痕迹，此即竹丝刷纹。元代景德镇窑的瓶、缸、壶等类器物，由颈、腹、底三段分别成型后粘接而成，因此这类器物的器身能看到或摸到二道接缝。明代的瓶、壶类器物多由两段粘接成型，在器物腹部能见到或摸到接痕，如果从器里看更明显。因为器里釉一般较薄。清代的瓶、壶类器也由两段或三段接成，因一般修胎精细，接缝处平滑，又注意用种种装饰遮掩，所以接痕极不易发现，要仔细用手摸方能感觉到。（3）器足。各时期器足的特征在前面已有所介绍，在这儿就不赘述了。

3. 装烧方式决定的器物特征

装烧方式，说到底就是采用什么样的窑内支、垫、套、隔等工具的问题。也就是说，用什么样的窑具就决定了什么样的装烧方式，也就会在器物身上留下什么样的痕迹。我国烧造陶瓷使用窑具很早。单就瓷器来讲，东汉时代烧制青瓷器往往用一个小形泥饼垫烧，器底留下一圈紫色斑点。六朝时，普遍采用齿状支钉间隔叠烧，器里心留下一些支打痕。一般讲，支钉痕少者的时代较早，如浙江窑有三个支钉痕的一般为三国前后的产品，五至八个者多为西晋时产品。由于支钉多、受力面大，分散了上面叠烧器物的重量，可减少形变。东晋时，德清窑等用"托珠"垫烧，器身留下扁圆形痕迹。隋、唐时期，全国普遍采用三角形垫具支烧，器身留下平面连线呈 Y 形的三个支点。但唐代德清窑及其他一些窑仍有采用"托珠"垫烧的。南朝江西丰城窑首先使用匣钵装烧,可使器身不留任何支烧痕(一匣一器)。这就为烧造高档精美瓷创造了条件。此法至今仍大量采用。五代景德镇窑用若干小泥点作间隔具,器身留下许多窑红色点,大多为8—18个,南唐时有少到4个的。北宋官窑、汝窑(如前所述,有人认为这二者是一回事)、钧窑及哥窑部分产品,用极精细的垫具支烧,支钉痕极小,创造了又一种烧高档瓷的支烧方法,为一代时尚,很有特色。北宋中后期定窑创造的砂圈覆烧叠置法,大大提高了窑炉装烧量,降低了成本,提高了产品产量,很快风行全国,特别为青白瓷窑系各窑广泛采用。所烧成"芒口器",特征鲜明,有助于鉴定。宋代四川磁峰窑白瓷的砂粒间隔叠烧,很独特,易于鉴别,但器心留的团团砂粒痕破坏了美妙的印花画面,留下深深的遗憾。但此窑高档瓷不用此法,还有部分不叫人遗憾的精美产品。南宋官窑、龙泉窑,在南宋前期有用圈足内小垫饼垫烧的,底足无釉;后期用大垫饼垫在圈足下烧的,底足有釉,足跟成"铁足"。元代中晚期,龙泉窑用底足涩圈法:底足刮去一圈釉,用平口盂形垫饼垫烧,底足留下涩圈。金代创烧的涩圈叠烧,里心留下一圈无釉露胎的涩圈,生产大众化的低档瓷,虽不精美,却价廉适用,因此至今尤为乡镇小窑使用。明、清时期,全国制瓷水平提高,烧造时大多用匣钵正烧,装烧工艺留下的痕迹就很少了。

4. 窑炉气氛造成的器物特征

陶瓷器烧成过程中,窑内的气氛——氧化焰还是还原焰,对器胎的色泽、釉的光润等都会产生一定影响。宋代以后北方一些窑用煤作燃料,多为馒头窑,烧氧化焰,所以白釉白中泛黄,如定窑白釉呈牙白色。南方一些窑用木柴作燃料,以龙窑或蛋壳窑较多,烧还原焰,所以白釉白中泛青。钧窑的蚯蚓走泥纹,汝窑及其他一些窑产品釉中的小气泡,都是器物在窑炉烧造时形成的。

开片有些是由于器物年代久远,釉面产生不均衡变化,开有的细小片纹。但宋代官窑、哥窑的开片釉则是在烧成过程中,胎、釉膨胀、收缩不一致所形成的,是人为的、有意识的寻求特殊装饰效果。

明宣德、清雍正时期的釉均有比较明显的桔皮纹。原因是釉在窑内烧成中冷却时,均匀收缩造成的。气氛掌握好的会呈现韵味无穷的美丽桔皮纹，掌握差的则呈现晚清时的波浪釉。

窑红，又名火石红，是瓷器无釉露胎处呈现的淡红色斑点或线，是元、明景德镇瓷器所特有的。因胎中含有一定量的铁造成的。清代景德镇瓷胎料淘洗干净，就极少有窑红现象。工艺造成的陶瓷产品特征，对鉴定古陶瓷的窑口、时代均有意义，不应等闲视之。

七、从土斑辨识高古瓷

所谓高古陶瓷主要是元以前出土的陶瓷器，由于是从土中而来，自然会留下明显的出土痕迹，其中表面的土斑就是最主要的依据。

任何土壤中都含有矿物质和有机质，矿物质是含钠、钾、钙、铁、镁、铅等元素的硅酸盐、氧化物、硫化物、磷酸盐等；有机质是土壤中以各种形态存在的有机化合物，有碳、氢、氧、氮和少量硫元素组成的天然混合剂。高古陶瓷受土壤中这些化学元素侵蚀和地温的影响，釉面产生开裂和腐蚀。开裂、腐蚀的胎体表面大量吸收泥土中的矿物质和有机质，随着时间逐渐粘积在胎体上，从而形成了"土斑"。

土斑有两种：一种称"蚕卵斑"，成颗粒状，像桑蚕产下的卵子一样，一粒粒聚结在一起，大面积地在陶瓷器表面上形成。这种土斑粘积度极强，用手指剥除不掉。蚕卵斑形成与土壤中矿物质成分比例高有关，比较容易在低温度陶器上产生。另一种称"蚯蚓屎斑"，成条形曲线状，形状尤如蚯蚓的屎，细而弯曲，小面积地粘积在陶瓷表面。有"蚯蚓屎斑"的器物，在出土前周围土壤所含有机质比矿物质成分比例高，器物本身釉面抗蚀程度强。高温釉器物及在黑杂土中的器物，都会产生这种土斑。

有些器物上既有"蚕卵斑"，又有"蚯蚓屎斑"。有这种现象的器物大多数是陪葬物，收藏者对这种土斑不应该人为清除。它既不影响器物的外表美观，同时又是出土物的有力见证。

现在市场上出现人造土斑：一是选择器物某个部位用硫酸把釉腐蚀，然后涂上胶再撒上泥土。这种人造土斑是块状形，不自然，剥釉处与有釉之间没有过度层次。二是把仿制好的瓷器用硫酸腐蚀釉面，然后埋入泥土中，过一段时间再取出现。这种人造土斑粘贴性差，用手一抹泥灰就掉落，一冲就能洗清。人造土斑与自然形成的"蚕卵斑"和"蚯蚓屎斑"相差很大。

八、从包浆辨识瓷器

学会看包浆能够解决新瓷与古瓷、真品与赝品相区分问题。包浆是通过光线来显示的。因此，瓷器表面有无包浆与是实光还是虚光实际上是一个问题的两个方面。由于不同瓷器有不同的釉质、釉层、釉面，使釉面之光显示出不同的特性。因此人们往往根据其不同的性状，将实光称之为宝光、苏光、蛤蜊光、木纳光等等；将虚光称之为火光、贼光等等。包浆是瓷器随着年代沉积而自然形成的一种物理现象。不以人的意志为转移。一件瓷器既使无人去动它，放上五六十年之后，自然也会虚光退去，实光显现。造假者可以通过各种手段使釉面虚光减弱，但造不出包浆。可见学会看包浆是何等的重要。但由于各种瓷器釉面的千差万别，用肉眼看包浆往往判断不准。

用侧光放大镜对焦观察。即用20倍灯光放大镜观察釉面时，会发现聚光部位的某一位置会有一处亮点。再将手中的放大镜调整到亮点、光焦与视线三点成一线，然后慢慢调整三者之间的距离就会发现，新瓷的釉面犹如一层金属膜，将光线阻止在釉面之上，形成无变化的耀眼强光，或者形成一层绞丝状强光；而古瓷就会光线穿透釉面，形成明暗交织、山峦起伏甚至形成葡萄串珠般的柔光，这样长期观察，你就会学会准确把握釉面包浆的深浅。

九、对瓷片进行辨别真伪

人们多以为收藏瓷片不会有假，于是一些商家就想出了新招，把整件新瓷器砸碎了，卖瓷片。所以说，不要以为是瓷片就没问题。还有一种作伪方法，即把瓷器砸坏了，再把它粘起来，好像是一件旧东西。收藏者的眼力高了，造假者的手法也多了。新瓷器砸碎了卖。新的瓷器，表面上都有一层很亮的光，行话叫做"贼光"。现在最通常使用的去光方法就是先用氢氟酸泡半个小时，然后用高锰酸钾和泥包起来闷一个小时。用这种方法处理的瓷器有一种"旧"的感觉。鉴别方法：摸，有拉手的感觉；闻，有酸的味道。

第五节　现代科学鉴别方法简述

现代科学技术发展飞快，而瓷器鉴定这样一个看似古老而文化底蕴十足的行业，似乎也在经受着高仿技术的考验。必要的鉴定方法，基本上是在传统经验上加以考古学的类型学、层次学方法的鉴定法，在一定的条件下辅以现代科学技术手段来鉴定。

一、现代科学技术进行的瓷器鉴定

20世纪50年代，中国科学院硅酸盐研究所通过对有价值的陶瓷器标本取样、胎和釉化学组成的测试、烧成温度及物理性能的测定，在古陶瓷的鉴定方面取得了重大成果，为探讨陶瓷烧造地区、研究古陶瓷工艺的发展过程提供了科学依据。如：20世纪80年代根据考古工作者提供的出土于浙江上虞小仙坛东汉瓷窑遗址的青釉斜方格印纹罍腹下部残片测试，测定其胎中$Fe_2O_3SiO_2$的含量很低，分别为1.64%和0.97%，烧成温度为$1310℃\pm20$，烧结度好，显气孔率和吸水率分别为0.62%和0.28%。釉呈青色，透明光亮，厚薄均匀，为石灰釉，胎釉结合好，无剥釉现象。除SiO_2含量较高，胎呈灰白色外，其余均符合近代瓷的标准。证明了我国在东汉时期就已发明了瓷器，成为世界上最先烧制出瓷器的国家。这种方法，虽能测出陶瓷器的质地，即胎、釉的成分，但会因为取样而对原器有所损伤，并且用激光测定法可能对器物胎、釉、彩等发生化学变化，形成新物质、新色彩。

科学技术不仅可以鉴定瓷器组成物质的特征，更重要的是还可以鉴定一些没有明确年代标志的瓷器生产年代。从1965年开始，我国便应用碳十四方法来测定考古年代。碳十四断代技术主要利用死亡生物体中碳十四原子不断衰变的原理进行史前断代，迄今已提供了3000多个数据。如：测定河南渑池县仰韶文化的年代约为公元前4515—前2460年，1973年在浙江余姚河姆渡发现的河姆渡文化年代约为公元前4360—前3360年等等。但是，这种碳十四测定的技术，存在着需要使用与消耗的样品数量大的缺点，使得一些微量或珍贵遗物无法用常规技术测定。鉴于此，科学家们经过三年多的研制，一种加速器质谱碳十四测年装置于 1992 年初问世。用它对山东泰安大汶口新石器时代遗址的木炭进行测定，其断代结果与已知年龄相差无几，不超过 2%，大大提高了碳十四测年的准确性。但它的局限性是：时代越晚越难测，越不准确。

二、现代科学高仿技术与传统鉴定法

我国许多制作精美的名贵瓷器品种都成为仿制者的主要对象。随着时代的进步，科学技术的日新月异，摹仿技法也十分精湛，几乎可以达到乱真地步，且绘画大师与高科技设备的引入。对于这些仿品已使传统鉴定法有一些力不从心，我们来做一下对比：

1. 传统鉴定法认为："古代瓷器的纹饰及器物的款识，其画法和刻法多自然、流畅，无生硬、呆板之感。新瓷尽管笔法写得相当熟练，但在仿制的过程中处处留有不够流畅的临摹痕迹。另外古瓷青花款识似浮于釉上。而第三代激光影印仪及绘画大师的加盟已使此法失效。"

2. 传统鉴定法认为："瓷器因存放年代的远近不同而使得瓷器胎釉的光泽有明显区别。古瓷因时间长久，器物釉面光泽深厚温润，光由内发，是古瓷年长日久自然形成的，有的是由于原料的特性形成的。新仿的作品因工艺的差别，往往做不到。另外，新瓷往往釉面上有一层浮光，光亮刺眼，釉面显得松软，即使去掉表面浮光，也不会呈现古瓷温润的光泽。"但今天的高仿器早已不使用传统的打磨方法去掉浮光了，而是采用粒子热敷发，即将湿润粒子用特制方法敷于瓷器表面去掉浮光而使瓷器温润、光由内发。

3. "古瓷由于长时期受自然界空气尘垢侵蚀和气温的变化导致釉面分子失散，釉面开片紧密，新瓷的开片呈崩裂状，而仿制品很难做到。"但国际流行的新型开片机已使新瓷分子的开片尽在掌握之中，虽难尽善尽美，却也宛如天成。

4. "古瓷缩釉处外缘翻卷，新瓷缩釉周围和坯体紧粘，这是由于制瓷工艺及胎釉原料不同所形成的，而今仿者虽也能达到乱真地步，但仔细观察细微处，仍可以看出破绽。"但最新资料表明古瓷釉面缩釉处的外缘翻卷，对于日本制瓷大师来讲实属微末技艺，所仿制品与真品完全相同。

5. 传统鉴定法认为："出土的古瓷锈深入瓷质内部，与瓷釉紧密结合，虽薄似蝉翼，却不易剔除。伪造者土锈质松，浮而不实，稍加磨击，锈斑就会刮落下来，或者用草酸洗之即可。”而高仿器绝不会使用土锈法上锈，而是用粒子敷锈机，可深入瓷质内部，一般仪器很难测出，何况肉眼。

6. 传统鉴定法认为：“古瓷的金色，日久磨损变色，或只留下痕迹，伪造者则金色鲜艳、不易剥落，后添金色者，细看下有剥落的原色痕。”但最新仿制工艺已采用粒子敷金法，外加电脑控制磨损，可确保乱真。

7. 传统鉴定法认为：“古瓷由于原料的特殊性而显现独特的颜色，也是仿品所不能及的，如龙泉瓷胎体含有大量的铁，加上制瓷工艺的不同，使器物的足部边缘呈现铁红色，称为‘二次氧化’，仿制的龙泉瓷质量尽管很高，形体、釉层几可达到乱真的地步，但底足很难仿造。”却不知纳米科技的出现已使瓷足不仅能乱真，还能骗过碳十四检测。

8. 传统鉴定法认为：“古瓷胎质细密叩之发出清脆的响声，仿品声响则短促沉闷。”但高仿器已经过脱湿和干燥仪处理，也可发出清脆响声。

9. 传统鉴定法认为：“古瓷的彩绘，颜色沉着含蓄、彩与胎的附着粘接自然，而后加彩的器物，往往是加彩的地方色彩特别鲜艳，光泽度特别强，显得刺目。古瓷中的瓜皮绿色年长日久眼反银，新瓷则无这个特点。”但据笔者所知：高仿器很少采用后上彩，反银问题已经由粒子敷银法解决。

三、陶瓷釉质的老化鉴定

陶瓷釉质的老化鉴定是一项新兴的现代高科技鉴定技术。它是利用当代波谱学最新研究成果，采用相关仪器无损检测陶瓷釉质的脱玻化程度，再通过计算得出其老化系数，而判断出陶瓷器的大致生产年代。该项技术弥补了以往各种鉴定技术的不足，开创了一个古陶瓷鉴定的全新领域。

陶瓷表面有一层光滑、明亮、坚硬的物质称为釉。人们在实践中发现，尽管某种仿制品采用了与古陶瓷完全相同的原料配方和烧成方法，如果不经过作旧处理，其釉的光亮度与透明度都要高于古代真品，鉴定专家称其为“贼光”和“火气”。陶瓷鉴定界曾普遍认为：这一差别是由于陶瓷文物长期遭受自然界中各种物质（如空气中的紫外线、土壤中的水或其他的酸碱性物质）的物理化学作用，致使釉面受到腐蚀所致。其实这只是原因之一，问题远非如此简单。造成这种差异还有一个更直接更重要的原因，就是产生于釉子内部的"脱玻璃化"现象。

已有研究告诉我们：釉子的内部结构是无序的，在自然环境中呈亚稳定状态。随着时间的推移，它的内部结构会不断自动地进行调整，由无序的亚稳定状态逐步向有序化的稳定状态转变，形成微细晶体，这就是釉子的"脱玻璃化"现象。正是由于釉子存在这种自然"老化"现象，致使其内部结构随着时间的推移在不断发生变化，表现为透光性逐渐降低，对光线散射性不断增强。因此古陶瓷的釉面看上去要比新品柔和、温润，时代越久，这种反差就越大。

有些品种的古陶瓷，这种"老化"现象表现得尤为突出，甚至造成釉面出现不同形态的微裂纹。在绝大多数情况下，这种微裂纹是无法用肉眼直接观察到的，只有借助现代科学仪器才能发现。造成这种微裂纹的直接原因，是由于在釉质内形成显微晶体的过程中，会造成内应力不均匀，当这种内应力达到一定强度时就会使釉子内部和表面出现微裂纹。过去人们把古陶瓷釉面上裂纹的形成原因，都归结在陶瓷烧结冷却过程中胎、釉收缩比例不一致上，其实这种认识是不全面的。

当然，釉质的脱玻璃化程度并不等于它的老化程度。造成釉质脱玻璃化程度不同的原因，除去年龄因素之外还有另外两个因素：一是成分因素，也就是说不同化学成分的釉子，其"脱玻化系数"是有差异的。二是烧成因素，釉子的烧成温度和烧成时间也会对釉子"脱玻化系数"造成一定影响。要真正得到釉质的老化系数，必须在测得其"脱玻璃化系数"的基础上，对该数据进行必要的分析和处理，即乘以其成分系数和烧成系数，才能得到釉质的"老化系数"。

陶瓷釉的老化程度与年龄之间呈一定的函数关系，在最初的年里老化速度较快，随着时间的推移，其老化速度逐渐放慢。以景德镇青花瓷釉为例：新仿品（包括经过各种作旧处理后的瓷器）的老化系数在 0.06—0.10 之间，绝大多数为 0.08；民国至清代末期的产品，老化系数在 0.10—0.13 之间；清代中期至明代末期的产品，老化系数在 0.11—0.16 之间；明代中期至早期的产品，老化系数在 0.14—0.20 之间；元代产品的老化系数在 0.18—0.28 之间。如果以横坐标表示年代及其釉子的脱玻系数来作图，便可以获得釉子老化系数与其生产年代的相关曲线。

第六节 常用瓷器鉴定术语

一、瓷器的缺陷

陶瓷器各部位出现的伤残、缺损、变异等不完美现象的统称。大体可分为口部缺陷、器身缺陷、底足缺陷和釉彩缺陷。造成缺陷的原因有多种，如烧制技术不当可产生器身的窑缝、夹扁、窑粘等窑病；外部撞击和磨损可造成磕伤、冲口、伤釉等；土埋水浸可附着上水碱、土锈等。各种缺陷都有相应的术语进行表述。对陶瓷器缺陷的观察可以辅助判断其价值，研究其制作技术的优劣之处。

1. 瓷器的口部缺陷

毛口：器物口边的釉层间断脱落，主要是因为年代久远，在使用之中磨损与磕碰所造成的。

毛边：器物口部边沿的覆釉因碰撞磨擦全部脱落，露出部分胎骨，比"毛口"损伤的程度更为严重。

芒口：瓷器中碗、盘、杯、碟等在烧造过程中造成口沿无釉，露出胎骨，称为"芒口"。有多种烧造方法可造成瓷器芒口。（1）对口烧，见于南朝洪州窑、辽代窑及金、元磁州窑等。（2）多级盘式、钵式或碗式覆烧，见于北宋中期定窑、北宋后期至南宋早期景德镇湖田窑。（3）组合支圈覆烧，见于北宋后期定窑、南宋后期湖田窑。（4）挂烧、仰烧，造成盘、碗口外沿较宽的无釉边。为了弥补芒口的缺陷，时人常在口沿镶以金、银或铜扣边。

冲口：器物口部因与它物相撞击，出现长短不等穿透器壁的细裂纹。冲口现象多出现在盘、碗类圆器上，也有外冲里不冲的现象。这种裂纹往往会逐渐自然延伸，冷热骤变或外力的震动也会促使裂纹继续开裂。

口磕：器物口际处胎釉受外力撞碰而出现的大小不等的缺磕伤痕。

磨口：口边出现伤损后，将其磨去一部或大部甚至全部。

重皮：器物口部因受重伤所出现断面隐患，但外观尚完整；胎釉已分裂却未剥离，往往一触即脱落。

外冲里不冲：是冲口的一种。器物口部因受外力撞击而出现裂纹，但不穿透器壁，常见的现象是外壁能见到裂纹，而内壁却完整无损。作为伤况它比一般冲口程度略轻。

轧口、截口：器口或颈部已损残，为求其美观、完整而加以改装，将损坏部分截去后口部露胎（俗称"剃头"）。

2. 陶瓷的器身缺陷

磕伤：器物的某一部位因外力冲撞而出现的伤残，一般是指器物出现残缺，而不仅仅是磕出裂缝。

凿伤：指器物出土时不慎受金属工具碰撞而生的严重损伤，一般出现在器物的口部、肩部、颈部等显著位置。

缺磕：陶瓷器因受硬伤而有小块缺损，缺磕一般出现在器物的口部、双耳或圈足。

冷墨：指本不应该出现片纹的器物，由于磕碰和震颤使釉表出现一条或数条很长的裂纹，一般不透过胎体，也有穿透的。

炸纹：俗称"鸡爪纹"。指器物受撞击而出现形似鸡爪的放射状裂纹，炸纹经常出现于器物的颈、肩、腹、底等部位，比冷璺程度轻。

冷璺：本不应出现片纹的器物，而釉面上出现了一两条纹路，胎体已透或不透。

窑缝：又称窑裂，属一种窑病。器物的腹部或底部在烧造过程中出现缝隙。胎体在窑内受火不均，胎泥陈腐、淘洗不够精细，或因胎体在衔接时含有过多水分，都可导致窑缝的出现。这种伤况比成品受到人为的损伤程度略轻。

开片：由于胎体粗糙或烧结火度不足，还有的因是浆泥胎体，在骤然冷却时，胎釉的分子结构收缩系数不平衡，所导致的自然裂纹。年代久远的器物，由于本身仍在蜕变，片文也会不断出现和增多。如黄釉器常常自动作响，片纹增多。

窑粘：器物在窑内受火时发生变化，使两者相粘或与匣钵粘结而留下的粘痕。

开粘：分段相接的胎体，因粘接不牢固而断裂，或是伤残物经过修复后再次分离。

耍圈：器物胎体或器身粘接处出现一圈裂纹，有的已经断离。

腹伤：器物腹部受伤。

折断：琢器物体因胎体相接处损坏，折成数段。

破碎：因摔伤而完全破裂；或因胎体被盐、碱、酸长期侵蚀而自然破碎。

夹扁：器体或口部不圆。

翘棱：由于器物变形，以致器口不圆，底足不平。

3. 陶瓷的底足缺陷

足磕：指器足因受冲撞而造成局部损伤或全部断裂脱落。轻度足磕伤及釉层，严重的损伤胎骨。

凹心：指器里心凹起。多见于盘碗类圆器。晚明万历，民窑青花器常有凹心现象。

凹底：质软的胎体经火烧制，器底因承受不住自上而下的压力，导致底心向下塌陷。凹底现象在明永宣青花大盘中常见。

凸心：器里心向上凸起。

火石：又称火石红，是红瓷器底部的缺陷之一。是由于瓷器胎体内含有铁质，在不施釉的部位受火自然泛出的一种干涩的橘红色，常见于元末明初景德镇官窑瓷器的底部。也有人为地巧妙利用这一缺陷，使之成为一种特殊的装饰，如元龙泉青瓷器有的将纹饰露胎，烧成后呈现出火红色，与青釉形成对比。明代景德镇民窑也曾烧制蓝釉火石红鱼纹坛。现今景德镇仿制的元、明青花器有的是人为涂抹上橘红色浆汁，或以新砂垫烧的。如果入窑前新瓷胎的砂底受潮，也会出现火石红现象。

糊米：器物底部出现铁锈色斑点，似糊米状。形成原因是窑床上所垫砂粒含铁质较多，高温下氧化而粘附于器底。明成化时期器物的砂底上常有此特征。

炸底：器物底部常出现三条以上裂纹，呈放射状，一般穿透胎体，从器内可看到底部的炸纹。

4. 瓷釉的缺陷

釉泡：是釉层在烧制过程中因化学反应产生的釉泡不能完全排出而形成的一种"釉病"。釉层内的气泡一般细小，鼓在釉层表面的釉泡略大，易受摩擦而破裂，污染后形成黑色疵点。

鬃眼：又称"针孔"、"猪毛孔"。瓷物釉面气泡在窑中融裂爆破后，未曾弥和而形成的小孔，釉面上呈现似皮革毛孔的细小凹孔，这是由于釉料中某些有机物和某些杂质含量较多，而在预热和烧成时升温过快、温差太大，使这些物质在氧化阶段未能得到充分氧化分解，而到还原和高温阶段继续分解，使气体逸出釉面，当釉的高温粘度大、流动性差时，气泡破裂在釉面形成的小孔。明代永乐、宣德瓷器常见此特征。

橘皮：又称"橘釉"。指瓷器的釉面不平整，呈类似于橘皮肌理的纹象。产生的原因是坯体表面修整不善，釉层过薄不足以弥补坯体表面修整不善，或是釉料不够细、釉浆太稠、釉浆在坯体表面分布不均所致。釉在高温熔融状态下粘度过大也易产生这种现象。常见于明代永乐、宣德瓷器上。

斑点：釉面上出现不同于釉色的斑点。造成原因是釉汁中各种矿物质在烧造过程中产生化学反应，也有因胎体本身淘洗不纯或匣钵内不洁净所形成的。最常见的是黑褐色斑点。

粘砂：底足釉面粘有砂粒。器物在装窑时为避免粘连，多在窑床上铺垫砂层，高温作用下，砂粒与器底釉汁粘接在一起。明末天启、崇祯时民窑制品时有粘砂现象。

串烟：开片瓷釉缺陷之一。器物釉表出现不规则的裂纹，但胎体本身并没有开裂。主要是因为胎和釉的膨胀系数相差太大，特别是釉的膨胀系数过大，釉层太厚，而在冷却阶段（750℃—550℃）冷却速度太快所致。巧妙利用这一缺陷，也可成为瓷釉的特殊装饰。宋代哥、官窑瓷器上的开片就是人为控制造成的。而使用年代久远的器物由于本身受外界环境影响与腐蚀，也会出现细小的开片纹。

荞麦地：又称荞麦点。釉面上出现成片微小的黑褐色黑点，如同荞麦皮。造成原因为窑内高温下有飞尘附在釉表之上，釉内含有杂质也会有此现象。二次烧成的器物更容易出现荞麦地。

黄溢子：胎体内含有杂质，透过稀薄釉层而显露。

滚釉：又称"缩釉"。指釉面向周边滚缩，形成中间缺釉露出胎骨。这种现象的成因很多：釉面受表面张力作用；施釉时坯胎过湿；釉的高温粘度过大或坯面有油；窑工手有上汗；烧窑时窑中水气过多、坯面潮湿；加热后局部釉料卷起、脱落等。

缺釉：又称"漏釉"或"短釉"。即瓷器表面局部缺釉。造成缺釉的原因很多：釉浆的附着性差，釉层过厚，干后脱落；釉的高温粘度过大，与坯料配方不适应而引起釉层蜷缩；施釉时坯面有油污和灰尘；浸

中国瓷文化

釉时，釉浆未浸满全器；坯体施釉后不慎将局部的釉碰落；釉浆用水有油污；坯体入窑水分过高，烧成时窑内水气太多，使坯釉中间分层，造成釉层剥落等。

剥釉：又称"脱皮"和"脱釉"。瓷器釉面有成块或成片脱落的现象，一种是烧前剥釉，一种是烧成过程中剥釉。造成剥釉的原因很多：有釉、坯膨胀系数不相适应所致；也有釉层太厚或烧成时升温太快而起；坯体施釉前粘有泥污、尘土、油汁；化妆土使釉胎结合不牢等。剥釉现象以早期青瓷较为普遍，明宜兴仿钧亦有。另外，器物长期受酸、碱、盐的侵蚀或入土受浸，也会使釉面脱落。

缩釉：瓷胎面上有油污，所施的釉未能全部附着出现的漏胎现象。

漏釉：器物施釉时，局部有透漏而露胎无釉。

磨釉：又称"伤釉"，指釉面同其他物体磨擦而造成的损伤。长久使用即会造成这种现象，如果是彩绘瓷则使花纹模糊不清。

崩釉：瓷器受到硬伤后使釉层崩裂"离骨"，多数崩釉破面平滑不脱落。造成原因是出土时受到硬物的碰撞。崩釉的片纹呈放射状向外伸延。

泪痕：瓷器入窑烧制时，釉汁因流动性过大而垂流，在器物下部凝成蜡泪状或玻璃珠状凸起。这些垂流下的釉滴，通常称为泪痕。唐代以前的瓷器制品上多见此现象。此后，泪痕被认为是宋代定窑的重要特征。

凿坑：指器物釉面大小不等的凹坑形伤损。如清代窑变瓷器釉层较厚，玻璃质感强，多开有片纹，若经常使用棉布擦拭，便会将片纹交叉处的小尖角掀起或带掉，因而留下三角形的凹坑。

划伤：指釉表或彩绘表面被硬物划伤所留下的痕迹，是瓷器长期使用中不慎与坚硬物体碰划所致。

软道：指釉面上因久经磨擦出现的细小丝纹，一般出现在传世器物上，不仔细观察则不易发现。这种软道不同于作伪手法中的磨擦痕迹，它往往出现在器物日常使用时最常接触和摩擦的外凸部位。而新器做旧则用软麻布摩擦全器，使软道的伤况极不自然。

失亮：指器物釉面失去光泽。因长期使用磨损，或因埋藏造成的土侵水浸都会使瓷器表面出现失亮现象。

水碱：现象是器物釉表凝结着灰白色斑块。这是因为素釉器物长期被埋入湿土内受碱性浸渍，碱性物质附着器表而造成的。

水锈：器物因长期受土埋或水浸而产生物理变化，使器表出现灰、黄、铁红、铜绿等色斑。水锈非常薄，只是淡淡的一种色斑块，可用酸性药剂清洗掉。

土锈：器物表现粘有灰、黄、土红等凝固的土疤。土锈是长期在潮湿的土壤中浸埋，粘土粘结在器表粗糙不平的地方而造成的，一般比较牢固，不易剥离下来。

片纹：瓷器釉面上出现的长短不一的相互交错的细裂纹片，与开片略同。

土蚀：釉面或彩绘被土壤长期腐蚀，使局部釉表失去光泽。土蚀不同于土锈，它不仅腐蚀了釉面，还浸侵到部分胎骨。

火烧：（1）器物被火烧而导致的色釉变化，如青花变黑，黄釉变绿，青白釉出现皱纹，还有的釉面留有火烧时釉汁熔流痕和粘土上的灰、黑粉尘。（2）因修补而造成的缺陷。为了局部补彩或补釉，再度入窑焙烤，虽然补上的部分温度适合，但原有的彩釉会因此而受到不同程度的损伤。

污水浸泡：器物釉面与彩绘受污水浸泡而变黑，经刷洗不退。

5. 瓷彩的缺陷

剥彩：剥彩与剥釉大体相同，粉彩剥落现象较多，而以雍正粉彩为最，轻者剥落茎叶这一部分，重者整朵花叶全部剥落；

磨彩：明清彩瓷往往有磨伤现象，彩瓷使用后彩色常因磨擦而逐渐淡薄，经过剧烈磨擦，彩色也会损伤。磨彩现象明代粉彩较清代粉彩为多。

划彩：造成原因与划釉相同，彩划伤后彩面有明显的划痕。

二、瓷器的修复

瓷器修复，即通过技术手段修补瓷器的伤残，使之恢复完整的原状。通常采取的方法有粘陶、锔陶、补缺、补釉等。以赢利为目的有意改变和掩盖器物原貌的作伪手法，不属于修复的范畴。

粘陶：将陶瓷器残片用各种粘合剂进行拼粘。

锔陶：器物伤裂后，用钻石工具在裂缝两侧的釉面上打浅眼，但不钻透，以金属锔钉连接。明代所用铁锔子，体形粗大宽厚，很易锈蚀。

中国瓷文化

清代改用铜质锔钉，体形比较小巧。使用铜钉锔过的残器伤况十分明显，但牢固耐用。民国以后有的铜钉被起掉，以漆填补锔孔。

补缺：将破损器物缺少的部分用石膏、铜、锡、铁、木、金漆、水泥乃至油漆或沥青等补上，补缺的部分可看出与胎骨质感不同。

安把：器物的把柄断失，用他器的柄补接，刷釉后再烘烤。后安把往往与原器呈色不一致，仍可辨别出。

镶嘴：壶流已断失，取用其他残损器的完整壶流进行镶补，也有的用石膏镶补。

镶耳：将器耳的损坏部分或全部，取用其他瓶耳进行粘补，或把原双耳磨掉重新修补。北京故宫博物院收藏的一件青花龙云纹大香炉，其中一耳即为镶补，外观上几乎天衣无缝。

镶底：（1）器物底部残损后，在器底近釉处精心旋切，用其他完好的器底与之镶接，一般不露痕迹。康熙器底二层台阶处的镶接更不易发现。（2）将新器底部取下，换上大小合适的带官窑款识的旧底足，以混充真品，但此为作伪，往往有误将碗底作为瓶足的。

插头：佛像、仕女等瓷塑人物的头部伤残无法修补，取用其他残像上完好的头部进行插配，但颈部接口明显。

配手：佛像、观音、俑人等陶瓷塑像的手部已断残无法补救，用其他残像上完整的手进行替换，或另制新部件进行插配。

配腿：将香炉、雕塑人物、动物等残伤的腿或足磨去部分或全部截去，再进行补配，有的改变了足的样式。配腿的器物在整体风格上是可以分辨的。

配底板：陶瓷雕塑的底板伤残后，·配以新镀板来加强其完整。但新配底板往往比例不符。

贴花：器身的雕贴花饰伤残后，用相似的旧花饰片或新制花饰片进行粘贴修补，一般不易发现。

涂油：釉面枯涩失去光泽，为补救涂胡桃油、甘油等。

三、瓷器的作伪

补洞：壶的柄、流均缺失，将残留的洞补贴后进行装饰，多见做成浮雕花朵或兽头的。

配盖：器物因缺盖，冠以其他器盖，或用朝代不同的器盖与之相配。明永乐、宣德青花罐或成化斗彩罐常缺盖，清雍正、乾隆时为之配烧器盖。因为同属官窑制品，后配盖与原器严丝合缝，也十分精美珍贵。这种专门烧制的后配盖与后代仿品中低劣的张冠李戴在效果上不能同日而语。

磨口：器物口边出现极为严重的伤损后，人为地用特殊工具将残口磨平，以增加器物的"完整"性，实际上恰恰破坏了其完整性。

轧口：又称截口，俗称"剃头"或"砍头"。因器物的颈部已经残破无法修复，为求其美观或作他用，将残损部分截去，截面露胎，并不施釉掩饰。清康熙朝的青花花觚，因上半及口常常严重损伤，后代经常使用轧口的方法处理。

套口：器物口颈残破后，旋削截去肩部以上的部分，用另一件器物的器口与之严密地插套镶接，并以肩部墨线弦纹遮盖接痕。有以旧器套新器的口颈，也有以新器套旧器的口颈。多用这种方法冒充旧器。

磨嘴：壶流部位损伤后，将其磨短一截，使其显得完整美观。传世的唐代长沙窑短流壶流口残缺不易修复，后代多采取这种方法修整。

磨柄：把损坏的壶柄磨掉，或将对称的流、柄完全磨去。虽然表面上似乎完整了，但实际上破坏了器物应有的整体造型。

磨耳：把原有双耳的瓶类器物伤残的双耳磨去，使之成为无耳瓶。

复烧：二次入窑烧烤。

配腿：香炉、马、兽等的腿或足已残伤不全，进行补腿。

补釉：在器口磕缺部分或磨口处敷以釉汁，入火烧之，往往可以看出施釉后衔接边际的接痕。

镶嘴流：壶流已消失，用其他嘴镶补。

刷油漆：历史上使用瓷器作供器，常因成组器数缺，而用不同釉色的同型器涂刷漆面临时代之，有红色、黄色、蓝色和画彩等。

鸳鸯：同一种品种、造型和纹饰的器物，由于错置或拼配，使器身与器盖不完全一样。

磨足：俗称"修脚"。因器物的底足有伤残、垂釉不平、歪斜等缺陷，经人工修磨光滑或将圈足全部磨掉以掩饰其伤残。

磨底：器物足底内原来有釉，将釉底磨掉而露出细砂底，以充年代久远的器物。磨底呈现油腻般的灰白色，且带有磨痕。

磨款：多见于清代制品或新器，人为地磨掉器物底足内青花或红彩等款，露出砂底，以冒充明代永乐、宣德时期器物。磨款痕迹较明显，擦痕一般不易掩饰。

磨手：瓷塑佛像的手指伤残，加工修磨以掩饰。

打光：釉面被磨伤而失亮，用砣五工具磨擦后涂蜡以增强其光泽度，但恢复的光泽极微。

打蜡：釉面光泽欠润泽，涂以四川白蜡或亮腊，以增加光亮度。民国时期古董行常用此法。

后加彩：又称"旧胎后挂彩"，是指：（1）于旧器脱釉后加刻暗花，施釉后再上彩。（2）将旧器加彩后改造成新品种，如将成化青花器加挂红彩，使其成为青花红彩。（3）后提彩，釉面彩绘局部缺失，按原样填补描绘，入明炉烘烧，以提红彩为多。（4）加漆彩绘，器物破碎或有窑缝、炸纹，以彩漆将纹路遮盖，或以彩漆绘画纹饰。（5）在清代各朝素器上后加彩，使其改头换面，成为粉彩、斗彩、珐琅彩、三彩、墨彩、金彩之类品种，这类方法使用最多。（6）在旧器上覆盖颜色釉，如在明、清各类白釉器上加挂黄釉、胭脂水等。

后挂珐琅彩：民国时常以清代康熙、雍正、乾隆三朝遗存下来的素白瓷加绘珐琅彩料，然后入小窑烘烤，以冒充清康熙、雍正，乾隆珍贵的珐琅彩瓷来牟取暴利。实际上，珐琅彩瓷自乾隆中期已不再烧制，民国后挂珐琅彩只是粉彩的一种而已。

后挂五彩：在明、清两代、素白瓷或青花器上加绘五彩，冒充明代嘉靖、万历或清代康熙朝的名贵五彩。

后挂斗彩：民国时期在明清官窑、民窑的青花器上添加红、黄、绿、紫等各种釉上彩料烘烤而成，以模仿著名的明成化斗彩和清康熙、雍正、乾隆斗彩器。一般的后挂彩色泽较浓腻，纹饰板滞，远不如真器淡雅柔和。

后挂粉彩：民国以来，多在清雍正、乾隆至嘉庆、道光时的素白瓷上后挂粉彩，以充彩瓷。后挂粉彩因掺合铅粉过多有浓腻不爽之感，纹饰生硬，匠气较浓。

后挂三彩：在明、清两代无釉旧器或剥去釉皮的器物上施加三彩纹饰，再经低温焙烧而成。民国时，仿挂康熙素三彩制品很多，有的使用康熙本朝的涩胎瓷，款识也是康熙年所写，所以不太容易辨识。

后挂金彩：有两种情况：一种是在明、清两代粉青、祭蓝、洒蓝等单色釉瓷器已脱落的金彩纹饰上—加绘金彩，再经焙烤或不经火烤，是民国初年一种常见的作伪手法。另一种是在旧器伤痕上加绘金彩。在瓷器冲口处描金的做法始自明代。

后挂黄红彩：黄红彩也称"黄上红"或"红上黄"，是明中期景德镇官窑所创名贵品种之一，为后世争仿的对象。民国古董商人将明弘治官窑素白瓷加施黄彩为地，再于黄地上描红彩纹饰，或以红彩为地，加饰黄彩图案，以期达到仿明代黄红彩瓷的目的。仿品虽为旧胎，但纹饰画法远不如明代古拙洒脱。或过于粗糙，或过于细腻，与明代真品尚有差距。

后挂黄赭彩：民国时期在明代弘治官窑的素白瓷上加施黄彩纹饰，再于黄彩之上描赭彩线条。手法类似"后挂黄红彩"。

后挂黄釉：民国时期在明、清两代素白瓷或青花瓷上加施黄釉。后挂黄釉色彩呆板，并多泛暗红色，远不如真品黄釉纯正明丽。

后挂绿釉：民国时期在清代雍正、乾隆时仿哥釉器物上施一层绿釉以充康熙时的绿郎窑。或者在明、清两代的青花器物上加罩绿釉，烘烤而成。

仿胭脂水釉：民国时期在清雍正、乾隆两朝素白瓷上，用吹釉法施以浅色胭脂水釉汁。民国仿胭脂水釉稀薄而透明，远不如真品娇艳明丽。

仿西湖水釉：民国时期用清雍正、乾隆的素白瓷以吹釉法加施淡绿色釉汁，经低温焙烘而成，这种仿品色泽不够纯正，比真品所呈现的明媚的湖绿色深暗或略白。

后补枣红彩釉：（1）清末民初瓷器修复手法之一。在明代旧矾红彩瓷器脱落的彩釉处进行补绘。（2）瓷器作伪方法之一。在明代素白釉器物上涂描红彩釉，入窑焙烘。后补枣红彩釉呈黑褐色，远不如明代成化枣皮红彩亮丽，也不似康熙五彩中的枣皮红鲜艳，而是一种污暗的红褐色。

仿淡黄釉：淡黄釉是清初承明弘治黄釉而烧成的一种淡雅鲜亮的单色釉。民国时用清雍正、乾隆时的素白瓷，加施含有粉质的淡黄釉。仿淡黄釉因釉汁所含铅粉过多而导致釉面透，呈色刺眼且闪绿，与真品相去甚远。

后刻花：指瓷器烧成后，在釉面上浅刻花纹，有的刻花后再度施釉入炉烧结。一般是后世为了增加器物装饰效果而作。在单色釉器物上后刻花，实际上是"画蛇添足"的做法。

后刻阴文款：在烧成的器物上用钻石工具刻上款识，一般不施釉，但也有少量刻后施釉入窑烘烧的。后刻款的字口、釉的切面有芒，与坯体上原刻款不同。原款因刻在阴干的坯体上，笔划均有坡度，并且光滑。

后刻阳文款：在烧成的器物底部，后刻上阳文款字并填以釉汁，或用釉堆写款识。这种款多为仿前代款，但款字不够清晰。

后刻诗句：清代乾隆帝曾命工匠在一些宫中旧藏的古旧瓷器上，镌刻上由他撰写的诗句，以示风雅。后有人在一般器物上也摹仿乾隆御题诗句随意加刻，藉以抬高身价。民国时常见仿刻御题诗的器物。

假出土：将仿烧的各类器物有意长期埋入地下，有的竟埋藏数年，以期达到旧器的效果，低温铅釉、五彩、三彩、粉彩等器物尤其易于氧化与腐蚀。有的假出土器物还涂上红、黄土疤，但一触即掉。

茶水煮：把新烧瓷器用土茶水煮泡，使器物釉面失亮，并有红褐色茶锈痕，以仿土锈。这是清代以来常用的作伪手法。

浆砣：以破碎的匏顺断面沾细浆泥汁，缓慢磨擦新瓷的釉面，使其失去亮泽，甚至出现网纹，如同日久年深而形成的釉面小片纹。

药浸：为使新器显得古旧，使用药水浸泡也是常用手法。常用药水有两种：一种是用高猛酸钾水浸泡，釉表呈紫褐色；另一种是用中药孩儿茶调匀涂抹，粘性大，附着力强，釉面呈黑褐色。

烟熏：为给新器作旧，故意将器物以烟熏火燎，一般熏过的器物呈灰褐或灰黄色，嗅之有刺鼻的烟味。

第七节　官窑瓷器的鉴定要点

官窑瓷器无疑是瓷中的精品。自从宋代设置官窑以来，官窑无不是本朝本代的精中之精、珍中之珍、瓷中之王。那么，官窑瓷既然达到了如此登峰造极的境界，又如何解剖它的真伪呢？

1. 釉光：官窑器至少有上百年历史，岁月侵蚀、氧化或久经用过都使轻浮的亮光变成沉稳的亮光，脏物浸入胎釉之中，有的呈现金光，仿佛像金光，有的在金光之外还有七彩霞光。仿品则绝对没有此种深入胎釉的金光，即使仿作上有，那也是一经洗擦就会立现原形。因为此种亮光无法用人工伪造，用化学酸剂浸泡也只能侵蚀成类似毛玻璃状而不出亮光。

规格：官窑器都有一定形制与规格尺寸，一般误差不大于 0.5 厘米，不能歪斜或不对称。

画风：每个时代有不同画风。古陶瓷纹饰璀璨夺目、富丽堂皇、清雅秀丽、飘逸豪放、古朴自然；仿品则首先发色就大差一截，尽显现代的气息与清新，线条多半不够精致自然，一般放不开、深隐机械与木然。清初、中、晚期器断代就有困难，但民国初则明显易辨。

款识：官窑器底的款识，每朝代都有专人书写，所以从资料上可以核对笔迹，相差亦不会太大。如果是仿做，经常形似而轴线不直、字放不开。

胎质：胎土的细致度、纯度，可以把民、官窑完全分出，可以把现代与古代完全分开。官窑胎土细致度不比现代差，但纯度上没有现代好，难免会有些微小杂质，但比民窑好得多，是介于民窑与现代瓷器之间的品物。看官窑器，首先要手感细、不粗糙、无沙粒，用放大镜看可能会有些微杂质；其次是胎较薄，仿制品通常都较厚。

釉面：很少有人注意釉面，其实釉面很容易看出破绽，一般官窑器釉较光滑、较薄、无杂质，但偶尔有气泡破裂形成的细孔；民窑器则厚而不亮，有水沙粒的杂质；现代品则完美无缺，唯太亮有贼光。

品相：经常看官窑真品的人，一看到器物就可以分辨真伪，其根据主要在于品相。帝王有帝王相，皇宫用品当然有它高贵、完美、优雅的品相，多看资料，多到故宫，自然有体会。所谓的三级官窑劣品，大致不真，不买也不可惜。真品古陶官窑器首先感觉是亮丽又温和、莹润如玉、肥腻如油。第一眼看去，仿佛是新的（家藏的多年用过的除外），此种现象尤以没有用过的珍藏之器最为明显，如宫廷藏瓷等。而稍一认真看，就可以看出其极为温润，虽然光亮如新，却温润如玉；迎着阳光而视，整个器物，有的仿佛肥润如油，有的宛如肥油加汗，有的则似如身泌密汗。仿品则相反，第一眼看像是老的，细看则绝对不同。一般的官窑器都温润如玉，胎质瓷化程度高，用指稍轻弹之，声音清脆温悦，

344

仿品弹之则多带有金属之声，声音尖锐。

铁质圈：古官窑的胎土不似现代瓷器的纯度高，胎土都带有铁质。入窑烧后，表面轻微泛砖红色，经刮修底足会露出胎色。在胎与釉交接处，因怕伤及釉，往往会留有一小圈铁红色，此为"铁质圈"，是鉴定现代与古官窑的重要佐证。但民国初仿品依然有此现象，只有近仿无此铁质圈。

青花：青花系用氧化钴作原料，颜色浓淡、深浅只有出窑后才能决定，所以不容易掌握。明永乐、宣德所使用的苏泥勃青（又称苏麻离青），明嘉靖、隆庆、万历使用的回青，各朝特色十分明显，一看即知。其他朝代深浅各有，有时不太容易分辨。

底色：明清官窑产自江西景德镇，由宋元影青演变而来，所以透明釉略带蛋青，道光时期尤甚，有时肉眼不易分辨，可以持一白纸加以对比，马上见晓。明成化、清雍正稍白，民国初或现代则全白。

第八节　民窑瓷器的鉴定

长期以来，人们对民间陶瓷认识不足，主要是因为它们在制造技术上比官窑粗陋。但它所具有的朴素情趣和接近自然的艺术韵味，却一直保持着活泼的生命力。要全面了解中国陶瓷，不可忽视民间陶瓷的价值。

民间陶瓷来源于生活、根植于民间。中国各地都有陶瓷生产基地，而官窑则是在此基础之上衍生出来的产物，陶瓷生产和发展的主要方面还在于民间。所以，我们现在一般所谓的民间陶瓷，都是指在官窑出现以后的"民间陶瓷"。

民间陶瓷的制作技艺多种多样，就地取材、粗料巧做、因陋就简、审美与实用相结合是它的重要特点，在这些器物当中蕴含着既坚固耐用又美观大方等诸多好处。造型上的简洁、装饰上的流畅豪放、格调上的闲适淳朴，是广大陶瓷工匠累年创作实践积淀的成果。现就元末明初至明末清初民间青花瓷的发展特征举例来说明：

1. 胎体厚重变得轻薄。

2. 挖底由粗简到精细，足底由厚到薄，由有乳钉到无乳钉，足内壁由离心倾斜到垂直或内心倾斜。

3. 圆器圈足内由无釉到多数有釉。

4. 青花料研磨不断细致。由有黑褐色斑点到无黑褐色斑点。

5. 装饰由洪武时期的繁荣具体到将景泰、天顺的疏简、抽象；由成化的繁密写实到正德的疏简概括；由嘉靖的再次繁缛具体到天启、崇祯的高度单纯、简练和抽象；自顺治和康熙早期重新又出现写实、工整和布局较满，到嘉庆后重新的简练、草化和抽象。

6. 线条由粗犷豪放、粗细变化明显到细腻、粗细变化不明显的铁线描。

7. 成化以前是勾、拓、涂染的画法，从成化起出现勾线分水的画法（分水有浓淡两色）、渲染不够均匀清晰到色阶多而清晰，直至康熙达到料分五色、清透莹彻的历史高峰。

8. 题材不断广泛，构图形式不断增多。

第九节　元明清各朝代青花瓷器鉴定要点

对于元朝以前瓷器的鉴定要点已分别在第二篇有了比较详细的叙述，在这里就不再赘述。这里仅就元、明、清时期的瓷器，特别是青花瓷器的鉴定作一概述。因为，青花瓷器与其他古瓷比较，时代距离我们不算太遥远，是我国明清瓷器的主流，流传至今的产品数量相当大，对我们鉴定与收藏有着重要的意义。所以，学习古瓷鉴定先由此入门，逐渐深入，然后触类旁通，了解其他品种，容易取得事半功倍的效果，是一种较好的学习方法。

一、元代青花瓷器

对于元青花瓷的认识只是近几十年的事，因此历史上并没有元青花的仿品，鉴定实践中需要解决的主要问题是如何区别元、明青花瓷器。

1. 元青花一般皆胎体厚重。釉有青白釉、枢府釉及典型的青花瓷釉，釉质都白中泛青，特别是早期产品与宋代青白瓷的釉色基本一样。

这种透明釉的颜色往往与胎质有关，在烧制过程中，胎中的铁元素会在高温的作用下向釉内扩散，加之窑炉内的还原气氛，致使成品的釉面呈现出亮丽的青白色。大部分仿品的胎都含铁量不足，其釉面看上去都青色不足。

2. 元青花是采用蘸釉、浇釉和刷釉工艺，看上去釉质丰满肥厚，但平整度欠缺。特别是采用浇釉和刷釉的大件器物，釉面往往留有"泪痕"和"刷痕"现象。清代以后景德镇普遍采用吹釉法施釉，釉面的平整度较前朝大有提高。

3. 青花色泽有浓翠及灰淡二种，均有铁斑。

4. 器底无釉，碗、盘之类底足中心有乳钉状突起。具有圈足外墙斜削的是元代瓷器的普遍特征，少数青花器仍沿用枢府瓷特有的小底足。

5. 多棱梅瓶、多棱玉壶春、多棱瓢瓶及方形扁壶、高颈大罐等为元代特有的器形。梅瓶之口均为上窄下宽的梯形。

6. 多数器物图案花纹密布全器、分多层次布局。某些图案花纹具有明显的元代特征。梅瓶、罐、玉壶春等器物近底部往往有仰莲瓣纹，元代之莲瓣有二个普遍特征：一是每瓣分开描绘，入明以后往往各瓣之间不再分开，而借用边线；二是莲瓣边框均有青花涂抹之粗线，入明以后往往用细线条双勾莲瓣边框，而其中不再涂施青料。缠枝牡丹的叶子，元代十分规矩，基本上都为"两瓣相接于一柄"形。缠枝莲叶瓣，元代成葫芦形，入明后都变形。

7. 钢锉加工刀具的刀口呈锯齿状。使用这种刀具修整的瓷坯，留有均匀细密的线状刀痕。

二、明代瓷器的特征

1. 造型丰满、浑厚、古朴，线条柔和、圆润，给人以质朴、庄重之感。

2. 琢器如瓶、尊等，胎体都较厚重。圆器如盘、碗等，其胎体也较清代厚重。

3. 明代青花瓷器，早期晕散，中期漂亮，晚期发灰、暗淡。

4. 永乐、宣德瓷器的里子很规矩，俗称"净里"，其他时期的盘、碗类，内壁欠平整，有凹凸不平之感。琢器的腹部有多至内层的衔接痕迹。弘治以前注重修胎，接痕不甚明显；正德以后到嘉靖、隆庆、万历及明末各朝，胎体接痕特别显露，民窑器尤甚。

5. 明代所有瓷器的露胎处多有火红石痕迹的现象，大件器足多为砂底，永乐、宣德大盘均为白砂底。明代早期和晚期的圆器足底常有塌陷、沾砂、放射状刮削刀痕，到末期更为明显。器足形状有直圈足、内敛圈足、卧足、台阶式圈足、外倾内斜式圈足、直切圈足、壁形足、平削圈足、深圈足、浅圈足、刮削平足等。

6. 釉面最大的特征是釉质肥厚、滋润，青花品种除成化、弘治、正德三朝少数器物釉面洁白外，其余都是青白色，俗称"亮青釉"。这种白中闪青釉贯穿于整个明代。器口及足边微微有垂釉的痕迹。

7. 纹饰多为写意，画面豪放生动。画龙多凶猛，嘴巴像猪嘴（俗称"猪嘴龙"），爪部团成圆形，有三爪、五爪，晚期的龙纹有衰老的神态。前期所绘的凤纹与元代一样，颈部无毛发，龙、狮及兽身上多有火焰纹。嘉靖以后所画儿童形象，头部很大，额角及后脑勺凸出。

8. 明代以前景德镇瓷器多不书款，永乐以后开始在官窑器物上书写本朝年号款，在民窑器上有图记款、吉祥语款、私家人名款。除永乐、宣德、弘治、万历有篆书外，其余多为楷书款，以六字双行和四字双行为主，也有极少数为单行横款、环行款、竖款，一般格式为"大明××年制"。隆庆时期多为"大明隆庆年造"，书写位置一般在器足底面口沿或器身上。所有青花书写的款字，色调都较深沉，无漂浮感。

三、清代瓷器的特征

1. 清代各朝的瓷器：内容丰富，既有共同风格，又各具不同的特点。

2. 瓷器造型：顺治、康熙时的古拙、丰满、浑厚，雍正时的秀巧隽永，乾隆时显规整，嘉庆、道光以后则稚拙笨重。

3. 胎体，琢器类：一般薄厚适中，圆器类则有厚有薄。康熙时，胎体重，质地坚硬细密。雍正时，胎质轻薄、细润，洁白度高。道光以后，胎体厚笨、质地粗松。清代的琢器类腹、颈部接痕极为少见。明代留器露胎处常泛火石红色斑，清代已基本消失。

4. 釉面不及明代肥腴光亮，施釉稀薄，色泽略显青白。顺治、康熙两朝，釉面平整细腻，胎釉结合紧密，釉面分别呈青白、粉白、酱白、硬亮青等几种色泽。雍正时釉面细腻莹润，多有桔皮皱纹。乾隆时的平整泛青。嘉道以后的不够平整，波浪明显。晚清时施釉稀薄、釉质疏松、不够坚致。

5. 纹饰深受同时期绘画的影响，民窑瓷器写意写实并存、用笔豪放。御用官窑器图案趋向规范化，用笔细致入微，构图拘泥繁缛。早期纹饰中的山水、树木多采用斧劈皴，并加镀点，古装仕女十分秀丽，柔细的花绘采用没骨画法。晚期纹饰中的人物面部无神，鼻部隆大。这一时期龙纹形态不一，既有方头大额、正肃苍劲的，也有纤柔细身的，一般为狮子头、龙发较多、龙身粗笨、龙脚突显，爪为四爪、五爪，如同鸡爪。

6. 瓷器工艺受到了西方绘画艺术的影响，常出现具有西方绘画风格的花纹图案。如在珐琅彩瓷器和部分出口瓷器上常可以看到西洋人物、楼房、船和狗之类的花纹图案。

7. 清代八宝图案为轮、螺、伞、盖、花、罐、鱼、肠。

8. 大件器物和早期器物多为光滑的砂底。顺治、康熙时瓷器足型较为多样。有双圈层底、斜削式底、二层台式底、卧足、滚圆泥鳅背形足等。

9. 景德镇官窑多署皇帝年号款，民窑有干支年款、吉祥语款、私家款及图记款等。字体有楷、篆，手法有印、刻、青花、红釉、金彩、料彩等多种。康熙楷多篆少，雍正楷、篆并用，乾隆以后篆多楷少。晚期同治、光绪、宣统三朝，又以楷书款为多，外围以圆圈或方框格式。民窑款识多随意乱写，字体草率。

第十节　明清彩瓷的鉴定要点

明清时期我国彩瓷的生产得到了很大的发展。就工艺技术讲，彩瓷比青花及其他品种瓷进步更大，有许多影响深远的创造发明，留存至今的许多精美彩瓷，其历史、艺术、科学等价值都非常高，经济价值更是青花及其他品种望尘莫及的。我们依然从鉴定要点出发来认识这些中华瑰宝。

一、康熙素三彩的鉴定要点

一是似是而非，赝品细不到康熙素三彩的程度，尤其是用手抚摩彩绘画面会有不细腻的感觉，底足露胎部位刺手，就像摸到细砂纸上一样。

二是彩绘不够细，表现在画面施彩的部位高起。

三是线条没有真品流畅，敷彩也比较死板。尤其是有釉下刻花纹轮廓线，施彩比较随意，有的彩色往往越过轮廓线。

四是素三彩的彩色相当多，虽比不上五彩和粉彩，但强调一个"雅"字。赝品配不出，或把握不好其中的分寸，色彩不正不纯不雅。

二、雍正朝仿宋钧窑瓷器的鉴定要点

一是宋代钧窑鼓钉洗的外部都有阴刻的从"一"至"十"的汉写数目字，可以说是无一例外；而雍正朝的仿品上却没有。

二是宋代钧窑鼓钉三足洗和雍正仿品的外底都有一周环状的支钉痕，说明雍正朝仿制时注意到了这方面，但雍正仿品内支钉痕排列较紧密，而宋钧窑器上的较稀疏。如雍正仿钧窑鼓钉三足洗的外底列列三十个支钉痕，北京故宫博物院收藏的一件底刻"一"字的宋代钧窑鼓钉三足洗的外底只环列十九个支钉痕。

三是宋代钧窑鼓钉洗的釉面上常见的有"蚯蚓走泥"纹，这是在高温状态下釉层熔融后填补胎体裂纹所形成的一种现象，而雍正仿品上却不见这种现象。

三、粉彩瓷器的鉴定

粉彩瓷器自生产至今只有300多年的历史。清代光绪到民国间，国力日渐衰落，官窑生产也不再繁荣。

在京、津、沪等地的古玩商们，经常依照官窑粉彩瓷器的样式生产一些仿制品，以满足达官贵人及洋人的需要，从中获利。

仿冒的手段主要有旧胎新彩和新胎新彩书写前朝的款识。其实，这两种方法无非是利用雍正、乾隆时期粉彩的稀少和珍贵，依样制造，达到以假乱真的目的。旧胎新彩，是在书有雍正或乾隆青花款的白瓷上，进行二次施彩，实际上胎釉是真，彩绘是假，以弥补白瓷售价不高的缺陷。新胎新彩，是用当时景德镇生产的白瓷按照官窑的图案绘画，并且在此类瓷器上书写"大清雍正年制"或"大清乾隆年制"的款识，给人以假象。这类仿制的"假官器"，有的图案粗糙、比例失调，有些图不达意，粉彩的彩绘或浓或淡、薄厚不一。新胎新彩者还出现造型不合适、胎体薄厚不同、器身轻重不一的情况。这些多是在鉴赏中应该注意和细致观察的地方。

款识也是鉴赏中不可缺少的组成部分。后写的款识，由于是模写，无论是"篆书"还是"楷书"款识的大小、构字的间架、字体的圆润与方正、用彩的浓淡以及字体的转折之处都与真品有着天壤之别。只要加以细心观察是不难区分的。

四、炉钧釉瓷器的鉴定要点

炉钧釉是在仿钧釉基础上发明的一种低温釉，主要特征是以流淌的蓝釉形成自然的山峰水波纹路，其间密布星星点点的红、青色斑，使人感到变化万千的自然之美。雍正以后历代均有生产，各时期特征不同，鉴定要点如下：

常见的造型分两类：一是瓶、缸类；二是文玩类。瓶、缸类大件者底均涂釉，官窑器均阴刻四字篆书本朝款。小件文玩底多无釉，露白瓷胎，少有款识。

除造型须把握时代特征外，炉钧釉釉色各代亦不同。清雍正和乾隆早期釉面一样，釉色中红色斑点呈高粱红色，此种高粱红色斑点是雍正和乾隆早期特有的，乾隆中期以后高粱红色斑点不见，釉色中只有蓝、绿、月白等色垂流的线纹和斑点，底部多为漆黑色。乾隆时还有紫砂胎炉钧一种，釉色与瓷胎相同，有带四字篆款和无款的两种，常见造型为壶。道光时釉色中月白色少见，多为浅绿和蓝色中融杂着紫色的斑点。同治、光绪以后，炉钧釉釉色明显退化，釉层稀薄，釉色变化平淡，仅有白、紫色小斑点，且淡绿色地也显晦涩，缺少前朝那种变化万千、自然流淌的明快之感。

现代景德镇新仿炉钧釉较为成功，鉴定时务必把握各时期造型特征，有篆刻的须参照真款对照，注意真物的款识写法，真物款多不是太清晰，反到是后仿者十分清晰。无款的小文玩，应多注意胎釉特征。

五、雍正粉彩、珐琅彩瓷器的鉴定要点

雍正时期，瓷器造型隽秀尔雅、小巧玲珑，器型比例适度协调，有"曲线美"的特点，仿器则达不到上述效果。雍正粉彩柔和而不艳，粉彩纹饰细腻、色调淡雅、立体感强。雍正以后各朝代都有仿制，但民国时期的仿品，施铅粉较多，彩料浓厚，就像涂上一层油漆一样，表现得非常死板、分不出层次、立体感不强。雍正时珐琅彩，胎质细腻、洁白，彩色艳丽华美、层次清晰，类似西方油画的立体效果，表现极为生动形象。清末民初竟相仿制，有的仿品甚至比真品还要精细。署"古月轩"款的器物和鼻烟壶等，多系仿品。雍正时开始出现窑变红釉，是由红和蓝交织在一起，多数是蓝多于红，仿品则红与黑交织在一起。

六、收藏瓷板画应该注意的事项

1. 以往绘瓷名家选用的瓷胎多为名店生产。瓷质细腻、规整；瓷板厚薄适度；釉面润洁、平整。

2. 名家的作品是书画俱佳的精湛之作。山水秀逸、人物传神、花鸟富贵有生机，书法挥洒自如、纯熟流畅。而伪作不是生硬造作，就是匠气十足，无大家风范。即使是精仿者，如仔细辨认，仍可寻出拘谨死板的痕迹，与真品风格相形见绌。

3. 目前市场上所见的新仿品，浅绛彩通常干涩无光，尤其赭色全无"浑厚华滋"之感；墨彩泛紫，而无光泽；粉彩呈色浓淡不均，画面层次感较差。还有一些作伪手法，如"老胎后挂彩"、"老彩后加款"等。

第三章

瓷器的鉴赏与收藏

第一节　瓷器的鉴赏概述与名瓷器鉴赏

　　鉴赏古陶瓷器是一种艺术享受，是对中华民族古老的文化、科学技术知识的吸吮。

　　陶瓷器以其有容积的形体突出了实用功能，以形体上多种多样的装饰表现出不同风格的美，是实用性与观赏性相结合的艺术品。它们使观赏者能够由表及里地感受到精湛、美妙及其社会文化、生活习俗的背景。

　　鉴赏瓷器归根结底靠得是眼力，而眼力则是心力的反映。这就应了人们常说的那句话：眼睛是心灵的窗口。总之，我们应从烧造历史、造型设计、装饰构图、画面设色、色釉的质感、纹饰的内涵、制作工艺以及铭文款识的笔法结构和形式处理等多方面进行观察、分析、领会。而且，斟酌和揣摩对于名瓷鉴赏是十分重要的，参观和欣赏珍品也是必要的。只有把握标准器，认识了真品的特征才能提高鉴别真伪的能力，不被赝品所迷惑，才能为欣赏打下良好的基础。在此，选出一些精粹作品，以供读者鉴赏。

一、色釉瓷

1. 北朝青釉仰覆莲花尊

高 70 厘米，广口微撇，长颈、溜肩、鼓腹、外撇式高圈足，颈与肩相接处置等距六系。型体高大端庄、典雅。通体青釉为饰，釉色青绿，在弦线与莲瓣尖端的厚釉处呈黑绿色，釉层薄匀，清流光亮。其上配以堆贴纹饰，在口至颈处，堆贴花纹三层，即：口边飞天一周，上颈部宝相花六朵，下颈部的四个兽面和两个蟠螭。腹部由塑贴外展的覆莲划分为上、下两部，上腹部堆贴覆莲二层下接细长的叶片，下腹部堆贴上仰莲瓣两层与覆莲上下呼应。高圈足以两层堆贴覆莲瓣组成。由外展的覆莲装饰的高足，平添了高大尊体的端稳之仪。

通体贴饰的莲花瓣装饰，不仅增添了整体的肃穆庄重之气韵，也展现了佛教艺术的盛行于世。那经模印、粘贴器的工艺技术，标志着南北朝时北方制瓷业的高超技艺。

2. 明永乐红釉高足碗

高足碗，一名"靶碗"，用做供器，亦称"佛碗"。此器口边沿微撇，以凹凸缓变的曲廓线勾勒出隽秀的腹体，下有高足。器足的高度略低于全器高度的一半，造型端稳秀雅。

器外通施鲜艳匀亮的红釉，口沿薄釉露胎色，形成洁白的轮边，俗称"灯草口"。高足底边垂釉，釉厚且整齐。腹体里部以白釉暗花云龙为饰，底心葵花式栏框内篆刻"永乐年制"款。

红釉器烧成于元代，明永乐时烧制工艺纯熟，一变前朝的黑红色调为色如初凝之鸡血红，釉面匀润、明亮。因之"永器鲜红最贵。"这件高足碗，胎体较盘器略厚，胎质坚细，红釉鲜亮，白釉微内青，分属厚胎红釉类。

永乐高足碗，常见以冬青釉、白釉装饰，红釉较少。红釉高足碗中有通体一色的红釉，还有红釉白里的，且器黑白釉下做暗花，如云龙、云凤、双龙、五龙、缠枝莲和八宝纹样等。但有款识者极为少见。此器，不仅造型、上色、暗花均属上乘，且题年款，款式与字体皆新颖，为衡世之珍。

3. 德化窑达摩立像

在德化窑历代的作品中，要属明代的"象牙白"最美；"象牙白"

的作品中，要属瓷塑最精；在瓷塑中凡出于"何朝宗"大师之手的则令人拍案叫绝。他的作品特点是以人物的内心活动为依据塑造形体，通过对眼神、面目肌肉的刻划，准确而生动地表达人物的精神世界，又丝毫不放过对细部的处理，不断地归结到创作的中心思想中去，以创造出强烈的气氛使人物形象更加鲜明。"达摩"是南北朝时期的天竺（印度）僧人，受梁武帝之迎到金陵论佛理而后渡江去魏国，到河南登封县的嵩山少林寺修行九年坐化，是禅宗第一祖。

从作品的整体看，艺师以达摩渡江为题材，立意表现僧祖不畏艰险、传播佛法、普渡众生之目的而产生的坚忍不拔的精神力量。达摩头部微低，凝目垂视远方，双手拱手胸前，乘风破浪，疾驰而行。形体结构的立度与厚度比例适宜，起伏变化充实有力，给人以鲜明如生的人体感；那炯炯有神的双目，袒露的前胸，随风飘指的衣衫和波涛翻滚的江水，使作品的形体、神韵、气势融合生辉；而人物面颊上弯卷的浓眉、胡须和耳边的鬓发都示意着这位僧祖是天竺人。塑像背后印有"何朝宗"阴文葫芦形标记，它标明作品出自"何朝宗"之手。

4. 清康熙豇豆红瓶

清代康熙时期江西景德镇御窑厂所制的豇豆红釉瓶，身高不到20厘米，撇口，溜肩，体修长。此种形式的瓶由于体态轻灵，形似柳叶而有"柳叶瓶"之称，这件珍品现藏于北京故宫博物院。

豇豆红釉柳叶瓶之所以名贵，是因为这一红釉新品仅烧制于康熙一朝，而且烧成极难，产品不多，当时就为人所珍重。豇豆红釉是铜红釉家族中的晚辈。铜红釉在宋代问世以后，经过不断地繁衍发展，到清代康熙晚期出现了"郎窑红"、"豇豆红"、"霁红"。由于含铜釉料的差别与工艺、烧成条件的不同，这红色家族中的三姐妹也呈现出不同的风韵。豇豆红釉的釉层变化丰富，在浅桃红色中有密集的深桃红色斑点，有的斑点又逐渐晕散为浅桃红色，有的器物上除桃红色以外还呈现小部分的绿色，更显出桃红色的娇艳。

一件精美的器物，装饰固然重要，但首要的还在于优美的形体。豇豆红柳叶瓶之所以名贵，就因为它从形体到釉色装饰都呈现了不同特点的美。柳条瓶的形体比例适度，线型变化柔和，曲直有致。瓶口至肩腹部，以外撇、内凹、凸起的曲线与腹以下一收到底的直线对比、衬托，使小巧的瓶体显得活泼而端庄、匀称而俊雅，表现了设计与成型工艺的高度水平。

　　豇豆红柳叶瓶陈设时都置于紫檀座内，因此插入座内的胫部多数不施釉。这种既不影响外观美又节省釉料的施艺构思，在今天也是值得借鉴的。

　　5. 耀州窑青釉刻花浅盆

　　在陶瓷装饰美学上，耀州窑具有举足轻重的地位，可以说耀州窑第一次成熟地体现了中国窑工的刻划技巧和装饰工艺。此盆造型极其规整，釉水也极好。刻花线条流畅，刀法类似西周玉器常用的"一面坡"刀法。斜坡切入深，线条夸张有力，从侧面能见凹凸感，斜面十分光滑，这显示了当时工匠娴熟的技艺。叶子中间刻划整齐的"川"字线条，是用篾竹刻划而成，线条深浅统一，有很强的观赏性。此盆最大的特点是釉色好，这在耀州窑中很少见。多数耀州窑器物有明显的瑕疵，即器身布满铁质，呈点点褐色状，这也成了鉴定耀州窑的重要依据。但如果用这个特征来套这件盆子，似乎不适用，因为此盆几乎不见瑕疵。此类釉水好、工艺精的器物是耀州窑的精品，可能是进贡用器。

二、彩瓷

1. 明成化斗彩鸡缸杯

　　清官收藏的珍品"斗彩鸡缸杯"御用酒具，据万历《神宗实录》记"神宗尚食前有成化彩鸡缸杯一双……"而取名。杯高 3.3 厘米，口径 8.3 厘米，足径 4.2 厘米，敞口，口以下廓线渐收敛，丰底、卧足。足内青花方栏楷书"大明成化年制"款。

　　鸡缸杯的装饰，以外腹壁的斗彩鸡纹为特点。画面上鸡群两组：一组中雄鸡引吭高歌，母鸡啄虫哺雏；另一组，雄鸡回首观望，母鸡翻跳啄虫，一小鸡奔食，另二雏嬉戏。画工以简练的笔触描绘出鸡群的活动，尤其是幼雏扑翅抢食跃跃而起的动态栩栩如生。鸡群周围，山石青秀、兰花幽菁、牡丹吐艳、春意浓浓。构图疏朗，与型体相配浑然有致。画面设色以素雅的钴蓝配以鲜艳的红、黄、绿色彩，具有清恬鲜丽之美。

　　由于鸡缸杯的名贵、明、清两代多有仿制。明万历时率先仿烧成窑鸡缸，清代各朝相继仿造，以康熙、雍正时的仿品最佳，达到近乎乱真的程度。

2. 越窑褐彩云纹镂花五足炉

口径 36.5 厘米，座径 41 厘米，胎体通施白色化妆土，上绘褐彩，表面施青釉，色泽青黄。器身由盖、炉和座三部分组成。盖形似头盔，顶作含苞待放的荷花钮，顶端中央有一圆孔，与器内相通。钮缘有镂花八组，钮座作竹节颈托盘。盖缘镂刻交叉云纹四组。炉作外折宽平沿，筒形腹，平底，下有五条虎首兽足，虎额上均印有"王"字。座形须弥座，作上下口，上口沿平面外侈，束腰，座底外撇。腰部周缘镂雕3个"S"门。从盖钮到台座，均用褐彩绘有如意、云气等八组图案，每组纹饰都以双弧纹相间。

三、青花瓷

1. 明永乐青花缠枝莲纹杯

青花缠枝莲纹杯，即著名的"压手杯"。坦口，撇沿，下腹部微丰，圈足底边平整细润，有"沙足、滑底"之说。胎质洁白细腻。口沿以下胎骨渐厚，近底处尤厚。杯执于手中，外撇的口沿则压住拇指和食指，正合于虎口；托在手中，则切合于手心；均有沉稳之感。

杯身青花装饰，八朵缠枝莲花环绕外腹际，口边与足边分别以朵梅和卷枝纹为饰；里口边双勾弦线，杯心青花圈线内绘双狮戏球，球内篆书"永乐年制"款。釉质青白光润，青花呈色深翠，彩厚处浓重或聚黑色斑点，双狮戏球纹上的黑斑密集连片，有阴影感。所用彩料当为含铁量很高、且含砷的进口钴料——苏泥勃青。

永乐青花缠枝莲纹杯（压手杯）为明瓷中的杰作，后世视为珍品，不断仿制。最早的仿品见于明万历时，其次是清初的康熙，清光绪时仍有仿制品。这些仿制品的共同特点是：胎体过重，器型放大，纹饰粗犷与原物对照相差甚远。

2. 明宣德青花枇杷绶带鸟纹盘

盘高 9.2 厘米，口径 51.2 厘米，足径 34.5 厘米。敞口，折沿，浅弧腹，丰底，圈足。通体作十六瓣菱花式。菱花式盘是元末明初流行的盘式，明代制作工艺较元代精致，盘体虽大，但胎不厚重。器底无釉，打磨光滑细腻，俗称"细砂底"。

盘体内外以闪青的白釉托起青花纹饰，清雅明丽。口部沿面上以绽开或半开的 32 朵串枝莲环围，腹壁 16 菱瓣内绘枇杷、桃、苹果、石榴、荔枝等16种折枝果。由于苏泥勃青彩料在高温中的晕散，使装饰纹样出现阴晕，有着水墨画的效果。盘心圆面上，画着枇杷绶带鸟主题纹样，一株枇杷斜出，枝干挺劲、叶片肥厚、果实饱满，一只绶带鸟栖于枝头，作翘尾回首啄果状。盘外口边绘海水纹，腹壁16菱瓣内各绘折枝花一株。构图丰满，虚实得当，枇杷绶带主题纹样简洁生动，画面效果疏朗清新，静动相生，有宋人花鸟画之意趣，美妙非凡。以浓艳的青花衬托，显得越发神采奕奕。

壶为盘口、长颈、扁腹、平底，上腹两侧各有一桥形系，前端为鸡头形壶嘴，另一端从肩部至口沿设一圆条形柄。器身施透明釉，釉色青中含黄，施釉不均匀，玻璃质感强。鸡头颈部、壶柄根部有积釉现象，使釉色偏青。器身布满细小开片，肩、腹、壶柄有剥釉现象，特别是桥形系两侧剥釉更甚，这是东晋鸡头壶的通常特征。桥系、鸡头鸡冠处有褐斑，呈发焦状，放大镜下能见到皱皮现象。底部有三块褐色斑，从浅到深，过渡自然。

第二节　瓷器收藏的基本知识

一、收藏的原则

收藏已成为时下投资的一大热点。在古玩界有这样的说法，管收藏字画的为吃软片儿，管收藏瓷器的叫做硬片儿，管陶器叫做"瓦片"儿。它不但能陶冶性情，提高艺术修养，而且还能保值增值。然而，在林林总总的艺术品海洋里，如何做赢家呢？面对市场各种收藏品，投资者应该有原则，有所为有所不为。

1. 积累原则。一个人的修养来源于常年的知识积累，作为收藏投资者，不但应提高自己的鉴赏知识，还应该多读一点相关书籍，尽可能多地知晓历史、考古和社会知识。知识多了，修养深了，收藏的眼力才会逐步增强。

2. 兴趣原则。有许多事物，初看没什么收藏价值，但当收藏达到一定规模，或经历一段较长时间后，却又显示出了极大的收藏价值。因此只要确有兴趣，什么藏品均可收藏，但要持之以恒。

3. 熟知原则。商场上有句至理名言："不熟不做。"对某一收藏品的品种、性质、特点、市场行情等有关情况不熟知，就难以准确判断各品种的真伪、价值及未来价格走势等，从而不能作出准确、及时的投资决策。

4. 辨伪原则。拍卖会、古玩销售场所并不能保证拍品一定是真品，有很多赝品鱼目混珠。这时候，鉴别真伪就很要紧。辨伪，要听听专家的意见，没有把握的，多找几位进行求证，不要轻易出手。而一旦看准了，对自己十分满意的艺术品，该出手时就出手。

二、如何逢高投资古瓷

在中国传统收藏界，陶瓷、青铜、书画向来被视为三足鼎立的"三大项"。而陶瓷的投资更是备受收藏界的青睐，在艺术市场上高价频出。那么该如何投资古瓷呢？

1. 选择那些相对少、精、异形的古陶瓷器。大凡收藏者和买家都希望自己手头上拥有"人无我有"的器物。器物精美，历来都是受到人们追捧的，所以价值就会高。而异形瓷器，因工艺难度大、成本高，就算现在价高利低，但今后潜力会成倍增大。

2. 选择那些尚未被人们认识的古代名窑作品。有些古瓷，无论当时还是眼下，都可算作高质量精品，但由于人们因时代、民俗、社会传统等心理因素的影响，可能一时难以认识其真正价值。此时的购藏绝对是潜力巨大的"绩优股"。

3. 古瓷市场和其他市场一样有冷有热，有高有低，要正确把握其中的"度"。不仅要打时间差，还要学会打"地区差"。例如：南、北方由于审美观念的不同，使艺术品存量也不同，生活指数、购买力、消费能力和水平也不同，都有可能造成器物价格的地区差。

三、"一要，三不要"

古瓷器是中国历史文化的重要组成部分，有很高的艺术收藏价值，爱好者甚多。可火爆的市场、高额的利润，致使大量的仿品流入市场。赝品越仿越真，档次越仿越高，做旧手法越做越到家，搞得一些专家们也真伪难辨。那么，怎样才能提高自身的鉴赏能力，避免收藏一些假古瓷呢？这就需要注意以下"一要，三不要"：

"一要"长些陶瓷学问。我国的陈设艺术陶瓷，分陶和瓷两大类。陶主要产地有以紫砂壶和花盆著称的陶都江苏宜兴，有以陶塑人物和动物造型见长的广东石湾，还有生产唐三彩的河南洛阳，生产黑釉陶罐的山西浑源，生产刻花陶器的四川荣昌等；瓷主要产地有以生产青花、玲珑、粉彩、颜色釉四大传统名瓷的瓷都江西景德镇，有以釉下五彩装饰美术瓷而闻名的湖南醴陵，有生产雨点釉和发展刻瓷艺术的山东淄博，生产花釉和象牙瓷的河北邯郸，生产白瓷的福建德化，生产青瓷的浙江龙泉，生产釉上彩花瓷的广东潮州，生产仿南宋官窑艺术瓷的浙江萧山等。

陈设艺术瓷作为商品，价格并非越高越好，这需要认真加以鉴别，比如釉下彩和青花，要看画功是否熟练、清晰，色泽是否莹润、透明，釉下装饰注重工笔式写意，必须是手工绘制，不是印花、贴花，而且颜色要光亮。对陈设艺术陶瓷的选购，既要看整体效果，也要仔细察看器形是否周正，有无变形，釉面是否光洁，色度有无异样。选购陈设艺术陶瓷要在白天光线好的地方，灯光往往会出误差，对瓷质可轻轻弹叩，听声音是否清脆响亮，沙哑声音有裂纹的，再好看也不值钱，而且有裂纹的陶器不易保存。

"一不要"总想从旧货古玩市场买到珍稀名瓷。珍贵古瓷相当少，很早以前便受到人们的珍视。如：官窑、汝窑、哥窑这些珍品瓷器，目前国内外的存世量几乎都有数可查，十分珍贵，即使是皇家也不易得之。元青花瓷在元代烧造较少，当时就很昂贵，民间能用得起这种高档瓷器的为数甚少，主要是祭祀用器，因此遗存及少。20 世纪 30 年代被发现认识以来，更声名远播，人人皆知其珍稀名贵，即便地摊小贩亦知其贵重，若能轻易廉价买到元青花，实属可疑，当慎之又慎。

"二不要"受古瓷鉴定理论书的误导。收藏者往往依照古瓷鉴定理论书中的特征，按图索骥，往赝品上凑。目前，有些理论专著是研究我国瓷器艺术成就和历史的，书中的论述对象往往选择最能代表当时成就的名品。这方面的资料比较多，仿伪者往往依据这些资料描述的特征和图片进行仿制。

在民间收藏活动中，一辈子也难碰上一件珍品，所以这些书籍只能帮助我们了解历史上各时期的制瓷成就和代表名品，于实际收藏活动的指导意义并不太大。但是，市面上的仿品却有很多特征与书本上相符，

中国瓷文化

经典文化系列

如果按图索骥，便最容易上当。再有一种情形便是一些作者迎合兴起的收藏热，编辑出版一些指导购藏的图录，常常为了给书本增色，而不惜抄录一些根本不可能在民间流传或世上交易的珍品图片，随意地标上参考价格，使人产生这些珍品曾在市面上出现而被廉价购走的错觉。

"三不要"把收藏定位放得太高。对所处地区正常可能收藏的瓷器品种缺乏认识，不从实际出发确定收藏品位，这是许多爱好者的通病。对那些有收藏价值又有条件买到的古瓷不屑一顾，只想买那些没有可能出现的珍品瓷器，正好跌入制售赝品者的圈套。这种不切合实际的收藏定位观，主观上便拉开了接触珍品的距离。

总之，收藏者要多与同好收藏的人士交流切磋心得体会，优势互补，共同提高。还应该多看真品，从真品入手再结合书本知识，才能形成经验。只有在收藏中学习鉴赏，鉴赏中指导收藏，循序渐进，才能逐步提高。

四、瓷友禁忌

因为对古陶瓷有共同的爱好、共同的语言而结成的朋友，叫瓷友。过去收藏古陶瓷，为藏品的安全起见，往往是关起门来自己玩，密不示人，那是社会不安定造成的。如今盛世收藏，对于一般收藏者说来，应有开放的意识，打破封闭、广交朋友，变一人玩为众人一起玩，与友同乐，更有乐趣。然而结交瓷友，也应有所选择，有可交与不可交之别，有的可深交，有的只是"点头"之交罢了。

首先，瓷友应是雅友。收藏古陶瓷是一种高雅的活动。文人雅士，清茶一杯、观陶品瓷、谈古论今、互相启发。从陶瓷上看到历史的兴衰，看到土与火的创造，看到前人的智慧与技艺，看到古代的艺术与美学，通过鉴赏来与古人对话，从而进入一般人无法领略的高雅境界。

其次，瓷友应是净友。正因为古陶瓷博大精深，所以才要瓷友之间经常雅集切磋、聚会研讨、帮助掌眼。这时特别需要收藏者有虚怀若谷的气度、瓷友间实话实说的爽气。悟性有快慢、知识有长短、经验有多少，意见自然也常会有分歧。不能碍于情面，不敢真话实陈；也不要固执己见，听不得不同意见。为求真理，面对实物，对照理论，可以争得面红耳赤，"知无不言，言无不尽"才是真正的朋友。

第三，瓷友应是益友。瓷友之间的友谊应建立在诚实诚信的基础之上，以相互协助、相互有益为原则，且对人要宽容、友善、谦让、讲究信誉。因此，为瓷友鉴定，要信而有证；为瓷友提供信息，要言而有信。即使瓷友之间交流、交换藏品，也要本着共赢互利的宗旨。收到珍品精品，共学共赏；有了挫折，共同总结教训、互相开导、真诚沟通。但往往由于金钱利益的关系，陶瓷界经常上演令人痛心的一幕幕骗局。下面就提出三点禁忌来警示初学者。

一是忌"蒙骗"。为经济利益驱使，编故事，设圈套，以假充真，信誓旦旦，助友为名，行骗为实。这样只能毁誉于己，失信于人，失去朋友。当然更不能合伙去骗别人。

二是忌"贪争"。在共同的收藏活动中发现可藏之器，心中都想归为己有，于是不择手段争抢不休、不惜哄抬价格。这样只会翻脸失和气、贪心失友谊。

三是忌"背毁"。对于一件古代遗留下来的陶瓷器，其文化内涵可能是多种多样的，见仁见智，是由各人的实践经验和文化艺术素养决定的，瓷友之间有不同见解是很正常的。切忌看出问题来，当面不说，背后乱说，甚至面誉而背毁，有意抬高自己，却将朋友贬得一钱不值、一无是处。这绝非真正朋友所为。

第三节　初学者与伤残古瓷

在古代瓷器的学习研究中，伤残器无疑是初入道者廉价的学习资料和入门的实物向导。一般说来，除极个别情况外，伤残古瓷的真品率是很高的。对于初涉古瓷收藏领域的人，了解瓷器鉴定的基本理论知识非常重要，但更重要的是要见真器、见实物，也是理论联系实际学习研究古瓷器的必由之路。对于普通收藏者来说，伤残古瓷器的收藏提供给了初学者一条难得的亲手把玩、反复观察的廉价学习与研究路子。

第一，残而不失为师，伤残古瓷器具有重要的学习与研究价值。

收藏的真正意义，在于提高知识文化素养，在于领悟泱泱历史的丰富内涵；在于洞察文明精粹的深层凝聚，在于陶冶高雅的精神品性。因此，在收藏过程中，学习与研究是第一位的，而藏品的占有及其经济回报则是第二位的。

中国瓷文化

第二，残而不失其美，伤残古瓷器保留着精美的艺术欣赏价值。

从美学角度来看，完整与美的统一是至高无上的，因此才有了"完美"这个概念。但美与完整又是两个内涵不同的概念。完整的东西不一定美，很可能还丑；而美的东西不一定完整，甚至残缺本身就是一种美。维纳斯、兵马俑、埃及金字塔、罗马古建筑……无不因历史的或自然力的变故而使其有所残缺，但也无不因残缺美而给人以更为沉厚的历史美的震颤与享受。伤残古瓷器也是如此，一件古瓷器虽局部残缺或粘合有缝，但只要它的基本器型和主体纹饰还保留着，就会给人以美的知识、美的享受，甚至因其残缺而给人以无限的美好遐想。对一个古瓷收藏爱好者说来，正因为这些伤残古瓷丧失了诱人的、高昂的金钱光环，方使人能够以更加纯朴的意念注目于它的艺术本质，潜心研究和欣赏它的美学意境，从残缺美中得到艺术陶冶。

第三，残而不失其珍，伤残古瓷器保留着珍贵的文物价值。

文物的珍贵性——文物价值决定于它的历史内涵，包括政治意义、文化内容、科学价值、工艺水平以及教育功能，同时也取决于它的存世数量和典型性质。因此，一件文物既珍贵又完整，当然是最好不过的。但当它有所伤残而不完整时，却并不一定削弱其文化价值的珍贵性。目前在国内外各博物馆的珍贵文物中，就大量存在着有伤残情况的展品。

第四，残而不失其价。

这一点并不是说，同样的两件古瓷器，残伤的反而能与完整的具有相同的商品价格。文物一旦有了商品属性，当然同其他商品一样：同样的东西，完整者贵，伤残者贱。但是商品的价格除了以全为贵之外，还有以稀为贵、以美为贵、以珍为贵等等要素。而后几条中就包含有稀、美、珍特点的伤残古瓷器了。

对古玩收藏爱好者说来，"残而不失其价"的意义在于：

1. 收藏伤残古瓷器可以保值。古瓷器的特点是不能再生产，收藏一件，流通领域就少一件；损坏一件，存世量也就少了一件。从现今古瓷器收藏队伍急剧扩大的趋势看，恐怕时隔不久，广大古瓷收藏者收藏的主要目光和兴趣将有较大的变化。官窑价高买不起，民窑完器也难寻，伤残古瓷器会受到不少爱好者的青睐。何况现在伤残古瓷器价格看涨的苗头在一些地方已经出现，只要收藏者不走眼、善还价，收藏伤残古瓷器一般说来是不会贬值的。

2. 收藏伤残古瓷器还可望升值。在收藏过程中，如果慧眼独具，得到具有极高研究价值和艺术价值的陈设瓷器，或者已经极为少见面的日用餐具，或者可以起到填补断代或窑口资料空白的难觅之器，那么无论是官窑还是民窑的，都极其可能不断升值。如果这类伤残器得到较好的修复，其升值率就更加可观。

最后，建议有志于伤残古瓷器收藏的人学一点修补知识和技能，这不但能使伤残器得到妥善的保护，自己还能从中得到极大的乐趣。

第四节　瓷器收藏价值品评

国内艺术品市场从 1993 年开放以来，瓷器行情变化大致经历了三个阶段。第一阶段（1993—1995 年）：通过拍卖，瓷器价位被普遍揭示出来。1994 年一件康熙青花笔筒估价 6 万元，而成交价达到了 30.8 万元。与 1985 年国内公开标价相比，差不多上涨了 100 倍。第二阶段（1996—1999 年）：这一阶段属于价位盘整期。很多人开始对艺术品的价格进行深入研究，将一般作品与精品区分开来。一般作品按照年代、品种、器型等确定价位，精品则按照精致程度、珍贵和稀有程度确定价位。其中创造出高价的清代瓷器有：乾隆粉青釉镂空转心瓶，成交价为264 万元。第三阶段是进入 2000 年以后，国内投资者开始挖掘艺术品的人文内涵，同时从稀有程度上把握作品的增值潜力，很多拍卖品都卖到了令人意想不到的价位。

一、色釉瓷

根据中国嘉德、北京翰海、中贸圣佳、上海敬华、天津文物以及香港苏富比、佳士得等 22 家主要中国艺术品拍卖公司的成交情况统计：1995—2002 年色釉瓷的上拍数量为 2039 件，场上成交 1078 件，其中红釉瓷器 418 件、白釉瓷器 392 件、青釉瓷器 348 件、蓝釉瓷器 325件、黄釉瓷器 229 件、其他杂色釉瓷器 327 件，金额达到人民币17574.56 万元。由此可见，颜色釉瓷器是近年来华人古董市场中比较活跃的品种，市场潜力较大。

1. 宋代名窑瓷

著名的瓷器产地首推柴、汝、官、哥、定。此前虽有越州秘色，但原器久已失传，故不计算在内。柴器已不可多得，除碎片外，绝无一件存在。片块稍大的在芦沟桥事变前也需要四五百元。

民国初年，汝、官、哥、定窑器在北京古玩市场上常有真器出现。常见的有粉青釉、滴粉定等器。粉青最多，每个碗约值二三千元。土定则数十元即可购得一件。南定之佳者也需要千元。汝、哥等品，其价值也较官窑粉定为贵，这并非因汝哥确优于官定，而是官定器容易得到。

宋钧窑瓷价值昂贵，尤其以器底刻一、二、三……数字编号的钧窑瓷，更为珍贵。因为这种钧窑铜红釉瓷器，是宋代皇宫用品。近些年来，拍卖行拍卖过的宋钧窑鼓钉纹水仙盆，价格超过了 200 万元人民币。一件宋钧窑小碟，价格也在 8 万元左右。从宋代五大名窑瓷器近十年来的拍卖情况看：钧窑更是一路高歌，无论是成交件数还是成交金额都高居榜首。

宋龙泉窑瓷器的收藏首选粉青釉和梅子青釉两种。其收藏价值以瓶类立器较高。如果瓶类有堆贴龙虎纹工艺，价值就会更高。龙泉窑瓷器拍卖成交价最高的是一只贯耳瓶，成交价为 28 万元。一只龙泉窑贴双鱼纹盘拍卖价为 10 万元人民币以上。

2. 明代单色釉

明代单色釉以其釉色肥润、造型朴素大方越来越受到收藏家的宠爱。例如：永乐单色釉瓷器中的甜白瓷价格均超过了 40 万元人民币。红釉瓷器较少，拍卖中曾偶见鲜红釉大盘，拍卖也在 60 万—80 万元人民币。这几年明代单色釉价位仍在攀高，并且升值的空间很大。

近年来单色釉瓷器成交畅旺、涨势凌厉。在 2004 年 11 月香港佳士得的拍卖会上，清雍正豆青釉双龙耳大瓶，以 1742.375 万港元成交，刷新了单色釉瓷器的世界拍卖记录。其中还有许多精品的价格也都超过了百万元。如清乾隆苹果绿凸雕海水云龙灯笼瓶，估价 400 万—500 万港元，而成交价达 902.375 万港元。随着单色釉瓷器在拍卖会上走强，相信单色釉瓷器将成为市场上的新宠。

3. 仿汝窑器

明清仿汝窑器基本能反映出汝窑器的基本特质，但宣德器的胎质较疏松、清代仿品不如宋汝窑釉的厚润。宋汝釉多为小件，而明清仿汝釉有各种大件器。近年来艺术品拍卖市场上，乾隆时期的仿汝窑的瓷器价格不菲。单件中价格最高的是清乾隆仿汝釉弦纹瓶，成交价20.9万元。清乾隆仿汝釉出戟花觚，器型较难得，成交价为19万元。

4. 黄釉瓷器

自明清开始，单色釉瓷中的黄釉瓷器一直是为皇家所垄断，对黄釉瓷器的生产及使用更有明确而严格的规定，特别是清雍正时期的柠檬黄釉物更是受市场的追捧。一对清雍正柠檬黄釉花形碗估价2.5万—3.5万英镑，成交价为11.165万英镑。

5. 霁红釉瓷器

从现今的艺术品市场来看，霁红釉瓷器比霁蓝釉瓷器的价格略高，但比单色黄釉的价格略低。雍正以后生产的霁红釉瓷器较多，较受欢迎的是大件琢器。例如清雍正霁红玉壶春瓶，成交价为19万元。雍正官窑霁红盘和碗的价格要看其大小和釉色好坏。例如雍正霁红盘，口径16厘米左右，估价1万—2.5万元。雍正霁红碗，口径11—13厘米，估价1.5万—3.5万元；另口径为15.5—20厘米的，估价为4.5万—5万元。

6. 窑变釉瓷

窑变釉色彩斑斓、釉面光滑莹润，深得收藏界的垂青，在艺术市场上价格不菲，特别是雍正、乾隆时期的大件器。其中：雍正时期的窑变釉釉色变化多端，一般以红色为主，浓处如同鸡血石般，夹杂着月白、蓝色、绿色、紫色的丝条和流动的斑片，一直为收藏家青睐。但此后各朝的产品渐渐失去了这种灵动，变成片状的色块，显得呆滞。市场记录表明：各朝的价格差异很大。如窑变釉石榴尊，乾隆朝5万—7万元，道光为4万元左右。窑变釉盖碗尊，乾隆朝为17万元左右，道光朝为6万—7万元。民窑也曾大量烧造窑变釉，清中期的各种窑变釉瓶尊的价格大约是1万—3万元。

7. 炉钧釉器

炉钧釉与窑变釉有着许多相同的历史背景和审美情趣，堪称一对姐妹花。但在艺术市场上，炉钧釉的市场价位比窑变釉差了一个档次。主要是窑变釉那种斑驳变幻、富于流动的色彩要优于那些呈片状或圈状的炉钧釉。但尽管如此，炉钧釉仍有它难得的艺术价值，如雍正炉钧釉摇铃尊，高16.1厘米，竞拍出16.5万元。

8. 茶叶末釉瓷器

从传世品看，清雍正、乾隆时期茶叶末釉器的生产最为鼎盛，以乾隆时期的为最佳，而且绝大多数都是陈设瓷。清雍正茶叶末釉盖罐体态矮扁，通体施茶叶末釉，班驳的黑褐色和黄褐色斑点使整体色调较深，上刻"雍正年制"款，以 5.4 万元成交。清雍正鳝鱼黄釉葫芦瓶，颜色与前者刚好相反，主要是黄褐色，器型为小口葫芦型，成交价达 45 万元。

9. 墨彩瓷器

目前陶瓷市场上，墨彩很少拍出高价：一是因为崇"官"心态，二是它的名气不大。但墨彩人物器具有相当高的审美价值，它借鉴了国画中的线描，或加赭色渲染，写实而富有神韵。如清雍正墨彩人物图筒用墨彩以极细的笔触，描绘了一群体态婀娜的仙女，图上方有仙鹤和蝙蝠盘旋，是为祝寿图，只在花卉部分点缀些红彩，高 49.5 厘米，成交价为 4.4 万元。墨彩也常与其他色釉相配，显得富丽堂皇，但总体的价格也不算高。

二、彩瓷

1. 青花

青花瓷色彩鲜亮，以元代为盛。从拍卖市场上反馈的信息来看，元青花的成交金额逐年递增。1995 年市场成交总金额 206.8 万元，其后扶摇直上，2003 年突破了千万元大关，2004 年成交金额达到了历史最高点。

永乐青花因其造型精美一直都是人们追捧的对象。2003 年，香港佳士得拍卖公司拍卖了一件永乐绶带鸟荔枝纹青花大盘，估价 350 万—450 万港币，最后以 980 万港币拍出。

成化青花有"明看成化，清看雍正"的说法，所以成化青花瓷在艺术品市场中价值也是不菲的。从碗、杯到罐盘，品相好无瑕疵的动辄以数百万港币论身价。据统计：近年来成化青花瓷在各地大的拍卖行中共推出拍卖品 40 件，其中成交 11 件，成交金额为 1875 万元人民币。

正德青花由于原料不佳、发色不理想，在近 20 年来的国际拍卖市场上未见到有杰出表现。宣德青花成交率为 54.79%、空白期青花成交率为 50%、成化青花成交率为 27.5%、弘治青花成交率为 38%、正德青花成交率为 56.67％。

万历青花大件器物价格一般都在 30 万元人民币以上，小件器物为 5 万元人民币左右；隆庆青花瓷因为相对较少，所以价格要高一点。天启、崇祯瓷多为民窑器，价值不高。崇祯青花价格也不高，多在 6 万—18 万元。

2. 釉里红

由于烧制色彩鲜艳的釉里红瓷器相当不易，因此它比一般红彩瓷器更名贵。釉里红瓷器的价值在很大程度上取决于本身的色调。例如：1996 年秋拍卖的一件清雍正釉里红三果碗，是雍正官窑所烧制的，色调暗红，成交价仅为 1.5 万元。

釉里红瓷器的生产以康熙、雍正朝的为最佳。近年拍卖价较高的是清雍正釉里红五蝠碗（一对），其中一件有小伤，口径 15 厘米，成交价 13 万元。清道光釉里红二龙戏珠碗以淡描的笔触描绘二龙戏珠纹，直径 11 厘米，有"慎德堂制"款，质量不错，以 2 万元拍出。

3. 五彩瓷

有人这么说：十只青花，等于一只五彩瓷器；而十只彩瓷只等于一只斗彩，这是在说它们的市场行情和制作过程中的难度。由于五彩瓷器介于青花与斗彩之间，所以了解了五彩瓷器的价格就提供了其他种类的参考价。

1990 年 10 月在香港太古佳士得拍卖会上：明代后期五彩立件瓶罐之类器物，价格一般都在 40 万元人民币以上。

目前陶瓷市场对康熙五彩瓷器恩宠有加，这一时期所绘的人物多高挑挺拔；花卉纹饰则类似宋代花鸟画的风格，细腻雅致又不失华美。但它们的价格取决于精细程度以及是否属于官窑。拍卖会上，民窑产品价格一般在 25 万元左右，官窑产品要大高于此价格。

4. 斗彩瓷

明代成化斗彩器多属官窑器，造型精美，最为世人所珍重。估计目前存世只有 400 件左右，其价值为古今瓷器之冠。至近代，成化斗彩更是收藏家的宠物。清代斗彩以雍、乾两代最出色，而且有许多仿成化的瓷器，但各有特色。

明代成化斗彩，早期青花色料是进口的，色泽浓深有黑斑；晚期用产于江西饶州府乐平县的平等青，发色淡雅，透明度高，更适合制造优

中国瓷文化

经典文化系列

雅细致的小件器物。而雍、乾两代的青料是产于浙江的浙料，青花呈色层次分明，浓淡色调变化更大。釉上彩部分，明代斗彩填色可达六色之多，一般在三四色间，大致有四种色系，即：黄色、红色、绿色和紫色。其中：黄色又有鹅黄、杏黄、密蜡黄和姜黄等；红色有鲜红油红；绿色有水绿、草绿、宋绿等；紫色葡萄紫、绛紫等。斗彩填色之美就在于这些色料的多样变化，无论枝、叶、花、果都表现出细致、精微。

5. 粉彩瓷

粉彩瓷器色彩柔和、瓷画精细优美，深受人们的喜爱。清雍正粉彩在拍卖市场上出现的数量不多，而且都是小件，至今没有出现过大件琢器。一般的花卉碗、盘之类，价格在 1 万—5 万元。如清雍正粉彩三果纹杯以传统的桃、石榴、枇杷为纹饰，成交价为 1 万多元。较之精美的则在 10 万元左右。例如清雍正晚期粉彩灵芝牡丹盘，成交价近 9 万元。以动物纹为主要图案的，如清雍正粉彩福禄小件，绘饰鹿及蝙蝠，成交价 15.5 万元。以人物为纹饰的，如清雍正粉彩人物印盒，成交价为 7.5 万元。近年雍正粉彩器最好的成绩是黄地粉彩福禄万代碗，成交价高达 55 万元。目前，随着各类博物馆收藏能力的增强，清代官窑粉彩的价格还将继续走强。

6. 珐琅彩瓷

珐琅彩是清代专为宫廷御用而特制的一种精细彩绘瓷器，少数也用于奖赏功臣。由于当时产量不多，能够流传至今的传世品很少，好的珐琅彩瓷器都是价值连城的。2002 年，一件雍正御制的珐琅彩题诗过墙梅竹纹盘以高达 3252.41 万港币成交。

三、官窑瓷与民窑瓷

1. 官窑瓷器

官窑瓷器以其工艺精湛、造型别致、色彩丰富亮丽、数量稀少的优势成为艺术品市场上的"贵族"。20 世纪 70 年代中期，海外著名苏富比、佳士得拍卖公司率先在市场上竞拍中国官窑瓷器。自 20 世纪 90 年代以来，国际上的藏家、炒家对明清官窑瓷器进行大肆炒作，使得明清官窑价格扶摇直上、迭创新高。一些佳绩的诞生大大地提高了中国文物艺术品的国际地位和价值，同时预示着中国文物艺术品开始向世界艺术市场冲击。前两年，香港苏富比和佳士得在拍卖场上推出的明成化"鸡缸杯"、明嘉靖"五彩鱼藻纹盖罐"等文物艺术品在全世界只有几个。所以,这些文物艺术品创下天价也就在情理之中。

2. 民窑瓷器

对广大工薪族之古瓷爱好者来说,元青花和明清官窑青花价格昂贵,可望而不可及,明清民窑青花就成了最受瞩目的投资收藏对象,主要原因是:第一,明清民窑青花器比官窑器存世量多,价格低,容易购买。第二,民间收藏队伍中有相当的初学者鉴定和欣赏水平较低,而当他们的知识和眼力得到提高后,明清民窑青花瓷的收藏必然成为其投资热点。第三,随着改革开放的发展,对外交流限制的放宽,明清民窑青花瓷器极可能会走向世界,出现国内外收藏者竞相购买的局面,进而促使明清民窑青花大幅度价位提高。从近几年收藏者购买明清青花瓷的价格比较来看,其升值幅度大约两三年翻一番。

参 考 文 献

1. 谢天宇主编：《中国瓷器收藏与鉴赏全书》（上、下卷），天津古籍出版社，2004 年 7 月第一版。

2. 李缙云、于炳文主编：《文物收藏图解辞典》，浙江人民出版社，2004 年 12 月第一版。

3. 李泽如、刘如仲主编：《古董鉴赏藏书》，吉林科技出版社，2005 年 4 月第一版。

4. 张金明主编：《怎样收藏中国陶瓷》，蓝天出版社，2005 年 5 月第一版。

5. 刘伟编著：《历代宫廷藏瓷》，紫禁城出版社，2005 年 1 月第一版。

6. 李先铭编著：《古陶瓷鉴真》，北京燕山出版社，1996 年 12 月第一版。

7. 陈文平主编：《中国古陶瓷鉴赏》，上海科学普及出版社，1990 年 7 月第一版。

8. 张金明主编：《千年古瓷鉴赏》，蓝天出版社，2005 年 4 月第一版。

9. 龙松、纪平主编：《古玩收藏指南》，河北人民出版社，1994 年 1 月第一版。

10. 伍清、王谨、卓云主编：《古玩字画投资指南》，中央广播电视大学出版社，1993 年 6 月第一版。

11. 《名家谈收藏》编委会主编：《名家谈收藏》（陶瓷第一、二卷），山西教育出版社，2005 年 11 月第一版。

12. 文生编著：《赝品揭秘》，长城出版社，2005 年 3 月第一版。

13. 胡明刚主编：《皇家珍宝》，世界知识出版社，2004 年 5 月第一版。

14. 史树青主编：《中国艺术品收藏鉴赏百科》，大象出版社，2003 年 9 月第一版。

15. 李知宴主编：《中国陶瓷投资与鉴藏》（彩图版，全四册），大象出版社，2005 年 1 月第一版。

16. 蔡毅主编：《故宫藏粉彩瓷器》，紫禁城出版社，2001 年 5 月第一版。

17. 刘亚军主编：《收藏界》，《收藏界》杂志社，2002 年 3 月号，总第 3 期。

18. 中国硅酸盐学会主编：《中国陶瓷史》，北京文物出版社，1982 年第一版。

19. 周倜主编：《古玩市场今昔考》，中国文联出版社，2001 年 2 月第一版。

20. 王医英主编：《陶瓷器鉴赏与收藏》，吉林科学技术出版社，1994 年 1 月第一版。

21. 张浦生主编：《青花瓷器鉴定》，北京书目文献出版社，1995 年 10 月第一版。

22. 陈德主编：《中国古陶瓷鉴定基础》，四川大学出版社，1993 年 11 月第一版。

23. 赵宏主编：《中国仿古瓷》，北京书目文献出版社，1997 年 5 月第一版。

24. 孙彦主编：《中国历代陶瓷题记》，北京图书馆出版社，1999 年 6 月第一版。

25. 李科友、吴水存点校整理：《古瓷器鉴定指南》（二编），北京燕山出版社，1993 年 8 月第一版。

26. 孙彦点校整理：《古瓷器鉴定指南》（三编），北京燕山出版社，1993 年 8 月第一版。

27. 铁源主编：《晚清民国瓷器》，华龄出版社，2005 年 4 月第一版。

28. 史树青主编：《中国艺术品投资与鉴宝丛书》，中国水利水电出版社，2005 年 1 月第一版。

中国瓷文化

经典文库系列

29. 铁源主编：老古董丛书《明清瓷器款识鉴定》，华龄出版社，2004 年 5 月第一版。

30. 铁源主编：《清代青花瓷器》，华龄出版社，1999 年 10 月第一版。

31. 铁源主编：老古董丛书《明清瓷器纹饰鉴定》（图案纹饰卷），华龄出版社，2005 年 5 月第一版。

32. 罗邦泰、陈勇编著：《中国古代瓷器——赝品识伪》（上、下），江苏美术出版社，2000 年 7 月第一版。

33. 朱裕平主编：《景德镇瓷器鉴定》，上海大学出版社，2006 年 4 月第一版。

34. 徐湖平主编：《中国清代官窑瓷器》，上海文化出版社，2003 年 10 月第一版。

35. 宁云龙编著：《明代瓷器真伪鉴别与价值评估》，经济日报出版社，2004 年 4 月第一版。

36. 陈江主编：老古董鉴赏袖珍手册《清代瓷器》。江苏美术出版社，1999 年 12 月第一版。

37. 铁源主编：《明清色釉瓷器》，华龄出版社，2002 年 3 月第一版。

38. 李英主编：《古董瓷器》，辽宁画报出版社，2000 年 1 月第一版。

39. 钱振宗主编：《清代瓷器鉴赏》，上海科学技术出版社，2005 年 1 月第一版。

40. 铁源编著：《民国瓷器鉴定：纹饰款识、辨伪》，华龄出版社 2004 年 1 月第一版。

41. 铁源主编：《明清瓷器款识鉴定》（堂名吉语卷），华龄出版社，2005 年 1 月第一版。

42. 铁源主编：老古董丛书《民国瓷器》，中华工商联合出版社，2004 年 5 月第一版。

43. 李进兴编著：《尘封的文明：西夏瓷器》，宁夏人民出版社，2003 年 12 月第一版。

图书在版编目（CIP）数据

中国瓷文化/邹丽娜编著. —北京：时事出版社，
2007.1（2014.5 重印）
ISBN 978-7-80232-110-6

Ⅰ. 中…　Ⅱ. 邹…　Ⅲ. 陶瓷—工艺美术—中国　Ⅳ.J527

中国版本图书馆 CIP 数据核字（2007）第 003485 号

出 版 发 行：时事出版社

地　　　址：北京市海淀区巨山村 375 号

邮　　　编：100093

发 行 热 线：(010)82546061 82546062

读者服务部：(010)61157595

传　　　真：(010)68418647

电 子 邮 箱：shishichubanshe@sina.com

网　　　址：www.shishishe.com

印　　　刷：北京百善印刷厂

开本：787×1092　1/16　印张：24.75　字数：392 千字
2007 年 2 月第 1 版　2014 年 5 月第 4 次印刷
定价：38.00 元